RIDLEY SCOTT

A RETROSPECTIVE

リドリー・スコットの全仕事

"I've always been a little bit of a cowboy. You learn by yourself, you never forget the mistakes."

「私はいつもちょっとしたカウボーイだった。
自分で学び、失敗は決して忘れない」
リドリー・スコット

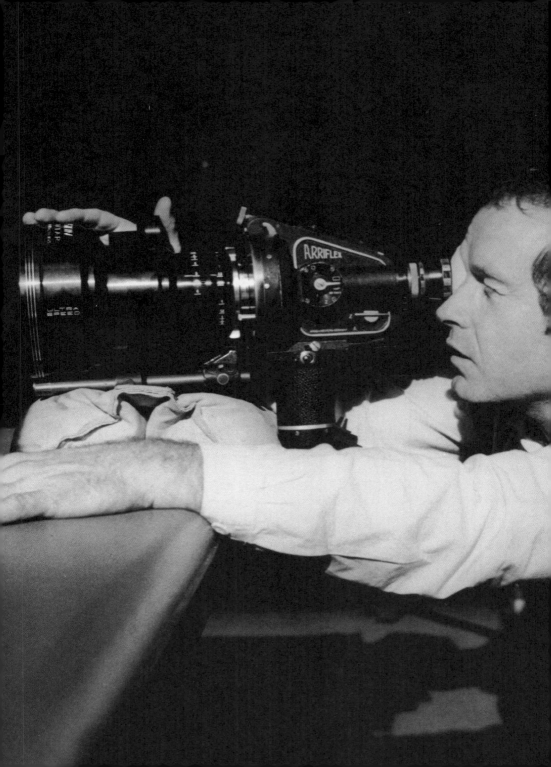

RIDLEY SCOTT

A RETROSPECTIVE

リドリー・スコットの全仕事

著　イアン・ネイサン
訳　桜井真砂美
監訳　阿部清美

RIDLEY SCOTT: A RETROSPECTIVE by Ian Nathan
Copyright © 2020, 2025 by Ian Nathan
Japanese translation published by arrangement with GEMINI ADULTS
BOOKS LIMITED through The English Agency (Japan) Ltd.

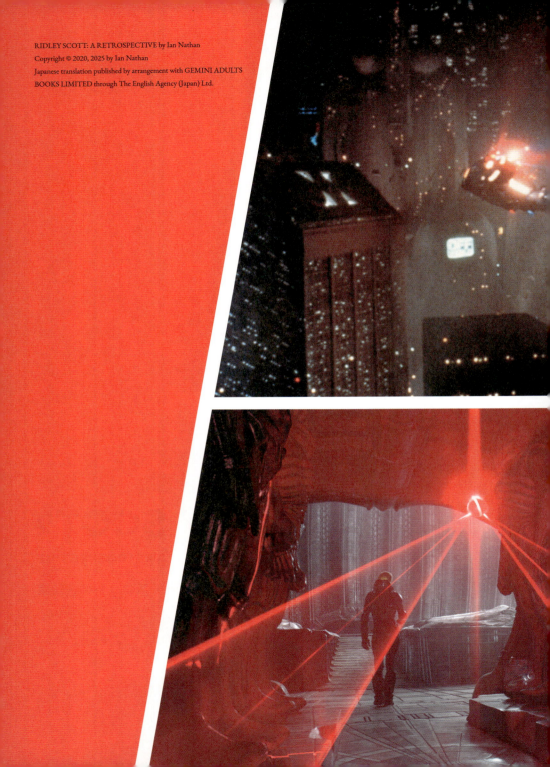

CONTENTS

- 6 **INTRODUCTION** イントロダクション
  ——サー・リドリー・スコットの肖像——

- 10 **OBSESSIONS** 執着　はじまりの物語
  初期の仕事とデビュー作『デュエリスト／決闘者』(1977)

- 26 **PERFECT ORGANISM** 完全なる有機体
  『エイリアン』(1979)

- 46 **RIDLEYVILLE** 未来都市リドリーヴィル
  『ブレードランナー』(1982)

- 68 **AFTER DARK** 暗闇を抜けて
  『レジェンド／光と闇の伝説』(1985)、『誰かに見られてる』(1987)、
  『ブラック・レイン』(1989)

- 84 **THELMA & LOUISE LIVE FOREVER!**
  テルマ＆ルイーズは永遠に！　『テルマ＆ルイーズ』(1991)

- 102 **STORMS** "嵐"たち
  『1492　コロンブス』(1992)、『白い嵐』(1996)、
  『G.I.ジェーン』(1997)

- 120 **VENI, VIDI, RIDLEY** ウェーニー・ウィーディー・リドリー
  『グラディエーター』(2000)

- 136 **STRAY DOGS** 野良犬
  『ハンニバル』(2001)、『ブラックホーク・ダウン』(2001)、
  『マッチスティック・マン』(2003)

- 156 **OUTSIDERS** よそ者たちの賛歌
  『キングダム・オブ・ヘブン』(2005)、『プロヴァンスの贈りもの』(2006)、
  『アメリカン・ギャングスター』(2007)

- 174 **ANTIHEROES** ダークヒーローの肖像
  『ワールド・オブ・ライズ』(2008)、『ロビン・フッド』(2010)

- 190 **ORIGIN STORY** 起源
  『プロメテウス』(2012)

- 202 **LOST SOULS** 地獄に落ちた魂
  『悪の法則』(2013)、『エクソダス:神と王』(2014)、『オデッセイ』(2015)

- 220 **WHAT WOULD RIDLEY DO?**
  リドリー・スコットならどうするのか
  『エイリアン:コヴェナント』(2017)、『ブレードランナー　2049』(2017)

- 238 **FAMILY BUSINESS** 家業
  『ゲティ家の身代金』(2017)、『最後の決闘裁判』(2021)、
  『ハウス・オブ・グッチ』(2021)

- 258 **HISTORY REVISITED** 再訪
  『ナポレオン』(2023)、『エイリアン:ロムルス』(2024)、
  『グラディエイター 2』(2024)

- 276 **EPILOGUE** エピローグ
  ——"限界"なき唯一無二の映画監督——

- 278 **FILMOGRAPHY** フィルモグラフィ

- 284 謝辞 & SOURCES

- 286 **PICTURE CREDITS** 写真クレジット

INTRODUCTION

イントロダクション　──サー・リドリー・スコットの肖像──

「私のスタイルを説明しろと言われれば、"リアリティ"
　ということになるのだろう。どんなに様式化されていても、
　その根底には"現実"がある」
──リドリー・スコット

フェードイン

　私は巨大なサウンドステージ内のセットの脇に立っ
ていた。しんと静まり返る中、ほのかに石鹸の匂いが
する。目の前に広がっているのは見覚えがある光景。
閉塞感を抱かせる通路をかすかな光の輪がかろうじて
照らしている。天井からは水滴がしたたり落ちていて、
監督の指示通りの濃さの霧があたりに立ち込めている。

　薄暗がりの中、不満なのか、不具合なのか感情のな
い顔をしたマイケル・ファスベンダー演じるデヴィッ
ドが、不安な感情を隠さないビリー・クラダップ演じ
るオラムを先導していく。オラムがどんどん暗闇へと
歩を進める一方で、カメラはゆっくりとデヴィッドの
顔を捉える。その感情のない顔にちらりと猟奇的な色
が浮かぶ。そこで声がかかる。カット！

　もうお分かりかもしれないが、これは2016年に
オーストラリアのシドニーで撮影された『エイリアン：
コヴェナント』（2017）の一場面だ。私はカメラの映
像を中継するモニターをじっと見ていた。携帯電話の
電源がちゃんと切れているかをもう50回は確認して
いる。想像できるだろうか、この緊張感を？

　PAシステムから神の声が響く。「もう1回やって
みよう。悪いね、みんな」。その淡々とした口調は紛
れもなくリドリー・スコットのものだ。

　「マイケル、立ち位置は電球からもう少し離れたとこ
ろがよさそうだ」

　ファスベンダーがすっと左側に移動すると、カメラ
枠に完璧に収まった。撮影時の不気味な静けさが再び
訪れる。聴こえるのはカメラの動きを指示するスコッ
トの声だけ。「下げて、左へ、もう少し……いいぞ」

　スコットは絵筆を握る芸術家のように演出する。そ
れに合わせて、撮影カメラが俳優や背景を絵筆で撫で
るように静かに動く。まるで、そこには他に誰もいな
いような感覚。

　その撮影から2年後、すでにナイトの称号を授与さ
れていたリドリー・スコットは長年の悲願とも言える
BAFTA（英国映画テレビ芸術アカデミー）のフェロー

シップ賞の授賞式に臨んでいた。舞台上の彼は火星に
取り残されたほうがましだと言わんばかりの表情を浮
かべていた。ひとたび映画のセットから離れると、彼はす
こぶる控えめで、大物ぶる様子は微塵もない。脚光を
浴びるのは自身の映像作品だけでいい、ということか。

　この授賞式では、彼が制作した26本の映画（1965
年にまだアマチュアのスコットが撮った短編『少年と
自転車』を含む）の名場面を集めた映像が公開された
のだが、それは当然のことながら『ブレードランナー』
（1982）で描かれた近未来・2019年のロサンゼルス
のダークでゴージャスなシーンから始まった。それは
レプリカントのロイ・バッティが感動的な最期の言葉
を語り始める場面だった。「私はあなたがたが信じな
いようなものを目にしてきた……」

　授賞式の会場を埋め尽くした業界関係者や、俳優、
批評家たちは、これから自分たちの目の前に信じがた
いシーンの数々が流れることを確信しながら椅子に座
り直した。スコットがこの場に立つに至ったのは、当
然ながら、そうした数多くの傑作を生み出した功績が
あったからなのだ。

　「この業界でキャリアを積み重ねて40年。BATFA
が私自身に何かくれたのは、これが初めてです。私は
もう80代ですからね、手遅れになる前に、こいつに
なにか渡しておいたほうがいいということになったん
でしょう──」と彼は自嘲気味にそう語った。もちろ
ん、その言葉に頷く者が皆無であることは明白だが。

　スコットは華々しい経歴の持ち主だ。生まれはイギ
リス北東部のサウス・シールズという一年中風が吹き
すさぶ街（当時は、ダラム州に属していたが、1974
年からはタイン・アンド・ウィア州に）。軍人の息子
として生まれた彼は華々しい人生を歩んできた。世界
一の美術系大学とされるロイヤル・カレッジ・オブ・
アートを卒業し、BBCにプロダクション・デザイナー
として入社。そこでドキュメンタリーやテレビドラマ
の演出をするなど、映像作品を監督する経験を積んだ
のち、自ら広告会社リドリー・スコット・アソシエイ

『グラディエーター』の撮影現場でカメラに張りついているリドリー・スコット。監督として駆け出しの頃、彼は自分でカメラを動かすのが好きだった。時が流れてもなお、彼は撮影チームや自分の絵筆とも呼べるカメラのそばから離れようとしない

ツ社（RSA）を設立して、30歳を迎える前に広告業界で大成功を遂げた。

　その後、弟のトニー（・スコット）＊とともに独自の路線でハリウッド征服に乗り出したのだ。＊2012年に逝去。

　ダラムの町ストックトン＝オン＝ティーズで中学生だった彼にはそんな自分の未来を想像すらできなかっただろう。それも皮肉な話だ。彼はいつだって未来を描いてきたのだから。スコットは、スタンリー・キューブリックのように厳格で、デヴィッド・リーンのように野心的で、ハワード・ホークスのように多才な映画監督だ。彼はこれまでに少なくとも2本正真正銘の傑作を生みだした。『エイリアン』（1979）と『ブレードランナー』だ。その飽くなき好奇心によって、彼はSFだけでなくファンタジーやホラー、コメディ、ロマンス、歴史物、戦争物、そして、スリラー的要素を含んだあらゆるジャンルに手を広げてきた。

夢を見るように世界を捉える

　彼は自分のアプローチを表現するのに"万能派"という言葉を使っている。プロダクション・デザインを学んだ経験があり、今でもすべてのシーンの絵コンテを描いているし、また、初期に撮影したＣＭや映画はどれも自らカメラを回している。実際、『エイリアン』に登場するチェストバスターの鼻についた血糊の量を自分で調整している写真が残っている。映画におけるビジュアルはすべて、彼が自身のビジョンや芸術性を表現する"パフォーマンス"なのだ。批評家たちは、彼の映画は自分の美意識を周囲に押し付けていると批判した。現に彼のこだわりに俳優たちが振り回されることも少なくない。自分がパレットの上の絵の具にすぎないのではないかと不安にも感じる役者もいた。しかし、他に類を見ないスコットの作品の数々は、見た目重視で中身がないという批判をはねのけている。

　インタビューで、ああいうイメージはどこから湧いてくるのか説明を求められるたびに、彼は言葉に詰まる。それは彼の潜在意識の中にあるからだ。そのイメージにぴったりの脚本、タイミング、そして、照明が来るのを彼はいつも待っているのだ。『ブレードランナー』の続編を引き受けるという度量を見せたカナダ人監督のドゥニ・ヴィルヌーヴは「彼は夢を見るように世界を捉える」と絶賛した。

　私がスコットの世界に引き寄せられ、彼と交流した機会はこれまでに10回を数える。たとえば、あるインタビューはロサンゼルスの豪華なホテルの一室で行われた。彼はマホガニー材のモザイク模様に見える壁を見ながら難しい顔をしていた。その装飾の何かが完璧主義な彼の美意識に不快感を与えていたのだ。

　スコットは大いなる矛盾を抱えた男だ。かつてフランシス・ベーコン画伯を師と仰いだ彼が、今は息抜きに油絵を描いている。許されるのであれば、彼はハリウッドの業界人よりNASAの科学者や中世の歴史家と一緒にいるほうを選ぶだろう。人工生命体の倫理的

INTRODUCTION　7

上：北部出身者特有の寡黙な佇まいにキャストが困惑する場面もあっただろうが、彼は何よりひとりの芸術家なのだ

次頁上：スコットはまず直感的に画角を捉える。他の誰にも見えていないものが彼には見えると現場のスタッフは感心する

> スコットの演出は、
> 筆を持つ芸術家のようだ。
> カメラが俳優や風景を捉えるその瞬間、
> その部屋には他の誰も
> いないかのようなのだ。

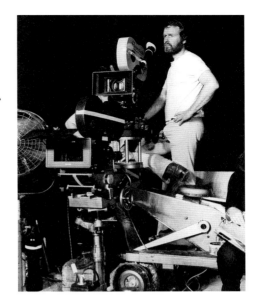

問題や中世の攻城兵器のメカニズムについての議論ほど好きなことはないのだから。

彼は壮大な映像美と娯楽性を追求して神の存在について考えさせたり、人類が向かう先を予見したりするような大ヒット作品をいくつも世に送り出している。そして、ハッピーエンドな作品はほとんどない。「これがイギリス北部出身者の特徴だ」と彼は言う。北に住む人間はどうしても悲観的になりがちなのだ、と。

スコットには芸術性と商業性の二面性がある。彼は優秀なビジネスマンであり、常に観客の視線をどう惹きつけるかについて考えている。実際に、BAFTAの授賞式で「収益を上げられなければ意味がない」と発言している。だが、そういう視点をちゃんと持ちつつも、彼は独自のルールに従っているのだ。

これまでの人生で、彼は悲劇に見舞われてきた。3人兄弟の次男坊である彼だが、兄も弟も亡くしている*。また、映画制作をめぐってさまざまな軋轢も経験した。『ブレードランナー』の撮影では暗澹たる夜を幾度も経験したが、その間、彼のことを理解してくれる人間はほとんどいなかった。しかし、結果的にその映画は彼の代表作となった。少しばかりの、いや、度肝を抜くほどの衝撃を観客に与えるから、客席が満席になるのだと分かっている。だからこそ、スコットは自分の思い描くイメージの実現に奮闘するのだ。フォックス社の人間が『エイリアン』のチェストバスターの映像に驚愕する姿を見て、スコットはにやりと笑った。あそこをどう見せるかがあの映画づくりの肝となることを彼はわかっていたからだ。　*兄のフランクは45歳の若さで皮膚がんで他界。

境界線を飛び越える

スコットの映画は現実と空想の両方で最先端の領域に立ち、未知の大陸や惑星に足を踏み入れて、法と無法、自然と人工、宗教と科学、内側と外側の境界線を自由に飛び越える。

80歳を過ぎてもなお、平均して1年に1本近くの映画を撮る彼の関心は今やメディア業界全体に広がっている。RSA社を経営しながら、自身が監督する作品とはまったく別に、テレビや映画のプロデュースも手がける、知る人ぞ知る業界のドンなのだ。ここまで彼の長編映画ばかりにスポットを当ててきたが、彼が短編映画やミュージックビデオ（ロキシー・ミュージックからレディー・ガガまで）、数えきれないほどのCM動画を制作してきた事実にも触れておくべきだろう。彼はこれまで決して立ち止まることをしなかった。

このあとも、本書ではさまざまな世界を創り上げてきた彼の伝説的長編映画について深く掘り下げていくが、それだけにとどまらず、「成功と失敗に遭遇しても、そのふたつの虚像を同等に扱える……」という、イギリスの詩人ラドヤード・キップリングの詩ごとく、画がヒットしようが失敗しようが過度に影響されない、寡黙ながら魅力的なイギリス北部出身者特有の素直で飾らない一面についても触れていきたい。映画が結果的にどう評価されようと、「そんなことはクソ食らえ、とにかく前に突き進むのみ」というのが彼の信条だ。本書は、このうえもなく頑固に、あきれるほど見事に、しかも鮮烈に自分を貫き続けるひとりの映画監督の物語である。彼の同業者であり、ライバルであり、そして最大のファンである映画監督のジェームズ・キャメロンはかつて、彼のことをこう語っていた。

「リドリーは、僕が目指す存在だ」と。

INTRODUCTION　9

OBSESSIONS

執着　はじまりの物語

THE EARLY YEARS, RIDLEY SCOTT ASSOCIATES AND THE DUELLISTS (1977)
初期の仕事とデビュー作『デュエリスト／決闘者』

「私は世間を泳ぐのが巧みでね」
── 映画『デュエリスト／決闘者』の中で、警察大臣フーシェがデュベール中尉に向けて言ったセリフ

上：スコットが『ブレードランナー』で描いたディストピアのロサンゼルス。警察本部に着陸する直前のスピナー

次頁上：スコットが初めて映画作りを試みた『少年と自転車』の舞台裏。遠くに見えるのは本作の主演のトニー・スコット

雨が降り続く街に生まれて

　リドリー・スコットは自分の映画をまず弟に見せた。弟のトニーは彼にとって完璧な相談相手だった。兄弟だからこそ率直な意見を聞かせてくれたし、同時に監督仲間にしかわからない観察眼も持ち合わせていた。リドリーが映画史上最高の映像制作者のひとりであることは、『ブレードランナー』を一度見れば誰にでもわかる。トニーは本作を最初に観たときから、この作品が時代を超えて名を残すことになるとわかっていた。崇高な映像美に対する兄のこだわりが生んだ最高傑作

だ、と。映画に描かれている奇想天外な未来の世界のイメージは、イギリスのタイン・アンド・ウェア州にいた頃すでに兄の中に息づいていた。

「イングランド北部に生まれた者は心に暗さを抱えている……」。トニーはそう説明した。彼は兄よりは愛想がよかった。「邪な暗さではないよ。イングランド北東部は寂れた工業地帯でね。『ブレードランナー』を観てみるといい。ずっと雨が降り続いているだろ。イングランド北東部に行ってごらん。あそこもずっと雨が降り続いているから」

スコットは10代後半にダラム海岸にあるハートルプールにある美術大学に通い、同地の製鉄所に就職。それから、インペリアル・ケミカル・インダストリーズという化学メーカーに勤めた。その周辺は林立する煙突から真っ黒な煙が夜空に向かってもくもくと上がっていた。「あたりは焦げたパンのような臭いがしていたよ」彼は当時のことをそう回想した。

スコットが若い頃に見ていた映像（そして、嗅いだ匂い）は、カメラのシャッターを切るように彼の中に鮮明に刻まれ、それが彼の想像力を豊かなものにした。スコットは確たる信念をもって、こう繰り返す。「私には"目"がある」、と。彼はその目──観察眼であり、審美眼──を生かしてスリリングでミステリアスな映画を何本も撮影してきた。その舞台は、ときには過去にさかのぼり、また、ときには人類の行く末を確かめるがごとく未来に飛んでいた。

とはいえ、すべては彼の生い立ちから始まっている。フロイト的な観点から見ると、慎重なスコットの作品における芸術的な特徴や繰り返し取り上げられるテーマと、そこそこ満たされる中で安定感や帰属感に欠けていた若い頃の経験との間には、目に見えない心理的なつながりがあるのだ。

船員だった父の影響

スコットは1937年11月30日、雨風が打ちつけるイングランドの北東海岸に位置するニューカッスル・アポン・タインから11キロほど離れたサウス・シールズに生まれた。歌うように母音を発音するニューカッスル訛りの本場とも呼べる土地だった。ロンドンやアメリカ暮らしのおかげでその訛りは気にならなくなった（それでもまだかすかに残っている）が、スコットの北部気質は完全には失われていない。その性格は、ハリウッドという場所や彼につきまとう名声、伝記作家や批評家たちとの関わり方において大いに彼の役に立っている。

彼の父フランシス・パーシー・スコットは、ニューカッスルを拠点とする商業海運会社の共同経営者だった。それ以前は商船で船員として働いていた。海への愛着は、彼の次男の作品に繰り返し登場するテーマである。思いつくところでは『1492 コロンブス』（1992）や『白い嵐』（1996）、さらには広大な深宇宙を"航海"する『エイリアン』のノストロモ号のクルーの設定も、そのひとつに数えていいだろう。

第二次世界大戦が始まると、フランシスは軍に出向した。持ち前のリーダーシップを発揮して准将までめざましい速さで昇進。そして、父の長所はその息子にちゃんと受け継がれていた。リドリー・スコット本人も、父の"率直さと秩序正しさと信頼性"をことあるごとに褒めている。

理論よりも実践を重んじる北部気質の傾向が強かったスコットは、父の赴任にともなって各地を転々とする子供時代を過ごした。カンブリア、ウェールズ、ロンドン……、転校の回数は10回にも及ぶ。当時の彼は競争心と生存本能を胸に秘めた寡黙な一匹狼だった。

第二次世界大戦下のドイツ軍の空爆の

OBSESSIONS　13

ことは覚えているらしい。そのとき彼はまだ3歳で、戦争省（1684〜1964年存在した英陸軍を統括した機関）に配属になった父とともにイーリング（ロンドン西部に位置する）に住んでいた。家族で階段の下に隠れ、ランプの柔らかい光で停電をしのいだそうだ。

フランシスは1947年から1952年まで、連合国軍統制評議会の一員としてドイツに駐留した。スコットが通った駐在員家庭用の学校は、旧クリーグスマリン（ドイツ海軍）の土地で、戦後すぐはアメリカの統括地の中にあった。彼は毎朝、役目を終えビニールを被せられた100隻のUボートの前を通って登校していた。虹色に彩られ、かぐわしい香りとごちそうで溢れかえるアメリカのスーパーマーケットに行くと、まるでオズの国に降り立ったような気分になる。「アメリカというと3つの香りが浮かぶ」――スコットは当時に思いを馳せた。これをプルースト的な啓示というのだろう。広告主が泣いて喜びそうだ。「ジューシー・フルーツのガムとコカ・コーラとラズベリー味のミルクセーキだ」

スコット家は最終的にダラム州のストックトン＝オン＝ティーズに落ち着き、父親はもとの海運会社勤めに戻った。しかし、3人の息子たちはすでに世界を意識していた。地平線の彼方を見てみたいという欲求に駆られていたのだ。

スコットの兄であるフランクは、いまだ詳細がはっきりしない、謎めいた存在である。1934年生まれで、父の足跡を追って商船隊に入隊し、30歳で船長になった。この兄はほとんど家にいなかった。いつも遠く海に出ていたからだ。まさに"オフ・ワールド*"暮らし。6歳年下のトニーは1944年にタインマスで生まれ、すぐ上の兄であるリドリー・スコットを追って映画界に入ることになる。＊『ブレードランナー』に登場する地球外のコロニー。人類の大半が移住した宇宙植民地。

子供時代から変わらぬ投石器作り

彼らの父フランシス・スコットは物静かでありながら気配りもできる、温厚で朗らかなタイプだったが、かたや母であるエリザベス・スコットは侮れない存在だった。2012年にインタビューに応じたトニーは、「ママが家長だった。鉄拳を振るわんばかりに、豪快に家族を仕切っていたな……」

3人の息子たちは母を愛し、尊敬していた。強そうな見た目とおおらかな性格で、家族仲は良かった。強い絆で結ばれた典型的な中流階級のイギリス人家庭で、裕福とは言えないものの、その界隈でテレビを持ったのは彼らの家が最初だった。スコットは、テレビ画面に浮かび上がる白黒の映像を見るために「全速力で家に帰った」と話している。

絵を描くのが好きなのは父親譲りだ。父はペンとインクで絵を描くのが得意だった。スコットは子供時代の大半を、身を乗り出すように紙に向かいひたすら絵を描いて過ごした。「船と馬の絵ばかりだった」と彼は笑う。たしかに、彼の映画には船も馬もたびたび登場する。照明効果や遠近法を学ぶために漫画のコマに興味を持つようになった。「漫画ではどうやってリアリティを表現するのだろう？」。当時から、どちらかというと"暗くて、陰鬱なテーマ"に心惹かれがちだという自覚はあったそうだ。

いたずら心や冒険心も持ち合わせていた。兄弟3人で北部の田舎に出かけるのはわくわくした。「私も子ども時分は人並みに木に登ったり落ちたり、腕やら足やら指やら折ったりしたものだ。海に落ちて溺れかけたこともあった。当時の私たちにとっては、石を投げるパチンコ（カタパルト）作りがハイテクだったんだよ」

ちなみに彼は今でも、映画で投石機（カタパルト）を作っている。

映画に熱中していたのは母親だった。毎週土曜日には家族でマチネ（昼の興行を指す）を観に行った。何が上映されているかは問題ではなかった。どのみち

典型的なハリウッド映画ばかりだったから。「家族で一緒に観ることに意味があったんだ」。スコットは懐かしそうにこう語った。「いまでもよく覚えているよ、あのときの家族の一体感を」。1942年公開の海賊大活劇『ブラック・スワン』のタイロン・パワーにも夢中になったが、『ギルダ』（1946）のリタ・ヘイワースはそれ以上に強い印象を彼に残した。オーソン・ウェルズの傑作『市民ケーン』（1941）で、彼は初めて映画に芸術性があることを認識した。

もっとも強く心惹かれたのは西部劇だった。「自分がその世界にいるという感覚にどっぷり浸っていた」。彼は輝かしい西部劇の世界に思いを馳せた。有名な作品はどれもジョン・フォードという監督がメガフォンを取っていた。あの頃から幾年もの時を経て、スコットは『テルマ＆ルイーズ』（1991）を撮影するにあたり、日焼けしたフォードと撮影スタッフたちが宿にしていたモニュメント・バレー*のホテルを訪れている。そのホテルには「ジョン・フォードの部屋」があり、映画撮影中の様子をおさめた写真がずらりと並んでいた。*西部劇の撮影が盛んに行われたアメリカ南西部の地域。「広大な風景写真とか、パノラマ写真とか、あれもこれも」とスコットは言った。「すごい写真ばかりだったよ」

映像の魔術師の土台にあったもの
── 芸術家としての芽生え

教師になるのが一番の出世コースだったタイン・アンド・ウィア州の当時の教育事情を考えれば、映画監督を目指すことは未開の地に足を踏み入れるような話だった。スコットはドイツ留学中に選抜試験に合格し中等教育に進んだが、勉強熱心な生徒ではなかった。成績は4年連続で29人中29位。「バカじゃなかった。でも、勉強は好きじゃなかったんだ」

それよりも、スコットは芸術家だった。彼にはイメージを創造する天賦の才があり、そのための努力を惜しまなかった。彼は自分の才能を生かす決断をする。その第一歩が、先見の明のある教師の勧めによりウェスト・ハートルプール美術大学へ進学したことだ。これはある意味大胆な決断だった。彼の住んでいるあたりでは当時美大に進む者はいなかった。しかし、スコットの両親は彼を応援してくれた。次男がやや変わり者

だということを両親はよくわかっていたのだ。

芸術は彼の視野を広げた。彼の興味は音楽や執筆活動、映画へと繋がっていく。「そういうものすべてがどうアートと結びついているか、だんだんと見えるようになっていった」と彼は語る。自分が何を描きたいと思っているのかを自覚し始めると、彼の興味は絵を描くことから離れ、写真やグラフィック・デザインの世界へと向かっていった。まだ10代にして、すでに天才の片鱗が見える若きスコットをもう少し見ていこう。肩にかかるストロベリー・ブロンドの髪、青白く丸い顔、北欧人さながらのアイスブルーの瞳、ボヘミアン調の服装に、はにかんだ笑顔。身体に内蔵された強力なエンジンが彼を未来へと駆り立てている。そして、彼は勤勉で、細部に至るまでけっして妥協しない男だった。

1958年、優秀な成績で大学に入学した二十歳の彼は、岐路に立たされた。勉強に疲れ、海兵隊への入隊を真剣に考えていた。その一方で、ロンドンの名門ロイヤル・カレッジ・オブ・アート（RCA）入学の奨学金をすでに獲得していた。軍人であるにもかかわらず父親は息子に美術の道に進むよう説得した。その結果、彼はグラフィック・デザインの学位取得の勉強をするためにロンドンに向かった。

古典絵画、モダンアート、そして写真が、スコットの映画作品すべてに影響を与えていることは火を見るよりあきらかだ。フェルメール、カラヴァッジョ、ゴッホ、エドワード・ホッパー、ジャン＝レオン・ジェロームなど、数え上げればきりがない。RCAではフランシス・ベーコンに教えを受け、デイヴィッド・ホックニーと席を並べていた。

彼はロマン主義に魅了され、「無意識」を描くことに没頭し、重層的なリアリズム、つまり、真実の中の真実、根底にある真実を突き詰めていった。スコットがそのまま画家の道に進んでもおかしくはなかった。

RCA時代 ── 自主制作の短編『少年と自転車』

しかし、実際は映画の世界に引き込まれていったのだった。（リタ・）ヘイワース、（ジョン・）フォード、（オーソン・）ウェルズ。彼らの住む映像の世界には、商業的な可能性が秘められていた。当時のRCAにはまだ

スコットは芸術家だ。
画家、デザイナー、映画監督……、
どのような形であれ、最初から。

前頁左上：映画『ギルダ』（1946）のリタ・ヘイワース。この年の名作は若きリドリー・スコットに多大な影響を与えた

前頁右上：オーソン・ウェルズ主演・監督作『市民ケーン』のポスター。スコットが初めて映画監督という仕事を理解し始めた頃の作品

映画部門はなかったようだが、スコットは戸棚の中に捨て置かれていた手回し式の 16mm ボレックスカメラを見つけた。露出計や取扱説明書もそのまま残っていた。それで、彼は脚本を書き始める。

「フィクションさ」と彼は説明した。「せいぜい 30 分ぐらいの長さだったかな。イングランド北東部の海岸沿いのとある町が舞台で、工場が立ち並ぶ、でもどこかのどかな風景の中で子どもたちが成長していく物語だ」

ジェイムズ・ジョイスのモダニズム叙事詩「ユリシーズ」から多大な影響を受けて制作された映画『少年と自転車』は、主役を演じた彼の弟トニー(ちょうどいいところに愛嬌のある俳優がいたというわけだ)が主人公と思われがちだが、あれはリドリー自身の物語である。彼は 10 代の頃に抱いていた無意識の感情を描こうとした。そして、この映画の自由奔放なシュールレアリスムの中にこそ、その後に続く彼のすべての作品の礎石があった。

当時、彼の頭の中は、黒澤明の監督作『蜘蛛巣城』(1957)の嵐雲と英国ヌーヴェル・ヴァーグの軽快なリアリズムでいっぱいだった。スコットは脚本、監督、カメラマンを務めた。レッドカーやハートルプールといった自宅近くの町で撮影することで、経費を節約。60 ポンドの予算を捻出しなければならなかったので、スコットはすべてのシーンの絵コンテを自分で描いた。それがきっかけで、絵コンテを描くのが彼の映画人生の習慣となった。

自然体で叙情的な映像に合わせて無意識的な内面のモノローグが途切れなく流れる中、不登校の少年が一日中自転車で町を走り回る姿を追いながら、彼の人生に思いを巡らせる。「私のほうがフランソワ・トリュフォーよりずっと前にやったんだよ」スコットは、そのフランスの巨匠が処女作である自伝的映画『大人は判ってくれない』(1959)で主人公の少年が町をさまよう様子を描いたことに触れて、盛大にジョークを飛ばした。トニーは昔からある「ウッドバイン」というタバコをしこたま吸ったのを覚えていた。「ぼくの頭の中でゴングが鳴った気がした。これが兄のやろうとしていたことなんだってね」

結果、スコットの記念すべき自主映画は教員とクラスメートを観客にしっかり 27 分間上映された。その後、同作のフィルムは 2 年半日の目を見ないまま保管庫に入れられていたが、1964 年、『少年と自転車』のサウンドミックスのリニューアルに際し、英国映画協会から 250 ポンドの助成金が出た。スコットは作曲家ジョン・バリーを説得し、彼の作品「Onward Christian Spacemen」の新バージョンをテーマ曲として提供してもらうことができた。バリーが映画『キング・ラット』(1966)のレコーディングを行っていたロンドンのスタジオに招かれたスコットは、映像に合わせて演奏するオーケストラを神聖な気持ちで見守った。

RCA 在学中、スコットはよくナショナル・フィルム・シアターで夜を過ごした。そこでは世界中の映画をいくらでも観ることができた。「日本映画、フランス映画、インド映画、すべてだ。『不良少女モニカ』(1955)を観てからというもの、彼はスウェーデンの巨匠イングマール・ベルイマンの風景と感情を情感豊かに融合させる手法に魅せられていた。ベルイマンの表現主義が示す人間の心の深くて暗い闇が、スコットの思考に長い影を落とすことになった。しかし、最大のインスピレーション源となったのは、煌めく街並みが印象的なキャロル・リード監督作『第三の男』(1949)と、映画界における偉大なモノリス(謎の黒石板)ともいえるスタンリー・キューブリック監督作『2001 年宇宙の旅』(1968)である。それはいまも変わっていない。

スコットは、ジャーナリストや若い監督たちが映画の歴史をほとんど知らないことに、苛立ちを募らせている。

「先日、32歳（当時）の監督とDGA（アメリカ監督協会）で同席したんだ。彼が不満を口にしたのは『ブラックホーク・ダウン』（2001）のプロモーションの最中だった。「私が映画談義をしていたら、その監督の顔から表情が消えていった。私は何もエイゼンシュテイン（ソビエト連邦の映画監督）の話をしていたわけじゃない。1949年以降の映画の話をしていたのに。だから私は言ったんだ。『紙とペンを出して、今話した12本の映画の名前を書き留めなさい。そしたら、来週末はDVDプレーヤーから離れられなくなるよ』ってね」

スコットには、有名な監督や映画スターの名前を忘れたふりをしてジャーナリストを試すといういじわるな癖がある。

「『第三の男』を監督したのは誰だったかな……？」あるインタビューで彼からそう聞かれたことがある。「もちろん、キャロル・リードですが」と私は答えたが、あれは冷や汗ものだった。映画史への深い理解が彼にとっては大切なことなのだ。

前日譚

1961年、RCAを首席で卒業したスコットは、シュウェップス社（イギリスの飲料水メーカー）主催の奨学金を得てアメリカに渡るため、内定していたBBCへの就職を延期した。まずは、マンハッタンの広告代理店ドリュー社で見習いとして働くことを選んだのだ。当時のアメリカの広告業界は、テレビドラマ『マッドメン』（2007-2015）で描かれていたように、まだまだ黄金期であった。ニューヨーク時代の彼はドキュメンタリーの第一人者であるリチャード・リーコック（『プライマリー』（1960））やD.A.ペネベイカー（『ドント・ルック・バック』（1967））の作品にのめり込み、自分を雇ってほしいと頼み込んだ。彼らの住所しかわかっていなかったので、ポートフォリオを持ってロビーで待ち、彼らがやって来たらあとを追ってエレベーターに乗り込んだ。3階に上がるまでに彼の採用が決定。スコットは8ヶ月間、編集室で働き、物語編集についての得難い基礎を学んだ。

アメリカ滞在の終わりに、彼は34丁目（マンハッタンの「ストリート」のひとつ）からグレイハウンド社のバスに乗り込み、この夢の国に広がるさまざまな州と大都市を心ゆくまで満喫した。ニューオーリンズ、エルパソ（テキサス州の最西端の都市）、ラスベガス、ロサンゼルス、ソルトレイクシティ、シカゴ……などなど。そこで彼が目にした光景は、やがて自身が制作する『誰かに見られてる』（1987）、『テルマ＆ルイーズ』、『アメリカン・ギャングスター』（2007）に代表される彼のアメリカ映画の中のシーンに繋がっていく。

1962年にロンドンに戻ったスコットは、BBCのプロダクション・デザイナーとして契約を結び、それから2年半の間、"お堅い"会社で研鑽を積んだ。予算についてしっかり勉強させられた以外にも、良い学びがあった。それが監督業だ。時間の制約があるため、監督という立場は、セットや小道具の面では美術監督に頼らざるを得ないのだ。

「BBCでの経験は、自分が何を望んでいるかを知る重要性を根本から教えてくれた」と、スコットは言った。

彼は、ジャンルも内容もまったく異なる番組を渡り歩いた。そのため、BBC時代の初期の経歴をざっと調べるだけで、60年代前半のイギリスのテレビ史に触れることができる。『Tonight』（1957-1965、700万人の視聴者を誇る時事問題を扱う番組）、『That Was the Week That Was』（1962-1963、

左：映画『捜索者』（1956）のジョン・ウェインは、風景によって定義される人間というアイデアを提示

中央：イングマール・ベルイマン監督作『不良少女モニカ』の情緒的な風景

右：重要な影響を受けた3つ目の作品、戯曲『マクベス』の雰囲気漂う黒澤明作品『蜘蛛巣城』

風刺コメディ番組)、『Comedy Playhouse』(1961-1975、アンソロジー形式のご長寿ホームコメディ)、『The Dick Emery Show』(1963-1981、ディック・エメリー主演のスケッチコメディ)、『A Song for Europe』(国際的歌唱コンテスト『ユーロビジョン・ソング・コンテスト』の英国代表を選ぶ歌番組。このタイトルだったのは 1961-1995 および 2000-2003)、『Top of the Pops』(1964-2005、41 年にわたり愛された生放送音楽番組)などなど。SF ドラマ『ドクター・フー』(旧シリーズ：1963-1989、新シリーズ：2005 - 現在)の人気の地球外生命体キャラクター、ダーレクを生み出したのはスコットだという逸話まで生まれた。実際、そのシリーズ 1 のエピソード 2 にあたる「The Daleks (ザ・ダーレクス)*」のプロットは当初スコットが担当する予定だったが、結局スケジュールが合わず担当を外れた。というわけで、コショウ瓶を彷彿とさせるロボット風の外見を持つエイリアン、ダーレクの生みの親は、その造形を、レイモンド・キューシックがデザインしたというのが事の真相のようだ (ただし、ダーレクのコンセプトを書いたのは、脚本家テリー・ネイション)。*別名「ザ・デッド・プラネット」

BBC で出会った "光" の啓示

　スコットに啓示が降りてきた瞬間というのがあった。ある日、彼は例によって、いくつもの照明が煌々と光るセットにいた。そのまばゆい空間の中ではすべてが平坦で非現実的なものに見えていた。昼食の時間が告げられ、皆は急いで食堂に向かったが、そのとき、誰かが照明をひとつ消し忘れたらしい。その光景を見てスコットは愕然とした。斜めから降り注ぐ一筋の照明光が見慣れたセットを芸術作品に変えるのを目の当りにしたのだ。
　「あの、このまま明かりはひとつだけにしたほうがいいのでは？」と彼は戻ってきた照明係に提案した。
　「それは無理だよ」。照明係はスコットに言い返した。「それじゃ演者たちの顔に影ができるだろう」
　「ですが、影ができることこそがリアリティじゃないですか！」。スコットの抗弁は聞き入れられなかったが、それで引き下がる彼ではなかった。
　その一件があってから、スコットは演出をやらせてほしいとしつこく頼みこみ、4 ヶ月粘った結果、監督養成コースにねじ込んでもらい、BBC の施設を使って 30 分の番組を作るチャンスを得た。
　彼が携わった初期作品の中に、第一次世界大戦を描いたキューブリックの大作『突撃』(1957) のリメイク版とも言える短編映画がある。原作の見どころを 30 分にまとめた短縮版で、ウィンブルドン・コモン (ウィンブルドン南西部にある公園) での 10 分間のロケ映像も盛り込まれていた。この作品は BBC の上層部を納得させるのに十分な仕上がりで、これをきっかけに、人気警察ドラマシリーズ『Z-Cars』(1962-1978) と、そのスピンオフ作品『Softly, Softly』(1966-1969) のエピソードのいくつかを監督させてもらえることになった。そして、1966 年までに、タイムトラベルものの『Adam Adamant Lives!』とリーガル・スリラー『The Informer』のエピソードを何作か監督した。
　スコットは当時、人生ふたつ目の分岐点に立っていた。ひとつは BBC に残り、組織とうまくわたり合い、ゆくゆくは自身の経験を生かして映画監督になる道 (その交渉は可能だった)。しかし、彼の前には別の道も広がっていた。1963 年時点で、彼はすでに CM 撮影のオファーを受けていた。新しい世界が手招きしていたのだ。
　1968 年になると、照明に対する審美眼を買われ、スコットは広告代理店からたびたび指名をされるようになった。当時、彼の広告作品で常連の撮影監督フランク・タイディと一緒に仕事をしていたが、自身もカメラ操作の技術を習得していた。フランクはその後、『デュエリスト／決闘者』の撮影時、フランスの牧草地帯のロケに同行することになる。ちなみに、もうひ

スタンリー・キューブリックの画期的な宇宙の物語は、SFには現実感が必要であることをスコットに教えた

彼がもっとも影響を受けたのは、
キャロル・リード監督の『第三の男』のきらめく街並みと、
スタンリー・キューブリック監督による偉大な映画
『2001年宇宙の旅』である。

とりの常連撮影監督デレク・ヴァンリントは、『エイリアン』で初めてスコットとタッグを組んだ。そして、光と影を巧みに操り、恐怖の名場面の数々を生み出したのだ。
「あの頃は"イングリッシュ・ライト"と呼ばれる自然光の明かりが推奨されていたんだ」とスコットは振り返っている。

RSA社の設立

彼はそのBBCとそこに根付く時代遅れの慣習に別れを告げた。テレビ・コマーシャルという華やかな業界に飛び込み、フリーランスのディレクターとしてキャリアをスタートさせることに何の迷いもなかった。

そこには芸術とビジネスの完璧な融合、言うなれば「金儲けになる芸術活動」があった。そして、スコットは新しい美学を形作る手助けをすることになる。そこにあるのは夢であり、郷愁であった。彼の仕事は限られた時間の中で物語を展開させることだった。スコットはそれを印象的なフレーズでこう称した――「完璧な30秒間」と。

仕事は山ほどあった。ただ、名の知れた監督連中はこの目新しいメディアをくだらないものだと敬遠していたが。

スコットが初めて監督したのは、ガーバー社のベビーフードのCMだった。火がついたように泣き叫ぶ赤ん坊を相手にするという初めての試練。言うことを聞かない演者をどう扱うかその能力が試された。

広告代理店JWT（J・ウォルター・トンプソン）ロンドンのテレビ・クリエイティブ部門責任者、ジェレミー・ブルモアは、1965年12月29日付けのメモを全プロデューサーに送った。「私は最近若い監督に会って話をした。ぜひこの新人監督に注目してもらいたい」。さらに、ジェレミーはスコットの経歴を紹介し、こう書き添えた。「この人物はとても聡明で、無駄なことが嫌いである」

2015年のインタビューでブルモアは、スコットの

OBSESSIONS 19

ことを「映像の1コマ1コマにこだわる人物」だと回想している。しかし、虚勢を張る男ではないとも言い切っている。「自分が第二のオーソン・ウェルズだといった気負いがまったくないんだ」

物作りの世界では、予算、時間、技術、人材をはじめとする様々な制約がクリエイターの能力に挑んでくる。限界の中で自分がどこまでできるか試行錯誤を繰り返すうちに、創造性が磨かれ、そうしたプレッシャーから芸術が生まれることもあるのだ。

1965年、彼は28歳の若さで自分の会社を設立した。アートとビジネスをひとつ屋根の下で結びつけることは常に彼の計画の中にあった。しかし、それは大きなリスクを伴った。銀行からの融資を拒否したスコットは、すべての貯金、つまり、この業界で苦労して稼いだ全財産をリドリー・スコット・アソシエイツ（RSA）社の設立に投じたのだ。

「カウボーイ気質のところがあってね」。レキシントン・ストリートにあるビルを手に入れ、自ら建物内のレイアウトをデザインした経験を踏まえ、彼は己の哲学について語った。「きっとうまくいくと、賭けに出たんだよ」

当然、彼は弟のトニーに自分の新しい事業に加わってほしいと頼んだ。「これをファミリー・ビジネスにしよう！」と。スコットは1年以内にフェラーリを手に入れると約束し（約束は果たされた！）、弟に映画撮影のノウハウをすべて教えた。

トニーは兄の後を追ってロイヤル・カレッジ・オブ・アートで学び、やがて『トップガン』(1986)や『ビバリーヒルズ・コップ2』(87)といった、80年代の"飛行機、車、銃＆タフガイ"を描く映画の流れを生み出すことになる。

レキシントン・ストリートで、スコット兄弟は沈黙と向き合った。RSAを設立したはいいが、6週間経っても誰からも連絡がなかった。このままでは会社を畳むしかないと思った矢先、バーズ・アイ社の冷凍食品フィッシュフィンガーのCMキャラクター、キャプテン・バーズ・アイの仕事の話が舞い込んだ。キャプテン・バーズ・アイは、彼らにとっての救世主（オビーワン・ケノービ）となる。台本を見るまでもなく、ふたりは急いで太陽がさんさんと降り注ぐバルバドスに向かった。ようやくそこで、スコットは事業が軌道に乗り始めたことを実感した。

スコットの慎重な経営と視覚的な洞察力によって、事業は予想以上の成功を収め、RSA社は急成長を遂げた。スコットは、映画製作のチャンスがほどなく訪れるだろうと、常々考えていたが、そのために足を止めて行動を起こそうとはしなかった。それだけ事業に熱を入れていたのだ。

CMの仕事は自分にとって映画学校だった、と彼はインタビューでよく語っている。

彼はCM制作を通して映画撮影と編集の技術を身に付けた。映像をどう流せばメッセージ性が生まれるかということもそこで学んだ。「CM業界で研鑽を積みながら自分自身の道を模索したことが今のスタイルを生み出したんだ」と彼は言う。

スコットが制作したCMの中でもっとも有名なのは、1973年制作のホヴィス・ブレッドのCMで、2006年にはイギリスでもっとも象徴的なCM作品に選ばれている。撮影はドーセット州シャフツベリーのゴールド・ヒルで行われた。北部の名もなき農村として描かれたこの40数秒の完璧な映像は、大戦のはざま期のイギリスを神話の世界のように映し出している。ドヴォルザークの「新世界より」という耳なじみのあるメロディが流れる中、小さな男の子が、パンを届けるために、柔らかな光に照らされる石畳の急な坂道を一生懸命自転車を押しながら登ってくる。「そして、少年は意気揚々と帰っていくんだ」。その光景を懐かしむように語るスコット。自転車に乗り両足を広げたまま勢いよく坂道を下っていく少年の姿が子供の頃の自分に重なるのだろう。

「彼のCMには、我々世代より前の時代を想起させる作品が多いが、実際その頃はそんな光景が広がっていたにちがいない」。彼が広告業界に入った当初からの付き合いである広告会社の重役バリー・デイは言う。「スコットは観る者に、"経験していないのにどこか懐かしい"感覚を与え続けた。現実の生活を題材にしながら、それを理想化し、優しくぼかして表現する。これこそが視聴者が心の奥底で望む姿なのだ」

60年代から70年代へと移り変わる頃、RSA社は

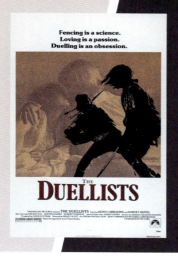

詳細な歴史背景、
ふんだんなアクション、人間の不条理と、
この映画において、スコットの本領は
見事に発揮されたのだった。

左：スコットのデビュー作の映画ポスター。彼はスタジオがこの作品を支持してくれなかったと感じていた

前頁下：主演俳優であり決闘者のハーヴェイ・カイテルとキース・キャラダインがカメラの前でポーズを取る

ロンドンでもっとも大きなCMプロダクションのひとつとなっていた。その中心にいたのがスコットで、世界中を飛び回り、さまざまなCMを撮影していた。

スコットが撮影したCM総数は数え方にもよるが、10年間で2000本にも及び、担当したブランドもリーバイス、ベンソン＆ヘッジス、クロフトオリジナル、シャネルNo.5など、多岐にわたる。

当時、スコットはファッションデザイナー、グラフィックデザイナー、画家、ミュージシャンなど、「New Blood」と呼ばれるポップ・カルチャー界隈の人々と交流していた。当時の彼はノリに乗っていたのだ。サウス・シールズ出身の控えめな少年が、フリルのついたシャツの上にピンクのベルベットのジャケットを羽織り、ロンドンの気取ったナイトクラブでザ・ローリング・ストーンズと肩を組むことになるとは。「たしかに60年代、70年代の頃の私は恵まれた人間の部類だったと思う」。彼はそう自分を振り返った。「27歳で成功してから、金には不自由しなかった。1970年には高級車ジャガーのEタイプを乗り回してね。ちょっといけすかない奴って思われていただろうね」

映画づくりへの道

しかし、いくら景気よく遊んでも彼の心は晴れなかった。やるべきことをずっと先延ばしにしている感覚が常にあった。30代になり、時間がどんどん過ぎていくのを恐れたスコットは、映画界に入るための次のステップについて考え始めた。

彼をその気にさせたのはありきたりなライバル意識だった。彼の友人であり、広告業界の同期でもあるアラン・パーカーは、その頃すでに飛躍を遂げていた。郵便の仕分け係だった彼はコピーライターに転身し、さらに監督へと出世していたのだ。

パーカーは私財を投じ、禁酒法時代のアメリカを舞台に子どもたちがギャングに扮して歌い踊るミュージカル『ダウンタウン物語』(1976)で長編映画の監督デビューを果たし、トルコの刑務所で展開される骨太ドラマ『ミッドナイト・エクスプレス』(1978)でアカデミー賞監督賞にノミネートされる。「彼が映画監督になったとわかったときは落ち込んだよ」。スコットは悔しさを隠さなかった。「1週間眠れなかった」

本人たちが自覚していたかどうかは別として、それは映画界の一大ムーブメントの始まりだった。70年代の広告業界の中心地ソーホー地区に並ぶ洒落たオフィスから台頭してきたイギリス人若手監督の一団が、80年代ハリウッド映画の新たなブームを決定づけた――その一団こそ、アラン・パーカー、『フラッシュダンス』(1983)のエイドリアン・ライン、『炎のランナー』(1981)のヒュー・ハドソン、『ヤァ、ブロードストリート！』(1984)のピーター・ウェッブ、そしてスコット兄弟だった。

この商業映画監督たちの何がそれほどのインパクトを与えたのだろうか？　彼らは揃って、洗練されたスタイルとビジネスセンスの合体を試みた。誰もが現実を神話に昇華させ、視覚的なイメージからストーリーを語ることができるという考えに夢中だったのだ。彼らは、ヌーヴェル・ヴァーグのように因習の打破や真実の探求を目指すのではなく、さまざまなジャンルが混在する中で完璧を求めることにこだわっていた。ス

OBSESSIONS　21

閃く刃——剣術の戦いを視覚化するために、スコットは剣にバッテリーパックを取り付け、打ち合うと火花が散るようにした。

　スコットはこのようなハイセンス集団の一員であっただけでなく、グループの創造的な手法やスタイルを形作り、方向性を定める上で中心的な役割を担ってもいた。ところが、数多の優れた若手たちが自分の構想や企画をこぞって売り込む中、誰よりも才能があると認められていた彼が苦戦を強いられた。信頼関係を築いていなかったために出資者たちを説得できず、己の野望をなかなか実現できなかったのだ。そうした事実は、今となっては意外にも思えるだろう。

　ある日、とある残念な脚本を読んで落胆した彼は、自ら執筆に挑戦する。『Ronnie and Leo』と題された草稿を3本書いたのだ。それは、「非常にダークで、暴力的」、なおかつニコラス・ローグ監督作のギャング映画『パフォーマンス』(1968)の影響を受けた作品で、120万ドルの予算を想定した「すこぶるお手頃価格の」コメディタッチの強盗ものだったという。だが、この経験を通じて、スコットは貴重な教訓を得た。彼には脚本を書く十分な時間がなく、自分自身を追い込んでしまった事実に気づいたのだ。「企画を選んだら、次に脚本家を選ぶ」。それが鉄則だと、スコットは悟ったようだ。

　それ以来、多くの脚本家が注文が多く探求心旺盛なこの監督とともに仕事をすることになるが、その筆頭が、1972年にスコットに『Castle X』というタイトルのシナリオを提供したジョン・エドワーズだった。『美女と野獣』をアレンジしたこの作品は、男性ボーカルグループ、ビージーズの出演を望む音楽界の大物ロバート・スティグウッドの手に渡った。スコットはこのプロジェクトのために、当時のユーゴスラビアにある城をあちこち下見でしたが、結果的に、スティグウッド、あるいはビージーズの誰か、もしかしたら全員かもしれないが、とにかく関係者の心変わりがあり、制作は叶わなかった。

　ウェールズ出身の劇作家ジェラルド・ヴォーン＝ヒューズは、スコットの歴史的リアリズムへの情熱に共感し、1605年にイギリスで起きた火薬陰謀事件を題材に選んだ。これは、カトリック教徒らが国会議事堂の地下に火薬の樽を置き、それを爆発させてイングランド国王ジェームズ1世の暗殺を企てるも失敗に終わったという政府転覆未遂事件*である。歴史的なテロ計画とされるこの出来事が、スコットの知的好奇心をかきたてたのだ。彼はいまでもこの事件に目を向けて重厚感のある作品を制作したいという思いを抱いている。＊同国ではこの陰謀が発覚した日を、実行責任者のひとりの名前を付けて「ガイ・フォークス・ナイト」という記念日に設定した。

　代案として、ヴォーン＝ヒューズは、"インディアン"・キャプウェルという奇妙な物語を持ちかける。主人公キャプウェルは、19世紀の古生物学者で、「大トカゲ」と自身が呼ぶ生物の化石を探してアメリカの大平原を横断するという内容だった。スコットはこの物語を気に入ったが、資金提供者たちから「少し硬すぎる」と言われ、結局この企画も暗礁に乗り上げてしまった。

　彼を阻んでいたのは業界にはびこる固定観念だったとも言える。頭の古い保守派の面々は、彼のように広告業界から巧妙に映画界に入り込んできた者たちの撮

22

影方法に抵抗を感じていたのだ。「基本的に広告業界を下に見ていたんだ」とアラン・パーカーは言う。

それならば、とばかりにスコットは自分の手で問題解決に乗り出した。RSA社はプロデューサーのスティーブ・ベイリーを雇い入れ、テレビ向けドラマ部門の強化という名目で協力を仰いだ。社内のベイリーが担当する部門は「スコット・フリー」と名付けられた。さらにスコットは、1980年に初の自社映画製作部門であるパーシー・メイン・プロダクションズ*を立ち上げた。*イギリス北東端のノーサンバーランドにある小さな村「パーシ・ベイン」にちなんで命名。1995年にスコット・フリー・プロダクションに改名された。

1975年、ベイリーはスコット兄弟をパリのテレビ会社テクニシノールに紹介した。同社は古典文学を題材にしたドラマシリーズを制作しており、スコット兄弟は、あるアメリカ人作家が問題を抱えたイギリス人夫婦のもとを訪れたことから物語が展開するヘンリー・ジェイムズの短編小説「ベルトラフィオの作者」を翻案する機会を得た。

兄と弟、どちらが監督を務めるかという問題はコイントスで決まった。ここでも、リドリー・スコットは運に恵まれなかった。

デビュー作『デュエリスト／決闘者』へ

古典の映画化というアイデアにスコットは興味を持ち、著作権が消滅した作品から題材を見つけることができるのではないか？ という考えに至った。

「第一の理由は、作品使用料を払わなくても済むからさ」。しかし、口ではそう言うが、実際に当時のスコットが夢中で読んでいたのも古典文学だった。ヘンリー・ジェイムズ、ジャック・ロンドン、もう少し新しいところで、ポーランド系イギリス人で19世紀のモダニズムの航海と植民地主義の物語を書いたジョセフ・コンラッドだ。インタビューによってスコットの受け答えは微妙に違っていて、コンラッドの作品に惚れ込んでいたと答えたり、コンラッドの重厚すぎる散文に抵抗を覚えながらも尊敬の念を抱いていたなどと語ったりしている。

コンラッドによる、故郷から遠く離れた場所で重圧に耐える男たちの描写は、スコットの映画監督としてのキャリアに長期にわたって影響を与え続けていく。

スコットは処女作として無謀にもコンラッドの小説「闇の奥」の映画化を考えた。行方不明の狂人クルツを捜すため、非現実的なアフリカの中心地へタグボートで川を遡る物語で、それを映画化することは非常に大きな意義があった。やがて、フランシス・フォード・コッポラがその小説を基に『Apocalypse Now（現今

の黙示録）*』（1979）というタイトルで映画化に乗り出そうとしているというニュースが耳に入ってきた。
*邦題は『地獄の黙示録』。

そこで彼はコンラッドの別の小説に目をつけた。それが「決闘」で、フランスのナポレオン戦争時代にふたりの将校が駆り立てられるように決闘を繰り返す物語だ。決闘の理由はすぐに重要性を失い、やがて両者は"名誉"と"欲望"という相反する感情に支配されていく。

「80ページ足らずの作品だったが、そこには対立の狂気性が集約されていた」。スコットが2005年、自身のキャリアについて語ったとき、この作品についてそう説明した。「20年の時が流れた頃、ひとりはすでに決闘の理由を忘れていた。そういうことってよくあるだろ？ 物語の舞台と言われるドルドーニュ地方のサルラという場所を見つけたとき、この本の登場人物はふたりとも実在の人物をモデルにしていたことがわかったんだ」

詳細な歴史背景、ふんだんなアクション。人間の不条理さに対する洞察──この小説では、スコットの興味を引く要素が完璧に組み合わされていた。

スコットの元に素晴らしい脚本を携えて戻ってきたヴォーン＝ヒューズの功績も大きい。そこには、ナポレオン時代の終焉、1800年から1816年にかけて、熱血漢のフェローと冷静沈着ながら信念を貫く第7軽騎兵部隊のアルモン・デュベール中尉の間で繰り返される決闘がテンポよく描かれていた。

同部隊の軽騎兵ガブリエル・フェロー中尉は、ストラスブール市長の甥と決闘して重傷を負わせ、トレアード将軍の逆鱗に触れる。伝令を命じられたデュベールがフェローに謹慎処分をやや強い口調で伝え、逆恨みされたことが、この決闘物語の最初のきっかけに見えるが、そこにはもっと深い考察が隠れている。階級社会への不平等意識、死との対峙、人間に内在する対抗心の正体。理性的なデュベールは"エゴ"（自我。現実とイドの欲望を調和しようとする部分）を、直情的で無鉄砲なフェローは"イド"（原始的な欲望が存在する部分）を象徴している。「世間受けを度外視するという賭けに出ることにしたんだ」と、スコットは冗談を言った。

映像にこだわった結果、スコットの経費節減の才覚をもってしても70万ドルを要したので、イギリスの制作会社エニグマで、エイドリアン・ラインとアラン・パーカーの手助けをしていた映画プロデューサーのデヴィッド・パットナムに相談を持ちかけた。図書館司書のような落ち着いた口調と、獲物をしつこく追いかける猟犬のテリアのような粘り強さを持つパット

ナムは、かつて広告業界の重役職にあり、80年代半ばに短期間コロンビア映画の経営にも携わった経歴を持つ。契約を勝ち取る才能に長けた元アカウントエグゼクティブだった。パーカー監督作『ダウンタウン物語』（1976）がカンヌ国際映画祭上映された際、パットナムも同映画祭を訪れていて、そこでパラマウント映画のデヴィッド・ピッカーという人物と出会う。ピッカーに有能な映画監督がいないかと聞かれ、パットナムはすぐにスコットに電話をかけた。そして、飛行機に飛び乗り、翌日カンヌまで自分とピッカーに会いに来るよう指示したのだ。このとき3人で話し合われた企画が、スコットのデビュー作『デュエリスト／決闘者』となる。

降り続く雨の中

キャスティングについて、当初スコットはフェロー役に浅黒くて豪快なオリバー・リードを、デュベール役に冷静沈着で品もあるマイケル・ヨークを起用し、気性の対比を表現しようと考えていた。しかし、イギリスのスターのギャラは法外な値段だった。ピッカーからアメリカ人俳優なら予算を抑えられると進言されたスコットは、カリフォルニアに半年間滞在し、ハリウッド俳優をコンラッドが描く世界に当てはめるべく奔走した。ロバート・アルトマンの『ボウイ＆キーチ』（1974）や『ナッシュビル』（1975）といった当時流行のコメディ映画の出演で人気を得たキース・キャラダインは、古典作品の出演に怯え演技の準備に余念がなかった。その緊張感が、悠然としながらもどこか堅苦しく、この愚かな決闘が早く終わることを願っているデュベール役にぴったりはまった。かたや、都会のリアルを描いたマーティン・スコセッシの初期の監督作『ミーン・ストリート』（1973）や『タクシードライバー』（1976）で注目されていたハーヴェイ・カイテルは、自分がオーバーアクションになるのではないか、自身のブルックリン訛りの英語は大丈夫なのかと不安になっていた（キャラダインもカイテルも、アメリカ英語のまま演じた）。心配しすぎるあまり、スコットを苛つかせることもしばしばだったが、彼は見事に大役を務めた。フェローはまさに、ハーヴェイが演じるエッジの効いた気性の荒いニューヨーカーのイメージにぴったりだったのだ。説得が通用しない荒くれ者で、どのシーンでもまるで爆発寸前の時限爆弾のようだった。ふたりの体格のコントラストも絶妙だった。カイテルは背が低くがっしりしていて、かたやキャラダインは背が高くひょろっとしていた。

いつまでも決闘を繰り返す兵士ふたりをデフォルメして描く一方で、スコットはアクションについては徹底的にリアリズムを追求した。本物の剣を使用し、バッテリーパックに繋いで剣同士がぶつかるたびに火花を散らしてみせた。また、使用したピストルは本物の旧型銃だった。

"決闘"という儀式的な行動様式はその後の彼の映画にも影響を与えている。たとえば、『ブラック・レイン』（1989）のヤクザの掟、『ブラックホーク・ダウン』（2001）の仲間意識、『アメリカン・ギャングスター』（2007）の縄張りのルールなど。『エイリアン』で主人公のリプリーは検疫規定厳守の姿勢を示し、『ブレードランナー』ではロイ・バッティが"フェアプレー"を要求していた。

物憂げにこのコンビの脇を固めたのは、コルセットに膝下ズボンという衣裳姿に慣れているイギリスの性格俳優たち——リスティーナ・レインズ、ダイアナ・クイック、エドワード・フォックス、ロバート・スティーブンス——だ。当時、恋人だったクイックの口利きもあって、アルバート・フィニーは一日無償で出演協力してくれた。スコットは彼に、ガラスの額縁に入った25ポンドの小切手（「いざという時に、ガラスを割って使ってください」というユーモアを込めて）とシャンパンの木箱を渡した。

1976年の冬、制作の遅れにより、フランスの厳しい気候の中で撮影を続けるはめになった。ドルドーニュ地方でのロケは58日間にも及び、そのうち56日間は雨だった。スコットはこの土砂降りを理想的な視覚効果をもたらす"フィルター"としてうまく利用した。それがまさに、スコット特有の「空気感」を視覚的に表現する手法の最初の例だ。こうして彼は、絵画のような印象的な場面が次々と流れる映像美を作り上げたのだ。

「私は、自然現象を活かすそうした撮影術をいろいろな監督から学んだ。特に勉強になったのは『七人の侍』（1954）や『蜘蛛巣城』の黒澤明だね」と、彼は説明した。「ジョン・フォードは風景、天候、塵、太陽を描く空間の巨匠だ。しかも、これらはすべて俳優たちが到着する前の段階の話なんだよ。わかるだろ？」

スコットは、天候に翻弄される中、フランスの廃墟と曇天を背景にしたフレーミングを得意とするクラシカルな映画監督として、最初から完璧に仕上がっていた。秋をイメージさせる室内は黒トリュフのように暗く、ろうそくの光でかろうじて照らされて、まるでフェルメールやテオドール・ジェリコ、ジョルジュ・ド・ラ・トゥールの絵のようだった。一部の批評家からは、美しいものにこだわりすぎだと野次が飛んだ。この映画は、サドルレザーやデキャンタを売り込む広告以外の何ものでもない！と。スコットの美へのこだわりは

出演俳優たちを常に苛立たせた。批評家デイヴィッド・トムソンが把握しているように、「監督が極端にこだわった視覚的な美しさは、閉塞的、かつ几帳面すぎるほどで、もはや病的ですらあるが、この物語の狂気じみた、ユーモアのない、うんざりするくらい執拗な展開と見事なまでに補完し合っている」のだ。

だが、本作を"ユーモアがない"とするのは厳しすぎる評価だ。何せ、主人公ふたりの行動は不条理で滑稽なものなのだから。

もちろん、スコットは、キューブリックがウィリアム・サッカレーの作品を映画化した作品『バリー・リンドン』(1975)の、トマス・ゲインズバラの絵を彷彿させるような完璧なフレーミングと、観客が苦痛を感じるほどスローなトラッキングショット＊には一目置いていた。ふたりとも同時代に活躍する監督だが、スコットの映画はより"快活"に仕上がっている。彼は決闘シーンが繰り返し登場することを意識して、それぞれの決闘の形式、表情、スピード感を微妙に変えている。彼はCM制作の最先端で培った効率的な表現技法をすべて駆使し、観客がこの映画を単一の連続したストーリーとして捉えるだけでなく、各決闘シーンが独立した短編映画のようにも楽しめるようにもしつつ、全体としての一貫性も保持した構成になっているのだ。＊カメラが動きながら撮影する方法。

パラマウントは配給会社に過ぎなかったので、スコットは自ら完成保証人を務めなければならなかった。スケジュール超過、予算超過の場合、その不足分は彼のポケットマネーから出た。「自分がビジネスマンとしてやってきたことすべてを、クリエイティブになるためのプロセスに応用していたんだ」と、彼は振り返った。その発言は、ナポレオンが行った数ヶ月にわたる地獄のようなロシア侵攻の様子が、ケアンゴーム山脈で撮影された雪中の1シークエンスに凝縮されているのと重なる。

フランスの高級ワインのごとく、『デュエリスト／決闘者』の評価は時間とともに高まっていった。パットナムは、この映画はカンヌ国際映画祭で評価を受け、パルムドールにノミネートされるだろうと太鼓判を押した。しかし、この作品は娯楽というより芸術に近いと批評されるだろうと踏んだパラマウントは、映画の公開を7館だけに止めた。公開当初の収益は、会計士にとってほとんど問題にならない額（アメリカでは推定90万ドルの収益）だったはずだ。

今やこの作品は紛れもなく彼の最高傑作のうちの1本と見なされている。だが、本人はこの作品が長く愛されていることに驚いているようだ。「たまたまNetflixで『デュエリスト／決闘者』を見つけて、作品が非常に評価されていることを知ったんだ。驚いたよ」と、彼は語った。「それで、めったに自分の古い作品を見たりはしないんだけど、10分間だけ見てみようと思ったんだ。結局、2時間も見てしまったけどね」

これからハリウッドに、そして、宇宙に舞台を移す前に、ひとまず『デュエリスト／決闘者』のワンショットに目を向けてみたい。ワイドアングルで、カイテル演じるフェローが、人生の長い決闘を終え、風光明媚な川の渓谷に臨む断崖の端まで歩いていく。二角帽を被った彼は、我々の目にはナポレオンそのものに映る。そして、1テイクの間、一筋の陽光が曇り空を突き抜け、これから起こることを予兆するかのようにフレームを横切っていく。

ナポレオンの指揮による悲惨な冬のロシア侵攻は、スコットランドのケアンゴームズで数日間にわたって撮影された

OBSESSIONS 25

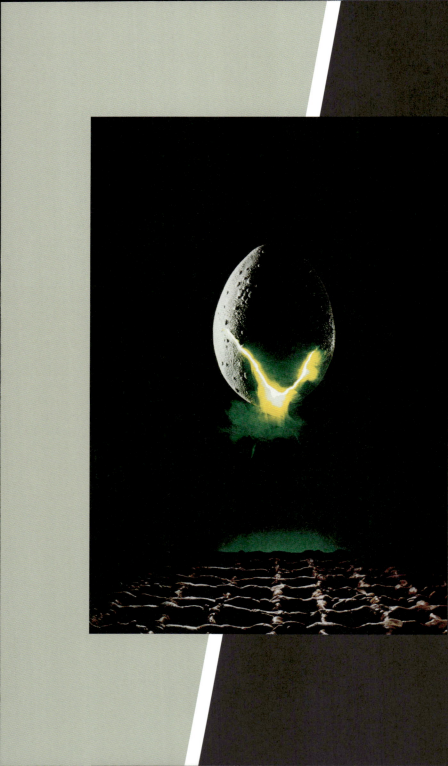

PERFECT ORGANISM

完全なる有機体

ALIEN (1979)

『エイリアン』

「素晴らしい純粋さだ」
──アッシュが同乗者ランバートに語った言葉

あるべき「クリーチャー」の姿を探して

そのクリーチャーはリドリー・スコットに悪夢を見せてきた。正確には、そのクリーチャーの"不在"に、であるが。リドリー・スコット監督は自身2作目の映画で、数えきれないほど種々様々の事柄に挑戦することになる。クリーチャーこそが、『エイリアン』の核心的な要素だった＊。＊後にこの異生物の成体は、続編『エイリアン2』で監督のジェームズ・キャメロンが「ゼノモーフ」と分類。

「（新たなプロジェクトに着手したという）最初の高揚感が落ち着くと、このクリーチャーがいったいどんなふうに人々の目に映るのかという問題が、雷雲のように心に垂れ込め始めたんだ」と、彼は告白した。もし、そのデザインに、十分な装備を持たない宇宙船の乗組員たちを情け容赦なく、ひとりずつ襲撃していく恐ろしい存在であるという説得力を持たせることができなかったら、『エイリアン』は単なるB級映画になっていただろう。

まず、タイトルそのものが、スコットに大きな課題を突きつけていた。正真正銘の地球外生命体なるものが必要だ。しかし、どんな姿にするかを真剣に考え始めたとたん、大きな疑念にぶち当たった。触手、吸盤、球根のような目、爬虫類のような皮膚、などなど。SFと言えば、『大アマゾンの半魚人』（1954）の頃から、モンスターの姿はどれもワンパターンだ。スコットは寝床に就いても、エイリアンの正体が明らかになった瞬間、風船が割れるように緊迫感が急激に失われてしまうのではないかと不安を巡らせてばかりいた。しかし、誰も見たことのないものをどうやって見つけ出し、形にするというのか──？

その難問に挑んだのが『スター・ウォーズ』（1977）のカンティーナ＊に出入りするクリーチャーたちのデザインを手がけたコンセプト・アーティスト、ロン・コッブだ。ところがそれは、ウォルト・ディズニーがホラー作家、H・P・ラヴクラフトの作品の映像化に挑戦するほど無謀なものだった。アンテナのような茎状の触覚があったり……といった具合に。気の荒い模型制作部門の重鎮、ロジャー・ディッケンは、恐竜風にしてはどうかとしきりに言った。「ありきたりじゃ

ダメなんだ」と、スコットは言い張った。＊物語に登場する、さまざまな星の曲者たちが出入りする酒場。

スコットが諦めの境地に陥りかけたとき、宇宙を舞台にしたこのホラー映画を原案した脚本家で映像コンサルタントのダン・オバノンから一冊の本を見せられた。スコットを動かすなら視覚に訴えるのが一番だった。

その本──『ネクロノミコン』は神秘的で刺激的なアート作品集だったが、20世紀フォックスの中にはそれを病的だと考える者もいた。スイス人アーティストのハンス・リューディ・ギーガーは、「バイオメカニカル」と呼ばれる美学の先駆者だ。彼は生体組織とパイプ、バルブ、ピストンを融合させ、グロテスクなほどセクシュアルな、ガンメタル色のファンタスマゴリア（幻影）を作り上げる。無機的な部分と有機的な部分の境目がはっきりしないのが特徴。ギーガーは古代エジプトの象形文字ヒエログリフに、ルネサンス期のオランダの画家ヒエロニムス・ボス、ウィーン幻想的リアリズム派の創始者エルンスト・フックス（クリムトやムンク、ピカソの影響下にある）、18世紀のイギリス人画家ウィリアム・ブレイク、19世紀末から20世紀にかけて欧州で流行したアール・ヌーヴォー、20世紀前半のフランス人作家兼映画監督のジャン・コクトーの要素を融合させた、コズミック・ゴシックという宇宙を思わせる超越的な性質とゴシック的な不気味さを併せ持つ独自の芸術表現を誕生させていた。

開かれていたページには「ネクロノームIV」と題された絵が描かれていた。スコットはそのモノクロの絵の中にひとつの啓示を見た。それは人型をしていた。鉛色の外骨格に包まれた、しなやかな曲線の透明な体。むき出しの鋭い歯。そして男根のような頭蓋。不快感こそ覚えるものの、美しくもあった。

「ダンは、まるで怪しい本でも見せるかのように、私を脇に連れていった」とスコットがそのときのことを話してくれた。「それがギーガーの『ネクロノミコン』だったんだ。目玉が落ちそうになったよ。それで、私は彼に会うためにチューリッヒに飛んだ。『エイリアンはすでにここにいる。この本の中に』と、私は言った。『そう、まさにこれだ。どこも変えるな』ってね」

スイスから戻ったスコットは、スタジオに対して断固とした態度で臨んだ。「今、自分に何の力もないことはわかっている。でも、このギーガーなる人物に参加してもらわない限り、この映画は絶対にやれない」

スコットは結局自分の主張を通し、映画デザインに革命を起こすことになった。1978年7月25日から10月にかけての苦難の撮影を終え、その「目を覆いたくなるようなおぞましい姿」はSF映画の定番イメー

H・R・ギーガーの印象的なデザインは、機械的なものと有機的なものの融合を取り入れた"遺棄された"エイリアン・クラフトだ

ジとなった。しかし、その前に、『エイリアン』が誕生する前の短いけれど、大切な物語に触れておくことにしよう。

誕生前夜

　セントルイス生まれのダン・オバノンは、同じ南カリフォルニア大学に在籍していたジョン・カーペンターが制作した『ダーク・スター』(1974)で共同脚本と主演を務めた。ビーチボールのように円く飢えたエイリアンが、怪しげな薄汚れた宇宙船に忍び込むというユーモラスかつ奇抜な物語で、のちにカルト的な人気を集める。オバノンは次に『Memory』というタイトルの脚本に取りかかろうとしていた。遭難信号に応答した深宇宙探査船の乗組員が難破したエイリアン船に遭遇し、乗組員のひとりが胞子に孕まされて、その体内で成長した極めて危険な生物が孵化するという話だった。結局、『Memory』は実現に至らずに終わる。フランク・ハーバートの銀河系叙事詩「デューン　砂の惑星」をアレハンドロ・ホドロフスキーが映画化する企画に参加しないかと、オバノンに電話がかかってきたからだ。パリを拠点に活動していた、シュールレアリストであるこのチリ出身の監督は、ロックバンド、ローリング・ストーンズのヴォーカルのミック・ジャガー（ファイド・ラウサ役）、『市民ケーン』(1941)などで知られる映画監督で俳優のオーソン・ウェルズ（ハルコンネン男爵役）、シュールレアリスム運動の影の立役者である画家サルバドール・ダリ（既知の宇宙を支配する皇帝役）といった各界の天才たちをキャスティング。次元間を自由に移動する子宮型宇宙船の物語を描こうという、キャストらの異才ぶりが霞むほどの奇想天外な企画を編み出した。ホドロフスキーが求めていたのは、「底知れぬ異質さ」である。この企画の構想段階で、彼の視線はSF界のもっとも型破りなアーティストたち向けられた。ホドロフスキーのパリにある隠れ家に招かれたのは、アイザック・アシモフのスペースオペラの表紙絵で名をあげたイラストレーターのクリス・フォス（宇宙船デザイン担当）、フランスのヒップなSFコミック誌 Métal Hurlant（メタル・ユルラン、米版は「Heavy Metal」）にて「メビウス」のペンネームで知られていた漫画家ジャン・アンリ・ガストン・ジロー（絵コンテ、キャラクターデザイン担当）。そして、特殊効果担当としてオバノンにも声がかかったというわけだ。さらに、ダリによって推薦されたのが、ギーガーだった。このスイス人アー

ティストの作品が持つ機械的で生物的、なおかつエロティックな雰囲気が、ホドロフスキーの壮大な宇宙叙事詩にはぴったりだと考えたそうだ。だが、残念なことにホドロフスキーの超現実的なプロジェクトは、経済的な面で「現実」を前に崩れ去り、集められた異世界の先見者たちのチームはあえなく解散となった。興味深いことに、『エイリアン』の成功の後、スコットは「デューン　砂の惑星」の映画化に７ヶ月を費やしている。ギーガーのバイオメカニカルな世界観を基に、モロッコのアトラス山脈での撮影を計画していたのだ。この砂漠の星の物語は、やがてデヴィッド・リンチの手腕に委ねられることとなったが、映画『オデッセイ』（2016）に描かれる広大な荒野は、「デューン」映画化の断念で叶えられなかったスコットの夢の続きを垣間見せてくれている。

　オバノンは家に引きこもり、脚本家のロン・シャセットとともに『Memory』の乗組員に何が起こったのか真相を究明した。そして、自らを監督に据えて、『Starbeast(スタービースト)』というタイトルで映画制作を興行主のロジャー・コーマンに売り込もうとした。プロデューサーのマーク・ハガードが仲介に入り、スタジオ契約の可能性が模索された。タイトルのことで頭を悩ませていたオバノンは、自分が「エイリアン」という言葉を頻繁に口にしていたことに気づ

く。彼は、「エイリアン」というワードが、この映画に登場するクリーチャー自身と、同作における一貫したテーマ（現実世界への「異質なもの」の侵入）を同時に効果的に表現していることを気に入っていた。ハガードがパイプ役をしてくれたおかげで、『エイリアン』と改題された脚本は、映画製作会社ブランディワイン・プロダクションの設立者でプロデューサーのウォルター・ヒルとデヴィッド・ガイラーの手に渡った。

　ヒルはライアン・オニール主演の逃走スリラー『ザ・ドライバー』（1978）で知られる映画監督でもあり、ガイラーは『パララックス・ビュー』（1974）の脚本家としても評価を得ていた。決定的だったのは、ふたりが20世紀フォックス映画（当時社名・以下フォックス）のCEOであるアラン・ラッド・ジュニアから信頼されていたという点だ。ヒルは最初にこの作品を読み、パートナーのガイラーにこれは駄作だと伝えた。「ただ、素晴らしいシーンがひとつある……」と。フォックスが参入してからは、オバノンが監督を熱望していることについて真剣に検討されることはなかった。その後、ヒルは数ヶ月かけて脚本を修正し、あれこれ考えを巡らせる。ふたりは、ヒルが「あまりにも陳腐だ」と考えた時代遅れで現実味に欠ける要素を削ぎ落とし、オバノンが考えたコンセプトの上に緊張感のあるリアリズムを覆いかぶせた。従来のSF映画に

「ダンは、まるで怪しい本でも見せるかのように、
私を脇に連れていった。
それが、ギーガーの『ネクロノミコン』だったんだ。
目玉が落ちそうになったよ。
エイリアンはすでにできあがっていたんだ」
——リドリー・スコット

前頁：シェパートン・スタジオの工房でのH・R・ギーガー。暑い夏でも、彼はいつも首からつま先まで黒い服に身を包んでいた

右：製作されずに終わったが、大きな影響力を持つことになったホドロフスキー版『DUNE』。写真は、そのドキュメンタリーのポスター

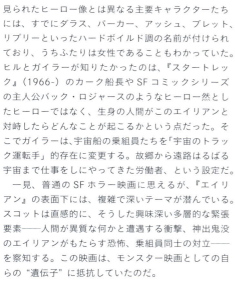

見られたヒーロー像とは異なる主要キャラクターたちには、すでにダラス、パーカー、アッシュ、ブレット、リプリーといったハードボイルド調の名前が付けられており、うちふたりは女性であることもわかっていた。ヒルとガイラーが知りたかったのは、『スタートレック』（1966-）のカーク船長やSFコミックシリーズの主人公バック・ロジャースのようなヒーロー然としたヒーローではなく、生身の人間がこのエイリアンと対峙したらどんなことが起こるかという点だった。そこでガイラーは、宇宙船の乗組員たちを「宇宙のトラック運転手」的存在に変更する。故郷から遠路はるばる宇宙まで仕事をしにやってきた労働者、という設定だ。

一見、普通のSFホラー映画に思えるが、『エイリアン』の表面下には、複雑で深いテーマが潜んでいる。スコットは直感的に、そうした興味深い多層的な緊張要素——人間が異質な何かと遭遇する衝撃、神出鬼没のエイリアンがもたらす恐怖、乗組員同士の対立——を察知する。この映画は、モンスター映画としての自らの"遺伝子"に抵抗していたのだ。

その後、次々と制作された続編は、残念ながら質を徐々に落としていくことになったが、ヒルとガイラーは『エイリアン』作品の名付け親としての役目を果たし、シリーズに関与し続けることになる。なお、本作（1作目『エイリアン』）の脚本の改訂作業を経て、ヒルは、もはやSF映画を監督する気概が自分にはないと自覚するようになっていた。技術的なディテールにこだわることに疲弊してしまったのだ。一方、ロンドンのレキシントン・ストリートのオフィスに座っていたスコットは、映画スタジオ側が作品の価値を理解しようともせず、いかに『デュエリスト／決闘者』がぞんざいに扱われたか、当時の経験をいまいましそうに振り返っていた。その痛烈な教訓から、監督たる者、映画公開の日を迎えるまで、自分の思い描くビジョンのために闘い続けねばならないと学んだそうだ。

「後になって、（文句も言わずに従順で）いい人だったと評価される者はいない」と、スコットは断言する。大手のスタジオからそっぽを向かれ、今後、アートシアター系の映画監督になってしまうかもしれないという危険性を意識しつつも、妥協をせずに己の意思を貫こうとする彼の姿勢が、その言葉から感じられる。

契機となった『スター・ウォーズ』との出会い

スコットは、運命や宿命という概念は受け入れないが、仕事の成功体験を通じて思いがけない幸運が将来を左右することは認識している。そして、それは現実に起こった。スコットが自分の将来について思い悩んでいた頃に、フォックスから脚本が届いたのだ。

おそらくスコットは、スタンリー・キューブリックの『2001年宇宙の旅』を高く評価していただろう。なぜなら、彼のガチガチの論理家気質に強く訴えかける作品だからだ。だが、だからといって、スコット自身はSFの世界に傾倒していたわけではない。彼が当時、SFのジャンルに携わったのは、アイザック・アシモフやレイ・ブラッドベリといった偉大な作家の物語を映画化したBBCのSFテレビドラマシリーズ『Out of the Unknown（アウト・オブ・ザ・アンノウン）』の1965年のエピソードで、プロダクション・デザイナーを務めたときだけだ。ジョン・ブルナーの小説を原作としたエピソード『Some Lapse of Time（サム・ラプス・オブ・タイム）』では、放射線障害に苦しむ暗黒未来が描かれ、そこに登場した角張った直線的な狭い通路はストーリーの世界観によく合っていた。

聖書では、聖パウロがダマスカスへ向かう途中で突然の啓示を受け、改宗する。スコットの"宇宙版ダマ

PERFECT ORGANISM　31

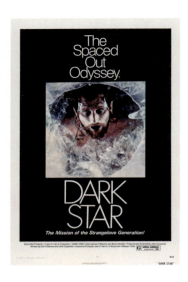

ルーカスの超ヒット作で大儲けしているフォックスの社内には、スコットの支持者がいた。かつてイタリアの映画監督セルジオ・レオーネの代理人を務め、その当時、同社のヨーロッパ部門を統括していたセンスと魅力に溢れるサンディ・リバーソンだ。彼は、カンヌで『デュエリスト／決闘者』を見ていて、映像の質感と物語が深く絡み合っていることに感銘を受けていた。リバーソンは、先見の明で、あの崩れかけた城や煙の立ちこめる戦場が、未知の宇宙に広がる寒々とした荒野を表現するのに使えることを見抜いた。

スコットは、たったひとつのワードですべてを物語ることができるタイトルの簡潔さと力強さを一瞬で気に入り、脚本を読みその内容にも心惹かれた。ストーリーが彼の感覚を刺激したのだ。「とてもシンプルで、直線的で、どこまでも純粋で、まったく無駄のない脚本だった」。

スカスへの道"とも言える転機は、ロサンゼルスで始まった。プロデューサーのデヴィッド・パットナムにハリウッド大通りのマンズ・チャイニーズ・シアターへ半ば強制的に連れていかれたスコットは、『スター・ウォーズ』というSF最新作に対する人々の熱狂ぶりを目の当りにしたのだ。期待に満ちた皆の顔。集まる若者たち。映画館に入る長蛇の列に加わるはめになったスコットは、目の前で起こっていることに衝撃を受けた。ジョージ・ルーカスはその界隈の映画館のチケットを軒並み完売にさせていた。その暖かな5月の夜、スコットは他の観客と同様、『スターウォーズ』のとりこになった。「3日連続で観たけど、全然飽きなかったよ」

あいにくスコットは、そのとき、ドルドーニュ地方で撮影予定のアーサー王物語の中のロマンス作品である『トリスタンとイゾルデ』の映画化に深く関わっていた。絵コンテもすでに完成していた。にもかかわらず、『スター・ウォーズ』はスコットの頭の中で警鐘を鳴らしたのだ。ルーカスもまた似たようなデザインのアイデアを追求していた。そして、あのSF映画の輝きはすべてを変えてしまう。幸運なことに、

左：『エイリアン』の脚本家ダン・オバノンは、よりコミカルなエイリアン密航映画の脚本と主演を務めたことがある

下：タバコを片手に『エイリアン』の撮影に臨むリドリー・スコット。彼にとってこの撮影はストレスに満ちたものだった

32

> スコットは、自分が『エイリアン』を監督する"5番目か6番目"の候補者だったと考えている。

そこに登場するくたびれた宇宙船が、『スター・ウォーズ』の華やかさと思いがけない対比を生み、かえってその存在感を放つ姿が見える気がした。『エイリアン』は、キューブリックの精緻さとルーカスのロマンティックな英雄主義のちょうど理想的な中間点に位置していた。

「セリフが最小限だったのが特によかった」とスコットは言う。「ひとたび宇宙に旅立ったら、地球にいるパパやママと話すシーンなんかは入れたくない。会話からではなく、視覚的な要素を通じて、観客に環境の変化や危険の兆候といった新しい情報を絶え間なく発信していくんだ」

彼は、ストーリーの中で、機関士たちが狭い機関室で"汗水たらして作業する"という社会的な背景が描かれているところを気に入っていた。この宇宙船を所有し運営する黒幕的存在の「ザ・カンパニー」(ウェイランド・ユタニ社)は、ジョージ・オーウェルの小説「1982年」に登場する独裁者「ビッグ・ブラザー」よろしく人間を監視し、支配しようとする組織だ。労働搾取や人間性の喪失、孤立と疎外といった本作から読み取れる社会的含意には、ジョゼフ・コンラッドによる小説「闇の奥」との関連性も感じられた。人間が運行する船の名前は、のちにスコットによって、コンラッドの「ノストローモ」にちなんだ「ノストロモ号」に改名された。

彼は、濃厚で酸味が利いた飲み応えのあるドリンクを飲み干すがごとく、『エイリアン』の脚本を一気に読み通した。「40分で読んでしまったよ」と彼は言った。「トリスタンとイゾルデ」の映画化に関わる仕事がさらに2ヶ月続いたが、やがてスコットは意を決してリバーソンに電話をかけた。「あの話はまだ間に合うかい？」「ああ」と、リバーソンが答えた。「それから24時間後にはもうハリウッドにいたよ」とスコットは明かしている。

本作で原作、脚本を担当したオバノンは、ビジュアル・コンサルタントとして制作現場に留まることになり、ひと癖もふた癖もあるホドロフスキー版『DUNE』のアーティストたちを再結集させた。クリス・フォスはロン・コップとともに宇宙船のデザインを担当。まだ、パリにいたメビウスは飛行装置と宇宙服のデザインを担当した。昆虫のような姿のクリーチャーに関しては、オバノンがその複雑に変化する形態(エッグ、フェイスハガー、チェストバスター、成体)の詳細を書いてギーガーの住むスイスのグリュイエールに送った。スコットより先にギーガーが『エイリアン』に関わっていたのは、そういう経緯があったからだ。フォックスの上層部は、ギーガーのクリーチャー・イメージを見て驚愕する。だが、保守的なスタジオ幹部に受け入れられなかったため、即座にギーガーはプロジェクトから外されてしまう。そして、監

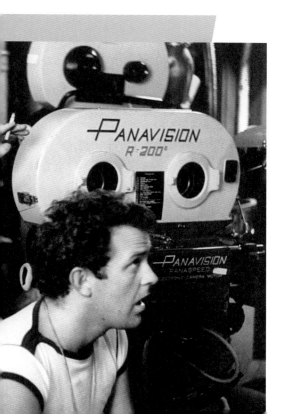

PERFECT ORGANISM 33

督として加わったスコットから再び起用されるのを、スイスで待つことになった。

批評家たちは、スコットが『エイリアン』に与えた視覚的な質感を絶賛した。あの映像だからこそ、このホラー映画は芸術の新境地に引き上げられたのだ、と。しかし、『エイリアン』がスコットにもたらしたものについても認識しておくべきだろう。彼は、ホドロフスキーの『DUNE』という創造の厳選から生まれた、"SFデザインの交響曲"ともいえる多様なデザインの集合体に刺激を受け、芸術的な影響を与えてくれた恩師的存在のフランシス・ベーコンとギュスターヴ・ドレの木版画のタッチを深く融合させている。

彼はすでにメビウスに傾倒していた。アソシエイト・プロデューサーのアイバー・パウエルがSFコミック誌 Heavy Metal をスコットに貸してくれていたのだ。そこで目にしたものに強く惹かれたスコットは、バックナンバーを探し求め、この漫画家のまるで実在するかのようなリアルな未来の描写をむさぼるように読んだ。メビウスの作品を通じて、彼はSFの世界、特に、宇宙時代的でありながらどこか中世的な世界に生きるアルザックという彼のキャラクターに引き寄せられていった。

こうして芸術と新たなジャンルが統合し、スコットの創造世界の"暗黒物質"*——目では見えない隠された意味、超越的な可能性、そして、壮大な思想——が生まれることになる。* 直接観測できないが、宇宙構造形成に重要な役割を果たす物質。

主役を男性から女性に変更したのは、『スター・ウォーズ』の制作を最終的に承認し、『エイリアン』の制作にゴーサインを出したアラン・ラッド・ジュニアの発案だったという記録が残っている。脚本を読みながら、彼の脳裏には、ヒッチコックの『鳥』（1963年の作品。若き日のヴェロニカ・カートライトも出演している）の中で容赦ない自然の脅威に翻弄される硬派な主人公を演じたティッピ・ヘドレンが浮かんでいた。

スコットはこの逆転の結末が大好きだった。観客の期待を見事に裏切ったからだ。「彼女は死ぬ運命にあると誰もが思い込むだろう。だって、綺麗だからね」と、スコットは愉快そうに言った。

絶妙なキャスティング

セリフはひと言も変えなかった。キャスティングもうまくいっていた。スコットは、自然で現実味のある雰囲気を求めていたので、存在感が強すぎる人気俳優ではなく、実力派の性格俳優を探した。トム・スケリット（ダラス船長役）、ヴェロニカ・カートライト（航海士ランバート役）、ハリー・ディーン・スタントン（機関士ブレット役）、ヤフェット・コットー（ブレットの相棒パーカー役）。もっとも名が売れていたのは、イギリスの知性派俳優イアン・ホルム（無愛想な科学主任アッシュ役）だった。

ジョン・ハートは、悲惨な運命を辿るケインの代役に、文字通り一夜にして抜擢された。当初ケイン役に抜擢されていたジョン・フィンチ（1971年のロマン・ポランスキー監督作『マクベス』で主演）は撮影初日に糖尿病の急性合併症で倒れ、やむなく現場から運び出されるという悲劇に見舞われた。スコットはその夜、ハートの家まで車を走らせ、映画史上もっとも悲劇的な死を迎えたという意味で映画史に名を残すことになる役を彼に受けてもらった。

『エイリアン』の成功はミニマリズムの勝利とも言える。登場人物のキャラ設定

下左から右へ：ノストロモ号の不運な乗組員たち。ケイン（ジョン・ハート）、ランバート（ヴェロニカ・カートライト）、ダラス（トム・スケリット）、パーカー（ヤフェット・コットー）、リプリー（シガーニー・ウィーバー）、ブレット（ハリー・ディーン・スタントン）、アッシュ（イアン・ホルム）。写真には写っていないが、猫のジョーンズも忘れてはならない

「とてもシンプルで、直線的で、どこまでも純粋で、まったく無駄のない脚本だった」
——リドリー・スコット

がシンプルでわかりやすい。乗組員たちはコーヒーをすすり、タバコを吸い、食事をし、愚痴をこぼす。あまりにも長い時間をともに過ごしてきた関係でありながら、お互いに相容れない部分も持っていた。この船の乗組員の日常すべてに真実味があった。会話も見事なまでに自然だった。そういう何げないやりとりにこそ、人間の本質が見えてくるものだ。

　リプリー役探しは難航した。すでにセットは組み上げられていて、セット内ではギーガーが未知の物体の制作に取りかかっていた。スタジオは苛立ちを募らせた。リプリー役の女優はどこにいるんだ？と。スコットの頭の中にはしっかりとしたイメージがあった。ある程度上背があって、威厳があって、頭脳明晰な人物。

だが、彼は自分のイメージ通りの女優にまだ巡り合うことだけができていなかった。

　「連中は私の後任を考え始めていたよ」と彼は振り返った。キャスティング・ディレクターが最終的にふたりの候補者を出してきたのはその頃だった。ひとりはメリル・ストリープ（彼女は役を辞退した）。もうひとりは、オフ・ブロードウェイの新人女優だった。「プロデューサーのデヴィッド・O・セルズニックが『風と共に去りぬ』（1939）のヴィヴィアン・リーを見つけたときもああいう感覚だったのだろう」と、スコットは振り返る。「彼女に会ったとたん衝撃を受けた。目の前にリプリーが立っていたんだ。ハイヒール姿の彼女は 180 センチを超えた、まさしく大女だっ

左：スコットが撮影の構図や角度を見極める後ろで、H・R・ギーガーはスタッフが「スペース・ジョッキー」と名付けたものの最終調整を行っている

右：堂々たるスペース・ジョッキー。手前に立つのはスコットの息子、ジェイクとルークで、大きさの違いを強調するために小さな宇宙服を着ている

た。これで決定だ！」。その日、ウィーバーは1時間遅刻してきた。ビルを間違えたのだ。彼女は、SF映画に出演して評価を落とすことになりはしないかという不安を抱えながら（それは杞憂だったが）、大慌てで部屋に飛び込んできた。それが幸いしたのだ。

「当時の私は、まだまだ駆け出しだった。リドリーから、何度もカメラを見るなと注意されたわ」。リプリーはとにかく走り回る役柄だったが、ウィーバー自身も走り回りながら学んでいったのだ。「リドリーを信頼していた。何が本物で、何がそうでないかを見抜く彼の力をね。リドリーは私たちに手を焼いたと思う。でも、私たちはいつだって、彼のおかげで自分の立ち位置を知ることができたの」

本書の著者である私がスコットと『エイリアン』について話したことは一度や二度ではない。一番深いところまで話をしたのは、ノルマンディー海岸のドーヴィルを訪れ、インタビューをしたときだ。その絵のように美しい場所は、9月初旬、ドーヴィル映画祭の開催地となる。あれは2003年のことで、スコットは自身の監督作『マッチスティック・メン』（ニコラス・ケイジが詐欺師を演じるクライム・コメディ）の試写のためにその町を訪れていた。加えて『エイリアン』の25周年記念ディレクターズ・カット版の公開も間近に迫っており、後者の作品ついてのインタビューが主だった。スコットは背中の痛みを和らげるため、背もたれのある椅子を選んで座った。窓からしっとりとした秋の日差しが後光のように射し込み、この椅子の配置はあらかじめ想定されていたのではないかと私は思った。

インタビュー時のスコットは、いつも正直で、けれど、感情的にはならず、常に冷静で知的な距離間を保った態度を見せる。客観的な事実に対しては鷹揚だが、含みのある発言、映画そのものの評価を壊してしまうような主観的で辛辣な意見には警戒心を露わにする。撮影現場での果てしない質問攻めに鍛えられた彼は、我々のようなインタビュアーには簡潔明瞭な語り口でわかりやすく答えてくれる。英国北部出身者特有の控えめでドライなウィットは健在で、めったに笑わない。

彼は、かすかにドライアイスの香りのする霧がかったセットや、汗が浮き出たパイプに似たエイリアンの肋骨がずらりと並ぶセットについても語ってくれた。スタッフに密閉された三次元空間のようなセットを作らせ、外側からではなく、構造物自体に組み込んだ光源でセットの内側から俳優たちに照明を当てさせたという。「(セット内のどの方向にもカメラを向けられるようにし) どんな場所でも

36

パンできるようにした」と彼は振り返った。セットの中では、パニックになった俳優たちが出口を探そうと半狂乱で走ることになるのだが、スコットは撮影が進むにつれて、宇宙船の通路の壁を徐々に内側に動かし、どんどん空間を狭めるよう指示を出したそうだ。

撮影が行われたのは、ロンドン南西部にあるシェパートン・スタジオ。スコットはできるだけ映画の詳細を秘密裏のベールに包んでおきたいと考え、4つのサウンドステージに広げられた制作現場は部外者の立ち入りが禁止となる。予算は限られており、フォックスは420万ドルを提示したが、それに対して彼は850万ドルを要求した。最終的には1100万ドルが投じられたらしい（スコットは金銭的な話題はたいてい包み隠さず話してくれる）。「窮すれば通ず」とはよく言ったものだ。予算や技術の制約により、多くが手作業に頼らざるを得なかったが、その手作り感こそが映画全体にリアリティを与えた。ノストロモ号には、主に古い爆撃機から拾い集めた部品が使われている。彼らはそれを「レトロフィッティング」と呼んだ。ミニチュアの外装には、『2001年宇宙の旅』の撮影ために作られた模型キッドが、ほぼ同じスタッフによって、そのまま使われた。

実は、スタジオに作られたセットは、以下の3ヶ所のみ。嵐で荒野と化した小惑星LV-426と、ノストロモ号の内部——湿ったエンジンルームおよびキューブリック監督作『2001年宇宙の旅』（1968）の宇宙船を彷彿とさせる白い居住区画、そして「遺棄船」として知られるギーガー作の骨型宇宙船の内部だ。

「エイリアンの建造物を作ることはそれ自体、はかりしれない解釈を要した」とスコットは打ち明ける。「これくらいと大きな絵を描いて、これくらいの大きさにしたい、と言うのは簡単だが、実現するのは別の話だ。実際、50年代に作られた時代遅れの遊園地や安っぽい喫茶店のように見えてもおかしくなかった。ギーガーが特異なデザインで、そこをうまく落とし込んでくれたんだ」

監督として得た矜持

『デュエリスト／決闘者』が、スコットに長編映画を撮る力量があるかどうかを確認する"リトマス試験紙"だったとすれば、『エイリアン』は、彼の芸術的ビジョンと映画哲学を明言する"宣言書"であった。彼はこの作品で、己のキャリア全体で守ることになるルール、絶対に譲れない一線を確立したのだ。商業的な成功や幅広い層への訴求力を重視するスタジオ側の大局的な視点を理解する姿勢は、経験とともに身についていったが、結局のところ、創造的なアイデアや芸術的な直感といった内から湧き上がる声こそが、彼の映画作りにもっと

PERFECT ORGANISM 37

も大きな影響力を与える要素であり続けている。

　映画には、制作を導き、チームの中心となる人物が必要だと彼は主張した。『「いや、それは違う。もう一度やり直そう」と言える誰かが要るんだ。なぜなら、「くそっ、もうこのままでいいや」と言ってしまうほうが楽だからね』

　"リドリーグラム"として知られるようになった、メビウスの作品に匹敵するほどの美しい絵コンテで全編を描いた彼に対して、そのビジョンに異論を挟む余地はなかった。ヒッチコックのように、最初のカチンコが鳴る前に、彼の頭の中ではすべてのシーンをどう撮影して、どう編集するのかまですでにイメージができあがっていた。この映画制作に熱を入れていた彼は、結果、撮影の「約80パーセント」の時間は自らカメラを操作している。

　セット、小道具、衣裳、メイク、視覚効果、照明、カメラワークといった『エイリアン』におけるすべての視覚的要素は、監督の"完璧な目"で厳しく吟味され、承認されなければならなかった。パステルピンクのジャンプスーツに身を包んだウィーバーの姿を目にした彼は、彼女をもう一度衣裳部に連れて行った。そこで、参考資料として使うNASAの古いフライトスーツがかかっているラックを見つけると、彼は、そこからウィーバーのサイズに合いそうなオリーブグリーンのボロボロのつなぎをひっぱり出した。こうして、かの有名な貨物宇宙船乗組員の衣裳が誕生したのだ。

　インタビューではギーガーの話にも及んだ。真っ黒な服で身を包み、アンディ・ウォーホール風のボサついた髪型をし、ロンドン近郊のシェパートン・スタジオ内の工房で寝泊まりしていたその気分屋のアーティスト（イギリス人スタッフは彼のことをドラキュラと呼んだ）は、遺棄船、エッグ、フェイスハガー、チェストバスター、そしてゼノモーフ——実物大スーツの制作費は25万ドルにのぼった——など、エイリアンの世界のすべての主要部分を精巧に制作する許可を受けていた。

　「人類が見たことのないものをデザインしてほしいと依頼されたんだ」。ギーガーは仏頂面でありながら、どこか得意げにそう語ったという。困難な課題に挑むときこそ、芸術家の本領は発揮される。彼は惑星表面に散らばる岩の形状や配置にまでこだわり、渦巻く霧の中に遺棄船の怪物のようなシルエットを浮かび上がらせた。

　「ギーガーは映画の中で本物の人骨や動物の骨を使っていたよ」と、スコットは懐かしそうに振り返る。さらに、「人々が震え上がったのは、彼の作品がファンタジーではなく、リアリティを持っていたからなんだ」と言い切った。有名な模型職人カルロ・ランバルディ（後に映画『E.T.』に登場する人懐っこい宇宙人を担当）が制作した、アニマトロニクスで動かすクリーチャーの頭部は、ギーガーの提案で、本物の人間の頭蓋骨を使って成型したそうだ。

　ネクロノームIVに備わっていた性的要素はこの映画全体で散見される。遺棄船への入り口が高さ45メートルもある女性器の形をしていて、ランバート役の女優カートライトはそれを気に入っていた。クモのようなフェイスハガーの肺袋は、明らかに睾丸を連想させた。

　スコットは事実上、デザインを通じて物語を見出していたのだ。セットや小道具が本格的になれば、俳優たちのリアクションが良くなる。俳優のリアクションにリアリティが増せば、観客はより強い衝撃を受けるというわけだ。

　インタビューはフォックスという不平ばかりを言う映画会社の話に及んだ。フォックスは、撮影中、何かにつけて経費をケチり、難癖をつけ、細かいところまで延々と懸念を示してきた。

　プロデューサーたちは、浮遊するドライアイスの霧の濃さまで理想形にこだわるスコットの様子に呆れながらも、『エイリアン』が、続く『ブレードランナー』を含め映画界に吹き荒れる嵐の前触れとなることを予感した。

　スコットは常にプレッシャーに晒されていた。彼が発散するエネルギーは、周囲の者にとっては決して心地よいものではなかっただろうと自分でも認めている。

前頁左下：最後のシークエンスの撮影中の、宇宙服姿のシガニー・ウィーバーと真顔のリドリー・スコット

右：ケインからフェイスハガーを外そうとするイアン・ホルム演じる科学主任のアッシュ。フェイスハガーの脚は魔女の指を模してデザインされている

「正直、あのときは極度に緊張していた。だから、全身に虫でも這っているかのように、そわそわして落ち着かなかったよ。あれが自分にとっては初めてのハリウッド映画だったからね」。特に、何年もCM作りで成功してきた彼は、広告業界では自分の選択を正当化する必要はないが、ハリウッド映画の世界では、己の決定をいちいち説明して正当化しなければならないという現実が、精神的な苦痛を助長した。彼は毎日ロールスロイスで撮影現場に乗りつけたが、それは彼の過去の成功の象徴に過ぎなかった。こうして、常に不安感がつきまとう映画撮影になったことが、結果、スクリーン上に張り詰めたような緊張感を与えるという効果に繋がったのかもしれない。

映画全体のリズムを慎重に計画し、観客の緊張感を徐々に高めた上で、衝撃的なシーンや恐怖の一瞬を提示するという、スコットの演出方法にも話は及んだ。「『エイリアン』の展開は、自分が計画した通り、メトロノームのようにペースを刻んだ。物語は穏やかに始まり、徐々に圧倒的なものになっていく」。冒頭42分間はほとんど何も起こらない。乗組員たちが花びらのように並んだベッドから目覚め、救難信号に応答するまでが描かれるだけ。これは、ジョージ・ルーカスというより、キューブリックやアンドレイ・タルコフスキーといった芸術性の高い監督の手法に近い。やがて、乗組員らはとある惑星に上陸。すると、それまでの穏やかな雰囲気が一変し、強烈で本能的な不穏な空気が一気に押し寄せる。そして、ギーガーによる不気味で、ぬめぬめとした衝撃的なデザイン（宇宙船内部

卵貯蔵室を探索するジョン・ハート演じるケイン。ブルーレーザーのエフェクトは、近くでツアーのリハーサルをしていたバンド、ザ・フーから借りたもの

やエイリアンなど）が次々にお披露目となるのだ。
　（最初にフェイスハガーの犠牲者となったケインが覗き込んだ）エイリアン・エッグの中で小刻みに蠢くのは、ゴム手袋をはめたスコットの手だったらしい。
　アッシュがどれほど食わせ物のアンドロイドであったかという話にもなった。科学主任であるアッシュが、アンドロイドという自身の正体（本性と言ってもいいかもしれない）を隠しているという設定はどうか、と言い出したのはウォルター・ヒルとデヴィッド・ガイラーだった。そして、その人工的な命という命題に監督は頭を悩ませることになる。
　筆者である私自身、アッシュ役のイアン・ホルムの繊細な演技にはかなり魅せられたことを記憶しており、その事実はスコットにも話した。映画を観直してみるといい。その非人間的なしぐさがよりはっきり見えてくる。たとえば、LV-426 に着陸すると極寒の中、その場で突発的にジョギングし出す。「あれはサーバーを温めているんだ」と、スコットは頷いた。ウィンクや痙攣のしぐさは機能に不具合が生じていることの現れだった。アッシュはまさに人間の体をした HAL9000* だったのだ。＊『2001 年宇宙の旅』に登場する人工知能搭載のコンピューター。

　クルーが眠っている間、アッシュがずっと起きていたという設定を思いついたとき、いかに興奮したかをスコットは話してくれた。次のようなアッシュの姿を思い描いていたという――ひとりで宇宙船のブリッジに座り救難信号を待っていたが、自分も冬眠していたかのように見せかけるため、仲間が目覚める前にハイパースリープ装置室に戻るのだ。
　次はチェストバスターのシーン。映画史に残るあの戦慄の瞬間。無防備な観客に突如襲いかかる吐き気を催すほどの衝撃。スコット映画の強烈な代名詞となった。
　実によくできたストーリーだった。すべての要素が順序よく組み込まれていた。そのため、このシーンは、『サイコ』（1960）のシャワーシーンや『猿の惑星』（1968）のラストの自由の女神像に通じる、『エイリアン』を代表する伝説的なシーンとなり、それ単独でも神話的な地位を獲得したのだ。あれこそ、ヒルが最初に脚本を読んだときに本作に惹かれた衝撃のシーンだった。チェストバスターの発想がどこから生まれたのかは定かではない。脚本を手がけたロン・オバノンはクローン病に生涯悩まされていたというが、オバノンとともに原案を手がけたロナルド・シャセットがイメージしていたのは昆虫のライフサイクルだった。ヒ

メバチがクモを刺し、麻痺させ、その中に卵を産みつけるという一連の寄生の流れだ。

　幸いにも、俳優たちは、これから何が起こるかを具体的には知らされていなかった。ただ、台本には、この生物はケインの中から登場すると説明されていた。「緑色」の撮影台本＊の51ページには、ケインの顔が苦悶に激しく歪むと書かれていた。具体的に説明すると、このシーンは3つのセットアップ（撮影設定）、さらにインサートとクローズアップから構成されていた。まず、インクのような真っ赤なシミが染み出しTシャツが裂ける（ここは2テイク必要）。マムシの威嚇時の音や豚の鳴き声、赤ん坊の泣き声が入り混じったような叫び声をあげながらケインの胸を切り裂いて何かが出現し、勢いよくテーブルを横切っていく（下台車で待機しているふたりの技術者が担当）。やがて、その生き物宇宙船の迷路を思わせる内部構造の隙間に姿を消す。　＊一般的に映画脚本は改訂ごとに表紙の色が変わる。オリジナルが白。その後、青、ピンク、黄、緑、オレンジに近い黄色のゴールデンロッド、黄褐色、サーモン、チェリーなど。

　「何が起きるか、みんな想像はついていたと思う」。同シーンで、ピンと張ったヴァイオリンの弦よろしく極度の緊張状態に陥ったランバート役を演じたカートライトは言った。「台本を読んでいたしね。私たちもそこまで馬鹿じゃないから」（笑）

　だが、スコットの計画がそこまで大がかりだとは知らなかった。撮影の朝、地元の食肉処理場から木箱一杯の内臓が届けられ、スタッフたちは嬉々として何ガロンもの偽の血と一緒にポンプに充填した。「当時は偽物の小道具もそれほどクオリティが高くなかったから、生ものを使うことにしたんだ」と、スコットは説明する。「その日の午前中に、フェイスハガーの解剖観察シーンを撮影した。フェイスハガーの内臓には、アサリとか、カキとか、シーフードを使ったんだよ」

　照明の下で生ものを扱っていたので、やってきた俳優たちを出迎えたのは腐った肉とホルムアルデヒドの強烈な臭いだった。防護シートを着込んだスタッフを見て、俳優陣は不安を感じた。「スタッフがみんなレインコートを着ていたの。そこで気づくべきだった」と、ウィーバーは語っている。

　その場面は演技か素の反応か見分けがつかなかった。クリーチャーがケインのみぞおちから飛び出した。リアルな血が滝のように流れ、大量の血液がカートライトの顔を直撃した。思わずたじろいだ彼女は、背後に置かれた長椅子にぶつかって床に倒れた。DVDのドキュメンタリーに収められているその瞬間について、カートライトは「何もする必要はなかった。私はただ本能的に動いただけ……。一発勝負だった」と思い返

> 「リドリーを信頼していた。何が本物で、何がそうでないかを見抜く彼の力をね。リドリーは私たちに手を焼いたと思う。でも、私たちはいつだって彼のおかげで自分の立ち位置を知ることができたの」
> ──シガニー・ウィーバー

前頁下：ネオモーフの"抱擁"──このクリーチャーが獲物に絡みつく様子は、ほんのわずかな動きで優雅に見えるように注意深く振り付けられた

上：シガニー・ウィーバーを演出するスコット。俳優たちとのコミュニケーションに苦労したそうだ

次頁：映画史に残る"消化不良"。スコットにとって重要だったのは、チェストバスターのシークエンスがリアルに感じられることだった

PERFECT ORGANISM　41

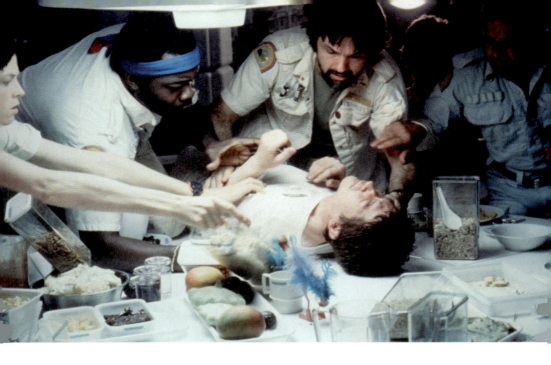

している。
　劇的な事が起きたのは2回目の試写会だった。最初の試写会はセントルイスで行われたものの音響の問題に阻まれ、スコットたちには大きな不満が残る結果となった。そこでフォックスに訴えたところ、会社側は試写会のやり直しをしぶしぶ承諾。映画スタジオは、茶葉占いのごとく、試写会の反応で映画がヒットするかどうかを予測する。ハリウッドに長く続く試練の歴史に、スコットはすでに足を踏み入れていた。しかし、さすがの彼も、あの2回目の試写会で得たような経験をこの先二度とすることはないだろう。

お披露目

　スコット、プロデューサー陣、そしてアラン・ラッド・ジュニアを含むフォックスの上層部がダラスに集結していた。テキサスは暖かな夜で、新作のSF映画に期待を寄せ、『スター・ウォーズ』のような映画が観られるのではないかと期待した観客が客席を埋め尽くすほど列をなしていた。スコットは珍しく緊張していたという。「その界隈をずっと歩き回っていた。一杯飲んで、戻って来て、尋ねるんだ。"今どの場面？"って」
　ラストまであと30分となったとき、彼は危険を冒して客席を覗き、観客の反応を伺った。たしかに、時の経過とともに『エイリアン』が神話化され、記憶が

誇張されている部分はあるかもしれない。ただ、この映画を初めて観る人々が、次に何が起こるかまったくわかっていない状況を想像してみてほしい。劇場は騒然としていた。観客は危険から逃れようとスクリーンから退避していて、最前列には誰もいなかったという。映画館の支配人の顔は幽霊のように青ざめていて、女子トイレは嘔吐物にまみれていたそうだ。
　スコットは、安堵感が身体の中を駆け巡るのを感じた。観客たちの反応は本能的だった。それはフェイスハガーという突然の恐怖から始まった。一斉に悲鳴が上がり、やがてその悲鳴は熱狂的な拍手に変わった。劇場内はチェストバスターの登場で驚愕に包まれ、そのあと静寂が訪れ、次に大爆笑が沸き起こった。ちなみに、アッシュの頭がもげたとき、案内係がドアを突き破ってロビーの床に倒れ込み、気を失ったという。
　フォックスは、これでアメリカじゅうの映画館から出入り禁止になると確信したが、スコットにはわかっていた。「ああいうエネルギーが映画を動かすんだ」
　数ヶ月後、撮影監督のデレク・ヴァンリントが上映中にこっそり客席に滑り込んだ。ちょうどリプリーが猫のジョーンズを救出するため、自爆が目前に迫るノストロモ号に戻るシーンだった。固唾をのんで見守る客席の中から絶望的な声が上がった。「そのクソ猫は置いていくんだ！」

『エイリアン』は1979年5月25日に公開された（現在、この不朽の人気作に敬意を表し、5月25日は「エイリアンの日」となっている）。スコットの直感は正しかった。この映画の評判は瞬く間に広まり、例の衝撃的なシーンからおぞましい死の連鎖が始まると話題になっていく。これは低俗なホラー映画ではなく、緻密に計算され尽くされた体験であり、芸術作品という評価に繋がっていくものだった。

クリーチャーは物影に目立たないように隠しておく必要があった。クリーチャー役を人間にボディスーツを着せて演じさせるという案をスコットは受け入れた。中に入っていたのは、身長が優に2メートルを超える細身のナイジェリア人美大生のボラージ・バデージョと、やせ型のイギリス人スタントマン、エディ・パウエルだった。ただ、照明が煌々と当たると、動きのぎこちなさが明らかになってしまう。そこで、スコットはシェパートンに借りた部屋でクリーチャーの振り付け指導につき合った。ゼノモーフとの攻防の場面には官能的な要素が含まれていた。

ランバルディのアニマトロニクス模型のクローズアップ――唇が剥がれるように開き、コンドームが腱の役割を果たし、潤滑剤のK-Yゼリーのチューブ2000本がヌルヌルとした液体を提供し、その内顎が毒蛇のごとくすばやく襲いかかるまでの原始的な姿――は、束の間の汚れなき威厳を捉えていた。ひとつ言えるのは、多くを語らないほうが、人は想像力を掻き立てられるものだということ。人は未完成な部分を埋めようとするものだから。そのクリーチャーの姿は、観客の頭の中にしっかりと焼き付けられた。

本作は全米興収8000万ドル超、全世界興収約1億8,600万ドルの大ヒットを記録した。しかし、この映画は経済的成功よりもはるかに大きなものを遺した。『エイリアン』は傑作ゆえにシリーズ作品を生み出したが、この1作目を超えるものはない。『エイリアン』のおかげでスコットは一流監督の仲間入りを果たし、主演のシガニー・ウィーバーはスターとなった。今や、『エイリアン』の奥深い世界は、映画、ドキュメンタリー、書籍、コミック、ビデオゲームと多様なメディアに広がっている。それに伴い、インターネットで熱心なファンのコミュニティが形成され、作品の詳細に至るまであらゆる情報を収集、共有、分析するオンライン文化が発展した。

公開当時の批評家は比較的淡々としていた。ニューヨーク・タイムズ紙は、この映画を「情熱をもって誠実に作品に向き合っている」と評価したが、バラエティ紙は「登場人物の描き方が浅い」と酷評した。先見の明を持つ映画評論家ポーリン・ケイルは、ニューヨーカー誌に「観客はまんまと驚愕させられた」と好意的な記事を書いた。『エイリアン』がさまざまな節目を迎えるにつれ、批判は称賛へと変わっていった。

劇場は騒然としていた。観客は危険から逃れようとスクリーンから退避していて、最前列には誰もいなかったという。映画館の支配人の顔は幽霊のように青ざめていた。

下：初公開時にこの映画を見た観客の写真。人々の様子から、恐怖が伝わってくる

右：厄介な乗組員である猫のジョーンズとポーズをとるシガニー・ウィーバー

Salon.coms は、この作品を「創造の虚無と非道徳の中に立たされた人間の孤独を描いた映画」と評価した。

優れたホラー映画にありがちな即時的インパクト以上の何かが達成されたのだ。この映画にはメッセージ性があった。そして、その根底にはフロイト思想も垣間見える。デイヴィッド・トムソンは長く愛されている著書『"Alien" Quartet』の中で、ある生物が別の生物を寄生という形で絶対的に支配することについて語っている。「……吐き気。今にも嘔吐しそうな勢い。突然の異変。わかる。ケインの喉の奥で何かが起こっているのだ。その男は身体の中に何かを宿している」

癌性悪性腫瘍、男性レイプ、妊娠恐怖症、そして、ペニス型の怪物が狭い廊下をひとり生き残った女性（無抵抗では決してないが）を追いかけるシーンにはサイコセクシュアルなものを感じる。つまり、『エイリアン』は隠喩のオンパレードなのだ。

スコットは映画制作において、常に現実的で具体的な要素にこだわり続けた。「批評家が私の映画にあれこれ勝手に解釈をつける手助けはしたくない」と彼は言う。物語の最後で、主人公のリプリーが脱出用のシャトルに乗り込むことを、なぜエイリアンが知っているかという質問に対して、彼はこう答えた。「だって、映画には結末が必要だからね」。とはいえ、『エイリアン』は、ホドロフスキーの『エル・トポ』(1969)や『ホーリー・マウンテン』(1973)など神秘的で前衛的な作品同様に、シャーマンの能力にも似た現実と非現実の境目を曖昧にする映像表現や、観客の深層心理に訴えかける力を持っている。

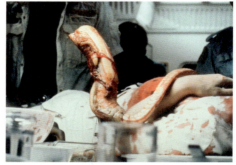

目覚めで始まり、眠りに戻ることで幕を閉じるというこの映画の流れは実によくできている。ジョン・ハート演じるケインが、遺棄船からの"呼びかけ"に自ら従っていったように見える。最初に目覚めるのは彼だ。最初に船外に出ることを志願したのも彼だ。彼はみんなの先頭に立って遺棄船の中を歩く。「先に進まないと……」。そして、彼は卵を覗き込む。

『エイリアン』が描く未来には、時代劇にも似た古めかしさも感じる。ハリー・ディーン・スタントン扮するブレットが、薄暗い銅色の光の中、迷子の猫を探して自分の運命に導かれるようにゆっくり歩を進めたノストロモ号の船底は、中世の聖堂、エジプトの墓、大洋定期船の湿った船腹を彷彿させる。スコットは本作を「お化け屋敷映画」と呼んでいる。ギーガーの"遺棄船"は、人間の範疇を超えた永遠の文明を示唆している。それは想像を絶するほど古いサイエンス・フィクションなのだ。

『エイリアン』が提示した、こうした概念──広範な宇宙観、生命の起源、未知の文明──は、スコットが後に監督した前日譚的作品『プロメテウス』(2012)と『エイリアン：コヴェナント』(2017)でさらに掘り下げられたが、具体的な説明がなされたことで想像の余地が減少してしまうという結果をもたらした。リプリーを主人公とし、オリジナルの物語を直接的に継承している続編の中では、『エイリアン3』だけが、

『エイリアン』は傑作ゆえにシリーズ作品を生み出したが、この作品を超えるものはない。
『エイリアン』のおかげでスコットは一流監督の仲間入りを果たし、主演のシガニー・ウィーバーはスターとなった。

前頁上：スコットはアッシュの最期の言葉に対して実際に手を動かして作業している——彼のデザイナーとしての才能は、監督としてのアプローチにおいても重要だった

前頁下：お辞儀をしているかのようなチェストバスター（胸を破るエイリアン）の模型。ものすごい速さで逃げる動きを表現するべく、レールに取り付けられた

上：ブレットが敵に至近距離で向き合う。雰囲気を作り出すだけでなく、エイリアンを隠すためにも、画面を水滴で満たすという工夫はスコットのアイデアだった

完成度が低いながらも、スコットのゴシック的な要素を感じられる作品になっている。同作のメガホンを取ったデヴィッド・フィンチャーは、オリジナルに畏敬の念を抱いていたことを認めている。

『エイリアン』には、伝記作家ポール・M・サモンが「フューチャー・ノワール」と命名した、濃密な視覚的質感の礎石がある。その質感はスコットの次回作で描かれる都会の世界に驚くべき効果をもたらしたことは容易に予想がつくだろう。『エイリアン』が『ブレードランナー』を生んだと言っても過言ではない。

PERFECT ORGANISM 45

RIDLEYVILLE

未来都市リドリーヴィル

BLADE RUNNER (1982)
『ブレードランナー』

誰もが認める SF 映画の傑作

　映画史家のデイヴィッド・トムソンは、傑作映画のガイドブック『Have You Seen…? : A Personal Introduction to 1000 Films』の中でこう書いている。「『インディ・ジョーンズ』シリーズ全作品を手放しても、『ブレードランナー』の 30 分を保持したい」と。

　幸いにも、誰も実際に、このハリソン・フォード主演 2 作品のうち、どちらか 1 作だけを選ぶ必要に迫られてはいないが、本書の著者である私は、トムソンの指摘は核心を突いていると思っている。『ブレードランナー』があらゆるメディアの SF ものの中でもっとも影響力のある作品であることに疑う余地はない。映画で描かれる産業発展を遂げた未来都市を覆う暗澹たる曇天は、我々が現実の"未来"で直面している危機を端的に象徴している。さらに、あの真夜中の美しい光景は、各方面に大きな影響を与え続けるリドリー・スコットのもっとも印象的なビジョンであるが、ファッション、科学、建築、エンターテインメントの分野においても、今の世の中を本作の世界に近づけるため、トレンドをわざわざそちらの方向に軌道修正しているのではないかとさえ感じることがある。

「映画界にもたらされた聖体だ。
おそらく、アメリカ映画始まって以来の最高傑作だろう」
──スコット・デリクソン

　これほどまで批評家に解析され、映画を画像スキャナーにかけるがごとく、ファンが熱心に細部まで考察する作品はあまり例を見ない。『ブレードランナー』は映画論議の格好の的だ。絶えず評価の見直しがなされている。1982年の公開当時は、思いの他注目が集まらず期待外れの失敗作と言われた。それが今や、メディア界が目指すお手本と称されている。「映画界にもたらされた聖体だ」と映画監督のスコット・デリクソン*は絶賛している。「おそらく、アメリカ映画始まって以来の最高傑作だろう」と。*代表作に『フッテージ』(2013)、『ドクター・ストレンジ』(2017)など。

　時が経つにつれ、この映画の評価は高まっていった。1992年、リドリー・スコットがオリジナルの修正版として制作したディレクターズ・カット版に寄せられた評価は、10年前の無関心な反応とはあまりにも対照的だった。エンターテインメント・ウィークリー誌は、「SF映画の枠を超え、より深い意味を備えた特別な存在」と評した。

　2015年になると、シカゴ・サンタイムズ紙は、スコットが再編集した『ブレードランナー　ファイナル・カット』(2007)に対し、「映画で描かれる未来のイメージのスタンダードを確立した」と書いている。「林立する巨大グローバル企業、環境破壊、過密化、上層部のハイテク化、下層部の貧困や奴隷制度などなど。しかも、興味深いことに、ほとんど全編を通してフィルム・ノワールの映像が流れている。『未来世紀ブラジル』(1985)、『トータル・リコール』(1990)、『12モンキーズ』(1995)、『ガタカ』(1997)、『ダークシティ』(1998)を見れば、『ブレードランナー』の未来像やビジュアルスタイルを継承しているのは一目瞭然だ」

　2000年、BBCの世論調査で、『ブレードランナー』は傑作映画ランキング2位に選ばれた。公開当時はまったく注目されなかったにもかかわらず、その後、時間が経つにつれて真価が認められるようになり、長きにわたって後世の作品に影響を及ぼし続けている事実を考えると、この作品がSF映画界の『市民ケーン』(1941)にたとえられるのも頷ける。

　こうして、時代とともに再評価され、SF映画の金字塔となった『ブレードランナー』だが、決して単純な娯楽作品ではない。内容の複雑さ、解釈の多様性、映画史における意義などから、一度観ただけですべてを理解するのは容易ではないのだ。困難を極めた制作の裏話を取り上げた本やドキュメンタリーは数え切れないほど存在し、そこでは、いかにしてこの映画が興行的に失敗し、その後、どのようにカルト化され、神格化されるまでに至ったかというその復活劇が語られている。映画監督リドリー・スコットを取り上げた本なら、この作品の重要性を無視するわけにはいかない。本作は、スコットの個人的な思いや視点がもっとも反映された映画であり、観るたびに新しい解釈や理解が生まれる彼の最高傑作である。

　『エイリアン』の公開から2年後の1981年末、そして制作過程と同じぐらい波乱の様相を呈していた『ブレードランナー』のポストプロダクションの最中に、スコットは初めて、この新作の粗編*を確認した。「素晴らしい出来だと思う」と、彼は編集担当のテリー・ローリングス(『エイリアン』で見事な仕事ぶりを見せていた)に言った。「ただ、何を伝えたいのか私にはさっぱりわからない」　*大まかな映画の流れを掴むため、撮影素材のOKカットのみを脚本の展開通りにつなぎ合わせたもの。

タクシーに飛び乗るリック・デッカード(ハリソン・フォード)。雨が降らない夜はなかった

左：反乱軍レプリカントのリーダーであるロイ・バッティ役のルトガー・ハウアーは、ハリソン・フォード演じる陰気なヒーローに対抗するダンディなサイコパスだ

次頁上：フォードとスコットは関係性を築くのに苦労したが、スターが抱える不満が彼の演技の見事な持ち味のひとつとなった

次頁下：プリス（ダリル・ハンナ）とJ・F・セバスチャン（ウィリアム・サンダーソン）。彼の奇妙なアパートは、おとぎ話のようなデザインだ

兄弟の死と「ブレードランナー」

　本作の原作小説「アンドロイドは電気羊の夢を見るか」を執筆したフィリップ・K（キンドレッド）・ディックは戦後に活躍した著名なSF作家である。彼は多作であったが、50年代の終わりから60年代初めに執筆されたものが特に称賛されている。それらは、ひとつのジャンルに収まりきらない、パルプ・フィクション＊を超越した寓話的作品だ。1963年ヒューゴー賞を受賞した第二次世界大戦の歴史改変小説「高い城の男」や、短編小説「マイノリティ・リポート（旧題：少数報告）」、「スキャナー・ダークリー（旧題：暗闇のスキャナー）」などが代表作と言えるだろう。＊20世紀前半に流行した安価な紙に印刷された大衆向け娯楽小説。

　ディックは激しい偏執症（パラノイア）に苦しんでいて、"現実"に疑いを持ち、不吉な黒いスーツ姿の男たちが自室のドアの前まで迫ってきているというような妄想を常に抱いていた。重度の薬物依存症でもあった。こうした彼の極端な人格が、レイモンド・チャンドラー作品（現実世界の鋭い観察）とスタニスワフ・レム作品（哲学的、概念的思索）を融合させた独自の作風を生み出す原動力になっていた。ダン・オバノンやH・R・ギーガーがディックの大ファンだったこともあり、彼の影響は『エイリアン』にも浸透していた。

　1968年に出版された「アンドロイドは電気羊の夢を見るか」は、放射能に汚染され、人間と機械の境界線が曖昧になった未来のアメリカを舞台に、影のあるアンドロイド・ハンター、リック・デッカードの活躍を描いた作品だ。そして、脚本家でプロデューサーでもあるハンプトン・ファンチャー＊は、この作品でこれまでにない映画を作りたいと考えていた。＊本作映像化の権利取得にいち早く動くが最初のトライアルは失敗。その後、友人で俳優のブライアン・ケリーを通じてディックの了承を得る。その後、脚本を書き上げ製作総指揮を兼任したものの、スコットとの意見の相違から途中降板。

　映画化を考えたのはハンプトンが最初ではなかった。1969年、若きマーティン・スコセッシも、この奇妙な道徳観が支配する世界の映像化が頭をよぎったことがあるらしい。だが、ロサンゼルスで生まれ、詩人、ダンサー、俳優を経験してきたファンチャーは、物書きの才能も持ち合わせていて、脚本家に転身。そして、1975年、予期せずして資金を手にした彼が、ディックの小説の映画化権を獲得した。この作品のユーモア性と混沌、暗く湿った下水道のような、カフカ作品に通じる陰鬱な設定を気に入ったのだった。

　プロデューサーのマイケル・ディーリーは、ポール・M・サモンが書いた『ブレードランナー』の百科事典的著書『メイキング・オブ・ブレードランナー』の中で、「私が最終的にこの企画に乗った決め手は、ハンプトン・ファンチャーの脚本だった」と語っている。その脚本については、ディーリーがこれまで見た中で「もっとも展開に推進力があり、興味深く独創的だった」と評価している。

　ディーリーがスコットにコンタクトを取ったのは、彼がまだ『エイリアン』の音声ミキシング作業の最中のことだった。このイギリス人監督の2作目となる映画はすごいらしいという噂は瞬く間に広まった。スコットが今度はSF小説に興味を持ったようだ、と。そのとき、本作はまだ『デンジャラス・デイズ』というタイトルで呼ばれていた。ホテルの部屋や警察署を舞台にした緊張感溢れる室内劇を想定していたが、アンドロイドを追放して"引退させる"（実質的には「殺害する」）探偵の物語というストーリーは決まってい

た。ディックが描く暗澹たる未来では、地球上におけるアンドロイドの存在は違法とされていたのだ。

『エイリアン』のプレスツアーで、スコットはSF界のジョン・フォード（西部劇の巨匠として知られる映画監督）を目指すとリップサービスをする一方で、『DUNE』のプリ・プロダクションにも深く関わっていたこともあり、自分の作品がひとつのジャンルのイメージに固定化されるのを恐れていた。そういうわけで、彼はディーリーからの提案を一度は断った。また、その頃、スコットは兄のフランク・スコットを皮膚がんで失うという悲劇に見舞われ、監督を務めるはずだった『DUNE』の企画を離れた。大きなショックを受けた彼は、自分の人生や仕事を見つめ直す時間が必要だった。「フランクの死で混乱していたんだ」と、本人も認めている。

己の状況を再考し、一時的に映画の仕事から距離を置こうとしたものの、うまくいかなかった。"停滞"することへの恐怖に直面した彼は、自分の人生と芸術活動があまりにも絡み合って解きほぐすことができない事実、そして、どうしても『デンジャラス・デイズ』というダークな世界の可能性に引き戻されてしまう自分に気づく。スコットは、あの企画がまだ生きているかを確認するためにディーリーに電話をかけた。彼は新しい設定を思いつき、プロデューサーに伝えた。「思いきって舞台をそのまま外の世界、つまり、街中にしてみるのはどうだろう」

スコットは2019年のロサンゼルスを、暗黒郷（ディストピア）のイメージで描くというアイデアを話した。生態系の破壊と、アジアからの流入を含む無秩序な人口増加に蝕ま

れた街が地平線まで広がっている光景。「おもしろくなりそうだろ？」

彼がこの映画の監督に戻るという決断は、最初から最後まで、そしてプロジェクトのあらゆる段階で、単に害悪に侵される未来を予見したり、自分のスタイルの限界にチャレンジしたりする以上の意味を持ち続けていた。『ブレードランナー』の監督を務めることは、一種の悪魔払い——喪失感からの解放——の儀式だったのだ。スコットは、自身の悲しみを解明するために、科学と映画と神話からひとつの世界を構築することになった。それはつまり、限られた寿命、遺伝的障害、そして人間の存在定義という難しい問いを突きつけることになるのだ。人間に酷似したアンドロイドを通じて「人間であるとはどういうことか」を探求する本作。異質な存在の地球外生命体との対峙で「人間でないものとは何か」を問う『エイリアン』。探求するのは同じ人間性であるものの、双方のアプローチは真逆と言

える。

　彼が『ブレードランナー』の監督に戻ってから32年後の2012年、弟のトニーが自ら命を絶った。そのとき、スコットの関心は続編の『ブレードランナー2049』に向けられた。死を受け入れる方法はやはり『ブレードランナー』しかないとでもいうように。

脚本家との長きにわたるセッション

　スコットが原作を読み終えることはなかった。20ページほど読み進めたところですでにイライラし始めていた。「ディックは最初の4章で95ものプロットを展開しているのか」と、彼は唸った。情報が次から次へと襲いかかってくる感じは圧巻としか言いようがなかった。しかし、どのような作品であれ、映像化にあたってどのストーリーを語るか見極める必要がある。スコットの意見を基に、ハンプトン・ファンチャーは核となるひとつのテーマに絞って脚本を修正することにした。"猟師"が"獲物"と恋に落ちる。つまり、中心テーマはロマンスだった。

　最初は簡単な修正で済むと思われていたが、ストーリーにロマンス色を加えて脚本を"膨らませる"作業に結局5ヶ月を要した。ファンチャーは、素晴らしい脚本だと言われ続けながら、次々と脚本の変更を求められることに疲れ果てていった。結局、彼には知らせることなく、最終的な修正のために、脚本家のデヴィッド（・ウェッブ）・ピープルズが招集された。

　脚本家との長々と続く狂気じみたセッションは絶対に必要だと、スコットは考えている。「何かを作ろうとするなら、まず自分自身を納得させる必要がある」。そうした創造的な議論の中で、彼は常に批判的な立場をとり、悪魔の代弁者になりきる。そして、そのプロセスを通じて、彼の頭の中に場面が浮かび始めるのだ。「私には、まだ存在していない未来の映像を記憶する能力があるんだ」と、彼は冗談めかして言う。事が起こる前にそれが見えるというのだ。まさに、これぞ映像的透視能力だ。

　「彼は聡明で、夢に突き動かされている男だ」と、ファンチャーは絶賛する。なんでも、スコットは、自身のビジョンを説明するのに、即座にスケッチを描いてみせるという。そのビジュアル化の能力と画力に、ファンチャーはいたく感銘を受けた。「彼のイマジネーションはまるでウイルスのようだ。どんどん増殖し、拡散し、変異し続ける」

　この映画の世界観は、ディックの実存主義とタフガイの典型的描写が、スコットの「ハイパーリアリティ」とも言うべき現実よりも鮮明で詳細な映像表現と融合したものだった。スコットは本作について「舞台は40年後の未来でありながら、どの時代でも起こりうること」と説明。『ブレードランナー』を語りながら、映画史への深い理解と映画制作全般に関する洞察を自然に示している。「外観や雰囲気に関しては、（視覚スタイルを）過去に遡らせた。実際は、40年後の未来

ダリル・ハンナはプリスのために、ドイツの俳優クラウス・キンスキーをモデルにした髪型を考案した

次頁上：ヘビを巻きつけてポーズをとるレプリカントのゾーラ役のジョアンナ・キャシディ

を舞台にした40年前の映画なんだ。レイモンド・チャンドラーの探偵フィリップ・マーロウの世界、つまり、フィルム・ノワールだ。天井で回るシーリングファンだってそう……」

これぞフューチャー・ノワールだ。

デッカードは官僚主義体制の単なる駒だ。その意味で、この映画はジョージ・オーウェル的でもあり、カフカ的でもある。そこには、『エイリアン』に登場する"カンパニー"が象徴していた悪しき制度のイメージが継承されている。スコットには、2つか3つの巨大企業によって支配されている世界という構想があった。そして、それを「産業帝国主義」と呼んでいた。ハイテク・ピラミッド内に所在するタイレル社が製造していたのは、人間以上に完璧な人造人間「レプリカント」だった。

さまざまな草稿を経て、タイトルは『アンドロイド』から『メカニスモ』(イギリスのコミックからの引用)、『デンジャラス・デイズ』と変化していったが、スコットにはどれもしっくりこなかった。彼はありきたりな言い回しを避けたかったのだ。「アンドロイド」という言葉の使用も禁止した。脚本を担当したピープルズは、代わりに何かいい言葉はないかと悩んでいた。そこで彼は、生化学や微生物学に携わっていた娘に相談した。「レプリカント」は、彼女が口にした「レプリケーティング」——クローンを作るために細胞を複製すること——という言葉から生まれた造語だ。

さらに、「探偵」という表現も一切使わないことにした。デッカードはそもそも賞金稼ぎだ。合法的に、"誰か"いや"何か"を捕まえて報酬を得ている。第5稿あたりで、「ブレードランナー」というフレーズが登場していたことをスコットは思い出した。「やった！と思ったよ。これはすごい」って。作家アラン・E・ナースが1974年に発表した「The Bladerunner*」という小説の映画化の可能性を探るべく、ノースの原作を基に小説家のウィリアム・バロウズが脚本の素案を執筆。このトリートメントは後に、「映画：ブレード・ランナー」として出版された。その題名を借り受けた

ことを、ファンチャーは気恥ずかしそうに認めている。スコットによれば、「おもしろいと感じたから、それをそのままタイトルとして使うことにした」ということらしい。＊ 同書のBladerunnerとは「ブラックマーケットの医療器具や薬品(blade)を違法に運搬する者」を指す。スコット監督作との関連性はあくまでタイトルのみ。

創造される未来都市

本作『ブレードランナー』は、スコットのスタイルへのこだわりの極致と言える。だからこそ、彼は戦いを遂行したのだ。この映画の世界観は、その中心的なコンセプト(レプリカント)の意味を論理的に説明するものでなければならなかった。言いかえると、本作で設定される未来社会がレプリカントの製造を必要としている理由が、観客に納得できるものでないといけなかったのだ。そこは、『2300年未来への旅』(1976)や『ドクター・フー』のオリジナルシリーズなどに登場するような、当時のSF作品にありがちな清潔で洗練されすぎた世界であってはならない。スコットが目指したのは、未来のフィルム・ノワール——すなわち「フューチャー・ノワール」であり、現在、そして予測される未来の姿を融合させた世界観だった。「『ブレードランナー』の特殊効果は、世界観そのものを演出するためにあった」と、彼は明かす。緻密に作り上

「彼は聡明で、夢に突き動かされている男だ。彼のイマジネーションはまるでウイルスのようだ。どんどん増殖し、拡散し、変異し続ける」
——ハンプトン・ファンチャー

げられた未来都市こそが、この映画の見せ場なのだ。

　スコットの思い描く未来のロサンゼルスのイメージは、カリフォルニア州の大部分に覆いかぶさるように広がる、混沌とした都市国家だった。彼は映画の本編冒頭で、「2019年のサン・アンジェルス」と説明するひと言を入れようとしたが、プロデューサー陣や周囲の心配性のスタッフが待ったをかけた。観客がそのひねりを理解してくれるかどうか不安だったのだ。スコットは常々疑問に思っていた。ハリウッドの連中はどうしてこんなにも観客の理解力を過小評価しているのだろう？　と。

　彼は『ブレードランナー』の未来の都市構造に対して、次のようなイメージを描いていた。大金持ちは神殿のような最上層部のペントハウスに住み、中産階級の多くが地球の劣悪な環境から逃れるため、オフワールド（地球外植民地）に移住。多様な文化背景を持つ労働者階級のみが下層部の通りにひしめき合う。そのように、富裕層と貧困層の格差が極端に広がり、階層間の移動がままならない社会になっているという設定だ。彼は都市景観が超高層ビル群にまだ支配されていない、ひと昔前の香港を思い出していた。スコットは近代化以前の雰囲気を持つ"中世の香港"をこう表現した。「当時の香港の港は中国のジャンク船（伝統的な帆船）で埋め尽くされていた。香港は驚くほど暗くてロマンチックだったんだ」

　彼はニューヨークについても考えを巡らせた。そこは初めて訪れた者が、世界で一番スリリングな街だと感じる場所だからだ。スコットのイメージは1959

年のニューヨークだった。今や年に10回以上はその街に戻っているが、JFK空港からヘリに乗ると、地平線上のマンハッタンがキラキラと輝いて見える。しかし、当時は実際に街を歩くと、不気味なほど非友好的であったという。『ブレードランナー』における怪物は、都市そのものだった。

「この地球全体が過度の負荷や圧力に晒されている状態(オーバーロード)にあるという意識はいつも自分の中にあった」と、スコットは、自身の悲観的な見方に揺るぎない確信を持ちながらそう語る。「私は30年間ずっと同じ見解を持ち続けてきた。みんなからはよく……鬱病とは言わないまでも、マイナス思考の人間だと思われる。だから、私はこう言うんだ。自分は悲観主義なわけじゃない。これは事実なんだ。そのうちに君たちにだって思い当たるときがくるさ、ってね」

結局、撮影はロサンゼルスのバーバンクにあるワーナー・ブラザースの野外撮影スペースで行われた。一番の理由は利便性の問題だった。スコットは東京やニューヨークを含め良さそうな候補地を探したが、物資の調達などを考えるとどこも不便極まりなく、かかるコストも法外な額になった。ワーナーは長年使われてきたニューヨークの街並みのセットを土台として使うことを許してくれた。スコットはまだスケール感の面を心配していたが、映画の出資者たちから、ここが映画の成功か失敗かを決める分かれ道になると厳しい通告を受けてしまう。

スコットはたびたび困惑顔を見せるデザイナーたちをひとつにまとめ、「ガラクタ未来主義」と言えるよ

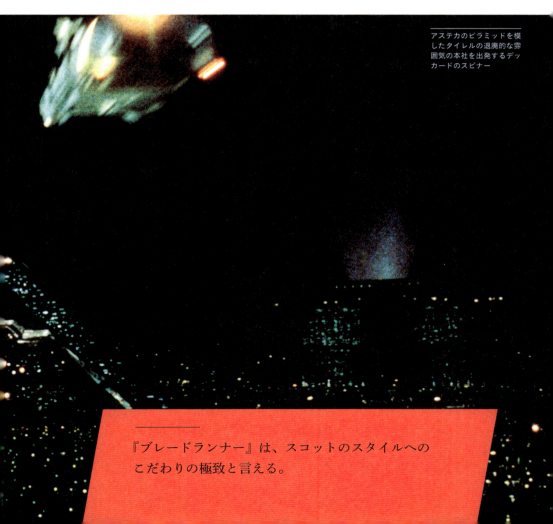

アステカのピラミッドを模したタイレルの退廃的な雰囲気の本社を出発するデッカードのスピナー

『ブレードランナー』は、スコットのスタイルへのこだわりの極致と言える。

うな世界観を構築した。そこでは、さまざまな人種が入り混じって慌ただしく行き交い、フィルム・コメント誌で映画評論家のハーラン・ケネディが「街路に漂う冥府のような絶望感」と形容した通りの光景が広がっていたのだ。あれほど雑然としたスラム街では、現実と非現実、人間とレプリカントの区別をつけるのはまず無理だろう。

セットは街の一区画のスケールに建造物を寄生させるように組み込んで作られた。古いニューヨークのビルはパイプやダクトで覆われ、主要な機能的部分は石造りの建物の内部にはめ込まれた（その姿はＨ・Ｒ・ギーガーのバイオメカニカルなデザインを彷彿させる）。スコットが創造した未来都市は、一見混沌としているようだが、そう見えるには論理的な理由があった。「そこは、複雑に入り組んだエネルギー供給システムを持つ街だった」と、スコットは説明する。「既存の建物は解体にかかる費用が新築よりもはるかに高くつくため、もはや撤去することができなくなっているんだよ」。ゆえに、古い建造物が残り続ける中、新しい装置や設備（巨大なデジタル広告やホログラフィック広告、空飛ぶ車、監視カメラや生体認証スキャナーなど）が混在するという独特の外観が生まれ、それが、本作の都市の特徴になったわけだ。

できあがった街並みのセットは多様な形で使用され、様々なアングルから撮影された。そうした撮影手法が結果的に、観客に「無限の迷宮」を見ている印象を与えたのだ。この街は、「リドリーヴィル」と呼ばれるようになった。

『ブレードランナー』は文字通り、フィルム・ノワールの骨組みの上に作り上げられた。ちなみに、『マルタの鷹』(1941) や『三つ数えろ』(1946) も同じセットで撮影されたので、主演俳優だったハンフリー・ボガートの幽霊があちこちの物影から撮影を覗いていたのかもしれない。ロサンゼルスの建築を代表する3つの有名な建造物は、スコットの構想の中に巧みに組み込まれていた。それが、警察本部に使われたロサンゼルス・ユニオン駅、デッカードが車で走り抜ける輝くタイルが並んだセカンド・ストリート・トンネル、そして、ミリオン・ダラーシアターの向かいに建つかの有名なブラッドベリー・ビル（登場人物のひとりが住むアパートとして登場）だ。

スコットが求めたのは、触れることができそうな現実味のある未来、すぐにでも訪れそうな未来だった。彼の監督作への貢献度、重要性において、美術デザインを担当した「ビジュアル・フューチャリスト」と呼ばれるシド・ミードは、まさに『ブレードランナー』のギーガーだ。ただし、ふたりのスタイルや作風はあまり似ていないが。

参考になりそうな本を求めて地元の書店を探し回っていたスコットのアシスタントのひとりが、「SENTINEL」という分厚い本を抱えて戻ってきた。それは、人類が辿り得る未来を描いたミードの作品集だった。スコットは感銘を受けた。どこか『フラッシュ・ゴードン』(1980) の世界観にも似ていたし、自動車のデザインが特に素晴らしかった。当時、ミードはフォード社のアドバンスト・ビークル・スタジオで工業デザインの仕事をしていたが、その後映画業界に引っぱり込まれた。ミードは未来のビジュアルをデザインする専門家として映画制作の現場に招集される。小柄でおしゃれで、いかなる状況でも冷静で模範的な態度のミードは、最初は乗り物のデザインを担当していたが、すぐにスコットが構築するコンセプトに合わせて、小道具や街並み、建物へと担当範囲を広げていった。スコットはミードに、「この作品は、『2001年宇宙の旅』のように未来的な機械やテクノロジーに重点を置く"ハードウェア映画"とは違うんだ」と強調した。

スコットは20世紀のアメリカ人画家、エドワード・ホッパーの「ナイトホークス」や、表現主義の権化のようなフリッツ・ラングの監督作『メトロポリス』(1927)からインスピレーションを受けていた。脚本のページには次から次へと予言的な未来図が描かれていたが、そこにはメビウスが示す「目に見える形の」未来との概念的な結びつきがあった。また、ダン・オバノンが書いた短編小説をメビウスがコミック化したバンド・デシネ『THE LONG TOMORROW』という作品のストーリーも盛り込まれていた。

『ブレードランナー』には、意図した演劇的な演出も見られる。ブラッドベリー・ビルにあるJ・F・セバスチャン（ウィリアム・サンダーソン）の寂しいアパートを例にとってみよう。室内は、自作の玩具、つまり奇妙な創造物たちの"友達"で溢れかえっている。歴史的建物の中に未来的で風変わりなアパートを置いたことで、現実と非現実の対比が生まれた。そして、普通のアパートとはかけ離れた、視覚的なインパクトのある空間を作り、セバスチャンの孤独感を表現した。このように、「空間」の設定や装飾で人物の特異性を表すのは、舞台演出でよく使われる手法なのだ。それにしても、人間の遊び道具でないなら、レプリカントとはいったい何なのだろう？

なお、このJ・F・セバスチャンの自宅のデザインの出発点となったのは、デヴィッド・リーンの監督作『大いなる遺産』(1946)のハヴィシャム婦人の蜘蛛の巣だらけの舞踏室だそうだ。この種の演出は、『ブレードランナー』の他のシーンでも見られる。たとえば、ロイ・バッティがレプリカントの生みの親、つまり自身をこの世に送り出した存在でもあるタイレル博士と対面するシーンで、タイレルがいたのはろうそくの光に怪しく照らされたエジプト調のペントハウスだった。「あれはゴシック調だ」とスコット。エレベーターの天窓が煙霧を突き抜けて、堕天使バッティの上に星の光を注ぐ。その様子は細部に至るまで、現実離れした魔法の世界のようであった。

レプリカントたち

デッカード役に起用されたハリソン・フォードにとって、それは『スター・ウォーズ』で定着したイメージを覆す、さらなるチャンスだった。彼は『スター・ウォーズ』以外に、フランシス・フォード・コッポラの『カンバセーション…盗聴…』(1974)や『地獄の黙示録』(1979)にも出演していた。スコットは、『スター・ウォーズ』のときとは異なる、コッポラ作品で見せた個性的な演技に惹かれたと主張している。ただ実際に、『ブレードランナー』の世界にいたのは、風になびく美しい髪が短く刈られ、明るくカリスマ的な性格が憂鬱で用心深い性格に取って代わられたハン・ソロであり、ボロボロになるまで殴られ、容赦なく女性の背中を撃つような人物だった。自らの本質に疑念を抱く"人間"役を演じながら、撮影中かなりの不満を募らせていたその俳優は、結果的に、自身の俳優人生でもっとも正体不明で、けれど魅力的な役どころを披露することになる。

脚本を書きながら、ファンチャーはデッカード役に

左：ビジュアル・フューチャリストのシド・ミードが描いたスピナーのコンセプト画

中央：ミードが考案したデッカードの車のコンセプトのひとつ。スコットは彼のデザインの仕事に感銘を受け、すぐに街全体のデザインも依頼した

右：模型をいじるふたりの特殊効果アーティスト。スコットがドライアイスを慎重に調節したことで、建物のミニチュア・スケールが明らかになることはなかった

ロバート・ミッチャム＊を重ねていたという。当時のミッチャムなら、年齢的にもまだこの役をやれると思っていたし、彼があの低音ボイスでデッカードのセリフを言う場面が想像できた。＊『狩人の夜』(1955)や『恐怖の岬』(1962)での怪演ぶり、『さらば愛しき女よ』(1975)、『大いなる眠り』(1978)の哀愁漂う私立探偵フィリップ・マーロウ役が評価された。

スコットとプロデューサー連中の希望を集めた候補者リストにはいろいろな名前が挙がっていた。1981年1月19日付のリストには、ピーター・フォーク（彼が演じるデッカードを想像してみてほしい！）、アル・パチーノ、ニック・ノルティ、バート・レイノルズの名前があった。多様な俳優が対応できるという意味で柔軟性のある役の設定に対して、ごく標準的なキャスティングプロセスの末に挙がった候補者名の数々を見ると、きっと誰もが驚くはずだ。アーノルド・シュワルツェネッガー、ジャック・ニコルソン、ポール・ニューマン、クリント・イーストウッド、ロバート・デュバル、ショーン・コネリー、グレゴリー・ペックなどなど、タイプが異なる俳優たちが並んでいたのだから。もちろん、候補者リストを作るだけなら簡単なことだが。

ダスティン・ホフマンの名前は何ヶ月もリストに残っていた。絵コンテには、ビーニー（ニット帽）のようなものをかぶったホフマン版デッカードのデザイン画も残っている。ホフマンは外見こそヒーロー向きではないが、この役に深みや個性をもたらしてくれるのではないかとスコットは考えていた。ホフマンは物語全体の意味、キャラクターの内面、作品の哲学的な側面を理解することにこだわった。スコットとマイケル・ディーリーはニューヨークへ赴き、延々と議論を重ねたが、ホフマン側はどうしても決意を固めることができなかった。主演男優が決まらないまま何週間も経過し、誰もが、このプロジェクトの先行きに不安を覚え始めた。

そんなとき、レイチェル役のオーディションを受けたファンチャーの当時のガールフレンドで俳優のバーバラ・ハーシーがフォードのことを口にする。そのとき彼はロンドンで『レイダース／失われたアーク《聖櫃》』(1981)の撮影をしていたので、スティーブン・スピルバーグがスコットに彼の映った編集用下見フィ

ルムを見せてくれた。「彼はきっと大スターになる」と、スピルバーグは興奮していた。そこでスコットは、フォードが持つスター性を独自のやり方で活用しようと考えたのだ。

フォードは、スコットに会う前から、デッカードの髪型を考えていたようだ。スコットとの面会時、『レイダース』の撮影セットから出てきたフォードは、インディ・ジョーンズ役の格好のままでフェドーラ帽をかぶっていた。彼の姿を見て、スコットはハッとする。まさに、デッカードに求めていたハンフリー・ボガート風のシルエット（フェドーラ帽とトレンチコートの組み合わせ）だったからだ。インディ・ジョーンズと同じ帽子をかぶる代わりに、髪は短く切ることになった。「リドリーはキャラクターを際立たせる何かが欲しかったようだ」と、フォードは話してくれた。「で、僕は手入れが楽な髪型にしたかったのさ」

デッカードと恋愛関係に陥ってしまうレプリカントのレイチェルは、ネクサス7と思われる次世代モデル（スコットもコメンタリーで認めている）で、最初は自分がレプリカントであることにさえ気づいていないという役どころだ。ケンタッキー出身のショーン・ヤングは、『マンハッタンのジェイン・オースティン』(1980)や『パラダイス・アーミー』(1981)に脇役で出演した経験しかなかったが、50人の候補者の中から見事選ばれた。抜擢の理由は、スコットが彼女にヴィヴィアン・リーの面影を見たことと、正真正銘のブルネットヘアをきちんとまとめたその髪型だった。それにスコットはフレッシュな女優を探していた。「彼女はまるでレプリカント培養槽から出てきたばかりのようだった」

ヤングは、この作品を制作するにあたって『カサブランカ』(1942)のSF版をイメージしていたそうだ。ゆえに、映画の中でレイチェルが吸う煙草もフランス産の「ボイヤー」という銘柄にしている。オーディションを受ける際にヤングは、昔のスリラー映画の雰囲気を出すために、グレタ・ガルボ＊のオーバーコート（ワーナーの衣裳部にあったもの）を着ていったが、結局、そのスタイルが、彼女が演じるレプリカントの衣裳として採用される。スコットは彼女の赤い口紅の艶やかさにこだわった。さらにレイチェルは、人

彼女は、人形のような、どこか人工的で完璧すぎるほどの美しさを持っていなければならない。ちなみに、彼女が髪を下ろしたのは、自分がレプリカントだと知った場面の1度だけだ。

レイチェル役のショーン・ヤング。彼女の外見は1940年代の偉大なフィルム・ノワールを意識したものだった。彼女はこの映画を『カサブランカ』のSF版だと考えていた

形のような、どこか人工的で完璧すぎるほどの美しさを持っていなければならなかった。ちなみに、彼女が髪を下ろしたのは、自分がレプリカントだと知った場面の1度だけだ。＊サイレントおよびトーキー映画初期にハリウッドで大活躍したスウェーデン出身のスター。

どのレプリカントも、人間の誰より生き生きと刺激的に描かれている。ギラギラした目をした凶悪なリオン役のブライオン・ジェームズ、ヘビダンサーのゾーラ役のジョアンナ・キャシディ、そして、『ノスフェラトゥ』でドラキュラ役を演じたクラウス・キンスキーをヒントにした、青白い肌に驚くほど奇抜なカツラ姿でスコットを唖然とさせたプリス役のダリル・ハンナ（このルックスによって、元体操選手である彼女が同役を得るきっかけとなった）。そして、ロイ・バッティを演じたのは、今は亡きオランダの名優ルトガー・ハウアー。彼はこの映画に素晴らしい贈り物をしてくれた。スコットは、戦時中のレジスタンス運動を描いた映画『女王陛下の戦士』(1977)での彼の演技に感銘を受けていた。颯爽として上品な魅力を持つ元船乗りのこの俳優は、映画に関わる人々を魅了し、それが制作全体に好影響を与えている。さらに重要なのは、ハウアー演じるロイ・バッティがスクリーンを席巻した

RIDLEYVILLE 59

ことだ。そのプラチナブロンドで危険な雰囲気を持つバッティと、陰湿で硬派な捜査官であるデッカード。ふたりは外見が正反対で対立関係にありつつも、同等の存在感を放つ。バッティは、作家Ｊ・Ｒ・Ｒ・トールキンの作品に登場するエルフのようであり、気まぐれな洒落男であり、自身の身体能力を愛し、生きることへの強い意欲を原動力にしていた。スコットは後年、スーパーヒーロー映画というジャンルの台頭を不満げに語っているが、『ブレードランナー』に登場するネオンだらけの街並みには、DC作品『バットマン』の舞台であるゴッサム・シティの片鱗を垣間見ることができる。ならば、さしずめデッカードは葛藤を抱えたバットマン、バッティは快活なジョーカーというところか。とにかく、スコットが意図せずして、後年のバットマン映画に影響を与えたことは否めない。

長すぎた"夜"と長すぎた"雨" ── 軋轢の中で

　1981年3月9日、スコットは撮影を開始。初日から自分のビジョンを明確に持ち、全力で臨む姿勢を示した。最初の撮影場所は、デッカードがレイチェルを検査した、レプリカント設計者タイレ(演じるのは、1980年公開の『シャイニング』で不気味なバーテンダー役だったジョー・ターケル)のネオ・エジプト調の役員室だった。四方の壁は金色の光の波紋で覆われていた。ところが、スコットができあがった部屋を細かくチェックしたところ、柱がすべて逆向きに立てられていることに気づく。美しい装飾が全部上側になっていて、画面から見切れてしまう位置にあった。呆然としているスタッフに「上下をひっくり返せ」と、スコットは指示を出した。それには、大変な労力を要した。床は鏡のような光沢に磨き抜かれ、ひとつでも傷があればセット全体を作り直すことになった。

　クランクインして3日目、撮影は予定より2週間遅れていた。

　暗雲はすでに立ち込めていた。撮影が始まって3ヶ月、セットの建設が進む中、資金が底をついた。支援者であるフィルムウェイズ社が、映画のヒットの可能性に不安を抱き1500万ドルの予算提供を取り下げた。(プロデューサーの)ディーリーには、この企画を断念するまで数日の猶予があったので、その間にありとあらゆる契約を進めてまわった。ワーナー・ブラザーズは、フォックスのアラン・ラッド・ジュニアが経営するラッド・カンパニーを通じて、アメリカ国内での配給権に750万ドルを提供した。また、香港の有名な映画プロデューサー、ラン・ラン・ショウ(邵逸夫)が共同創設者である映画製作会社ショウ・ブラザーズ・スタジオ(武侠映画を多く手がける)から国際配給

ディストピアン・フルーツ　リドリー・スコットの伝説的な Apple 社 CM の簡潔な歴史

それは 1983 年のことだった。3 本の記憶に残る長編映画（やがてこの 3 本の映画は名作として語り継がれることになる）を制作し、製作会社 RSA（リドリー・スコット・アソシエーション）がビジネス面でも成功を収めた後、リドリー・スコットにスティーブ・ジョブズから電話が入ったのだ。コンピューター界の巨人 IBM の影に隠れていた Apple 社のトップが、Macintosh という名前で画期的な新型パソコンを発表するので、そのキャンペーンに先駆けて流す CM を制作してもらえないか、と打診してきたのだ。

ジョブズは、スコットが 70 年代半ばに手がけたシャネルの CM を覚えていた。また、『ブレードランナー』についても、時代を先取りした映画と高く評価していた。

スコットが監督した何千もの CM の中では、小麦粉メーカーである HOVIS 社の CM のほうが代表的と言えるかもしれないが（「英国でもっとも愛される CM」に繰り返しランクインしている）、その後に制作したこの 60 秒間のディストピアを描いた映像は、「CM は長編映画の要約版として扱われるべきだ」というスコットの信条を具現化している。スコットが手がけたジョージ・オーウェル作品の要約版『1984』は、Apple が今日の覇権を握るきっかけとなった。

スコットはフリーランスでの仕事として『1984』を監督した。Macintosh のキャンペーンを支えたのは、アメリカの広告代理店 Chiat/Day 社である。コピーライターのスティーブン・ヘイデンが考えたコンセプトは、ジョージ・オーウェルのパロディ。スーパーボウルの間の高価な枠でのみ CM を放送するというのは前例のない試みだった（実際には 1983 年のクリスマス前に深夜のテレビで試験的に放送された）。その後、テレビのニュースや記事で盛んに議論（および映像クリップ）が展開されたので、ジョブズは 500 万ドル相当の宣伝を無料にすることになる。

せいぜい長さは 1 分とはいえ、この製作費 40 万ドルの超短編映画によって、『エイリアン』『ブレードランナー』に続く、陰鬱ながら信憑性の高い衝撃的な未来を描いた映像 3 部作が完成したことになる。未来図の絵コンテを描きながら、スコットはアレクサンダー・コルダが制作した『来るべき世界』（1936）に立ち返るのはおもしろいのではないかと考えた。この 1936 年の映画に登場する未来の「退廃的な室内装飾」は、今となっては古めかしい世界だと、1984 年当時彼は語っている。

舞台は未来。タイレル社に勝るとも劣らない巨大企業が支配する激しく工業化が進んだ世界が目の前に広がる。坊主頭の労働者たちが（実際にスキンヘッドのエキストラをキャスティング）低い機械の音に合わせてトンネル内を足並み揃えて歩いている。彼らが列をなして集まる大広間の正面には大型スクリーン。ス

コットは、壁に大型ジェット旅客機ボーイング 747 のエンジンの部品を据え付け、ドラマチックな演出のための「壮大な虚飾」を施した。スコットに言わせれば、そこは『ブレードランナー』よりもずっと抑圧された世界だった。実際、そこはテリー・ギリアム（（985 年の『未来世紀ブラジル』や 1996 年の『12 モンキーズ』などの監督）が描く世界にも似ていた。スクリーンには、「1984 年」の独裁者ビッグブラザーを思わせる「預言者」（デヴィッド・グラハム）の眼鏡をかけた険しい顔が映し出され、「情報浄化指令」についての催眠術のような演説が長々と続いている。

ボイラースーツを着た群衆の中を、赤いショートパンツに Apple の小さなロゴが入った白い T シャツを着た金髪の若い女性が、大きなハンマーを握りしめて走っていく。彼女は警察とおぼしき人物に追いかけられているが、追いつかれる前に持っていたハンマーをスクリーンに向かって投げつける。ハンマーは画面中央をスローモーションで回転しながら飛んでいき、大型スクリーンに激突。そして、スクリーンが爆発する。スコットはヒロイン役を探し、ロンドンのハイドパークでオーディションを行った。彼は「ハンマーを投げる腕力があって、なおかつ、見栄えのする」女性を求めていた。明らかに、モデルや女優では務まらない。アスリートである必要があったのだ。地元のスポーツジムで見つけたアーニャ・メジャーは、モデルであると同時に円盤投げの元選手でもあった。「彼女しかいなかった」と、スコットはコメントしている。メジャーは、エルトン・ジョンの「ニキータ」のビデオに出演したことでも知られている。

ジョブズはこの結果に大喜びだった。スコットが描きたい比喩表現がそこにはあった。たとえるなら、IBM は醜悪なスキンヘッドの働きバチを率いる専制的な国家機構（スコットはそれを共産主義と位置づけた）で、かたや、ホットパンツをはいた女性版ロイ・バッティのような、稲妻のごときそのブロンド女性は、強固な一枚岩の現状を打ち砕く個性派 Macintosh だったのだ。

この CM には、ラストギリギリまで Apple、Macintosh という文字は一切出てこない。唯一聞こえるのが、「1 月 24 日、Apple Computer は Macintosh を発表します。そして、なぜ 1984 年が『1984 年』*のようにはならないのか、みなさまにもわかっていただけるでしょう」という謎めいた声のナレーションだけだった。

この CM『1984』はカンヌ広告祭でグランプリを受賞し、1999 年には史上最高の傑作 CM に選ばれた。

*　ジョージ・オーウェルによる小説「1984 年」で描かれる世界は、監視社会的で非常に抑圧的な未来だった。Apple が新しい時代を切り開く革新的な製品を提供することを示唆するメッセージとなっている。

レイチェルはデッカードの命を救った最初のレプリカントである。ブリオン・ジェームズが演じるレプリカントのリオンを間一髪で撃ち殺した

権に対して750万ドルの支払いを受けた。そして最後に、ハリウッドの重鎮バッド・ヨーキンと企業家のジェリー・ペレンチオが率いる映画およびテレビ番組制作会社タンデム・プロダクションから、テレビ放映権とホームビデオ化権として700万ドルが提供された。タンデムはまた、完成保証人＊としての役割も果たすことになったが、スコットの不満の多くはそこに集中していた。そして、映画の構想を練る段階で、予算はすでに2,200万ドルまで膨れ上がった。＊予算や期限の厳守を重視し、必要に応じて制作に介入する権利を持つ。

撮影現場は、それ自体が現実離れした世界と化していた。なにせ35日間が夜間撮影だったのだ。スコットは、夜が独特の雰囲気を醸し出してくれると言ってきかなかった。煙も雨もすべてが雰囲気づくりにひと役買った。セットに隠されたスピーカーから流れてくるピンク・フロイドの曲が、撮影中のムードを演出していた。しかし、スコットの鋭い先見に応えるにはかなりの労力が必要で、それがスコット自身はもちろん、関係者全員にとって相当な負担となっていった。

専属デザイナーたちとの共同作業は困難の連続だった。そのうえ、アメリカの労働組合の複雑で理解し難い規則により、スコットはカメラの操作ができなくなるという事態に陥った。撮影監督のジョーダン・クローネンウェスに率いられたカメラチームは奇跡的な働きをしてくれたが、スコットからすれば、しなくてもいい打ち合わせの手間がまたひとつ増えることになったのだ。

スコットの完璧主義からくる意味不明な要求に、スタッフは不安や焦りを感じるようになっていった。彼に見えているものが自分たちには見えなかったからだ。スタッフからの質問は劇中の酸性雨のごとく監督に降り注いだ。「どのように？」という問いにならスコットは答えることできた。しかし、「なぜ？」という問いには苛立ちが募った。「わからないなら口を出さないでくれ……私はわかっているから」。夜の撮影が進むにつれ、ますます険悪な空気になっていった。スコットは効率的な撮影計画を立てていたにもかかわらず、現場で怒鳴り声をあげるようになっていた。今となれば、そういう態度を見せることは逆効果だったことが彼にもわかる。時間とエネルギーの無駄使いだった。『ブレードランナー』の経験で彼は感情を抑えることを学んだ。その場から離れたり、深呼吸をしたり、スタジオの廊下でいくつか穴を蹴り開けたりすれば済むことだった。あれ以来、彼がプロとしての冷静さ失うことはなくなった。

撮影現場の要求に応えようと、スタッフの声に一方の耳を傾けるスコットだったが、もう一方の耳には、タンデム・プロダクションのヨーキンとペレンチオからの「それが本当に必要なのか？」の大合唱が聞こえていた。駆け出しのスコットが、キューブリック顔負けに完璧さを求めて際限なく迷い、何度も撮り直しをさせる中、このプロデューサーたちには、予算が制御不能になり、さらなる資金が自分たちのポケットから出ていくことが見えていた。ヨーキンは何かというとスコットに、予算超過分は自分の子供たちの教育費から出すことになってしまう、と訴えていた。ヨーキンも監督経験があるため――主に『クルーゾー警部』（1968）のようなあまり冴えないコメディだったが

ロイ・バッティはデッカードの命を救ったふたり目のレプリカントである。なぜデッカードがレプリカントに命を救われたのか、多くの議論が巻き起こった

「すべての記憶は消えていくだろう、そのうち、雨の中の涙のように……」

── 劇中、ロイ・バッティのセリフより

──彼が自分に代わって監督を務める計画を立てているのではないかという疑念が、スコットの中にも渦巻くようになる。

　もっとも問題だったのが、フォードとスコットが激しく対立していたことだ。フォードはスコットにないがしろにされていると感じていた。監督が微に入り細に入りセットの準備を整える間、延々と出番を待つばかりで、せっかく温めた集中力というエンジンがどんどん冷えていってしまうことを実感していたのだ。フォードは、スコットが彼自身に課している高い目標については敬意を払っていたものの、スピルバーグやルーカスとそうであったように、監督との息の合ったコラボレーションを望んでいた。とはいえ、フォードが渋々ながらも、スコットの映画制作に対する厳密なアプローチや一貫したビジョンを認めていたのは事実なのだが。スコットについて、役者の演技よりも映像美を重視しているのではないかと考えたのはフォードだけではない。だが、スコットにとっては、それらは分けて考えるべきことではなかった。演技も画像作りも、どちらも同等に重要な創造プロセスの一部だと考えていた。

　フォードがプロ意識を失っていくことは決してなかったが、その映画のドキュメンタリーの素材資料のフィルムには、「カット」の声を聞いた途端、その心理状態を表すように彼の顔が曇る様子が映っている。

　スコットは自分サイドの主張を通すためにひたすらフォードに甘えていた。彼を労わる必要性も感じていなかった。自分と俳優陣の間に問題が生じているとは思ってもみなかったのだ。だから、主役俳優と会話を交わすことはほとんどなかった。スコットはもっとうまくできたのではないか？　フォードとの関わりに、もっと時間をかけることができたのではないか？　多分できたのだろう。しかし、そのふたりの緊張関係ははかりしれないものだった。毎晩、その日の撮影が終わると、フォードはひと言も口をきかずにセットを後にした。

　35年後、思いがけず続編『ブレードランナー2049』（2017）が製作されることになったが、その撮影現場でも、フォードはまだにあの頃の記憶に囚われていた。おそらく、彼とスコットはすでに和解していたのだろうが。それに、『ブレードランナー』は時とともにカルト的な人気を得て、神格化されるように

なっていた。しかし、フォードは当時の経験を良い思い出にする気はなかったようだ。「50日間の撮影スケジュールのうち、35日間は夜だった。あれはあまりにも過酷な撮影だった」

　さらに、雨の問題もあった。

　主演俳優から端役、エキストラ、スタッフに至るまで、誰もが長々と降り続く雨にうんざりしていたという。だが、雨が止むことはなかった。毎晩、工業用ポンプがうなり声をあげて通りを濡らしていた。また暗く重々しい感じを出すために、水には油が混ぜられていた。柄の部分が光るスタイリッシュな傘はあったが、それくらいではあの雨を凌げなかった。さらにスコットは、彼の視覚的特徴のひとつである、蜜蝋を燃やして作った煙を漂わせるので、現場は息をするのも苦しかった。クルーの間では手術用のマスクをつけるのが習慣になっていた。気候の良いカリフォルニアに反旗を翻すがごとくひどい天気を演出するというその撮影は、この堅物の英国人監督による究極の"反カリフォルニア運動"だったのだ。

　スコットの息子ジェイクは、父親の中に人生の陰鬱な側面への執着心があると見ている。BBCのオムニバス・ドキュメンタリー番組『Eye of the Storm: Ridley Scott』（1992）で、ジェイクは、同じ画家なら父親は、（牧歌的な風景画で知られる）ジョン・コンスタブルよりも（神秘的、暗示的な作風の）ウィリアム・ブレイクの作品を選ぶと明言している。「父は、人生や人間の明るい側面ではなく、暗い側面に関心を寄せる。空を見上げるより、地面を見つめるタイプというか。作家や芸術家は得てしてそうかもしれないが、父はいつもある種の"光"に心惹かれている。彼の芸術性を刺激するその光は、図らずも、炎のごとく強烈だったり、闇のように暗く陰鬱だったり、どこか不吉だったりするんだ」。彼の父親は、自分の足元につきまとう憂鬱をイギリスの元首相ウィンストン・チャーチルの言葉を借りて「黒い犬」と呼ぶことがあった（チャーチルは鬱症状があり、その症状のことを「黒い犬」と呼んでいた）。「でも、父が速く走れば走るほど、その"黒い犬"は父についていくのが難しくなる」。ジェイクは、スコットが仕事に没頭することで忍び寄る憂鬱さから逃れようとしている現実をそういう言葉で説明してくれた。

　スコット自身は、性格や感情を心理分析され、たと

RIDLEYVILLE　63

えば「鬱病」などと特定のカテゴリーにはめられるのを嫌がっており、むしろ雨の日ばかりだったイングランド北東部での子供時代が自分の性格を形成し、感性を育んだと考えるほうを好んだ。スコットが生まれ育った土地には、小説家であるシャーロット・ブロンテの作品に登場する北イングランドの荒涼とした風景と厳しい気候がある。「つまり、ケルト人的なんだよ」と、スコットは話す。「コップに入った半分の水を、半分しか残っていないと思うタイプなんだ」

『ブレードランナー』の名場面と呼ばれる一連のシーンは、そんな憂鬱な雨に濡れていた。チェストバスターがトラウマになるのと同じように、そのシーンもまた観る者の心に強烈な印象を残した。この映画の主人公である——サンドバッグのように受動的だが打たれ強い——デッカードと、本能的に行動する獣のごときバッティとの対決は、理性と感情のはざまで繰り広げられる執念の戦いだった。両者の戦いぶりを見ていると、『デュエリスト／決闘者』で描かれた対立する者同士の激しい攻防を思い出す。ふたりは激しくやり合いながらブラッドベリーの建物を上にのぼっていき、やがて水煙が立ち込める屋上に出る。

追い詰められたデッカードは3メートルほど離れた隣のビルに飛び移るが失敗し、メビウス風のマットペイントによる深淵が眼下に広がる中、鉄の支柱に指先だけでぶら下がる状態に。そして、支柱から指が離れた瞬間、寿命が残りわずかのバッティは落下しかけた宿敵の命を救い、自分の最期を見届けさせるのだった。

当初の計画では、ロサンゼルスのダウンタウンで、5番街とメインストリートにある古いホテルの屋上を使ってロケを行うことになっていた。スコットはフォードとハウアーのふたりがジャンプするところを撮ろうとしたのだが、12階の高さから落ちてくれと言うわけにもいかない。たとえセーフティネットを準備してもかなり無理があった。そこで地上1.5メートルの高さにふたつの屋根を設置することを考えた。そのセットの下に車輪をつければ、間隔の長さも調整できる。屋上に並ぶ風車を置くのはスコットのアイデアだった。この風車は、機能を停止した発電機、故障した生命維持装置を象徴している。

「これが撮影最後の夜になるだろう」と、スコットは言った。「朝の4時になったら、私はプラグが抜かれる。その時点まで、私は完成保証人らからの信頼をまったく得られなかったし、私も彼らに対して同じ感情を抱いていたから*」 *予算の超過と撮影方針について保証人だったバッド・ヨーキンとジェリー・ペレンチオからは終始理解が得られず、書面上で一度解雇されるトラブルも。期限内の完成を求めるプレッシャーが厳しく、最後のシーンでは撮り直したい部分もあっ

たが実行させてもらえなかったという背景がある。

なぜバッティが宿敵を助けることを選んだのかは、理論派たちの間で一番の議論となった。オリジナルで流れるデッカードのモノローグでは、バッティが今際の際に命の大切さを知ったのかもしれないと語られるが、その説もあまり説得力がない。スコットはハウアーに、単にレプリカント的な反射行動だと説明したという（落ちそうなものを感知したので、落ちないように対処したということ）。タイトルがまだ『デンジャラス・デイズ』だった頃の脚本では、バッティは、デッカードの手首を掴み、もう少しで屋上に引っ張り上げられる……というところで命尽きる、と書かれている。

後付けになるが、バッティの行動は優越感から出たものだとスコットは断じた。「自分の命が尽きかけていることに気づいていたんだ」。バッティは、短くも数奇な人生が終わることをデッカードに理解してほしかったのだ。命を助けた場面から続くシーンでバッティが独白した言葉は、映画史上もっとも記憶に残るセリフのひとつとなった。

「『雨の中の涙のように』……その言葉はルトガー自身が付け加えたんだ」とスコットは回想する。午前1時、例のシーンの撮影開始前、疲れ切っていた監督はその俳優から会いたいと連絡を受けた。その時点では「死ぬときが来た」というセリフは別れの言葉に充分ふさわしいとスコットは考えていた。しかし、ハウアーは「これを聞いてもらえませんか」と言ってきたのだ。「そして、自分の書いたセリフで演じて見せてくれた。実に素晴らしいセリフだと思ったよ」

ここではっきりさせておかなければならないことがある。ポール・M・サモン執筆の有名な解説書（『メイキング・オブ・ブレードランナー』）の中で、共同脚本家のピープルズがこの感動的な独白のほとんどを書いた、とハウアーは告白しているが、この話はそれでおしまいではない。「冒頭部分を少しカットして、あの最後の部分は即興でセリフを言ったんだ。……記憶は消えていくだろう。時がくれば——。雨の中の涙のように……」

ともかく、すべてはハウアーの演技力の賜物だった。バッティが脳裏に浮かぶ光景を語りだす。「オリオン座の近くで燃えた戦闘船」に「タンホイザー・ゲート付近の暗闇で輝くオーロラ」。あのシーンは観る者の心に余韻を残した。

「リドリーにとって重要なのは、何を見せるかではなく、何を見せないか、だった」。『ブレードランナー2049』の監督を務めたドゥニ・ヴィルヌーヴはそう語ってくれた。そして彼は続編を作るにあたり、スコットの視覚的アプローチを模倣するのは適切ではな

デッカードは、レプリカントから特有の感情的な反応を引き出すべく、レプリカントか人間かを判別するために考案されたフォークト=カンプフ検査をする。彼らの目にあるオレンジ色の光に注目

いと判断した。前作の本質を独自の方法で表現すべきだとの考えを示した。「第1作の暗示の力はとても美しい。イメージはたしかに私の頭の中にあるのに、まるで幻影でも見たかのように、どれも輪郭がぼやけている。私はそこがとても気に入っている」

そして、夜が明け、ハリウッド・ヒルズの空が朝日でぼんやりとピンク色に染まる頃、『ブレードランナー』の主要撮影がついに終了した。

混沌のエンディングと映画のその後

スコットは、本作の夢幻都市の景観を完成させる特殊効果撮影のため、ロス南部に位置する世界最大の人工マリーナ、マリーナ・デル・レイに向かった。スコットは常々、「特殊効果の作業に監督が関わらないのは、ギャンブルのようにリスキーなことだ」と主張している。最終的な結果が監督のビジョンと一致しない危険性を避けるべく、映画制作のあらゆる側面に自らが関与するというスタンスを本作の制作過程で示したのだ。『2001年宇宙の旅』での画期的なインカメラ・エフェクト*の後、『2001年宇宙の旅』、『未知との遭遇』で活躍したSFXスーパーバイザーのダグラス・トランブルと彼のチームは、本作においてもSF映画の特殊効果における新たな基準を打ち立てた。スコットは、自分たちが表現するものすべてにリアリズムを追求する彼らの姿勢を気に入っていた。 * 撮影時にカメラやそのパーツを操作することで得られる特殊効果。

トランブルと少数精鋭の彼のチームは、問題を作るのではなく解決するタイプだったので、そこは安心材料となった。

スコットは、上空から未来の大都市の全体像を一挙に紹介するワンショット撮影でオープニングを飾りたいと常々考えていた。「ハデス・ショット」(冥界を想起させるショット) や「リドリー・インフェルノ」(リドリー・スコットが描く地獄) とスタッフの間で呼ばれたそのシーンのインパクトの大きさについて、異議を唱える者はいないだろう。到達不可能なほど遠い地平線に向かって広がるロサンゼルス上空を、カメラがゆっくりと滑るように移動し、手前の工場地帯ではあちこちで花火のように火の玉が吹き上がっている (実際には駐車場で撮影された)。さらに、建物のミニチュア模型に大量の光ケーブルと小さな真鍮エッチングパーツを何千枚も使用して、大都市の夜景が撮影された。その画面に何機もの空飛ぶ車(スピナー)がホタルのように飛び込んでくる。まさに、奥行き13フィート(約1.5メートル)にも満たない強制遠近法*のなせる業だった。そこに本作の音楽を担当したヴァンゲリスによるシンセサイザーの幽玄な揺らぎが加わることで、かつてないほど未来を感じさせる驚異的なパノラマが実現されたわけだ。 * 物体同士の距離を活用し、映る物体を実物より大きくあるいは小さく、近くあるいは遠くみせること。

あえて現代音楽を意識して作曲家を選んだスコット本人でさえ、あの音楽があれほどぴったりはまるとは予想していなかった。「古びることがない」とスコットはあのシーンを、そして、あの音楽を懐かしむよう

RIDLEYVILLE 65

『ブレードランナー』は『エイリアン』以上に魅惑的な謎に包まれている。
この映画は年月が経つにつれ、より神秘的、より予見的になっていく。

に話してくれた。まさしく音楽と映像の完璧な融合だった。そして、それを実現できた映画はほとんどない。

スコットは映像を音楽のように操り、音楽を映像のように操っていた。ギリシャ人のシンセサイザー奏者であり作曲家のヴァンゲリスは、かつてジョン・アンド・ヴァンゲリス*という音楽ユニットでも活躍していた。ロンドンのマーブル・アーチ近くにあるネモ・スタジオで、観客席のようにたくさんのシンセサイザーを周りに並べた様は、そこで未来との交信を図ることができるようだった。監督と作曲家は似ている。ヴァンゲリスは文字通りひとコマごとに楽譜を書いていった。スコットがにやにやしながらこう教えてくれた。「彼はオープニング・ショットを見たとき、気絶しそうになったらしいよ」。ヴァンゲリスはヤマハ CS-80 の前に陣取って、人間の反応に呼応する繊細なタッチのキーボード（まさにレプリカント音楽だ！）を駆使し、連打するティンパニーの音、チャイム、ドップラー音、そして切なく流れるメロディーを紡ぎ出した。楽譜全体が独自の世界観を醸し出していた。それこそあの街の魂そのものだった。* イギリスのロックバンド・イエスのヴォーカルを脱退したジョン・アンダーソンとのユニット。

映画完成後は、すべてうまくいっていた。プロデューサーさえ作品を評価していた。しかし、順調だったのはこの映画がデンバーとダラス（『エイリアン』の騒動の後は幸運な会場とされた）でテスト上映が行われるまでのことだった。観客はまるで葬儀に参列したかのように沈黙した。感想カードには、ストーリーが長い、話が暗い、理解に苦しむというコメントが書かれていた。逃げるふたりを乗せたエレベーターのドアが閉まるという曖昧な結末も理解されなかった。映像美に魅了された感度のよい観客もいたが、ディテールが気になって話が入ってこないと感じた者もいた。

まず言われたのは、今でも不評の、あの"急ごしらえ"のモノローグだった。意外なことに、これはスコットのアイデアだった（とはいえ、もともとの脚本にはエンディングシーンについていくつかのバリエーションがあり、この初期公開版のエンディングの構想もそのひとつではあった）。とにかく、映画を見に来てほしいという気持ちの表れだった。もし観客がストーリーを理解できないというなら、それを明確にするのが監督の仕事というわけだ。理想主義者が現実主義者へと

"堕落した"瞬間だった。

このモノローグについては、今でも擁護派は存在する。明らかにやる気のないフォードのトーンが皮肉まじりの陳腐なセリフとうまくマッチし、ハードボイルド小説を気取った雰囲気を強調していたのが、ナレーションが支持される理由だ。しかし、モノローグを入れたためにデッカードの人間性に関する解釈の自由は失われてしまった。

また、最後はハッピーエンドがいいという話になっていた。もちろん、あの深い緑の中を逃げていくデッカードとレイチェルの映像は昼間に撮影されている。

このシーンを撮影するにあたり、行き詰まっていたスコットは、彼が憧れるヒーローのひとりと交流するチャンスを得た。ふたりの逃亡をワイドショットで映したかったスコットは、スタンリー・キューブリックの監督作『シャイニング』（1980）のモンタナ郊外の撮影で使われなかった映像が活用できないだろうかと考えた（このアイデアを持ちかけたのは、プロデューサーのアイヴァー・パウエルだったらしい）。キューブリックは決して使わない映像を大量に撮影するのが常だったのだ。『エイリアン』のファンだったキューブリックはスコットの申し出を快諾してくれた。ちなみに、キューブリックは、何の前触れもなくスコットに電話をかけてきて、胸が破裂する瞬間の強烈な映像はどうやって撮影したのかと尋ねてきたこともあったらしい。スコットは、昔ながらの手作業だったと説明したそうだ。数日後、17時間分の映像を積んだバンが現場に到着した。こうして、スコットとキューブリックの奇妙な相互交流が実現した。

未来の歴史はこんなふうに展開するという見本がこの映画の中にはあった。『ブレードランナー』が公開された 1982 年の夏は、あいにく映画『E.T.』の公開で感動の嵐が巻き起こっていて、興行収入は全米でも 1400 万ドルにようやく届くかどうかだった。つまり、当時は失敗作という評価に終わったのだ。時はレーガン時代、世間が楽観的なムードに包まれている中、ディストピア世界に浸っている人間などいなかったのだろう。

スコットは落胆し、また困惑もしていた。「ハリソンが普段のイメージとあまりにも真逆の役柄を演じたから観客が違和感を持ったのかもしれない。しかも、

ヒーローが、いや、アンチヒーローか、とにかく主役が最後の最後にいわゆる悪役にこてんぱんにやられる場面で、その悪役が悪人ではないことが判明するわけだから。まあ、そこがこの映画の見どころなんだけど。そうだろう？」

　時代の先を行きすぎるのは、時代に乗り遅れるのと同じくらいよろしくない。しかし、やがて時代が『ブレードランナー』に追いつくことになる。

　きっかけは MTV だった。スコットが、新人監督発掘のためにその新興のビデオチャンネルをつけてみたところ、MTV で流れた映像を見て、自分の映画が再放送されているのだと勘違いした。雨が降り注ぎ、薄汚れた街並みに、ネオンの光をまき散らしたような映像が次々現れたのだから、『ブレードランナー』だと思ったのも無理はない。ミュージックビデオに、本作の視覚的スタイルが取り入れられていたのだ。ビデオやレーザーディスク（後に DVD も）といった、繰り返し鑑賞できる家庭用映像メディアがリリースされると、作品は再評価され、新たに多くの人々が影響を受けるようになっていく。流行に敏感な映画監督やロックスター、ファッションデザイナー、建築家、芸術家、そして作家や製作者たちを巻き込むひとつの世代がここに生まれ、すでに過去のものとなっていたスコットの作品をすみずみまで貪るように研究した。『ブレードランナー』はサイバーパンク・ムーブメントの教科書となり、ついに批評家たちは意見を覆し、フィルム・コメント誌やプレミア誌のような映画雑誌がこの作品に対して好意的な記事を書くようになった。

　スコットは、常々『ブレードランナー』について自分は「そこそこおもしろいこと」をやったという自負を持っていた。それが、この映画は「非常におもしろい」という実感に変わったそうだ。

　1990 年初頭、ロサンゼルスのフェアファックス・シアターの支配人が、春の映画祭用に『ブレードランナー』の 70mm フィルムをワーナーに依頼。チケットは完売した。デヴィッド・フィンチャーを含むこの映画の熱狂的なファンたちは、上映されたのが劇場版ではないとすぐに気づいた。もっとも顕著な違いは、フォードの不機嫌そうなナレーションとハッピーエンドのシーンがなかったことだ。実際のところ、そのフィルムのエンディングはとてもよくできていた。デッカードがレイチェルとアパートから逃げるとき、アルミホイルで折った小さなユニコーンを見つける。これは、折り紙好きのブレードランナー仲間のガフ（エドワード・ジェームズ・オルモス）が、デッカードの夢の中にユニコーンが再挿入されたことを知っていた証拠になるのだろうか？

　実は、映画会社が、以前デンバーとダラスでの試写会で上映した初期編集版を間違えて映画祭に提供してしまったというのが事の真相だ。

　ここから連鎖反応が始まる。まず、ワーナー社が『ディレクターズ・カット』版の制作に色めきだった。公開前の試写会用のワークプリント版を微調整したものが何回か上映されることになったが、これらの上映会のチケットは完売。その映像を見たファンは、自分は"本物"を見たことがあると得意げに自慢した。やがて、ブレードランナー・クラブが設立される。デヴィッド・フィンチャーによる映画『ファイトクラブ』（1999）には、作品内に登場する"ファイト・クラブ"についていくつかのルールが存在するのだが、その1（その2も）が、「ファイト・クラブのことを決して口外するな」であった。それをもじって、ブレードランナー・クラブのルールその1、2は、「ブレードランナー以外のことは口にしない」だ。

　1991 年末、ついにスコットは公式の『ディレクターズ・カット』版を監修することに同意した。この新たに制作されたオリジナル版は 1992 年に映画館で公開され大絶賛を浴びたが、ファンや批評家からは一斉に同じ声が上がった。「デッカードは実はレプリカントだったということか？」と。

　『ブレードランナー』は常に魅力的な謎に包まれている。この映画は年月が経つにつれ、より神秘的に、より予見的になっていく。「デッカードはレプリカントを捕まえるために作られたレプリカントなのか？」というひとつの疑問を核心に据えたまま――。

　「脚本や資料には、そう書かれていた」と、スコットは主張する。たしかに、卵から孵化した赤ん坊のクモが母グモを食べるのを見たというレイチェルの記憶は、タイレルの姪の記憶から植え付けられたものだが、実際のところ、これは映画に取り入れた監督自身の子供時代の記憶のひとつである。つまり、スコットはレプリカントでないということになる。

　主演のハリソン・フォードは、デッカードは人間であると終始言い続けてきた。そして、観客もそれを求めている、と。一方、監督のスコットは、デッカードはレプリカントであると言い切っている。「デッカードがネクサス7だと仮定してみよう。そうなると、彼は未知数の寿命を持っているのだから、かなり人間らしくなっていたとしてもおかしくはない」

　その後スコットは再び『ブレードランナー』に携わることになり、物語の修正よりは（新たな技術を用いて）映像面での微調整を行った。2007 年の『ファイナル・カット』版をもって、スコットの『ブレードランナー』は完結した。

AFTER DARK

暗闇を抜けて

LEGEND (1985)
『レジェンド／光と闇の伝説』

SOMEONE TO WATCH OVER ME (1987)
『誰かに見られてる』

BLACK RAIN (1989)
『ブラック・レイン』

「我は影の慰めと夜の闇を必要とする者」
——『レジェンド／光と闇の伝説』より、闇の魔王のセリフ

左：『レジェンド／光と闇の伝説』公開時のポスター

次頁：ジャック（トム・クルーズ）が、真実の愛を捧げる相手である王女リリー（ミア・サラ）を不安そうに見つめている。森の中で野生の生活を送るジャックを演出するために、スコットは、クルーズとともに動物のような動きを作り上げた

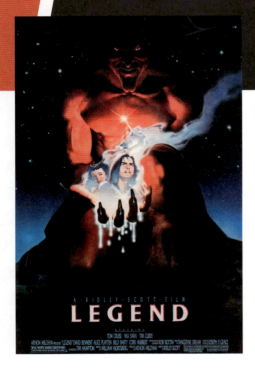

実は3部作、リドリー・スコットのおとぎ話

『ブレードランナー』が完成する前から、リドリー・スコットは次回作の構想を始めていた。「今度はウィリアム・ヒョーツバーグ*の脚本なんだ」。ロサンゼルス、つまり、未来と過去が混在するあの世界からようやく離れられると安堵感を覚え始めた頃、彼はスタッフに自分のプランを明かした。「これは、文字通りおとぎ話だ」 *アメリカの小説家であり脚本家。代表作に映画『エンゼル・ハート』(1987)の原作小説『堕ちる天使』など。

とはいえ、スコットが次の映画にすぐに取りかかれたわけではない。1984年3月23日、『レジェンド／光と闇の伝説』（最初の原題は『Legend of Darkness』。最終的に『Legend』に短縮された）が、本拠地のロンドンから少し離れたパインウッド・スタジオでの撮影を無事に再開するまでには、2年半の紆余曲折があった。ただ、次に何を撮るかは決めていた。次作は未来ではなく、過去の世界が舞台の物語にする、と。

グリム、アンデルセン、ペローといった童話の世界に目を向けたいという気持ちは以前からあった。彼には、ジャン・コクトーが脚本を担当した『美女と野獣』(1946)という美しい映画に魅了され、『トリスタンとイゾルデ』を自ら手がけたものの未完成に終わってしまったという過去がある（その後、時を経て2006年、スコットが製作総指揮、ケビン・レイノルズが監督で映画化）。スコットは、単に神話的なロマンスを描こうとしたわけではない。かつてコクトーが、ダリを彷彿とさせるバロック調インテリアやわかりやすい象徴主義、幻想的な映像などを駆使して作り上げたゴシック映画の極致——決定版『美女と野獣』を再現したいと考えていた。スコットは画家であり舞台美術家でもあったコクトーに同志のような感覚を抱いていたのだ。

70

『エイリアン』のクリーチャーを徘徊する"オオカミ"、『ブレードランナー』の真夜中の王国をさまようレプリカントを"妖精"と捉えるなら、そのあとに続いた『レジェンド／光と闇の伝説』で、事実上、彼のおとぎ話3部作が完成したことになる。この3部作に共通するのは幻想的要素（ここはコクトーの影響が色濃く反映されている）だが、その特徴は実は彼のどの作品にも見られる。『テルマ＆ルイーズ』（1991）や『悪の法則』（2013）のように厳しい現実を描いた作品にさえ、非現実的要素はかすかに織り込まれている。スコットは、"旅をする"ようにさまざまな世界を探索しながら、野獣のような残忍さの中に美しさを見出す。商品を売り込むには人間の本能的欲求に訴えかけるのが早道というのは彼が広告業界での経験で学んだことだった。

ヨーロッパの民間伝承におけるユング心理学の「元型＊」要素を作品に盛り込めないかと考えたスコットは、既存の物語ではなく、オリジナルの脚本にこだわった。彼は、「ありきたりな小道具やエピソードは避けること。それから、ストーリーに明と暗の両方の側面を織り込むこと」を、ヒョーツバーグに指示した。「石から抜き取る剣も、ドラゴンも、ケルトの小枝も一切なしだ」＊集合的無意識を形成する象徴的イメージ

ここでひとつ、本作の本質的な特性を明確にしておかねばならない。『レジェンド／光と闇の伝説』は、『ロード・オブ・ザ・リング』のような壮大で叙事詩的なファンタジーとは性格を異にする。むしろ、おとぎ話（特に「赤ずきん」）を基に性への目覚めを描いた、ニール・ジョーダン監督の『狼の血族』（1984）と同じ道を行く作品だ。スコットは、「ファンタジーというジャンルの外見的要素——魔法、モンスター、冒険など——よりも、作品に内包されるテーマに重点を置いた」と語っている。

ニューヨーク生まれで、因習に囚われない創造的な作家、ウィリアム・ヒョーツバーグは、70年代にダークでユーモラスなファンタジー小説のシリーズで頭角を現し、80年代半ばには、ハリウッドで活躍するふたりのイギリス人CM監督からラブコールを受けていた。スコットがヒョーツバーグにおとぎ話の執筆を提案した時期、アラン・パーカーはすでにヒョーツバーグの小説『堕ちる天使』を題材に、湿地帯を舞台にしたオカルト・ノワール映画『エンジェル・ハート』（1987）を制作しようと考えていた。

ヒョーツバーグが1973年に発表した小説『Symbiography』は、富裕層が他人の夢を見ることを楽しみながら長生きするというディストピア的寓話であり、この物語は『ブレードランナー』にも影響を与えたとされている。ヒョーツバーグは作家、あるいは脚本家に求められるふたつの条件を満たしていた。ひとつは彼の文章に超現実的で視覚的な感性が見られる点。実際、彼の最初の草稿は詩で書かれていた。も

うひとつは、彼がアメリカ人だという点──主流となる観客に受け入れられやすい──だ。

　この頃は、マペット作家ジム・ヘンソンがそのマペット技術で独自のファンタジー世界を築いた『ダーククリスタル』(1982)や『ラビリンス 魔王の迷宮』(1986)、テリー・ギリアムのすこし風刺性が強い『バンデットQ』(1981)などのファンタジー映画が人気を博していたので、本作公開のタイミングはバッチリだった。ただ、スコットは、マペットが奮闘する軽いタッチの大衆向け作品には興味がなかったようだが。

　スコットは作品制作にあたり、コクトーはもちろんのこと、ディズニーの初期の名作の数々、特に『ファンタジア』(1940)の中の一編『禿山の一夜』や、1935年に制作されたウィリアム・ディーターレとマックス・ラインハルトが監督をした『真夏の夜の夢』の非現実的な世界、そして『市民ケーン』に登場する主人公の未完の大邸宅「ザナドゥ城」なども参考にしていた。さらに、アーサー・ラッカムによるおとぎ話の挿絵に注目し、ジョン・R・R・トールキンの作品の挿絵を描いたアラン・リーをコンセプト・アーティストとして招き入れた。これは、子供世代、言いかえれば、自分の子供たちのために作った映画だとスコットは主張している。

　彼は『レジェンド／光と闇の伝説』の幻想世界を創りあげることに、『ブレードランナー』のディストピア都市のとき以上の精力を注いだ。アーティストのマーティン・アズベリーと一緒に411ページにも及ぶストーリーボードを作成し、映画化の限界をはるかに超える複雑な場面を構想した。プロダクション・デザイナーのアシュトン・ゴートンは巨大な007ステージ*の中に、本物の樹木を植え、直径3メートルの池を作り、小川まで流れる森を再現した。そこには低木が生い茂り、花々が咲きみだれ、ミツバチがにぎやかに飛び回る独自の生態系ができあがった。インスピレーション源はフリッツ・ラングの監督作『ニーベルンゲン ジークフリート』(1924)のために作られた壮大な森のセットだったという。その森には何もかもが揃っていた。また、季節に合わせてタンポポの綿毛、

スコットは、ウィリアム・ブレイクが描く
官能的で威厳に満ちたサタンのイメージを求めていた。

下：ティム・カリーが演じる闇の魔王は、人々の記憶に残る悪役だ。彼は謎に包まれた父親を求めて泣き叫ぶわがままな子供のようだ

右：若き主演俳優、ミア・サラとトム・クルーズの宣伝用写真。サラは当時わずか17歳、クルーズは22歳。伝説の"ユニコーン"は彼らに比べてかなり年上だ

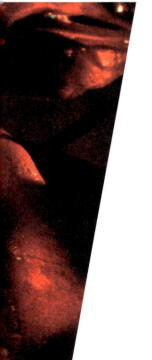

桜の花、粉糖のような雪などの細かな演出が加えられた。たとえば、この"エデンの園"さながらのセット（エデンの園を創造するとは、まさに神の所業だ！）に冬が舞い降りれば、1500本もの氷柱（つらら）が準備されるという具合に。そこまでやると、キッチュな（安っぽい）ファンタジー映画になってしまう可能性もあった。スコットがやろうとしていることを耳にした友人のアラン・パーカーからは、過去の3作品とあまりに傾向が違いすぎて「軟弱者」呼ばわりされたらしい。＊イギリスのパインウッド・スタジオにある、『007』シリーズのために作られた屋内撮影用ステージ

スコットは事前にカリフォルニアのレッドウッドの森の視察もしていたが、『ブレードランナー』もそうであったように、音響スタジオ内のほうが撮影しやすいと思ったようだ。ちなみに、中世北欧のグリム童話を彷彿とさせる神秘的かつ不気味な雰囲気を持ち、ゴブリンやグール、日焼けしたように真っ赤なデビルなどが登場する本作は、スコット作品の中で、唯一、実在の場所を舞台としていない映画である。

ストーリーは典型的な冒険物語と言える。とある神秘的な森で、勇敢な野生児の主人公ジャック（長髪のトム・クルーズ）は、闇の魔王（ティム・カリー）に囚われた魔法の王国の王女を救出することを決意。しかも魔王は、ユニコーンの角を使って世界を夜闇で覆い隠そうと画策していた。環境の混乱や人間の邪な心などのテーマを反映した過酷な試練に次から次へと襲われるジャックを、ドワーフ、エルフ、妖精という変わった取り合わせの仲間たちが一致団結して手助けする。脚本にもあるように、人を巧みに操るリリー王女（ミア・サラ）は、いわゆる典型的な純真無垢なお姫さまとは言い難い。

迷走

あとに公開されたディレクターズ・カット版（後述）では、本作をホラー映画の雰囲気に近づけようというスコットの創造的意図がはっきり見て取れる。なお、この映画は20世紀フォックスとユ

右：ドイツの俳優デヴィッド・ベネントがエルフのガンプ役で出演。プロデューサーたちは彼のアクセントを心配し、彼の声は吹き替えられることになった

次頁：ミア・サラが"ダーク"リリーとして登場。映画の中でもっともフロイト的なシーンで、闇の魔王に誘惑されている

ニバーサルの共同制作で、製作費に2500万ドルが提示された。スコットの膨れあがった想像力を実現するのは決して安くはなかった。高額な予算が、壮大な映像美を生み出す視覚効果に当てられた。ちなみに、主役に抜擢されたトム・クルーズは、当時はまだスターへの階段を上り始めたばかりだった。

　スコットにはスターを見抜く目がある。シガニー・ウィーバーやブラッド・ピットを発掘し、駆け出しのラッセル・クロウやマイケル・ファスベンダーを一人前の俳優に育てあげた。スコットは『レジェンド/光と闇の伝説』で、人気上昇中のトム・クルーズをいつもと違う場所で輝かせてみたいと考えていた。

　だが、主人公ジャックを取り巻く仲間たち(キラン・シャー、ビリー・バーティ、アナベル・ラニヨン、そして1979年公開の『ブリキの太鼓』で注目されたドイツ人子役スター、デヴィッド・ベネント)があまりに個性的で、主役がただのお人よしに見えてしまうおそれがあった。そのため、スコットは撮影に先立ち、18世紀末にフランスで発見された野生で育った実在の少年を主人公にしたフランソワ・トリュフォーの映画『野生の少年』(1970)をクルーズに鑑賞させた。そもそも、クルーズには、その動作や表情に野生児を思わせる機敏さが潜在的に備わっていた。彼が本作で見せた独特の身体言語は、通常の彼の演技スタイルとはかなり異なっている。なお、観客が、そうした彼の演技をもう一度目にするためには、1994年のニール・ジョーダン監督作『インタビュー・ウィズ・ヴァンパイア』の公開まで待つことになる(スコットがその繊

細な手法であの映画を演出していたら……と思わずにはいられない)。

　登場する様々な種族をうまく機能させるために、スコットは特殊メイクアップの第一人者ロブ・ボッティン*を起用した。彼は、ファンタジーの怪物の典型とも呼べるような、イボだらけのマペットとは比べものにならないほどユーモラスでグロテスクなデザインを生み出した。メデューサ風の沼地の主、メグ・マックルボーンズ(ロバート・ピカルド)は、「オズの魔法使い」に出てくる西の悪い魔女を不気味にアレンジしたような姿に仕上げられた。ちなみに、ゴブリンのブリックス(アリス・プレイトン)はローリング・ストーンズのキース・リチャーズのイメージだそうだ。しかし、この映画でもっとも印象的なキャラクターと言えば、おぞましい衣裳で全身を固めた闇の魔王(ティム・カリー)だろう。＊1982年の『遊星からの物体X』の仕事で一躍賞賛された。

　1975年公開の『ロッキー・ホラー・ショー』で好評を得たシニカルで洒落とした演技を理由に起用されたイギリス人俳優のカリーは、椅子に座ったまま4時間のメイクに耐え、ほとんど誰だか見分けがつかない姿でスクリーンに登場した。スコットは、ウィリアム・ブレイクが描く官能的で威厳に満ちたサタンのイメージを求めていた。長さ90センチの非常に男性的な角はポリスチレン製で、全身は烈火のごとき真っ赤なペンキで塗られている。高さ45センチの蹄を装着して歩きながら、カリーはこのキャラクターを全力で演じた。『ブレードランナー』のロイ・バッティのよ

『エイリアン』の徘徊するクリーチャーをオオカミ、
『ブレードランナー』の真夜中の王国をさまようレプリカントを
妖精と捉えるなら、そのあとに来る『レジェンド/光と闇の伝説』で、
事実上、おとぎ話3部作が完成したことになる。

うに、彼もまた社会から逸脱した大きな子供だ。しかし、彼にはコクトーが描く『美女と野獣』の野獣のような魅力があった。スコットは悪役も「力強く生命力に溢れた存在」に見えるようにしたかったのだ。
　『レジェンド/光と闇の伝説』について、自分の考えに「揺らぎ」があったことをスコットは認めている。スケールがあまりにも壮大になり、全体のトーンを掴むのがいつになく難しかった。しばらくの間、『ブレードランナー』製作における複雑な「政治」から解放されたとはいえ、呪いに関わる映画（本作ではリリーが触れてはいけないユニコーンに触れ、禁忌を破る）を作ると、なぜか制作時に不吉なことが起こったりするものだ。
　6月27日、007ステージで火事が発生し、セットの森がすべて燃えてしまうという事件が起きた。それが起こったのは昼食休憩の最中だった。スタジオの設営スタッフが、まるでドラマのワンシーンのように、「スタジオが燃えている！」と叫びながらパインウッドの食堂に駆け込んできたのだ。なんと、ガラス張りの天井に焚き火のシーンで使用した可燃性のガスが溜

まっていたらしく、小さな火花から一気に燃え上がったという。スコットは壁が波打つのを見たと回想している。幸いにもけが人は出なかった（森のセットに放っていた本物のハトたちも無事逃げ去った）が数週間を予定していた森の撮影は突然打ち切られ、森の全景を映すために計画していた迫力ある移動撮影も断念せざるを得なくなった。
　ユニバーサル社（本作の妥協を強いられたポストプロダクション段階の主犯と目されている）は、この映画に出資する際、もっとも重要な若者層市場の掘り起こしを狙っていた。トム・クルーズは、その溢れる魅力で、その前年に公開された『卒業白書』(1983)を大ヒットに導いていた。あけすけに言えば、会社側はこの映画に深い意味や象徴性など求めてはいなかったのだ。ただ、せっかくユニバーサル社が大きな期待を寄せる俳優を主演にしておきながらその主役が笑顔を見せるシーンはほとんどなかったのだが。
　さらに、試写会での不評や映画会社の過剰な配慮の末、『レジェンド/光と闇の伝説』の上映時間は125分から113分へ、さらには悲惨なことに89分まで

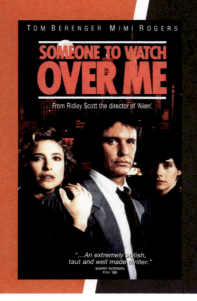

この作品はスコット作品の中でもマイナーなものとして語られることが多い。世界を席巻した映画『危険な情事』のトライアルのようにも思える。

左：『誰かに見られてる』の公開ポスター。三角関係に焦点を当てている

次頁左下：映画の冒頭で描かれるマイク（トム・ベレンジャー）の幸せな家庭生活

次頁右下：それとは対照的な、クレア（ミミ・ロジャース）が住むクールで洗練された裕福な世界

大幅にカットされ、アメリカの映画館で公開されてもほとんど話題にはならなかった。ちなみにヨーロッパ公開版は94分だった。スコットは、「冒頭からクスクスと笑う麻薬常用者に試写会を台無しにされた」と、不満を述べている。またしても、自分以外の、スタジオや他の関係者が問題視した事態を解決しなければならないという厄介な状況に陥ることになった。この映画がセンチメンタルすぎると過度に心配した映画会社に配慮して、スコットは、アメリカ版の音楽を変更することに渋々同意したのだった。こうして、背景の音楽が、重鎮のジェリー・ゴールドスミスによる格調高いオーケストラ音楽から、シンセサイザーのスペシャリストであるタンジェリン・ドリーム（彼が『卒業白書』の音楽を担当していたのは偶然の一致ではない）による新しい曲に差し替えられた。この一件以来、スコットとゴールドスミスは二度と口をきかなくなった。なお、欧州・日本版の音楽はゴールドスミスの音楽がそのまま使われている。

難解になりがちな要素を取り除いたこの作品は、スコットらしい凝った映像美は健在だが、ストーリーに訴えるものが何もないという評価を受けた。ニューヨーク・タイムズ紙は、「頭や心を動かされるというより、次々と繰り広げられる場面の派手さに目が奪われる作品」と酷評した。また、上質のパントマイム劇だと鼻で笑う者もいた。この映画のアメリカでの興行収入は1500万ドルほどだったが、他の地域ではその額を下回った。

スコットの心には釈然としないものが残った。ただ、自分の非は認めていた。「『ブレードランナー』が不発に終わりヒット狙いに走ってしまった」と。たしかに、こだわりぬいて制作したあのSF映画が劇場公開時にヒットしていたら、彼はこのファンタジー映画に手を出さなかっただろう。

実際のところ、スコットも、自分が創造した物語世界の本質が、商業上の理由や撮影上の制約のせいで、易々と損なわれていく現実に直面し、確信が揺らいでいったようだ。「最後には、あの映画をどうしたいのか自分でもわからなくなっていた」と、本人が語っている。

スコットは、この映画の不評で、監督としての自分の資質に疑問を感じ始めた。

少し話は逸れるが、ここでこの作品が先の未来でどのような評価を受けることになったかについて触れておく。ビデオ、そしてDVDの登場がきっかけで、『レジェンド／光と闇の伝説』はのちに再び評価されるようになる。特に、スコットの初期作品のホタルのごとく幻想的な魅力に惹かれていたファンの間では、確実にこの映画の人気は復活した。ディレクターズ・カット版の制作によって、『ブレードランナー』や『キングダム・オブ・ヘブン』の改訂版と同じく、この映画を本来のビジョンにもっとも近い形で復元することができた。それでもまだ、本作には摩訶不思議で奇想天外という印象が残る。そもそも、ファンタジーというジャンルが描く世界は、現実離れしているものだ。ただ、スコットは、それをさらに非現実的で幻想的な世

界として描こうとした。そこに、さらに汎神論的な寓話とサタンにまつわる神話がごちゃまぜに織り込まれたので、観客はますますストーリーを受け入れ、理解するのが難しくなってしまった。

ちなみに、114分バージョンでは、ゴールドスミスの格調高い音楽がまた復活した。ロングバージョンに改訂されたおかげで、印象的なシーンにちょっとした奇跡も生まれた。たとえば、ジャックと対峙したメグ・マックルボーンズが、あたかも美味しそうな食べ物であるかのようにその姿に見とれるというシーンも、改訂版では不思議と官能的な色が加わっている。また、上映時間が長くなったことでストーリー事態に勢いがついたのも予想外のことだった。闇の魔王が遠く離れた父親（神と思われる）に哀願する場面や、リリーの闇の部分が明らかになる場面でも、『ブレードランナー』のレプリカントの夢に通じる人間の相反する二面性がより明確に見えるようになった。著名な映画監督で脚本家でもあるマイケル・パウエルとエメリック・プレスバーガーのイギリス人コンビ（パウエル＝プレスバーガー）が制作した映画作品（1948年『赤い靴』や1951年『ホフマン物語』など）に見られる、大胆な演出や独特の映像美をこの作品で思い浮かべる人がいるかもしれない。事実、『レジェンド／光と闇の伝説』をバレエ仕立てにしようと考えていた時期があったことをスコット本人も認めている。実際、その傾向は随所に見て取れる。

失われた自信と『誰かに見られてる』

心血を注ぎこだわりぬいて3本の映画を制作し終えたスコットは肉体的に疲労困憊の状態にあった。さらに深刻な問題は、スコットが自信を失いかけていたことだ。彼はアイデンティティの危機に直面し、どんな映画を作るべきか確信が持てなくなっていた。すぐに浮かんだのは「普通の世界」に挑戦するという解決策だった。自分が、俳優の演技より、あまり日常で出会うことのない場面づくりを重視する傾向にあることは本人も自覚していた。そこで、スコットは今こそ自分の力量を試すときだと考えた。

次回作の候補はいくつもあった。ボブ・フォッシーの『キャバレー』（1972）の作風にデュラン・デュランの音楽を組み合わせたロック・ミュージカルの制作も考えたが、その企画はリスクが大きいと判断した。それで、彼はW・ピーター・イリフの『Johnny Utah（ジョニー・ユタ）』というタイトルの脚本に目をつけた。夏だけでなく、年中ずっと波乗りを楽しむ資金を稼ぐべく、筋骨隆々のサーファー集団が銀行強盗に走る物語だったが、映画会社が難色を示したため、その企画は立切れになった。ちなみにこの脚本は、のちに、キャスリン・ビグロー監督の目に留まり、『ハートブルー』（1991）というタイトルの風刺の効いたエンターテインメント性の高い映画となってお目見えすることになる。

スコットは、古典的なフィルム・ノワールの要素を色濃く残しながら、現代性が際立つ2本のネオ・ノワール・サスペンスに挑戦することにしたのだった。その1本目が『誰かに見られてる』で、ニューヨークを舞台にした作品だ。ノワール・サスペンスだが、物語の主軸は、既婚の刑事マイク・キーガン（トム・ベレンジャー）が、警護にあたることになった裕福で美しい女性クレア・グレゴリー（ミミ・ロジャース）に恋してしまうダークなラブストーリーだ。クレアは、友人がマフィアに殺される現場を目撃したため、証言させまいとする犯人から命を狙われるはめになる。このできすぎ感のある設定は、スタジオ・システム＊全盛期に大量に作られた映画でよく見られた。＊1920年代から50年代にかけてハリウッドの映画産業を支配していたシステム。大手スタジオが映画の制作、配給、上映の過程をすべて管理。

上：殺し屋ジョーイ・ベンザ（アンドレアス・カツーラス）がマイクを圧倒する

次頁上：ロレイン・ブラッコ演じるエリーは、スコットの強い女性主人公の系譜に連なるキャラクターのひとりだ

スコットは、アメリカの制度における階級による格差の持続性をこの映画の主要なテーマのひとつに考えていた。

『レジェンド／光と闇の伝説』の編集作業中だったスコットは、ロサンゼルスのディナーパーティーで脚本家のハワード・フランクリンに捕まり、ストーリーの全容を説明された。スコットが気に入ったのは、この作品が基本的に「結婚」をテーマにしていることだった。ストーリーは、ベレンジャー演じるマイク・キーガンが、アイルランド系カトリックの警官の家系に生まれた、おしゃべりなクイーンズ区出身の若い女性エリー（ロレイン・ブラッコ）と幸せな結婚生活を送っている場面から始まる。マフィアの殺し屋たちが、おなじみの手口でミミ・ロジャース演じるクレア・グレゴリーをつけ回す場面は登場するが、本作がメインで描いているのは、男女の三角関係だ。ちなみに映画のタイトルは、アメリカの作曲家ジョージ・ガーシュウィンの歌曲（「サムワン・トゥ・ウォッチ・オーバー・ミー」）から拝借したと言われている。

この企画が出たのが、折しも旧友でプロデューサーのデヴィッド・パットナムが束の間コロンビアのトップを務めていた時期だったので、予算1200万ドルで映画の製作許可が下りた。そこで、スコットは自分の直感に従い、実在する街・ニューヨークでロケ撮影ができるチャンスに飛びついた。

『デュエリスト／決闘者』以来、久しぶりにロケ現場に戻ったスコットは、それが自分の性に合っていることに気づいて驚く。「公園を散歩するような気分だったよ」現実の世界に解き放たれた当時の気持ちを、彼はそう回想している。

ニューヨークの各区で11週間にわたって撮影された本作は、『レジェンド／光と闇の伝説』同様、視覚的な対比を追求した作品だ。ただ、観客がそこで目にしたのは、光と闇という寓話的な境界線ではなく、現代のアメリカにおける富裕層と中流労働者階級の間に

ンには、シドニー・ルメットや初期のマーティン・スコセッシの映画に見られるような、のどかで自然な街角の雰囲気が良く出ていた。

『誰かに見られてる』の真骨頂は、観客をまさしく倫理的ジレンマに陥れることだ。マイクが人の道を外さず自分の家族に寄り添うことを支持するか、それとも、ロマンス映画らしい展開で、クレアと恋に落ちるのを望むべきか？　単純な二者択一ではない複雑な状況の中で、スコットの視点はあくまで温情的だ。ただ、善良な刑事としては、はたしてどう行動するのが正解だったのだろうか？

街の反対側では、アッパー・イーストサイドの住人クレアが、リドリー・スコットのCMに出てくるような世界で贅沢に暮らしている。現実感がないほど隙のない、きらびやかな要塞のごときペントハウスに住むクレアは、ハンサムなエスコートを従え、映画スターのように着飾ってアパートとチャリティー活動の間を行き来している。

ロジャースはオーディションを経てこのクレアの役を射止めた。スコット自身、この役の起用に数多くの俳優を面接したことを認めている（その中には注目される前のシャロン・ストーンも含まれていた）。スコットはロジャースの表情に漂う知性に惹かれていた。さまざまな女優と会い、結局、彼女があの役にふさわしいという結論に至ったようだ。ロジャースが驚いたのは、スコットが彼女の衣裳をすべて自ら選んだことだ。クレアが纏った衣裳には、バーバラ・スタンウィックやジョーン・クロフォードなどが扮した古典的なフィルム・ノワールの魔性の女たちが履いていたような、後ろに縫い目のあるストッキングに至るまでスコットのこだわりが詰まっていたのだ。そして、クレアの一見冷ややかとも思える佇まいは、レプリカントのレイチェルにも似ている。

本作で描かれるのは、単なる豊かさではない。シャンデリアで飾り立てられた馬鹿げたレベルの極端な裕福さだ。スコットは、イギリス北部サウス・シールズ出身の人見知りの少年であった自分が、ハリウッドの宮殿に上り詰めようとしていることへ疑問を投げかけていたのかもしれない。スコットはこの映画の主要なテーマのひとつを、アメリカ社会に根強く残る階級格差とも考えていた。

この作品でもスコット・スタイルは健在で、マンハッタンのシーンはSF映画さながらのタッチで撮影されている。映画は日没後のマンハッタンの美しい光景から始まる。カメラはクライスラー・ビルの周りを滑らかに回った後、ハドソン川沿いの夜景を映し出す。それからクイーンズにあるマイクの質素な家を目指して

引かれた現実的な境界線だった。実際、スクリーンでは事件が起こる社交パーティで軽快に踊るクレアの姿と、クイーンズ地区にある自宅のリビングで刑事への昇進を祝ってビールで乾杯するマイクの姿が対比的に映し出されている。

スコットは、『プラトーン』（1986）の冷酷な軍曹役から『再会の時』（1983）の繊細なテレビ俳優役までこなすベレンジャーの演技を気に入っていた。彼は、どこか古風でしっかりとした目鼻立ちをしていて、心の内に深い感情や激しさを秘めた演技も、観客に親しみや共感を抱かせる演技もできる俳優だった。荒削りなロバート・デ・ニーロの雰囲気をも持つベレンジャーは、きつめのクイーンズ訛りで柄にもないセリフを話す刑事役を精一杯演じている。たとえば、クレアを褒める場面では、「君は本当に美しい女性だ」の「beautiful」を「bootiful」と発音してみせたりしていた。

仲の良い警官同士の小気味よい会話は、ノストロモ号の乗組員たちのやりとりを彷彿させる。スコットは、シガニー・ウィーバーと同じくオフ・ブロードウェイの舞台に出ていたロレイン・ブラッコに目を付けた。「彼女は実に個性的だった」と、彼は回想する。映画を観ればブラッコがエイリアンのリプリーばりの活躍をしていることわかる。彼女の演技は際立っていた。「気立てのいいピットブル」と称したのはワシントン・ポスト紙だった。ちなみに、クイーンズでのロケーシ

AFTER DARK　79

「お前らは黒い雨を降らせたんだ」
年老いたヤクザがコンクリンに
この言葉を語る場面は、
この映画でもっとも印象的な
シーンと言える。

映像が進んでいく。このシーンはポストプロダクション期間中にワンテイクで撮影された。ちなみに、撮影時は、スコットもヘリコプターに乗っていた。彼はアールデコ調のクライスラーの「幻想的な建築物」を以前から気に入っていたようだ。

この作品では『ブレードランナー』同様、主人公の刑事が、事件を解決するため、そして、自分の魂を取り戻すために、マンハッタンとクイーンズというふたつの世界のはざまで右往左往する姿を描いているが、本作のサスペンス要素は、残念ながら予定調和で押しつけがましく感じられる。アンドレアス・カツラスが演じる顔色の冴えない悪役ジョーイ・ベンザは、『ブレードランナー』のロイ・バッティの存在感に到底及ばない。この映画は、猟奇的なジョーイがマイクの家族を狙うという、理屈に合わないけれど予想のつく展開を辿る。ただ、エリーが射撃の名手だったというのは予想外だった。ここでも、スコット映画でお決まり

の、危機を打開するべく立ち上がる強い女性が登場する。

『誰かに見られてる』は、スコットが監督した中では、二流作品として語られることが多い。数週間後に公開された、エイドリアン・ライン──スコットのあとに続き、イギリスの広告業界を経て、ハリウッドに乗り込んだ気鋭の監督──が監督した『危険な情事』(1987) への世間の熱狂ぶりに比べると、この作品はよくあるB級映画の域を超えるものではなかった。映画会社は興味を失い、宣伝もほとんどされないまま劇場公開を迎えた。興行収入はわずか1000万ドルにとどまった。スコットは当然のことながら落胆する。自分では「上質のヒューマンドラマ」ができたと思っていたのだ。しかし、今回はいつまでも自分の心と向き合ってはいられなかった。数週間も経たないうちに、彼は次の映画の構想に没頭することになる。またしてもノアール、そして、またしても舞台は都市。それは、ネオン

上：ポスターは『ブレードランナー』を彷彿とさせるものだった

次頁：ナイトクラブのホステスであるジョイス（ケイト・キャプショー）は、大阪の迷宮に迷い込んだニック（マイケル・ダグラス）を導く数少ない西洋人のひとり

に溢れ暴力がはびこる新たな世界を描こうという企画だった。

マイケル・ダグラス×松田優作！

『ブラック・レイン』は彼の弟トニー・スコットの映画と傾向が近い作品だとも言える。当時、人気絶頂のマイケル・ダグラス*を主役に据え、予算3000万ドル（当時としては大奮発）の刑事ドラマがここに誕生した。本作において、スコットは自らを進んで「雇われ監督（ガンマン）」と称している。*彼は1987年の『ウォール街』でアカデミー賞最優秀助演男優賞を受賞し、『危険な情事』では危機に晒されている裕福なエリート弁護士役を演じた。

プロットは"ハイコンセプト"の要素が色濃く出ていた。すなわち、一般大衆ウケを狙った極めてわかりやすいストーリーで、真っ向から商業的な成功を狙った企画だったのだ。悪徳アメリカ人警官ニック・コンクリン（ダグラスはこの役で、1971年の『ダーティハリー』のハリー・キャラハンと、1941年の『マルタの鷹』のサム・スペードを合わせたような迫力ある演技を披露）は、ヤクザの佐藤（どこか茶目っ気もある松田優作が好演）を日本当局に引き渡す任務を負うが、大阪に着いたところで連行してきたその男を逃してしまう。コンクリンは、やがて不運に見舞われる相棒（アンディ・ガルシア）と、失踪したヤクザを追う

ことになるが、そのふたりを信用せずに行動を起こす地元警察と対立する。

ふたりの"ベビーシッター"に指名された堅物の地元刑事の松本正博（まさひろ）（高倉健）は、彼らと行動をともにすることになるが、最初はコンクリンに対して"恥知らずで強引な奴"という印象を持っていた。かくして、松本は、日没後の大阪で、その血の気の多いアメリカ人と、異文化（異星人のような彼らによる）の正義と復讐を追い求めるダンテ的な（「神曲」の「地獄篇」を指して）過酷で試練に満ちた旅に同行することになる。松本を演じた日本の大物俳優、高倉健は、1976年にシドニー・ポラック監督のサスペンス映画『ザ・ヤクザ』に出演しており、本作での彼の感情を抑えた"陰"の演技は、ダグラスの血気盛んな"陽"の演技と対照的なバランスを取りながら、この映画に粛々と魂を吹き込んでいった。

パラマウントは、すぐにでも撮影に入れるように準備万端の状態でこの企画をスコットのもとに持ち込んだ。ポール・バーホーベンが、異文化の衝突を軸に描くことに不安を感じて監督を降板したからだ。ヒット作を渇望していたスコットはふたつ返事でこのオファーを受け、弟のトニーや広告業界の仲間が得意としていた当時主流のスタイリッシュなサスペンス映画の世界にいきなり飛び込んだ。クレイグ・ボロティン

とウォーレン・ルイスによる脚本は、いつものスコットによる厳しいチェックが入らなかったためか、深みのないありきたりの出来栄えだったと言える。しかし、『ブラック・レイン』は、スコット作品にしてはどこか古臭さを感じる。ただ、スコットはヴァーホーベンが二の足を踏んだテーマに正面から向き合っている。つまり、この作品は、"感情で行動する大胆不敵なアメリカ人"と"倫理で統制された日本社会"との価値観のぶつかり合いが描かれているのだ。

ダグラスはそこについて歴史を絡めてこう表現した。「我々と日本の間には、未解決の何かが存在していた」と。第二次世界大戦と長崎・広島への原爆投下に対していまだ消えない記憶は映画のタイトルに象徴されている。「お前らは黒い雨を降らせたんだ」。年老いたヤクザがコンクリンにこの言葉を語る場面は、この映画でもっとも印象的なシーンと言える。

『ブレードランナー』の原点

この手の題材を扱うことに弟のトニーほど慣れてはいなかったものの、スコットは本作にどこまでも真剣に向き合った。その甲斐あってか、この作品は『誰かに見られてる』より骨太の映画に仕上がっている。1988年の秋から冬にかけて、ニューヨークと大阪で4ヶ月間のロケが行われた。スコットは、「街が新しくて清潔すぎる」うえに、日本らしさをまったく感じないという理由でロケ地の候補から東京と京都を外している。

当時の大阪は工業の中心地で、通りに人も多く、大気汚染が深刻な時代だった。そこはまさに、スコットが「アメリカの未来に広がっていく」と予測して描いていた過密な都市環境そのものだった。リドリー・スコットの視覚的スタイルをわかりやすく表現しているという意味で、これは、『ブレードランナー』の原点とも言える作品だ。しかし、この映画では、そんなスコットのトレードマークであるネオ・ノワールに、ドキュメンタリー風の独自性や、西洋化に屈服した現代日本への皮肉が織り交ぜられていた。この世界観の幅広さが、ややもすると本作が「排外主義的だ」と非難されかねなかった事態を回避してくれたと言える。

ジャンルの垣根をどんどん越えていくスコットの手法も功を奏している。この作品には、刑事映画、ギャング映画、ノワール、旅行記、といろいろな要素が詰

『ブレードランナー』におけるバッティとデッカードの対決を思い起こさせるように、佐藤浩史（松田優作）とニック（マイケル・ダグラス）はついに対決する

正義の警官と腐敗した警官。アンディ・ガルシア演じるチャーリーは、問題を抱えるダグラス扮するヒーローにとって良心の役割を果たしている

め込まれていて、さらに、彼の陰鬱なSF映画の残響も感じさせる。規律に厳しいヤクザの伝統は、黒澤明のサムライ映画の封建的な体制を思い起こさせた。さらに、この作品は、『デュエリスト/決闘者』以来、スコットが隠し持っている西部劇の要素、つまり、無法者を追いかける保安官という古典的なストーリーを題材にした映画の第2弾とも言える。最終決戦は、大阪郊外のごつごつした丘陵地帯を駆け抜けるバイクチェイス(西部劇ならさしずめホースレース)だが、実際のところ利便性を考慮して、撮影はカリフォルニアのナパ・ヴァレーで行われた。

ヒット狙いで制作されたこの映画は、興行収入4500万ドルという、地味ではあるがまずまずの成功を収めた。『ブラック・レイン』で典型的なハリウッド映画を作るというスコットの試みが、特に意義のある結果をもたらしたとは言えない。しかも、次なる作品は、彼の監督人生でもっとも予想外の回り道になった──。

AFTER DARK 83

THELMA & LOUISE
LIVE FOREVER!

テルマ&ルイーズは永遠に！

THELMA & LOUISE (1991)
『テルマ&ルイーズ』

―――――――

「こんなに目が覚めた感覚、初めてよ」
—— テルマがルイーズに言ったセリフ

シスターフッド映画の金字塔

　テルマ&ルイーズ&リドリーが一緒に語られることはめったにない。映画『テルマ&ルイーズ』は、リドリー・スコット作品としては異例の名作だ。そして、この例外の存在が原則——スコットの映画の特徴——を際立たせている。このアウトローな映画に光が当たったのは、カーリー・クーリによる素晴らしい脚本と、それ以上に、素晴らしいキャスト陣に拠るところが大きい。『テルマ&ルイーズ』は、フェミニズムのパイオニアとしてその名が刻まれる、時代を先取りした挑戦的で、悲劇と喜劇が入り混じったロードムービーなのだ。

　変わり種とはいえ、『テルマ&ルイーズ』はリドリー・スコット監督作の本質的な主題を備えている。これは慣習からの解放の物語であり、このテーマの重要性は、過去に遡れば『少年と自転車』、それ以降のものなら『1492 コロンブス』(1992)や『プロヴァンスの贈りもの』(2006)のようなジャンルの違う作品などでも取り上げている。何より、スコット自身が「普通の生活」の束縛から抜け出し、美術学校へ進学している。主題だけではなく、映像表現の面でも、この作品は間違いなくスコットの視点や美的感覚に基づいて作られた作品だ。もしかしたら、これは彼が少年時代から夢見ていた西部劇なのかもしれない。

　スコット監督の7作目となるこの作品が、逃亡中のふたり組によるロードムービーという点で、『俺たちに明日はない』(1967)、『ゲッタウェイ』(1972)、『続・激突！／カージャック』(1974)、さらに範囲を広げればヒッピーふたりの旅を描いた『イージー・ライダー』(1969)などと同じジャンルに入ることはすぐにわかる。スコットは、本作品の撮影スタイルやテーマにおける重要な試金石とした作品に、テレンス・マリック監督の『地獄の逃避行』(1973)や、ジョージ・ロイ・ヒルが監督を務め、ポール・ニューマン扮するブッチ・キャシディとロバート・レッドフォード扮するザ・サンダンス・キッドによる軽妙な神話的西部劇『明日に向かって撃て！』(1969)を挙げている。それらの映画と『テルマ&ルイーズ』で共通しているのは、物語の軸となる友情関係、逃亡者が英雄視されるという発想、そして、破滅の一途を辿る運命だった。

　本作には、それ以外にももうひとつ、他とは違う要素が加わっている。『明日に向かって撃て！』のブッチとサンダンスに代わり、逃亡するのは女友だちふたり組なのだ。テルマ・イヴォンヌ・ディッキンソン（ジーナ・デイヴィス）とルイーズ・エリザベス・ソーヤー（スーザン・サランドン）の場合は、弾みで人を殺めて（被害者であるハーランはテルマをレイプしようとしたため、殺されるのは自業自得とも言える）現場から逃走し、ルート66を辿って旅を続けながら犯罪を重ねていく。ふたりが通過した州は、アーカンソー、オクラホマ、アリゾナ、ユタ。「つまり、アメリカ中西部ってことだ」と、スコットは誇らしげに言っ

86

た。名前について言えば、主役ふたりの名前を併記した『テルマ＆ルイーズ』がそのまま映画のタイトルになっていることは注目に値する。ここでもふたりは一緒なのだ。

『テルマ＆ルイーズ』は、スコットが本当の意味でキャラクターの人物像を重視し、深く掘り下げて描いた初めての作品と見なされる向きがある。ただ、本人は、どの作品でも「登場人物の内面の変化や成長こそが物語の基盤」と考えていたようだが。キャラクターの人物描写以外の、たとえばSF要素やアクション、特殊効果といった"奇抜"に見える部分は、単に、物語の推進力になっているに過ぎない。スコットはよく『エイリアン』のことをＳＦ映画版「そして誰もいなくなった」（アガサ・クリスティの小説）だと言うが、もちろん、あのアンサンブルキャストが素晴らしかったのは、言うまでもない。

それまでのスコットの映画はどれもストーリーとしては比較的シンプルだったが、物語の描き方が壮大だった。凝ったセットを設え、できあがった背景の前でキャラクターに焦点を当てるのが彼の手法だ。何かしら欠点があり、人好きのするほうではないが、現実にいそうなタイプの人間を主人公にして、インパクトのある風景（あるいは、細部までこだわった内部空間）の中でさまざまな人生を構築していく。その方法論こそがリドリー・スコット作品の統一テーマであることはまちがいない。「当然、視覚的な要素が自分の強みだ。なぜなら、美術学校で７年間も過ごしたからね」と、彼は言う。ただ、どの作品でも、世間で物議を醸すのは登場人物たちなのだが。『誰かに見られてる』

は結婚生活の描写と誘惑の危険性に焦点を当てていたが、そうした特徴が本作では、テルマとルイーズがハイウェイを走り出したところから、より鮮明描かれていく。

そして、この映画で新たなレベルのリアルな感情表現に挑戦することになるだろうということがスコットにはわかっていた。犯罪映画という枠組みの中で、その脚本は男性社会で女性が感じている抑圧をしっかりと捉えていた。物語の肝となるのは、複雑で気まぐれな女性同士の友情だ。となると、これまで以上に俳優への信頼が求められる。当初、彼が映画化にかなり消極的だったのはそれが主な理由だった。

この革新的なアメリカ横断旅の発想は元を辿れば80年代後半に遡ることができる。当時サンタモニカの路上に車を停めたとき、脚本家のクーリの頭にあるフレーズがひらめいた。「ふたりの女が次から次へと犯罪に走る」。一瞬、ふたりの物語を「体感」した気がした。そこから、女ふたりが荒野を横断する無謀な逃避行へと話が繋がっていった。テルマと親友のルイーズがはじめはどんな人間で、最後にはどんな人間に変わっていったのか。この作品の中心的テーマは「解放」だった。物語が進むにつれ、アメリカ中西部に住むごく普通の女性たちは、クーリがインタビューで繰り返し言うように「自分たちの住む世界には収まりきらないほど大きすぎる存在」へと変貌していく。

そして、クーリの頭には、車が空中をゆっくりと漂うように進み、グランドキャニオンに突っ込んでいく映像がはっきりと思い浮かんでいた。「車の向かう先はあそこだとわかっていたわ」。1966年型フォード

前頁左：ふたり組の逃避行を描いた映画はスコットにとって重要な試金石になった。同じテーマの代表作のひとつに『地獄の逃避行』（マーティン・シーンとシシー・スペイセクが主演）がある

前頁右：名作『俺たちに明日はない』（フェイ・ダナウエイとウォーレン・ベイティ）の一場面

右：『テルマ＆ルイーズ』の一番の特徴は、殺人を犯して逃走するのが女性ふたり組であるところ（スーザン・サランドンとジーナ・デイヴィス。殺されたのはティモシー・カーハート）

THELMA & LOUISE LIVE FOREVER!　　87

製サンダーバードがスローモーションで宙を飛んでいく様子をぴたりと捉えたその映像は、今や人気映画におけるもっとも大胆でもっとも称賛される別れのシーンに挙げられている。しかし、あのシーンは、単なる衝撃的な結末以上の意味を持つ。この映画が支持する価値観や批判する社会規範といった、本作のテーマやメッセージを集約した象徴的瞬間でもあるのだ。

クーリは『ヤァヤァ・シスターズの聖なる秘密』（2002）やテレビのメロドラマ『ナッシュビル カントリーミュージックの聖地』（2012-2018）などで人気を博し、現在は脚本家、監督、プロデューサーとして活躍しているが、本作制作当時は無名だった。レバノン系アメリカ人医師の父と、芸術を愛し、熱心に教会に通う母の間に生まれた彼女は、ケンタッキー州のパデューカ（オハイオ川とテネシー川の合流点付近に位置する）で育ったので、南部特有の偏見に満ちた独特の空気には慣れていた。ウェイトレスをして生活費を稼ぐ日々を送った後、彼女はロサンゼルスに降り立ち、ヘアメタルのモトリー・クルーやハードロックのフォーリナーのような音楽バンドのビデオ制作に携わった。彼女は、当時の音楽業界（とりわけメタルやロックシーン）に蔓延していた男性的な雰囲気にうんざりする。あたりには巨乳とコカインが溢れていた。彼女の中には怒りが渦巻き、それを紙に書き留めずにはいられなかった。

彼女は6ヶ月間、暇さえあれば手書きで脚本をしたため、それを職場のパソコンに打ち込んでは、設定を細かく練るという作業を続けた。この物語に登場するのはアーカンソー州に住むふたりの女。どちらも下流中産階級に属し、親友同士だが、性格はまったく違う。ふたりは冴えない日常から逃れるため、釣り小屋を借りて数日間過ごす予定だったが、テルマはダメ夫のダリルにその計画を話せずにいた。

クーリは、ルイーズに似ていると友人たちから言われているらしい。ルイーズ並みに辛辣な物言いで、馬鹿な人間は許せないというタイプのようだ。

州境を越え、法の境界を越え、ふたりは逃亡者になる。そして映画は、ハイスピードの追跡劇、奇想天外なドタバタコメディ、性別に対する固定観念を打ち破る内容が入り混じった形でストーリーを展開していく。この物語は、複雑であり、痛快であり、ハリウッドに根付いている性差別に対する痛烈な批判でもあった。

クーリは友人の映画監督ジュリアン・テンプルに自分の脚本を見せた。感銘を受けた彼はそれの売り込みに走り、脚本はスコットの制作会社パーシー・メイン・プロダクション（現在のスコット・フリー・プロダクションズ）の当時の副社長ミミ・ポーク＊の手に渡った。それが1990年の半ばのことだ。ちょうど『ブラック・レイン』の興行が不振に終わった翌年で、スコットがCM撮影の現場に戻っていたときだった。そもそも、彼がパーシー・メイン社（1970年設立）を作ったのは、そうした映画会社に持ち込まれる長編映画の素材を開花させて自分の運命を切り開きたいという思いからだった。＊その後、彼女はガイア・エンターテインメントを創設。同社が制作に携わった2017年のアニメーション映画『ブレッドウィナー』はオスカー候補になった。

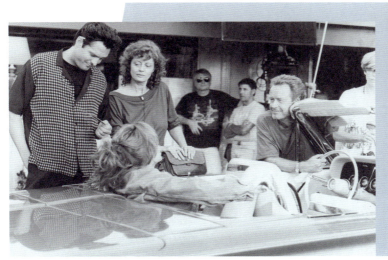

前頁：すっかり無法者と化したテルマ（ジーナ・デイヴィス）とルイーズ（スーザン・サランドン）。一緒に写真に収まっているルイーズの愛車サンダーバードは自由の象徴

左：マイケル・マドセン、サランドン、そしてデイヴィスがスコットとシーンについて話し合う様子を捉えた1枚。スコットはすべてのシーンの撮影を"休暇"であるかのごとく楽しんだという

THELMA & LOUISE LIVE FOREVER! 89

スコットがどの程度フェミニズムを理解し、支持しているかについてはしばしば議論がなされている。少なくとも『テルマ＆ルイーズ』の撮影時の彼は男性優位の世界観を描く監督に分類されていた。『トップガン』で知られる弟のトニーに負けず劣らず、広告の巧みな手法を駆使し、燃える夕日をバックに男らしさを美化していたわけで、80年代特有の映画スタイルを体現する監督のひとりではあった。とはいえ、スコットがそういう監督だと裏づけるのは、実のところ彼の作品では『ブラック・レイン』くらいなのだが。

80年代にハリウッドで主流だった男性優位主義者？それとも、進歩的な考えを持つフィルムメーカー？いや、スコットはどちらのタイプにも当てはまらない。ハリウッドの資金で派手な映画を何本も撮っているが、本当の意味で大衆迎合主義の流れに合わせた作品はひとつもない。彼の興味と映像への強いこだわりは、むしろ主流に逆らう傾向にあった。『エイリアン』や『ブレードランナー』の精巧に描かれ、深い考察を含んだ未来像では、SFやホラーといったジャンル映画の単純化された典型要素に負けないくらい、独自の世界観や雰囲気が重視されていた。また、彼の映画には、メッセージ性もあった。制作会社は彼が芸術性にこだわりすぎることを懸念していた。

自分の選択が深読みされてあれこれと政治的な解釈を受け、当の本人が驚かされることも多かった。ちなみに、『エイリアン』において、企画当初に男性だった主人公がシガニー・ウィーバー演じるリプリーという女性にあっさり替えられたのは、ひとえに、"ヒーロー役＝男性"という常識を覆したかっただけのことだった。スコットは自分をフェミニストだとは決して思っていない。しかし、彼の初期の作品において、妥協しない強烈な女性キャラクターの存在がストーリーを盛り上げているのはたしかだ。ウィーバーの後に登場したのが『ブレードランナー』のショーン・ヤングとダリル・ハンナ、そして、『誰かに見られてる』のロレイン・ブラッコとミミ・ロジャース。スコットは、自らの人生を切り開く女性たちに関心を持っている。それは『テルマ＆ルイーズ』のハチャメチャな冒険の中で、実に効果的に描かれているテーマでもある。

3人の息子をしっかりと育てあげた母・エリザベスの頼もしい影響力を思い出すのか、スコットは女性と一緒に仕事をするのが好きだ。女性たちの率直さを気に入っていて、自分の会社を経営するうえでも、女性こそが会社にもっとも必要な人材だと考えている。「女性に指図されて困ったことは一度もないよ」と、彼は笑った。パーシー・メインに在籍していたときのミミ・

この作品では描かれる風景が
主人公たちの心理状態を
表現している。車を走らせながら
社会の枠を超え、やがて神話の
世界に入り込んでいくのだ。

ポークはまさに彼のスパーリング・パートナーだった。

ポークは、原稿を読んで興奮し（彼女は、オープンカーに乗って逃走中のふたりにいやらしい視線を送りちょっかいを出すタンクローリーのあの運転手のような気持ち悪い男に覚えがあるらしかった）、その脚本をスコットの前に置いて、「この作品はあなた向きではないけれど、映画化については真剣に考えるべき」と言った。

その脚本に「興味をそそる」何かがあることはスコットにもすぐにわかった。そして、この物語の設定を理解した。当時の映画では、女性が起用されるのは恋人役か妻役が主であったが、ここで描かれるのは女性そのものであり、肩書ではない。「そこには実体があり、伝える声があり、見事な結末が描かれていた。あの結末は絶対変えられないよ」。スコットは、あの物議を醸したラストシーンをとても気に入っていた。まさに「真実を描いた脚本」だった。

クーリは、自らメガホンを取り、やりたい放題の女ふたりの役にホリー・ハンターとフランシス・マクドーマンドを起用して、インディーズ映画として格安で制作するつもりでいた。「制作費500万ドルを出してくれるもの好きでも探そうかと思っていたの」と。しかし、話を持ち掛けたプロデューサーたちは一様に、スコットほどこの脚本に興味を示さなかった。あるプロデューサーは、主役のふたりのことを「そもそも、好きになれない」と言った。

本作にプロデューサーとして関わろうとしていたスコットは、資金援助を頼むために、旧友であり、かつて真っ向から反対意見を突きつけてきたこともあるアラン・ラッド・ジュニアに目をつけた（『エイリアン』制作時、エイリアンがリプリーを殺すラストを考えて

上：深夜のドライブをするテルマとルイーズ。スコットの手にかかると、そのキャンバスに描かれる"画"は壮大なスケールのものになる。本作はいわば、スコット版の西部劇と化した

下：セットで画角を調整するスコット。明るい映画らしく、撮影中の表情はいつになくリラックスしている

いたスコットに、ラッド・ジュニアは「それはやめてくれ」と一蹴。そのひと言のおかげで、あのリプリーという強いヒロインが誕生した経緯がある）。彼は『エイリアン』や『ブレードランナー』を支援してくれた人物でもあった。実は、『エイリアン』のリプリーを女性にするというアイデアを出したのはラディ（ラッド）だった。しかも、シングルマザーの息子である彼は、『ノーマ・レイ』（1979）、『9時から5時まで』（1980）、『月の輝く夜に』（1987）といった女性を題材にした映画の制作に長年携わっていたのだ。しかし、追い風ばかりではなかった。ラッドは当時、凋落しつつあったハリウッドの巨人MGM（メトロ・ゴールドウィン・メイヤー・スタジオ、現在はAMAZON傘下）のパテ・エンターテインメント（フランスの大手映画製作・配給会社）の会長の職にあり、超大作の予算を捻出できる立場ではなかったのだ。結局、MGMを配給会社とするという条件のもと、平均を下回る製作費1600万ドルで契約が結ばれた。

誰が撮るのか

スコットが監督を面接するというのもおかしな話だ（当初、スコットは本作の監督をやるつもりがなかった）。「たくさんの監督に会う機会はあるけど、あれは目的が違ったからね」と、スコットは言った。面接した監督の中には、ボブ・ラフェルソン（代表作は1970年の『ファイブ・イージー・ピーセス』）や、新人のケヴィン・レイノルズ（2006年スコットが製作総指揮を務めた『トリスタンとイゾルデ』を監督）、リチャード・ドナー（1987年『リーサル・ウェポン』を筆頭に男同士の結束を描くことを得意とする）などもいた。どの監督もやはり脚本の手直しを希望したが、スコットは修正の必要がないと考えていた。狭い世界の話だと言われたが、スコットには壮大な"叙事詩"に思えていたのだ。そして、この映画で描かれる「風景」が、本作における第3

の登場人物だと考えるようになっていった。「これは長く意義深い旅の物語なんだ」と、彼は主張した。

のちにスコットは、このときはあえて女性監督を避けたことを明かしている。単なる復讐劇になってしまうのを懸念したのだ。

監督候補者たちはひとり残らず彼に尋ねた。「なぜ、あなた自身が監督しないのですか？」と。そう尋ねられても彼には答えようがなかった。「相手にあれこれ質問をしながら、実は自分で自分を面接していたことに私はそのときは気づいていなかったんだ！」。素材が監督を選ぶこともときにはあるようだ。

スコットのオフィスはカルバー・シティにあるコロンビア・ピクチャーズのスタジオ敷地内にあったが、本人はビバリーヒルズのフォーシーズンズ・ホテルのプールサイドで仕事をするほうが好きだった。街にいるときはそこに滞在し、ランチタイムの賑わいが去った後、昼下がりの太陽の下でミーティングを行った。彼がクーリと脚本の丁寧な見直しを行ったのもその場所だった。

スコットは、彼女との脚本修正作業を「毎日の講義」と皮肉った。自分が教わる立場だったからだ。クーリは譲れない部分については決して引き下がらなかった。「本当に男がこんなひどいことをするかな？」とスコットが食い下がるも、「こんなことは日常茶飯事です！」

と、彼女は言い切った。もちろんスコットが、このストーリーに込められた社会批判を含む言外の意味を十分承知し、それを重要視していたのは明らかだ。彼は視覚的に物事を考える傾向があるが、それを見抜いたクーリは、『脱獄』（1962）や『過去を逃れて』（1947）のようなノワールの古典を引用して彼に深い理解を促した。実際、彼女の頭の中には、全体的な映像イメージがしっかりできていた。「シアーズ・ローバック＊」の通販カタログのような、一般家庭の何げないシーンから始まり、クーリの言葉を借りれば、「アメリカ西部を写実的に描いた壮大な画」で終わるという撮影プランだった。

スコットからのクーリへのアドバイスは、明るい映画に仕上げるということだった。脚本の中にある「ユーモア要素」を映画ではやや大げさに描いた。この映画を社会的運動の旗印にするのはどうしても避けたかった。＊アメリカの小売企業で通信販売を扱い、多くの家庭に利用されていた。

ユーモアの追求は、スコットにとってさらなる未知の領域だった。彼はそれまでコメディ映画を撮ったことが一度もなかったからだ。自分はあまり馬鹿笑いするタイプではないと本人も認めている。彼の映画は重厚なものになりがちだが、おもしろおかしく描けば、『テルマ＆ルイーズ』はみんなに受け入れられる映画

になるはずだと考えた。スコットは、男性の観客に、男性キャラを己に重ねて"自分たち"の滑稽ぶりを笑ってほしかった。「男たちに自身の非を認めてもらいたかったからね」と、スコットは語っている。

脚本がすでに複数のタレント・エージェンシーに回っていたこともあり、テルマ役とルイーズ役の俳優探しが業界内で話題になり始めていた。

スコットが大事にしていたのは相性だった。ふたりがそれぞれに魅力的で、個性を光らせ、揃ってもその魅力を相殺し合うことがないという組み合わせが望ましい。すぐにジョディ・フォスターとミシェル・ファイファーの起用が決まった。しかし、当時はまだ監督探しが続いていて、企画は足踏み状態にあった。そうこうしているうちに、決まっていたキャストたちは他のオファーに心を動かされてしまった。ただ、スコットに監督を引き受ける決心をさせたのは、ファイファーのお手柄だったようだ。彼女はフォーシーズンズでスコットの隣に座り、単刀直入に言ったそうだ。それがよかったのだろう。「覚悟を決めて自分でやったらどう？」。スコットはこの言葉に大いに気分を害したが、自分で監督をすることにしたのはまさに彼女のひと言が理由だと本人も認めている。

スコットが決意したことで、ハリウッドの一流女優たちは俄然色めきだった。記録を見ると、ミミ・ロークのもとには、シビル・シェパード、ダリル・ハンナ、エレン・バーキン、ナンシー・トラヴィス、マデリーン・ストウ、レベッカ・デモーネイ、メグ・ライアン、キャスリーン・ターナー、キム・ベイシンガーなどから問い合わせが殺到したのがわかる。「思いつく役者たちには、かたっぱしから声をかけたよ」と、スコットは言った。ラッドは、オスカーを受賞したシェール（1987年『月の輝く夜に』で主演）を推した。「彼女は多才だから、テルマでもルイーズでもどちらでも演じられる」と。だが、そのキャスティングがスコットにはなんとなくしっくりこなかった。

作家ベッキー・エイクマンが『テルマ＆ルイーズ』の製作過程を丹念に綴った「Off the Cliff：How the Making of Thelma & Louise Drove Hollywood to the Edge」によると、実力派女優のメリル・ストリープとゴールディ・ホーンを、テルマ役がホーン、ルイーズ役がストリープという配役にしてふたりセットで起用してはどうかという話が出たのはちょうどその時期だったようだ。和気あいあいと打ち合わせが行われていたさなか、大物女優たちがエンディングへの懸念を口にした。ストリープは、峡谷の淵から転落するなら、せめてダイブする前に、ルイーズがテルマを車から突き落とすことにできないかと提案していたようだ。

ジーナ＆スーザン

そんなふうに着々と打ち合わせが進んでいた頃、ジーナ・デイヴィスはやる気をみなぎらせていた。ルイーズ役をやるのは自分しかいないと心底思っていた彼女は、エージェントに頼んでスコットの事務所に毎週電話で問い合わせをしてもらっていた。「そこまで言うならせめて証明してもらいたい」というスコットの依頼に、「望むところです」と、彼女は応じた。

マサチューセッツ州のウェアハム生まれのデイヴィスは、『偶然の旅行者』（1988）でアカデミー助演女優賞を受賞し、『ビートルジュース』や『エイリアン』にインスパイアされたというデヴィッド・クローネンバーグ監督のリメイク版『ザ・フライ』（1986）など、ジャンル物の作品でもある程度の成功を収めていた。ウィーバーと同様、彼女は女優として珍しく185センチと長身で、親しみやすい顔立ちと、今にも大笑いしそうな、にこやかな愛らしい笑顔が印象的だった。ただ、名前を聞けばすぐ顔が浮かぶような有名女優ではなかった。このときのポークの説得は実に巧妙だった。「彼女はバランスがちょうどいいの。制作会社を黙らせるのに充分な実績がありながら、有名過ぎないところがリアリティを追求するスコットの狙いにぴったりよ」と。彼はついに会うことに同意した。

スターの誕生。魅力的だが食わせ物のJ.D.役でブラッド・ピットが映画界に登場した

J.D.の甘いささやきに心を奪われるテルマ。ピットのオーディションでセリフを言い間違えたデイヴィス。ふたりの間にはその時からすでに何か通じるものがあった

　デイヴィスはメモを周到に準備してやってきた。「なぜ私が絶対ルイーズをやるべきかという理由がすべて書いてあります」と、彼女は言った。彼女は自己アピールを展開するも、スコットの表情からはほとんど何も読み取れない。やがて、ついに彼が口を開いた。「つまり、テルマを演じる気はないってことかい？」

　監督のひと言でデイヴィスは我に返り、自分の熱意をまったく新しい角度から見直してみた。そして、彼女の顔にぱっとあの笑顔が浮かんだのだ。スコットは当時を振り返り、「彼女は全然テルマには似てないし、かといって、おバカちゃんでもないんだが」と明かしている。彼はデイヴィスのコメディのセンスと独創性を高く評価した。彼女はみんなに好かれるタイプだった。こうしてまずデイヴィスの起用が決まった。

　当時、サランドンはハリウッドの喧騒のさなかにはおらず、ニューヨークで穏やかに暮らしていた。そのため、この画期的な映画の企画が話題になっていることすら知らなかった。そんな彼女にスコットは脚本を送ったという。そして、サランドンは、エンディングをそのままにしてくれなければ、サインはしないと言ったらしい。

　サランドンはデイヴィスより10歳年上で（たしかに絶対的なお姉さん感が出ている）、妥協を許さず、政治的な意見もはっきり口にする女優として名声を博していた。また、スターの地位を得ていたにもかかわらず、商業主義に走るハリウッドの常識は、彼女の良識とは相容れないものだったようだ。主な出演作は『アトランティック・シティ』（1980）、『さよならゲーム』（1988）、『ぼくの美しい人だから』（1990）など。スコットが彼女をルイーズに選んだ理由はよくわかる。奥深い美しさを持つニューヨーク生まれの女優は、傷ついた魂に寄り添うタイプだった。彼女ははかなげな演技が得意で、唇をすぼめ、大きな目から猜疑心を放つ。

スコットはこう告白した。「サランドン本人に、ルイーズのようになんでもできて、ズケズケ物を言い、皮肉屋なところがあった」。彼女はフェミニズムを堂々と身に纏っていた。

打ち合わせにやってきたサランドンを見て、彼はウィーバーが『エイリアン』の本読みにやってきたときと同じ確信を得た。「彼女はまさしくルイーズだった」

ひとたび撮影が始まると、サランドンがすぐにセットに溶け込み、自分の考えをはきはき語る姿を見て、デイヴィスは唖然としたという。かたやデイヴィスは熟慮を重ねたメモを持参し、自分でもおどおどしているのがわかるぐらい遠慮がちな態度をとっていた。サランドンは、そんなことはお構いなしだった。そのうちに、デイヴィスの中にあった本人と役柄を隔てる壁は削り取られていった。サランドンがいてくれたおかげで、自分がテルマという役柄に近づいていくのがわかったと、デイヴィスは言っている。ほどなく名コンビができあがった。ふたりは寄ってたかってスコットをからかい、「ボ・リドリー」とあだ名をつけて呼んでいた。この「Bo」は「bro」や「buddy」の意味合いで親しい男性への呼びかけだが、50年代のロック歌手ボ・ディドリーに掛けていたのかもしれない。また、自分たちのキャラクターを短絡的に扱われると、不満げな顔を見せたりもしていた。

ロケ地がどこも辺鄙な場所だったので、ふたりは撮影の合間、サンダーバードの後部座席でビーフジャーキーをかじりながら、雑談をして過ごした。スコットは撮影を指揮するために現場に詰めていたが、あえて聞き役に徹し、役の演じ方はふたりの女優に任せていた。ふたりは互いにライバル意識を持つこともなく、楽しみながら、仲良く撮影に取り組んでいたそうだ。「監督は私たちを信頼して、自分たちの判断でやらせてくれたわ。それで、私たちが決めきれないところは監督が判断したの」。サランドンが言及したのは視覚的な部分のことだ。彼女は、監督が映像をより重視していることを察していたのだろう。

映画制作中にインタビューを受けたサランドンは、『マッドマックス』(1979)シリーズの荒涼とした土地を舞台にした、女性版『おかしな二人*』みたいな交流劇という設定が変わってるでしょ」と、皮肉った。登場人物の男性陣にわざとステレオタイプな男を演じさせたのも、クーリが脚本に散りばめた風刺のひとつだ。男の勘違いがいろいろなパターンで表現されていて、それらを寄せ集めると、典型的な現代の男性像が見えてくる。スコットはそういう風刺的な要素に厚みを持たせるためキャスティングにはこだわった。
＊1965年のブロードウェイの舞台。68年にはジャック・レモン、ウォ

ルター・マッソー主演で映画化。90年にはテレビドラマ版も作られた。

人情味があり警官でありながら父親のようにふたりを心配するハル・スローコム役には、『デュエリスト／決闘者』で執念の決闘者のひとりを演じたハーヴェイ・カイテルを起用する。エッジの効いた、暴力的な役を演じることが多いカイテルの強面イメージを覆すというアイデアがスコットは気に入っていた。カイテルはその提案に驚きはしたが、すぐに乗った。

テルマの夫のダリル役を演じたクリストファー・マクドナルドの女性差別丸出しの行動こそ、男性への風刺の原点と言える。デイヴィスが、カーペット販売店の店長で「ろくでなし」というその役に元カレのクリストファーを推薦したのだ。安価でダサいポリエステルの服ばかり着ているちょび髭のマクドナルドが、自己中心的でイライラしている姿は滑稽で、スコットは笑いが止まらなかった。

エルヴィス・プレスリーを彷彿させる雰囲気のマイケル・マドセンは、ルイーズの恋人で、優しいがどこかクールなミュージシャン、ジミー役に抜擢された。なお、カイテルもマドセンも、本作公開の翌年、クエンティン・タランティーノの『レザボア・ドッグス』に本作とは真逆の性格の気性の荒い男たちの役で登場しているのだから実に興味深い。

そして、テルマが見惚れた美少年でならず者のJ.D.（あえてジェームズ・ディーンの頭文字を使っている）。アメリカ南部出身らしい人懐っこい魅力をにじませながら、実はふたりから金を盗む食わせ者という役どころだ。このキャスティングは話題を呼んだ。「まさにあのシーンでブラッド・ピットは開花したんだ。どんぴしゃだった」そのスコットの言葉は、ドラムのリムショットのごとく力強い確信に満ちていた。正確に言えば、このとき、ピットはいつブレイクしてもおかしくない状態で、彼がロックスターを夢見る青年主人公を演じた、おしゃれなインディーズ映画『ジョニー・スエード』(1991)もすでに完成していた（全米公開は本作の翌年1992年の8月）。しかし、彼が一気にブレイクしたのはモーテルでの例のベッドシーンがきっかけだった。

これもまたデイヴィスのお手柄と言わなければならない。スコットは、その役をウィリアム・ボールドウィンに決めていたが、彼は、ロン・ハワードが監督を務める消防士ドラマ『バックドラフト』(1991)の主役に抜擢され、J.D.役を降板。ピットは最終候補の4人に残り、デイヴィスとの読み合わせに呼ばれた。彼が本読みのために席に着くと、デイヴィスは思わず彼に見とれ、自分のセリフをしくじった。「ごめんなさい、あなたのオーディションを台無しにしてしまって」と、

彼女は詫びた。その日の終わり、他の候補者にスコットの気持ちが傾きかけていたとき、デイヴィスが状況を動かしたのだ。「ひと言いいですか？」と、彼女がいきなり割り込んできた。「あのブロンドの子よ。それで決まり！」

そして、かの有名なシーン――ちなみに、スコットがベッドシーンまで撮ることはめったにない――では、デイヴィスはすっかりテルマになりきっていて、その屈託のない演技がこのシーンにコミカルでセクシーなリズムを与えている。さらに、カメラが一生懸命パンアップしていたのがピットの体だったというのも皮肉な話だ。しかも、完璧なビジュアルを求めて、彼の腹筋にせっせとスプレーを吹きかけていたのがスコットだというからおもしろい。

「自分の見たままのアメリカを見せようと思った」と、スコットは語った。完璧な映像美に対する彼の直感的なこだわりは、脚本の場面場面に込められた強いメッセージに説得力をもたせる。クーリの"予感"が現実になった。彼女の小さな映画は、立派な大作になる兆しを見せていた。

『誰かに見られてる』は、まるで広告のようにニューヨークをきらびやかに見せていたが、スコットが本当の意味で「アメリカ」に向き合ったのはこの作品初めてだった。『テルマ＆ルイーズ』はオールロケで撮影された。ヴィム・ヴェンダースの『パリ、テキサス』（1984）、ヒッチコックの『北北西に進路を取れ』（1959）など、アメリカ人ではない映画監督は、アメリカ人にアメリカを見せることに長けている。「何キロも続く電柱の列を見るだけでわくわくするんだ」とスコットは明かした。

アメリカの「景色」を創作する

スコットは、古い写真やジョン・レジスターの絵画からインスピレーションを得た。そこに、フォーマイカ（1950〜60年代に流行したつるつるしたメラミン製素材のこと）のテーブルやカウンターがあるトラック休憩所や安いモーテルのロビーなどを見ることができたからだ。そうしたアメリカ放浪旅を象徴する場所を目にした観客に、ふたりが逃げてきた、人の言いなりになって孤独に生きていた世界を感じ取ってもらいたかった。

この作品では描かれる風景が主人公たちの心理状態を表現している。車を走らせながら社会の枠を超え、やがて神話の世界に入り込んでいくのだ。

撮影期間は1990年6月11日からの12週間だった。スコットがそれまで手がけてきた映画に負けず劣らず迅速かつ精力的に作業が進められた。砂埃がストー

リーを演出する小道具になっており、主人公たちが自分が犯罪者だという事実を受け入れていくにしたがって、映像は次第に埃っぽくなっていく。いよいよふたりの旅が終わりに近づくと、サンダーバードのすぐ目の前に、オオカミの群れのように10台の州警察車両が整列し、『トップガン』（1986）のジェット戦闘機による飛行機雲のような砂埃がもうもうと巻き上げる。

ハリウッド近郊の市街地サン・フェルナンド・バレーの熱に揺らめき果てしない地平線の映像は（オクラホマの平原の設定のシーンだが、この映画の大部分はカリフォルニアで撮影された）、撮影したそのままを使用するのではなく、現実におとぎ話のような雰囲気を加味すべく微調整が施された。スコットは、アメリカの広くて長い道路（ビッグ・ハイウェイ）に対して、ある種の幻想的な印象を抱いていた。そこでデザインチームは、道路沿いに偽の小石や、偽のタンブルウィード＊、州外の看板を配置し、ふたりに光を当てるために道端に反射板を並べた。＊アメリカの荒野でよく見られる転がる草。

物語の中盤で、学生だと偽るJ.D.が途中まで乗せてくれとふたりに頼む場面がある。その頼みを振り切るようにルイーズが車をバックで急発進し、ガソリンスタンドに入るのだが、画面の隅にわかりやすく半裸でオイルを塗りたくったボディビルダーがウェイトリフティングをしている様子がちらりと見える。そういうエキストラ、つまり、そこにいるとされる男たちの存在が、テルマとルイーズの男性社会からの逃走劇にリアリティを添えている。また、物語が後半に差し掛かったあたりのシーンでは、J.D.にお金を盗まれ途方に暮れるルイーズを、2人の老女が窓越しに生気のない目でじっと見ている姿がスクリーンに映し出される。その亡霊のような姿は、ルイーズとテルマが将来そうなっていたかもしれないことを感じさせた。

開放的な空気のせいなのか、この非日常的な映画がもたらす解放感のせいなのか、スコットはいつしかその場の状況で生まれる発想に身を任せるようになっていた。カリフォルニア州のサンホアキン・バレーで撮影された農薬散布機がサンダーバードすれすれを飛行するショットは、まったくの思いつきだった。「ロケ地に行ったとき、あの飛行機が近くで農薬を撒いているのを見たんだ。それで、アシスタントを派遣して200ドル支払うからちょっと飛行機を飛ばしてもらえないかと頼んだんだ」と、スコットが教えてくれた。あのシーンはその場で思いついた『北北西へ進路を取れ』へのオマージュである。さらに、彼はロケハンの際、女性のトラック運転手からボロボロのステットソン帽を買っていた。それが、いずれテルマが手持ちの宝石と交換で手に入れるくたびれた帽子に使えると閃いたのだ。

ヴィンテージのサンダーバード5台の整備には11万5千ドルの費用がかかった。この車種を使うことは初稿の段階から決まっていた。クーリにとって、ルイーズの愛車であるターコイズブルーのコンバーチブルは自由の象徴であり、かつてのアメリカを代表する、高燃費の大型ガソリン自動車時代の終焉を意味していた。スコットはその流線型のデザインが気に入っていた。あの車そのものが神話的存在だったのだ。

この映画のもうひとりの「主役」とも呼べるサンダーバードは、牽引されている状態での撮影が主だったが、役者たちが実際にハンドルを握るシーンもたくさんあった。「スピード狂みたいな運転癖をやめるのに何週間もかかったわ」と、サランドンは笑った。彼女は、ホイールスピン（タイヤを空転させること）も、ハンドブレーキ・スキッド（サイドブレーキで急停車したりスリップさせるテクニック）も、ワイドショット用の髪をなびかせながらのスピード走行もいつのまにかできるようになっていた。

車のサイドをフロントバンパーからテールライトまで映すこだわりのトラベリングショット*は、スコット自身がカメラを操作し、撮影車からアスファルトの上数センチのところまで身を乗り出して撮影に臨んだ。彼のベルトを掴んでいてくれたアシスタントが唯一の命綱だったらしい。＊カメラが移動しながら撮影する手法。「移動ショット」とも。

監督が頻繁にカメラを操作する姿にふたりの主演俳優は元気づけられた。その中で、監督と主人公たちの距離は近づき、心を通わせる空気が生まれていった。「彼はいつもにこにこしていたわ」とデイヴィスは言う。スコットは誰よりも懸命に仕事をした。音楽アルバムのジャケットにできるほどの完成度を求めて1コマ1コマの撮影に全精力を注ぎ、物語の主題にふさわしいセリフ回しや演技について役者たちと真剣に話し合った。撮影の終わりは、すなわちふたりの旅の終わりを意味していた。

心に刻まれたラストシーン

撮影の拠点はユタ州のモアブだった。メサと呼ばれるテーブル形の砂岩台地が点在し、その間を縫うように道が蛇行している。その風景はジョン・フォードの映画でおなじみのモニュメント・バレーを彷彿させた。スコットは、高くつき出したオレンジ色の台地とエナメルのような空が作るあの鮮明な輪郭が好きだった。まるで火星のようだったからだ。そして、この映画の撮影のため、スタッフたちは町外れのボロボロのモーテルで寝泊まりをした。気温は38度まで上昇したが、テルマとルイーズの旅と撮影の終わりは迫っていた。

ついにふたりは口を大きく開けている峡谷の端に追い詰められた。そこでこの映画のコメディタッチな空気が画面から消える。州警察の隊列が、男たちの非難が壁となって威圧的に立ちはだかる。「軍隊みたい」とテルマは息を呑む。「我々に対する敵対行為と解釈する」と、顔も知らない中年警官が拡声器を通して怒鳴る。

それで、ふたりは残された唯一の選択肢を選ぶ。それは、そのまま車を前に進ませることだった。スピードを上げて崖から飛び出す。ふたたび砂埃が巻き上が

「監督は私たちを信頼して、
　自分たちの判断で
　やらせてくれたわ」
——スーザン・サランドン

瞬時にルイーズを理解したサランドン。
彼女は崖っぷちに立たされることになる

THELMA & LOUISE LIVE FOREVER! 97

り、車が重力に負ける手前の一番高いところに到達した瞬間をカメラが静止画面で捉える。車が落下する場面を決して見せないことが重要だった。

その場面が撮影されたのは本物のグランドキャニオンではない。スコットは、ユタ州のアーチーズ国立公園の近くにある、デッドホースポイント州立公園をロケ地に決めた。本物のグランドキャニオンは、撮影に必要な物を運び込むには問題があったし、広大すぎて、カメラに収めてもスケール感を得られないシーンになってしまうと、監督は考えたようだ。

最終日は、デッドホースポイント州立公園内の崖っぷちで、ヘリコプターの撮影と、もうもうと立ち込める砂埃の中に絶望的な表情で走り込んでいくカイテルの撮影に費やされた。スコットは沈みゆく太陽が完璧な角度になるまで待った。これぞまさしくマジックアワー、奇跡のタイミングだった。「撮影のチャンスは一回だけしかなかった」とサランドンは振り返る。ふたりでキスをしようと提案したのはサランドンだった。そして、そのアイデアに乗り気だったのはデイヴィスだけだったという。ふたりが手を握り合う。タイヤが空転し車体が前方に飛び出す。そして、最高に幸せだった時間を写したポラロイド写真が、自由を象徴するように風で飛んでいく。

サンダーバードが実際に飛行するテイクは3回。

つまり、最期を迎えた車も3台ということだ。それぞれ車体からエンジンを外し、座席にテルマとルイーズのダミーを乗せ、チェーンと滑車の仕組みを利用して時速150キロで崖のほうに押し出した。

監督は、ハッピーエンドを強要する圧力はなかったと主張する。「それに、あれ以上のエンディングは考えられなかった」と。たしかに、『ワイルドバンチ』（1969）のように激しい銃弾の雨をふたりに降らせることもできただろう。生け捕りにすることもできた。メキシコまで辿り着いたふたりが太陽の下でカクテルをすするというのもありだったかもしれない。しかし、どの結末も現実味に欠けた。

「ある意味、あれが"ハッピーエンド"なんだと思う」と、スコットは語った。

Thelma & Louise live forever!

1991年に発表された『テルマ＆ルイーズ』がいかに革新的な映画であったかは、資金に窮したMGMの宣伝部がこの映画の売り込みで見せた迷走ぶりに象徴されている。アクション映画？　女性バディもの？　コメディ？　ドラマ？　スコットは宣伝キャンペーンの不手際に不満を抱くこととなった。どのジャンルにあてはまるかが問題ではなく、評価されるべきは作品そのものの価値なのだから。

どのジャンルにあてはまるかが問題ではなく、
評価されるべきは作品そのものの価値なのだから。

左：長年の恋人ジミー（マドセン）と会うルイーズ。このとき、ジミーは最愛の人を失うことを悟る

次頁：Boom!! テルマとルイーズはタンクローリーを狙い、爆発的な結果をもたらした

　1991年5月20日、カンヌ国際映画祭に出品され、高い評価を得たとき、クーリは会場にいなかった。彼女はニュージャージーでの上映会でようやくこの映画を目にした。「慣れるのにちょっと時間がかかったわ」と、彼女は言ったが、スクリーンに映し出された映画を見ながら、彼女の頬を涙が伝ったという。「これを映画館で観られる日をずっと待っていました」と、彼女は帰り際にスコットに言い残している。

　真夏の公開となった『テルマ&ルイーズ』は、よりによって『ターミネーター2』、ケヴィン・レイノルズが監督を、ケビン・コスナーが主演を務めた『ロビン・フッド』、消防士ドラマの力作『バックドラフト』、ブルース・ウィリスによる『ハドソン・ホーク』といった、男性を主人公にした豪華な超大作映画と競合することになった。どの大作映画も、宣伝規模では圧倒的優位に立っていた。

　しかし、本作の女性コンビは決して及び腰にはならなかった。5月24日に封切られたこの映画は、賛美の声、口コミ、そして、あのエンディングがもたらした予想を裏切る高揚感によって、その評判がまさに空高く舞い上がった。映画を支持する意見が大々的に報じられた。ニューズウィーク誌は、「スコットが正真正銘の現代神話を映画化した」と解説した。さらに、「彼のどこにあんなユーモアのセンスが隠されていたのか？」とも書かれていた。ニューヨーク・マガジンでは、「フェミニストが主人公のバディもの映画第1号」と称された。

　ドイツ人作曲家ハンス・ジマーが奏でる風を切るスライド・ギターが、スコット渾身の明るい映像とぴったりマッチした、おかしくも、感動的で、虹色に輝くこの映画は、その夏じゅう上映が継続され、全米興行収入は4500万ドルを記録した。さらに、『テルマ&ルイーズ』は文化的な議論の温床ともなった。

　ルイーズにとってあのふたり旅は悪魔祓いの意味があった（映画の中で、彼女が過去にレイプ被害に遭っていることがほのめかされている）。サランドンの言動には終始とげとげしさがあり、それがこの一見冷静に見える女性の心の奥底にある動揺を表現している。テルマにとってこれは生まれ変わるための旅であった。現に、デイヴィスは天真爛漫な女性から反逆者へと大きく変容していったが、その顔には喜びが溢れている。テルマはこの映画の冒頭では虐げられる存在であったし、世間から自分を守るために無理に愛嬌を振りまいていた。ルイーズでさえそんな彼女を非難していた。しかし、ルイーズが絶望に打ちひしがれると、テルマが俄然リーダーシップを発揮する。まるで母親のように。そして、銃を片手にコンビニ強盗までやってのけるのだ。

THELMA & LOUISE LIVE FOREVER!　　99

当然、反発の声が上がった。メディアのコメンテーターたちは、「とんでもないお手本」を世間に示す映画（ニューズデイ紙）と非難した。U.S. ニュース＆ワールド・レポート誌は、この映画を「倫理的にも理性的にも破綻した前代未聞のハリウッド映画」と酷評した。

自分がこの攻撃の矢面に立っていることに気づいたクーリは「あのふたりをお手本として描いたわけでは決してありません」と、反論した。そんな状況にもかかわらず、観客はふたりに喝采を送った。これもまた、スコットの映画に対する素直な反応だった。6月24日、あの偉大な文化的看板雑誌タイム誌の表紙を飾ったのは、「なぜ『テルマ＆ルイーズ』は神経に障るのか」という見出しだった。『テルマ＆ルイーズ』は単なる映画という枠をすり抜け、カルチャー・ムーブメントを巻き起こした。「Thelma & Louise live forever!（テルマ＆ルイーズは永遠に生き続ける！）」と書かれたTシャツが世に出まわり、作品は人々への強い呼びかけとなっていく。そう、これは"変革"のための映画なのだ。たとえその成功が、女性を主人公にしたジャンル映画の新世代の先駆けになれなかったとしても。クーリはアカデミー賞脚本賞を受賞したが、デイヴィスとサランドンは、皮肉にも『羊たちの沈黙』(1991)のジョディ・フォスターに最優秀主演女優賞を奪われた。その結果についてスコットは、ふたりがお互いの票を食い合ってしまったのではないかと考えている。

スコットは賢明にも、文化的論争に関しては一歩引いた対応を示した。「あの映画が観る者の痛いところを突いたのは事実だ」と、彼も認めざるを得なかった。「でも、私にとって何が最高に嬉しかったかわかるかい？ それは、楽しい映画を作れたことなんだ」。彼は『テルマ＆ルイーズ』を制作したときの思い出を大切にしていた。「あれは"朝飯前"の仕事だったよ。彼はその表現を好んで使っていた。みんなで一緒に取り組んだ映画だった。テルマとルイーズとリドリーで。

初稿の段階から脚本に書かれていた印象的なラストシーン。スコットもサランドンもデイヴィスも映画のラストはグランドキャニオンへの車ごとのダイブしかないと主張していた

100

「でも、私にとって何が最高に嬉しかったかわかるかい？
　それは楽しい映画を作れたことなんだ」

STORMS

"嵐"たち

1492: CONQUEST OF PARADISE (1992)
『1492 コロンブス』

WHITE SQUALL (1996)
『白い嵐』

G.I.JANE (1997)
『G.I.ジェーン』

「現実は予想をはるかに超えていました」
──『1492 コロンブス』より、イザベラ女王に伝えたコロンブスのセリフ

世界を変えた"侵略者"に迫る
──『1942 コロンブス』

1991 年のカンヌ国際映画祭はいつも以上に慌ただしかった。リドリー・スコットは、映画祭最終日の夜にクロージング作品として予定されていた『テルマ＆ルイーズ』のお披露目を緊張しながら待っていた。その型破りなロードムービーが観客や評論家たちにどう受け止められるかまだ不安を感じていた。しかし、そんな華やかなレッドカーペットの緊張感はさておきというように、その舞台裏でスコットは次回作の資金集めに奔走していた。休んでいる暇はなかった。彼は 12 月 2 日までに撮影に入るつもりだったのだ。

スコットは、『デュエリスト／決闘者』で味わった歴史モノ映画ならではの達成感をもう一度味わいたいという思いを募らせていた。「それは過去を再構築して、その時代の人々の行動や姿勢を掘り下げる作業だ」と、彼は言った。折しも、クリストファー・コロンブスの航海 500 周年がその翌年に控えていた。彼は世界を変えたひとりの人物の謎を解き明かせるという期待に胸を躍らせていた。誰もが知る歴史的人物と真正面から向き合ってみたかったのだ。彼の新作映画は最終的には『1492: Conquest of Paradise』(邦題『1492 コロンブス』) と改題されたが、最初は単純に『コロンブス』というタイトルで通っていた。

『1492 コロンブス』、『キングダム・オブ・ヘブン』(2005)、『ロビン・フッド』(2010)、『エクソダス：神と王』(2014) といったスコット監督作では、「歴史の原動力」と呼ぶにふさわしい人物たちにスポットが当てられ、人類の進歩という壮大なテーマが検証されている。

そもそも、映画を制作することは、まさに人類の歩みを凝縮して描くということなのだろう。そして、監督は、ときに神となり、王となり、技師となり、探検家となるのだ。

「コロンブスがどういう人間だったのかを解き明かしてみたかった」と、スコットは言う。文化をがらりと変えるには、どんな天賦の才が、どんなひたむきさが、どんな度胸が必要なのだろう？　この企画は、『テルマ＆ルイーズ』を撮影する以前から彼の選択肢にあったので、資料を洗い出し、皆の興味を引きそうなエピソードを発掘し、それを基に誰かに脚本を書いてもらえば、いつでも映画化に乗り出すことができた。

脚本を書いたのはパリ在住の女性ジャーナリストで、脚本家でもあるロゼリーヌ・ボッシュだ。1987 年、彼女は、5 年後に迫ったコロンブスのアメリカ大陸到達 500 周年をニュース週刊誌ル・ポワンで特集するため、マドリードとセビリアの公文書館を訪れた。そこで彼女が発見したのは、コロンブスの自筆の手紙を含む、コロンブス伝承に関わる 4 千万点を超える文書だった。そこには、新しい"惑星"を目指して飛び出した 15 世紀の"宇宙飛行士"であり、野蛮な植民地主義者であり、狂信者であり、自らの傲慢さによって破滅した近代主義者であった人物の波乱の生涯がすべて遺されていた。スコットにとって、コロンブスはまさに肉体を持つ「歴史の原動力」だった。ボッシュは映画化のアイデアをフランスのプロデューサー、アラン・ゴールドマンに持ち込み、ゴールドマンは改めてその脚本を彼女に依頼。監督を探すという段階で、その企画に飛びついたのがスコットだった。

必要な予算は 4500 万ドルと高額で、流行遅れの時代劇にそんな大金を出したいと考える制作会社はひとつもなかった。思えば、コロンブスの物語が新世界でほとんど関心を持たれていないことはその時点からわかっていたのだ。

右：ジェラール・ドパルデューが1492年にコロンブスとして上陸するシーン。彼は探検家の肖像に似た特徴を持っている

左下：コロンブスと先住民が、仲間のピンサン船長（チケイ・カリョ）を迎える場面品

右下：シガニー・ウィーバーが完璧なイザベラ女王を演じ、アルマン・アサンテが狡猾なサンチェスを演じている

ドパルデューは、まさに歴史を変える人物にふさわしい規格外のスケール感を持っていた。大柄な体格に、特徴的な骨格、それでいて繊細な顔立ちをしていて、コロンブスの肖像画に似ていなくもない。

窮したゴールドマンは、配給権を国ごとに販売して多額の予算を捻出するという、現在では映画製作の資金調達の常識となっているが、当時では革新的な方法を考え出した。この方法なら、出資するどの企業も過度なリスクに晒されることがないため、投資もしやすくなる。スコットがカンヌのカクテルバーやスイートルームを巡って、興味を示しそうな関係者に挨拶して回っていたのはそういうわけだった。今回の企画では空前のスケールでリアリティを追求し、15世紀に命を吹き込もうとしていることを彼は強くアピールした。パラマウントはすでにアメリカでの配給に1000万ドルを出資していて（それくらいの額は彼らにとって大した賭けではなかった）、フランスのゴーモン社が1100万ドルを支払ってくれたが、目標額まではまだまだ遠い道のりだった。それはちょうどコロンブスが探検の資金を調達する過程に似ていた。

悩みは他にもあった。スコットにライバルが現れたのだ。アレクサンダー・サルキンドとイリヤ・サルキンド（1978年に『スーパーマン』を担当した羽振りのいいプロデューサー親子）は、すでに自分たちのスペクタクル映画『Cristopher Columbus: The Discovery』（邦題『コロンブス』）の製作に入っていて、訴訟を起こすとスコットを脅してきた。この親子は、自分たちの脚本（書いたのは『ゴッドファーザー』の原作者マリオ・プーゾ）の映画化に際し、スコットと監督交渉を進めていたのに断られたのだと主張した。結局、法廷に持ち込まれることはなかったが、スコットは自分の映画のタイトルを変えるのが賢明と判断し、改革論者的な意味合いを込めて『1492：Conquest of Paradise』（「楽園の征服」の意）にタイトルを変更した。

世界中の映画館に"初上陸する"コロンブス映画を

106

巡っては、熾烈な競争が始まっていた。サルキンド親子から、ティモシー・ダルトン版ジェームス・ボンドの『007』シリーズの監督、ジョン・グレンがメガホンを取ることが公表されると、映画評論家たちは、もう勝敗は決まったと結論づけた。スコットの視覚的センスや映像表現に太刀打ちできる者などいないからだ。

結局、公開こそスコットに先んじたものの、サルキンド側の『コロンブス』は惨憺たる出来映えだった。マーロン・ブランドやトム・セレックといった大物俳優を起用したまではよかったが、彼らの精彩を欠いた演技に足を引っ張られたうえ、ジョルジュ・コラフェイスという無名俳優がコロンブス役を演じたこともあって（先にコロンブス役が決まっていたティモシー・ダルトンは撮影開始3日前に降板）、同作は、最悪の映画に与えられるゴールデンラズベリー賞に6部門でノミネートされ、全米興行収入はわずか700万ドルという結果に終わった。

完璧なキャスティングと至高の映像美

スコットの態度は極めて冷静だった。「あっちの映画のことは考えないことにした。ひたすら自分の作品に注力したんだ」。その言葉通り、彼は、トラブル続きだったライバル作品とは対照的に、順調に撮影を進め、はるかにおもしろい映画を作りあげた。彼が天才的な才能と強靭なスタミナを発揮したことは言うまでもないが、この映画にはもうひとつとっておきの隠し玉があり、それが確実にヨーロッパ人の心を掴んだ。スコットは主役に当時のフランスで一世を風靡していたジェラール・ドパルデューを起用したのだ。彼はコロンブスを巨体で獰猛な、カリスマ性を備えた人物として描いた。歴史上もっとも有名な人物に、無名の俳優ではなく、それなりに知名度と存在感のあるスターを選ぶのは当然と言えば当然のことだった。

フランスのシャトールーで生まれた10代の不良少年は、やがて、『1900年』（1976）、『ダントン』（1983）、『シラノ・ド・ベルジュラック』（1990）などの演技で輝かしい賞を授与される、チェーンスモーカーでワイン好きのスターに成長した（とはいえ、少年時代の狼藉ぶりは今なお健在）。ドパルデューは、まさに歴史を変える人物にふさわしい規格外のスケール感を持っていた。大柄な体格に特徴的な骨格、それでいて繊細な顔立ちをしていて、コロンブスの肖像画に似ていなくもない。英語が話せず、セリフの読み上げも我流に走ることが多かったが、ドパルデューの佇まいには紛れもなく中世的な雰囲気があった。インディペンデント紙は、この俳優が演じる「海水に濡れ、縄のようにごわついた髪をしたコロンブスの存在感が、この映画の最高の見どころでもある。栄光を掴む可能性が不確かな中で、西へ船出するという無謀な行為は、いかにもその俳優自身がやりそうなことだ」。このフランス人俳優の強い個性があったからこそ、コロンブスの、衝動的で気性が荒く、無謀な夢想家という人間性を表現することができたと言える。

撮影現場で、彼はよく笑い、原住民役のエキストラたちもつられて腹を抱えて笑っていた。映画撮影は彼を中心に回っていたのだ。

スコットと近しい者たちは、探検家と監督は精神的に似ている部分があると感じていた。「リドリー・スコットとコロンブスには共通する点がある」と、時代考証のため撮影に参加していたボッシュは言う。「彼もまた未来を想像し、存在しないものにリアリティを与えることができるんだ」

前頁：スコットはコロンブス役のドパルデューの演技に激しさを求め、彼もその意図を理解していた

右：スコットによる魅惑的な映像のひとつ。マイケル・ウィンコット演じる傲慢な貴族に心奪われる先住民たち

STORMS 107

これは、スコットがこれまで携わった映像作品の中でも、もっとも大掛かりな撮影となった。ジャンル映画で発揮した巧みな描写力が、歴史的場面をリアリティを持って描くことに活かされたのだ。1991年12月2日から始まった撮影は82日間に及び、制作スタッフの数は400人にまで膨れ上がり、使用したフィルムは100万フィート（約30万メートル）もの長さになった。スコットはスペインに2ヶ月間滞在し、セビリアのアルカサル宮殿をかつての輝きに戻した。ムーア人（中世時代地中海の島国に住んでいたイスラム教徒）の文化の香り漂うその宮殿で、観客たちは、コロンブスの計画に強い興味を示し、彼の航海を後押しするイザベラ女王役のシガニー・ウィーバーの威厳ある演技を目にすることになった。出演を決めかねていたアンジェリカ・ヒューストンに代わって女王役を獲得したウィーバーは、ドパルデュー演じる強気なコロンブスと魅惑的で軽妙なやりとりを繰り広げた。

　主役の助っ人には、アルマン・アサンテ、フランク・ランジェラ、フェルナンド・レイ、マイケル・ウィンコットら豪華キャストが顔を揃えた。

　伝説の大西洋横断（実際のコロンブスは4回行っているが、この映画では2回に凝縮された）を撮影するあたり、スコットはニーニャ号とサンタマリア号を実物大で再現することを決めた。ピンタ号については、都合よくコロンブス協会が建造していたレプリカをリースすることができた。史実によれば、この3隻はスペイン王室の支援を受け、インドへの通商路を求めて出航したが、結局その途中、予期せぬ"新世界"の存在を発見することになる（コロンブス自身は、最後まで自分はインドに到達したと信じていた）。

　2月の時点で、彼らはコスタリカでの撮影を進めていた。サン・サルバドル島やエスパニョール島（現在のハイチとドミニカ共和国）を舞台にしたシーンの撮影のため、「カリブ海のスイス」と言われるコスタリカを撮影地に選んだのだ。電気の供給や電話回線が不安定な状況にあったが、彼は本領を発揮し、しばしばクレーンの高いところに自ら座ってそこから撮影を指揮した。コスタリカ全土から集まった170人以上のエキストラや、コロンビアから来たワウナナ族たちは監督の指示に従い、先住民役を驚くほど独創的に演じた。

　スコットにとって、ルネサンスはあまりにも魅力的で、その時代の雰囲気や美学を映画に取り入れずにはいられなかった。映像は絵画の域を超えていて、畏怖を感じるほど美しく、光に彩られ、しかも、達人級の精密さで巧みに構図が決められていた。それでいて、画面の中は躍動感に溢れていた。どのショットもカメラワークが動的で、常に新しい何かを探求しようとする主人公の好奇心や冒険心を反映している。そう、カメラはずっと動いていたのだ。あるときは、クレーンや台車の上から、海上では手持ちの状態で、終始カメラが被写体を追いかけ続けた。光源が月明かりやろうそくの炎だけということも少なくなかった。BBCの昔の照明技師たちがそれを観たら、驚いてひっくり返るに違いない。

108

前頁：コロンブスの人物描写に手心を加えたという批判はあったが、スコットは15世紀を象徴する世界観を描くという決意で撮影に臨んでいた

上：スコットはニーニャ号とサンタマリア号を実物大で再現することを決断。自身の映画でもっともお金がかかった撮影になった

コロンブスの再評価
――ヒーローから悪役へ

　どんな映画にも、肯定的意見と否定的意見が存在する。『1492 コロンブス』は『ブレードランナー』と並んで、スコットの映画の中でもトップクラスに視覚的に完成されていた。しかし一方で、映像が贅沢なわりに、物語が展開する足掛かりには欠けるので、批評家からは、単なる旅行記に過ぎないとか、記念日に合わせて賛否両論ある人物の神格化を図ろうとしたとか、あら探しのような声が聞こえてきた。

　映画制作当時、コロンブスの悪人説が再燃し、コロンブスこそ植民地支配による大量虐殺を引き起こした張本人だという批判的な見方はさらに強まっていた。この脚本は、そうした歴史的解釈に異議を唱えている。スコットは、議論を映画に持ち込むのは適切ではないと考えた。現代の価値観を15世紀の出来事に適用すること自体がナンセンスなのだから。彼は、コロンブスを悪人としてではなく、理想を追求したが失敗に終わった人物として描いた。

　ボッシュがコロンブスの人生と時代を徹底的に深く掘り下げた結果、映画では扱いきれないほど多くの情報が浮き彫りになったであろうことは間違いない。スコットは単なる「発見」の物語にすることに興味があったわけではなく、「征服」という大きなテーマ――旧世界（ヨーロッパ）の勢力と新世界（アメリカ大陸）の文明との衝突――を描きたかったのだ。異邦人（エイリアン）の世界と対峙した現代人の物語という設定は、ローランド・ジョフィの監督作『ミッション』（1986）やヴェルナー・ヘルツォークによるジャングル映画（『アギーレ／神の怒り』（1972）や『フィッツカラルド』（1982）など）に通じるものがある。あるいは、コロンブスのほうがいきなり楽園に入ってきた異邦人（エイリアン）なのかもしれない。

　批評家からは厳しい声が上がった。ニューズウィーク誌の批評家は、映画を観てスコットによる強烈で、ときには過剰な視覚的要素に攻撃性すら感じたと辛辣に言い放っている。さらに、監督が自身の才能に溺れているとして、彼を「己の魔法にかかってしまった映像の魔術師」と揶揄した。

STORMS 109

左：航海訓練の合間、上陸した小島で束の間の休息を楽しむ若者たち。スコットはここで、『蠅の王』(1963)のワンシーンを思わせるショットを挿入した

また、この映画は「コロンブスが資金を集める」「新大陸に向けて出航する」「開拓したスペイン植民地が荒廃する」と大きく３つのパートに分けられるが、それぞれのパートの繋がりが悪く、観客が心地よさを感じるテンポ感に欠けたものとなった。特に最後のパートは急展開すぎて物語がまとまっていない。ただ、スコットが生み出した熱帯性暴風雨のシークエンスは説得力があり、新しい大聖堂の鐘が地面に落ちる場面は、たしかに象徴的だったが。

そのような見せ場となるシーンをひとつひとつ取り上げていくと、スコットが「映画」という表現媒体を完全にコントロールしているのがわかる。つまり、本作自体が、監督の技術や表現力の高さを誇示する場にもなっていると言える。印象的な３つのシーンを例に挙げよう。異端者が火炙りにされるシーンでは、進歩を抑制するカトリック主義の恐ろしさが戦慄するほど生々しく伝わってくる。夜の船の甲板に虫が群がるシーン（ランプに飛び込んでくる虫を見てスコットが撮影現場で思いついたショット）は、陸地が近いことを告げる最初の前兆をうまく表現している。そして、待ちに待った新世界の出現シーン。この勝利と安堵に包まれた決定的瞬間の映像は、彼の監督作が紹介されるときに必ず流れる名シーンとなった。海岸線を覆う分厚い霧がカーテンのように脇に引かれていく（実際には送風機を使用）この場面はコスタリカで撮影された。そして、ヴァンゲリスの抑えの効いた曲に乗って、コロンブスの眼前に海岸と青々とした原始の森（『レジェンド／光と闇の伝説』に登場するエデンの園のような世界）が姿を現すのだ。

新世界での興行収入700万ドルというのは、それまでのスコット映画の最低記録だった。ただ、旧世界（アメリカ以外）での評判はそこまで悪くなく、全世界での興行収入は5200万ドルになった。『デュエリスト／決闘者』を軽視していたパラマウントが「この作品を理解することができなかったのが原因だ」と、スコットはその宣伝戦略に不満を漏らした。彼はまた、たとえ上映時間が３時間になろうとも、内容重視の編集にこだわるべきだったと認めている。「一般論はさておき、上映時間が長いほうが良いこともあるんだ」と、彼は本音を漏らした。本作については、劇場版映画ではなく、ケーブルテレビのHBOがミニシリーズとしてテレビで４時間バージョンを放映するという話も出ている。もしそうなったら、一見の価値はあるだろう。思えば、映画の冒頭でコロンブスは、水平線の向こうに消えていく船を指さしながら、幼い息子にこう促していた。「もう一度見てごらん」と。

消えたスコット版『アウトブレイク』と次作となった『白い嵐』

『1492 コロンブス』の次に制作するはずだったのはエボラ出血熱に関する物語だった。スコットは、リチャード・プレストンが1992年に発表したニューヨーカー誌の記事「ホットゾーンの危機」を興味深く読んでいた。この記事は「ホット・ゾーン　エボラ・ウイルス制圧に命を懸けた人々」（原題：The Hot Zone: A Terrifying True Story）というタイトルで書籍化されている。そこにはエボラ出血熱というウイルスが発見されたときのことが詳しく書かれていた。当時、エボラ出血熱と呼ばれた感染症（現在の名称は「エボラウイルス病」）は、感染すると体内の臓器が溶け

上：嵐の前の静けさの中にいるジェフ・ブリッジス演じる船長のシェルドン

通項を持つ作品になることは予想がついた。スコットは、実在の細菌研究者ナンシー・ジャックス博士役にジョディ・フォスターを抜擢した。しかし、同僚の科学者役に起用したロバート・レッドフォードが、自分の出番を増やすために自ら脚本家を連れてきたため、大規模ハリウッド映画になるはずだった同企画は話がこじれて制御不能になっていく。結果、フォスターはこの状況を受けて降板した。

そんなとき、『1492 コロンブス』に対抗馬が出現したように、ワーナー・ブラザースは、ダスティン・ホフマン主演で、アメリカ内陸部でのエボラ出血熱の流行をテーマにしたフィクション映画『アウトブレイク』(1995) の制作を発表した。フォスターに続いてレッドフォードも降板したのを機に、フォックスはこの企画の休止を決定した。

急遽、次の作品を探すことになったスコットの目に留まったのは、2本の脚本だった。『狼たちの街』(1996) は40年代のL.A.を舞台にしたノワールで、ギャング対策班をめぐる物語(『ブレードランナー』を原点回帰させたような作品)。最終的に、1996年にニュージーランド人の映画監督リー・タマホリがこの脚本で映画化に挑んだが、結果は知っての通りだ。それを横目にスコットは、トッド・ロビンソンが初めて長編フィクション映画用に書き上げた『白い嵐(原題 White Squall)』という脚本を選んだ。これは、伝説の"白い嵐"──特異な気象下でのみ発生し、遭遇したらなす術もないと言われる黒雲を伴わない真っ白な大嵐──に遭遇した、ある船の実話を基にしている。本作は、暴風や想像を絶するほどの高波に見舞われる美しいブリガンティン*、アルバトロス号に乗っていた若さ溢れる美しい航海訓練生たちの成長譚だ。＊2本のマストと横帆を持つ帆船。

ロビンソンは、ハワイでこの実話を当事者チャック・ギーグ本人と出会う機会を得、彼本人から体験談を聞いていた。1961年、ギーグ(スコット・ウルフを配役)は裕福な家に生まれながら深い悩みを抱えた10代の若者12人とともにアル

壊死し、症状が進行すると大量の出血を伴い死に至ると考えられていた*。もしスコットがこのウイルスを題材にした映画を手がけていたら、いったいどんな映像になっていただろう。＊現在ではさほどの出血事例は確認されておらず、そのため病名も変更された。

また、この後に続く数ある企画を実現させるべく、彼は弟トニーと20世紀フォックスを相手に複数作品の共同制作契約を結び、着実なステップを踏んでいった。実際、エボラウイルス病の企画が、この契約下でリドリーが着手する最初のプロジェクトとなるはずだった。本格的な科学的要素、手に汗握る緊張感、ビジュアル化が困難な対象への視覚的挑戦(憎むべきウイルスをどう描くか)、そして、勇敢な女性主人公。『エイリアン』と共

STORMS 111

ブリッジスの演技もこの映画の魅力のひとつだ。
この映画が感傷的になりすぎないのは
彼の存在が大きい。ギリシャの英雄のような
浅黒く整った顔立ちで、若い訓練生たちの
父親的存在である一方で、すぐカッとなる
頑固な一面もある人物をうまく演じている。

白い嵐に襲われるシーンは、
マルタ島の水槽の中で4日
をかけて撮影された

バトロス号で出航した。クリストファー・シェルドン船長（ジェフ・ブリッジス）の指導を受ける訓練生たちが、やっと特権意識という殻から破ろうとしていた矢先、悪名高い白い嵐に見舞われる。船は転覆し、4人の学生とシェルドンの妻（キャロライン・グドール）を含む2人の乗組員が命を落とした。生き残った訓練生たちの必死の弁護にもかかわらず、シェルドンは過失の罪で裁判にかけられ、免許を返納することになる。ちなみに、ギーグが自身の苦難の体験を共同執筆した書籍「白い嵐　アルバトロス号最後の航海」が、ロビンソンの脚本のもとになっている。

　リドリー・スコットはこの海難事故を、青年たちの成長過程にもたらされた「究極の経験」と捉えた。本作もまた、スコット作品によくあるように、複数のジャンルを横断する複雑な内容だ。大嵐との遭遇は文字どおり命にかかわる出来事だが、比喩的にも解釈できる。つまり、この船出は、少年たちが大人の男という新世界に乗り出す波乱に満ちた航海とも言えるのだ。

　一方で、（嵐になる前の）輝かしく悠然とした海上の景色は、彼らがサウスカロライナからキューバに向けて航行する中で（途中、カストロ政権の砲艦とのトラブルに巻き込まれながらも）、視覚的に美しく表現される必要があった。撮影陣一同を乗せた船と高さ132フィート（約40メートル）の帆船アイ・オブ・ザ・ウィンド号は、英連邦王国の島国セントルシアやセントビンセント及びグレナディーン諸島沖のカリブ海を、陽光を浴びながらゆったりと進んでいった。船が終始揺れるので、スコットはやむをえず手持ちカメラで自然な動きのままに撮影することにした。画面が波に合わせて自然に上下するこのドキュメンタリー映画のような撮影手法は、のちに、危機に瀕したアメリカの若者たちの葛藤を別のかたちで描いた映画『ブラックホーク・ダウン』の戦場のシーンでも使われ、映像にリアリティを与えている。

　シェルドン船長はスコットの作品によく登場するタイプだ。自然をよく知る謎めいた男で、コロンブスのように風を嗅ぎ分けるが、現代人ならではの複雑さも持ち合わせている。ブリッジスの演技もこの映画の魅力のひとつだ。この映画が感傷的になりすぎないのは彼の存在によるところが大きい。ギリシャの英雄のような浅黒く整った顔立ちで、若い訓練生たちの父親的存在である一方、すぐカッとなり頑固な一面もある人物をうまく演じている。「ジェフはアメリカで最高の俳優のひとりだと思う」と、スコットは言う。

　スコットは、この映画の撮影時を振り返るとき、『テルマ＆ルイーズ』と同様の満足感を覚えるという。たとえ、観客受けがよくなかったとしてもだ（興行収入は全世界で4000万ドルにとどまった）。「『白い嵐』の撮影は最初から最後まで素晴らしいのひと言だったよ。本当に」スコットは懐かしそうにそう話す。「まるで休暇を過ごしているみたいだった」。実際、そのときの彼は「リドリー・スコット」であることを休ん

これはいわゆる男性と同等の機会を得るために奮闘する女性の物語で、女性の平等を訴えるという狙いは悪くないが、そのフェミニズム的メッセージが全編に彫り込まれたタトゥーのごとく、あからさまに表現されていた。

前頁：景色を楽しむチャック（スコット・ウルフ）、シェルドン（ジェフ・ブリッジス）、アリス（キャロライン・グドール）。『テルマ＆ルイーズ』と同様、『白い嵐』の撮影はスコットにとって素晴らしい経験となった

左：このポスターで主演女優の丸刈り姿は一躍注目を浴びた

でいるかのようだった（『プロヴァンスの贈り物』の撮影時もそうだったが）。

『白い嵐』は、それまでのスコット作品とは異なり、監督自身が己の評判などを気にせずもっとも無防備に制作に臨み、純粋に観客を楽しませることに終始した作品だ。学生たちがシェルドンに駆け寄る法廷シーンで涙を誘う演出をしたのが、『エイリアン』と同じ監督だとはとても思えない。案の定、批評家たちはこの映画を「ロビン・ウィリアムス主演の『いまを生きる』（1989）の海洋学校編」と揶揄した。大団円の結末のせいで、沈没の痛ましさが消えてしまったのは間違いない。だが、この作品では、時代のコントラストが鮮やかに描かれている。出航時の明るく無邪気な若者たちの姿は「60年代の喜びに満ちたアメリカ」の象徴であり、過酷な経験をして帰港した彼らの変わり果てた表情は「10年以上ベトナム戦争が暗く重苦しい影を落とすことになる社会」と重なって見える。

スコットは、またしても恐るべき嵐のシーンを作り出した。彼は外洋での撮影を希望していたが、残念ながら、いろいろな条件を考慮すると、船を安全に横転させるのはリスクが大きすぎることがわかった。そこで彼は、マルタ共和国のカルカラにある地中海スタジオ（1980年に『ポパイ』が撮影された場所）の水上セットでそのシーンを撮影することにした。巨大タンク、水門、スプリンクラー、ウェーブマシン、ミニチュア模型類、可動式の金属製プラットフォームに固定されたアルバトロス号の上甲板の実物大レプリカ、そして600万ガロン（約2700万リットル）の水という"フルオーケストラ"体制で、スコットは4週間かけて獰猛な荒波のシーンを演出した。ちなみに、用意していた送風機では運命を覆すほどの大嵐をつくるには風力が足りないということで、代わりにジェットエンジンが運び込まれたそうだ。

究極的な女性の苦悩に挑む──『G.I. ジェーン』

海上で困難な状況に置かれる男の物語が2作続いたあと、スコットはまた女性の苦闘を主軸にした映画に戻ることにした。彼の場合、強いヒロインの作品が成功を収める確率が高い。次なる作品の主人公も、例によってそれなりに水浸しを経験するはめになる。とはいえ、スコットに言わせると、『G.I. ジェーン』は再びヒット狙いに舵を切った作品に入るのだろう。しかも、この映画は『ブラック・レイン』と同様、どちらかと言えば弟のトニー作品に近い内容だった。

左：非情な手段でジェーン（デミ・ムーア）を限界まで追い詰めるヴィゴ・モーテンセン演じるウルガイル曹長。いささか荒っぽすぎるやり方で観客をひやひやさせた話題のシーン

上：スコットは軍事的場面に正確さを求めたが、米軍は物議を醸すような題材を敬遠し、協力を拒んだ

次頁右上：ムーアは、容姿やセクシーさが売りの女性キャラ以外も演じられることを証明する役を探していた。スコットにこの映画の話を持ち込んだのはこの人気女優のほうだった

116

　ダニエル・アレクサンドラの脚本は、いわゆる入隊ものの王道ストーリーを踏襲しつつも、設定が振り切っている。米海軍特殊部隊（SEALs）、つまり軍事侵攻の先陣を切るエリート部隊に入るための過酷な訓練制度の話で、ちょうどトニー・スコットの『トップガン』とスタンリー・キューブリックの『フルメタル・ジャケット』（1987）の中間に位置する作品と言えよう。ひねりが効いているのは、『G.I. ジェーン』が男性優位の環境で過酷な試練に挑む初の女性隊員を描いていることだ。これはいわゆる男性と同等の機会を得るために奮闘する女性の物語で、女性の平等を訴えるという狙いは悪くないが、そのフェミニズム的メッセージが全身に彫り込まれたタトゥーのごとく、全編を通してあからさまに表現されていた。

　アレクサンドラがこの物語を思いついたのは、本人が20世紀フォックスの重役の立場にいたときだった。ペンタゴン（米国国防省）やワシントンD.C.の上層部の人間と顔見知りになり、90年代半ばには女性の戦闘参加が非常に注目を集めるトピックになっていることを知る。ちなみに、本作の主人公、屈強なジョーダン・オニール中尉は最初からデミ・ムーアを頭に浮かべて書いたらしい。

　ニューメキシコ生まれのムーアは、80年代のハリウッド青春映画で活躍していた人気若手俳優集団「ブラット・パック」の中でも特に挑発的な存在だった。『ゴースト』（1990）や『幸福の条件』（1993）などのヒット作で人気を集めていた彼女に、ハリウッドは似たような作品やヒット作の続編への出演を求めがちだった。かたや、ムーアは、興行収入が期待される女優という自分の立場を利用しつつも、型にはまったイメージの脱却を目指したい一心で、新たな企画を模索していた。『G.I. ジェーン』への出演で、彼女は、恋人役と魔性の女役を行ったり来たりという現状から抜け出せる道を切り開いた。『エイリアン3』でウィーバー演じるリプリーが髪を刈り上げたように、ムーアは自分の覚悟を示すため（もちろん、演じるキャラクターに合わせてのことだが）、当時女優にとっては大きな価値があると考えられていた長い髪を自ら刈り上げる。その丸刈り姿はポスターにもなった。この物語の核となる刈り上げのシーンは、スコットが3台の異なるカメラで撮影。本作がロンドンでプレミア上映されたとき、観客席の女性たちは息をのんだ。よくも彼女にこんなことができたものだ、と。それは、ムーアが演じるキャラクターが女性らしさを封印した瞬間であり（同時に彼女自身が従来のイメージを払拭した瞬間でもある）、この作品が意図的に観客の固定観念に揺さぶりをかけた瞬間でもあった。そして、オニールが後戻りできなくなった瞬間でもある。

　この映画をスコットに持ち込んだのはムーアだった。当時、彼は映画業界での自分の地位を確実なものにするために多忙な日々を送っていた。トニーとともに、映画制作者としてのパワーバランスを自分たちに有利なものに変えようと決意した彼は、ロンドン近郊のシェパートン・スタジオを1950万ドルで購入し映画制作の共同事業体を率いて活動していたのだ。「自分は20年来、あのスタジオの一番の常連客だったんだ」と、スコットは笑った。『エイリアン』もそこで撮影されている。

　予算については、ハリウッド・ピクチャーズ*と協議の結果、豪勢にも5000万ドルで話がまとまった。スコットはこの映画の舞台となる「軍隊のサブカルチャー」を描くことに惹かれた。そして、『テルマ＆ルイーズ』と同じく挑戦的な作品を制作できるチャン

ムーアは役作りに没頭し、可能な限りの訓練を受けた

スとも捉えていた。フィクションではあるが、現実に起きている類似の出来事がこの企画のスパイスになっている。その頃——湾岸戦争終戦から半年が過ぎた1991年9月——、艦載機の女性パイロットが男性パイロットのセクハラを告発、俗にいうテールフック事件が世間をにぎわせていた。また、撮影に入る少し前、別のスキャンダルも起きた。男子のみ入学が許可されたサウスカロライナのシタデル大学（軍事学校）に女性訓練生が入学を志願し、性別を理由に拒否されたことで訴訟に発展したのだ。裁判の結果、その女性は士官候補生ではなく、一般学生としての入学を求められるも1週間で退学。96年、シタデル大学は共学にすると発表した。この一件は、教育機関における性差別の問題例として、全米で大きな議論を呼んだ。＊ディズニーの一部門でより大人向けの作品を扱う。

デヴィッド・トゥーヒーがアクションを盛り上げるために書き直した脚本を校閲した軍当局は、海軍施設への立ち入りを許可するにあたって多くの変更を要求してきた。そこには、「脚本から罵り言葉を削除する」という指摘も含まれていた。主人公オニールが自制心の薄氷を破って、直属の司令官で悩みの種でもあったジョン・ジェームズ・ウルゲイル曹長（『インディアン・ランナー』(1991)のヴィゴ・モーテンセン）に「Suck my dick！」(「俺のペニスを舐めな！」転じて「くたばれ！」など相手を罵倒する言葉)と怒鳴りつけるあの重要なシーンにも、当然待ったがかかった。ムーアは友人のクリントン大統領に直談判しようとしたが、効果はなかった。スコットは自分たちが"痛いところ"

を突いているという意味では満足していた。その一方で海軍とDOD（国防総省）がこの映画の実現を望んでいないことも感じ取っていた。

だが、彼は妥協するつもりはなかった。ロケハンチームは、フロリダ北部にあるキャンプ・ブランディングという軍事施設に目をつけた。膨大な敷地を持つそこには、普段使用されていない、撮影にうってつけの区域があったのだ。彼らは、その敷地の一画をNavy SEALs（アメリカ海軍特殊部隊）の訓練キャンプに改造し、スクリーン映えを狙って訓練用の標準装備を増強した。スコットは、SEALsの訓練方法の多くはあまりスクリーン映えがしないということを知って失望していた。映画では実際の訓練と架空のものが混在していることを監督本人が認めている。

ブランディング・キャンプからセント・ジョンズ川を挟んだ向こう側に北大西洋に面する本物のメイポート海軍基地があったので、あえて近くで撮影し、実在の空母を画面の背景にさりげなく入れたりもした。

スコットは、茶色や海藻の緑色で視覚的な「交響曲」を作り出そうとし、砂の色まで変えさせるほど細部までこだわりぬいた。そして、ムーアは歯を食いしばって身体を張った。本作はオニールが男性組織の中の異邦人的存在から海軍十字章を授与されるヒーローになるという、いわゆるサクセスストーリーの定石に則った作品である。スコットの「SEALsの実際の任務がどんなものかを見せたい」という言葉を受け、撮影を6週間中断して脚本の最後の3分の1を書き直し、オニールがリビアの敵地でウルゲイルを救出するという、出来過ぎの場面をわざわざ付け足している。

ムーアは全身全霊でこの役に打ち込んだ。髪を剃るだけでなく、2週間の新兵訓練を（主な男性キャスト陣と一緒に）経験し、7キロ近く筋肉を増量し、体力の限界に迫るまで、あらゆるスタントに身を投じた。首まで泥に浸かるのはもちろん、スコット映画でお約束の土砂降りの雨に打たれるぐらいはあたりまえで、トニー・スコット作品ではおなじみの「片手腕立て伏せ」という見せ場もこなしてみせた。

「『エイリアン』や『ブレードランナー』、『白い嵐』などをみると、スコットが心を揺さぶる奮闘劇を好む傾向にあることがわかる。そして、その嗜好は、反逆的フェミニズムを描いた『テルマ＆ルイーズ』よりも、この映画のほうによく表れている」とニューヨーク・タイムズ紙は評した。たしかに本作は、『テルマ＆ルイーズ』の中心テーマを逆の視点から描いている。つまり、本作の主役は女性でありながら男性社会の中に自ら身を置いているのだ。その姿に『エイリアン』の主人公リプリーの苦闘ぶりが重なる。これは不屈の精

118

神を描いた物語だった。

　話は逸れるが、スコットは『G.I. ジェーン』の撮影中、氷の上で滑って膝を負傷し、矯正手術が必要になった。それ以来、彼の膝と股関節の具合は完全に良くなってはいないそうだ。

　スコット映画での持ち味である壮大なテーマ性は、この作品でも健在だ。映画中盤でオニールは陰謀を企む上院議員の駒に過ぎなかったことが明かされる。本当の悪党は「組織体制」という筋書きだ。彼女の味方を装うリリアン・デヘイヴン上院議員役のアン・バンクロフトはとげとげしい口調で政治体制の現実を滔々と語る。オニールは、デヘイヴン議員に裏切られ、ハシゴを外されてしまったことを知るが、それでも執念で訓練の場に踏みとどまる。

　『G.I. ジェーン』は興行的には失敗と言える。全世界で 8,000 万ドルはなかなかの興行収入だが、またしても、スコットが期待したほどのヒットにはならなかった。男勝りなムーアの演技に対しても、ネガティブな意見が多かった事実はスコットも認めている。何よりも、この映画が観客にとって、笑いもなく過酷なだけの軍事訓練映画になってしまったことが問題だった。

待望のヒット作へ──

　この結果にますます困惑したスコットは、次こそは大ヒットを、と、リチャード・マシソンによるゾンビものの長編小説「アイ・アム・レジェンド」(旧邦題は「地球最後の男」)の映画化を、主演にアーノルド・シュワルツェネッガーを迎える構想で1年間模索を続けた。スコットによると、ワーナー・ブラザースは「ただ提案を持ちかけただけ」だったようだ。空気感染するウイルスの物語は、かつて彼が興味を覚えた記事「ホットゾーンの危機」に通じるおもしろさがあった。今回は、疫病が人間の細胞を吸血鬼の細胞に変えてしまう話だった。舞台のロサンゼルスは『ブレードランナー』とは正反対の方向、つまり孤独に向かって突き進むディストピアとして描かれていた。スコットはその物語を『ロビンソン・クルーソー漂流記』(1927) に見立てた。しかし、巨額すぎる制作費を投じたケヴィン・レイノルズ監督作『ウォーターワールド』(1995) が不発に終わったワーナーは、膨れ上がる予算(1億ドル規模)に怖気づき、映画化に待ったをかけた。その代わりに、スコットが目をつけたのが歴史ものだった。そして、その映画はスコット待望の超ヒット作となる。

本作は『テルマ&ルイーズ』の中心テーマを
逆の視点から描いている。つまり、本作で主役となる
女性は男性社会の中に自ら身を置いているのだ。

ムーアは、片手で腕立て伏せができるほど筋肉を増量。『ロッキー』のシルベスター・スタローンでおなじみのシーン

VENI, VIDI, RIDLEY*

ウェーニー・ウィーディー・リドリー

＊「Veni, Vidi, Vici（来た、見た、勝った）」という、紀元前47年、ガイウス・ユリウス・
カエサルがゼラの戦いの勝利をローマ本国に手紙で伝えた言葉のもじり

ラッセル・クロウは、主要な戦闘シーンのアクションについて、打ち合わせの段階から積極的に参加し、ダンスの振り付けのような立ちまわりを習得した

次頁上：本作に強い影響を与えたジャン=レオン・ジェロームの絵『Pollice Verso』

GLADIATOR (2000)
『グラディエーター』

「かつてローマという夢があった」
——マルクス・アウレリウスがマキシマスに語った言葉

脚本家デヴィッド・フランゾーニの挑戦

　マルタのカルカラにある巨大な撮影用プールで『白い嵐』を撮影していたある日、リドリー・スコットは気晴らしに昼休みを使って散歩に出かけた。彼はスタジオの門をくぐり、近くの岬に建つ荒れ果てたリカゾーリ砦まで歩いた。そこは、17世紀に聖ヨハネ騎士団によって建てられた要塞だった。1798年から1800年かけてのマルタ包囲戦後、英国の手に渡り、ナポレオン戦争中の1807年にフロバーグの反乱が起きた場所である。この地に吹く風が運んでくる砂塵によって石灰岩の柔らかな壁が削られていく——そんな砦の美しい光景に、彼は心を動かされた。古代ローマの叙事詩の完璧な舞台がそこにあった。もちろん、その絶滅して久しい"種"を復活させてくれるもの好きがいればの話だが。

　それから間もなくのことだった。実際に起きた奴隷船での反乱を基にしたスティーヴン・スピルバーグの歴史映画『アミスタッド』(1997)に携わり、ドリームワークスと3本の映画制作契約も結んで、脚本家として乗りに乗っていたデヴィッド・フランゾーニが、その死んだも同然のジャンルの映画をスクリーンに蘇らせる提案をしてきたのは。彼は当時ドリームワークスの幹部だったウォルター・F・パークスとローリー・マクドナルドに、古代ローマが舞台の映画を作らないかと持ち掛けた。コロセウムを埋め尽くす大群衆の目の前で死闘を繰り広げる剣闘士に焦点を絞った彼の脚本は、『クォ・ヴァディス』(1951)や『スパルタカス』(1960)といった歴史巨編の王道をいくストーリーに仕上がっていた。ハリウッドが持つ力を最大限発揮できると、フランゾーニが自ら太鼓判を押した一大叙事詩——『グラディエーター』。その脚本の第1稿は1998年4月4日に提出された。

　フランゾーニは、作家ダニエル・P・マニックスのセンセーショナルなローマ競技史『Those About to Die』はもちろん、伝記集『ローマ皇帝群像（Historia Augusta）』（117～284年の歴代皇帝の複雑な人生を網羅。歴史家の間では、多くの創作が盛り込まれているため信憑性が疑問視されている）を真剣に読み込んでいた。それで、ローマ皇帝コンモドゥス(161-192)が、ローマの規律や伝統を乱した人物であり、コロセウムに集まる群衆の眼前で戦った唯一の皇帝だったという記述を見つけた。フランゾーニはまた、このコンモドゥスがナルキッソスという名の剣闘士に絞殺されたという逸話にも興味をひかれた。その逸話が彼の脚本の基になっている。この作品は史実の香りを漂わせたフィクションなのだ。

　草稿にさまざまな手が加わった結果、ナルキッソスはマキシマスという人物に変更される。マキシマスは、コンモドゥスに切り捨てられ、妻子の命を奪われ、自身も死の淵に追いやられた後、剣闘士奴隷に身を落とすローマの優れた軍団長という設定だ。復讐への執念に駆られたマキシマスは、剣闘を繰り返しながらコロセウムに辿り着き、そこで自分の正体を明かすことになる。剣奴の身分のまま、彼はローマの民を味方につけ、無慈悲なコンモドゥスを亡き者にし、忠誠を誓った先代皇帝の願いを叶えるべく死闘を重ねていくというストーリーだ。

　パークスとマクドナルドは、映画化するためには映像の作り込みが求められることに気づき、思い切ってスコットを打ち合わせに招いた。ダン・オバノンはスコットにH・R・ギーガーによる絵画「ネクロノームIV」を贈り、それが『エイリアン』全体の映像美に影響を与えたが、ウォルター・F・パークスはスコットにフランス人画家ジャン=レオン・ジェロームの「Pollice Verso」(1872)の複製画を手渡した。

　ジェロームは歴史と神話を新古典主義的に表現する画家として知られる。「Pollice Verso」（ラテン語で「指し降ろされた親指」という意味。闘技場で皇帝や観客が敗者の生死を決める際の「殺せ」というジェスチャー）には、映画『サムソンとデリラ』(1949)でサムソンを演じたヴィクター・マチュアさながらの

VENI, VIDI, RIDLEY　123

樽のような分厚い胸板をした黄金の兜をかぶる勝利の剣闘士の姿が色鮮やかに描かれていた。勝利した剣闘士は打ち負かした敵の喉元を片足で踏みつけ、その顔はウェスタの巫女*たちのほうへ向けられている。そして、彼女たちは、剣闘士の足元に横たわる男の死を急かしている。絵画からも見て取れる「死と名誉」という概念が、映画のストーリーを盛り上げる重要な要素となった。「Pollice Verso」の画には、アリーナの砂の上からそれを囲う壁に向かい、扇状に光の線が並んでいる。スコットが演出として取り入れそうな描写だ。＊古代ローマにおいて火の女神ウェスタに仕えるとされる巫女。地位も高く公の場では特別席が与えられ、政治や裁判に関与する権利もあったとされる。

「バークスに絵を見せられた瞬間、これはやられたと思ったよ」と、スコットは言った。その絵を目にした瞬間から、スコットの想像力は新たな方向に回りだしたのだ。

正直なところ、スコットはヒット作に飢えていた。『エイリアン』や『ブレードランナー』がカルト的な人気を維持していたせいか、彼は他の監督に比べれば興行収入の良し悪しには耐性があった。だが、そんな中でも『テルマ＆ルイーズ』の予想外のヒットの余韻はすでに過去のものになりつつあり、その後に公開した3本の映画も不発が続いていたのだ。この手の打撃から立ち直れない監督も中にはいる。さらに、彼は、自分が初期の作品のようなエキゾチックな世界観から逸脱してしまっているという現状に気づいていた。

興行収入はさほど振るわない状況が続いていたが、彼のビジネス帝国は依然として拡大を続けていた。スコットはRSAとは別に、音楽映像専門のBlack Dog Filmsを立ち上げていた。『グラディエーター』の制作に果敢に挑戦した当時若手の撮影監督ジョン・マシソンは、ロック・ビデオやCMで経験を積み、リドリーの長男であるジェイク・スコットの初監督作品『プランケット＆マクレーン』（1999）にも参加していた。

映像的にもストーリー的にも『グラディエーター』は願ってもないチャンスだった。しかし、大きなリスクもはらんでいた。古代を舞台にした歴史劇というジャンルは博物館に展示される異物も同然で、それまでのスコットにとって唯一の歴史大作だった『1492 コロンブス』

上左：皇帝マルクス・アウレリウスを演じたリチャード・ハリス。彼の味のある演技がこの伝説の人物に重厚感をもたらした

上中：戦闘前に自分の軍隊を見渡すラッセル・クロウ演じるマキシマス将軍。撮影は極寒のサリー州ボーンウッドで行われた

次頁右上：スコットと、撮影中に亡くなったオリバー・リード。彼はグラディエーター（剣闘士）の興行主であるプロキシモとして熱演を見せた

はあまり集客に結びつかなかったのだ。4作連続の失敗は致命傷になりかねなかった。

旧態依然としたハリウッドのコラムニストたちは懐疑的だったが、「私の人生はリスクの上に成り立っているし、そういう生き方が好きなんだ」と、彼は答えた。映画スタジオにとって40年ぶりとなるローマを舞台にした歴史大作映画に着手した彼の頭の中には、地中海のマルタ島で見た砂に擦られた石灰岩の壁の風景が浮かんでいた。

ラッセル・クロウとの衝突と邂逅

制作に取りかかったはいいが、作業はひと筋縄ではいかなかった。3週間が過ぎた頃、豊富な映像を注意深く確認しているうちに、スコットはふたつのことに気がつく。ひとつは、自身がどういうタイプの監督であるのかということ。彼はようやく自分自身を認識したのだ。「私にはたしかに芸術的センスがあると再発見した」。まるで霧が流れて楽園が姿を現すようにその啓示を受けたと彼は明言している。そして、もうひとつの気づきは「世界を創造する過程が心底好きだ」ということだった。

さらに、強い存在感を持つ俳優を主役に置くタイプだということも自覚したらしい。

最初は、メル・ギブソンにオファーしたが、彼は自身の年齢（当時43歳）には難しそうな激しいアクションシーンの多さに躊躇し、さらに、代表作となった『ブレイブハート』（1995）と似た映画に出てイメージが固定されるのを嫌って断りを入れたという。そこでスコットは、やはりオーストラリア人（実際はニュージーランド生まれ）のある人物に脚本を送った。1950年代を舞台にした傑作サスペンス映画『L.A. コンフィデンシャル』（1997）で、粗暴で時に残忍だが正義感のある警官バド・ホワイトを演じて強烈なインパクトを残した俳優だ。その名はラッセル・クロウ。彼はやがて、自分の映画人生においてもっとも大切な絆をこの監督と築くことになる。

クロウは才能には恵まれているが、気難しい人物としても知られている。ロバート・ミッチャムやチャールトン・ヘストン、ロバート・テイラーといった40年代の名優を彷彿させる筋骨隆々とした男らしい体格をした彼を、ガーディアン紙は、ハンサムだが人生の苦労が刻まれたような顔立ちで、「砂利を噛んだようなハスキーボイス」だとして、リチャード・バートンになぞらえた。『グラディエーター』でのクロウのセリフ回しは、『マッドマックス』（1979）でのギブソンの抑制が効いた演技を思わせるところがある。しかもクロウは、マキシマス役に合わせて、標準的なイギリス英語の発音をやすりで擦るように荒々しくし、なおかつ確固たる自信を感じさせるものへと変えたのだ。彼の声には"怒り"が含まれており、それが人を惹きつける魅力となっている。さらに、直感的で生き生きとした演技は、「野性的」と呼んでもよいかもしれない。とにかく、彼には強烈なカリスマ性があった。

クロウは演劇学校に通うお金がなく、「演劇を学ぶ

VENI, VIDI, RIDLEY　125

経験が一切なかったという。つまり、経験を重ねて自分の道を切り開いてきたのだ。シドニーでの少年時代、彼の両親はオーストラリアのテレビシリーズ『Spyforce』(1971-1972)の撮影現場で食事を提供するケータリングの仕事をしていた。10代の頃、クロウはミュージシャンを目指し、「Russ Le Roq（ラス・ル・ロック）」の名でオーストラリアの各地をまわって演奏活動をしていた。90年代に入ると、俳優を目指すようになり、舞台芝居や昼間に放送されるオーストラリアのテレビドラマ『ネイバーズ』(1985-2006、2006-現在)、『Living with the Law』(1988)といった作品のレギュラーをこなした。オーストラリア映画『ハーケンクロイツ／ネオナチの刻印』(1992)でスキンヘッドのナチスを好演したのがきっかけでハリウッドに進出し、王道の西部劇映画『クイック＆デッド』(1995)やサイバーサスペンス映画『バーチュオシティ』(1995)などに出演した。

正式な演技指導を受けた経験がないクロウは、台本に固執し、周到な準備や下調べにのめり込むタイプである。スコットと同様、好奇心旺盛で要求も厳しい。コスチューム、ヘア、メイクなど、見た目の部分にもこだわった。『L.A.コンフィデンシャル』では、原作のバド・ホワイトに比べ自分の背が低いことを気にして、わざわざ狭いアパートに引っ越している。室内で壁にぶつかりながら生活し、長身の人物の身体的な制約を擬似体験することで演じるキャラクターの本質を深く理解しようとしたのだ。

クロウが本作の主人公マキシマスのフィジカルに、どれほど魅了されていたかは想像に難くない。曲線を描いて熱風を切り裂く剣さばきや、自らがアイデアを出した戦闘シーンでの緻密に調整された舞のような動きには、彼の並々ならぬ熱意が表れている。

ニューヨークのアクターズ・スタジオで行われた生放送のQ&Aで、監督に求める理想を尋ねられたクロウの答えは明快だった。「監督に求めるのは、誠実さと率直さ。それに尽きる。くだらない駆け引きなんてしないでほしい。私は監督から指示されたことをやるだけだ。ただ、こちらから監督にアイデアを提案できる状況はたいへんありがたい」

クロウは、電話をかけてきたパークスから単刀直入にこう言われたそうだ。「1億ドル規模の大作映画だ。しかも、監督はリドリー・スコット。君に帝政ローマの将軍を演じてもらいたい」

ただ、脚本が届いたとき、クロウは、マイケル・マンが監督を務める重厚な内部告発ドラマ『インサイダー』(1999)

上："古代歴史スペクタクル"という映画ジャンルの復活に取り組むリドリー・スコット

次頁：奴隷に身をやつしたマキシマス（クロウ）を買い付けるプロキシモ（リード）。モロッコでの撮影の1コマ

126

> 「監督に求めるのは、誠実さと率直さ。それに尽きる。
> くだらない駆け引きなんてしないでほしい。
> 私は監督から指示されたことをやるだけだ。ただ、こちらから
> 監督にアイデアを提案できる状況はたいへんありがたい」
> ——ラッセル・クロウ

の役柄に完全に没頭している最中だった。中年太りの男を演じるための無理な増量と難しい役柄に疲労困憊していた彼は、『グラディエーター』のオファーを断ろうとした。しかし、優れた映画監督であるマイケル・マンがとりなし、状況が変わる。「リドリー・スコットはこの業界でもトップクラスの映像表現者(ビジュアリスト)だ。その仕事を受けなさい」と助言したのだ。

とはいえ、クロウは、脚本を読んでなおさら不安を募らせたそうだ。脚本が練り込まれていないと感じた彼は、キャラクターに深みをもたせ、ストーリーを明確にすることに積極的に取り組むようになった。

脚本の改訂プロセスはカオスと化す。スコットが撮影前に済ませておきたかった脚本についての話し合いは、シーンとシーンの合間に現場のトレーラーハウスの中で行われた。クロウは最初の32ページ、つまり、冒頭の戦いとそれに続く皇帝の座をめぐる駆け引きの場面までしか納得できないとして、残りを認めていなかったという。フランゾーニはもちろん、アメリカ人脚本家のジョン・ローガンや、撮影現場ではイギリス人脚本家ウィリアム・ニコルソンまでセリフ直しに付き合わされた。プロデューサーたちも口を挟んできた。もちろん、自分が描いた構想に向けて事を進めるべく、スコットが舵取りをした。

たしかに、脚本の大きな変更はクロウの不満が発端だったわけだが、彼は彼で、己の役を繊細に作り込んだ。キャスティングされるとすぐに、クロウはマルクス・アウレリウスに関わる本を読み漁る。「彼は、脚本の修正を検討する際、多くのものをもたらしてくれた」と、スコットも評価している。また、クロウはマキシマスという人物に人間味を持たせようと腐心していた。マキシマスが戦闘前に必ず口にする「力と名誉を」というフレーズも、戦闘の前に手で土を掴むルーティンもクロウの発案だ。「私の名前はマキシマス・デシムス・メリディウスだ」と、誇らしく本名を名乗る名場面も、その役を演じた俳優自身の想像力の泉から湧いてきたものだった。同場面に至るまで、彼のキャ

ラクターはただのマキシマスだったが、そこでフルネームを明かしたのには理由がある。クロウは、『マッド・マックス』(1979)をもじった「マッド・マキシマス(怒りのマキシマス)」という見出しの記事があちこちで流れる事態を予見しており、そんなふうにマキシマスがおもしろおかしい言葉遊びの対象にならないように、威厳のある名前を付けたのだ。

壮大なスケールの物語にしては登場人物が比較的少

ないが、俳優同士の力のこもった個性的な演技のぶつかり合いのおかげで遜色のない出来栄えになっている（これはスコットが登場人物を軽視しているという主張に対するもうひとつの反論になる）。いぶし銀の演技が魅力の老俳優リチャード・ハリスは、その深いしわが刻まれた顔で、マキシマスの指導者であるマルクス・アウレリウス皇帝に威厳をもたらし、多言語を操るデンマーク人女優コニー・ニールセン（1997年の『ディアボロス／悪魔の扉』、1998年の『天才マックスの世界』に出演）は、マキシマスの元恋人で、老帝の聡明な娘ルッシラを印象的に演じ、『アミスタッド』のジャイモン・フンスーは、マキシマスの一番の相棒であるジュバを、ユーモアがあり身体能力の優れた剣闘士に仕立てあげた。

スコットは、衝突を繰り返し、最後には一対一の勝負を果たす対照的な性格のふたり（マキシマスとその宿敵であるコンモドゥス）に『デュエリスト／決闘者』で対するふたりとの類似性を感じていた

に違いない。コンモドゥス役に、スコットはホアキン・フェニックスという異例の人選をした。宣教師の両親のもと、兄（リバー・フェニックス）と姉、妹2人を持つ5人兄妹の真ん中として育った彼は、かなり神経質な性格だったが、当時『バックマン家の人々』(1989)や『誘う女』(1995)で問題を抱えたティーンエイジャー役を演じ注目されていた。彼は間違いなく、スコットの世界観の壮大さに方向性を失ってしまうタイプだった。しかし、その不安こそが彼の役どころのテーマであった。コンモドゥスは単なる悪人ではなく、傷ついた心の持ち主だったのだから。

スコットは言った。「彼は本当にこの役を楽しんで演じていたわけじゃないと思う。彼にとってあの作品はまさに新しい世界であり、新しい挑戦であり、新しい舞台だったんだ。でも、ホアキンの才能は、己の不安を原動力にして発揮されるんだよ」

自分に「気難しい人物」というレッテ

上：甲冑姿のマキシマス。戦闘シーンの立ちまわりはクロウの助言も取り入れ、他にはない特別なものになった

次頁下：マルタ島のリカソリ砦に作られたコロセウムの一部。どこまでがCGIだったか見て取れる

ルが貼られるようになったのは『グラディエーター』での数々の葛藤がきっかけだとクロウは言う。撮影時、彼とスコットは緊張関係にあった。ブルーレイに収録されたふたりのインタビューで、クロウは、一触即発だった場面がすぐに思い浮かぶと言っていた。フェニックスやニールセンを伴って監督のトレーラーに行き、主役の人物像をもっと掘り下げたいと嘆願したが、うまくいかなかったということもあったようだ。スコットは古傷を蒸し返したくないタイプなので、すべては結果的に良かったのだと歯切れの悪い答え方をし、映画に登場する見事な建築物の話に話題を変えたそうにしていた。

とはいえ、ぎくしゃくしながらも次第にお互いをリスペクトする気持ちが芽生え、やがて、ふたりの間には友情が生まれた。スコットはクロウに信頼を置くようになり、演技に関する議論の応酬さえ楽しんでいた。クロウは、ハリソン・フォードがかつて『ブレードランナー』で辿り着きたかった域までこの作品に深く踏み込んでいた。

初めての"合戦"

俳優たちが確実な仕事をする一方で、この映画は途中で見直しが求められた。予算は1億ドルもあったが、それではまったく足りないということになったからだ。脚本の変更は映画の構造や展開に影響を与えるため、観客が、ストーリーの焦点や方向性が途中で変わったと気づいてしまうこともある。本作はそれが顕著だった。マキシマスが死ぬことになるのかどうかは、最初から決まっていたわけではなかった。当初、エンディングは、主人公が下水道を通ってコロセウムを脱出し、テヴェレ川に飛び込み、5万人の屈強な男たちと再集結してローマの街を奪還するという筋書きだった。ただ、それだと恐ろしくコストがかかりすぎるため、撮影は実現しなかったのだ。

したがって『グラディエーター』は、大規模な戦闘から始まり、先に進むにしたがってフォーカスされる対象が徐々に狭まり、最終的には、より個人的な対立に焦点を当てるという、既定路線とは逆の展開を辿った。つまり、この映画は、スコット初の本格的な戦闘シーンとなる泥まみれの大合戦で始まり、マキシマスとコンモドゥスがふたりとも命を落とす一騎打ちで終わるという展開になっている。

公の場でどんなに仲間意識をアピールしていても、キャストやスタッフは制作現場でぶつかり合う。「作り手同士がライバル心を持つことは、映画にとってはいいことだ」と、スコットは言い切る。「だって、観客はその恩恵を得るわけだから」。スティーヴン・ス

ピルバーグは『プライベート・ライアン』（1998）の冒頭の戦闘シーンを生々しい猛攻撃の映像で見事に描き切った。挑戦状を叩きつけられた形のスコットは、『グラディエーター』の前奏段階で、マキシマス軍団の整然とした隊列が鋭い武器を手に憤怒に駆られるゲルマニア奥地の蛮族の大群と対峙する場面を描き、観客をいきなり古代の戦乱の渦のただ中に引き入れる作戦に出た。

撮影は、1999年1月18日、イギリスの地で、骨まで凍りつくような厳しい寒さの中で始まった。さらに、スコットが描く極寒の世界には、舞い上がる雪や白い息という演出も追加された。「太陽の日差しはまったくなかった」と、スコットは解説で語っている。そして、自身初挑戦となった戦場シーンの青一色で統一された世界を確認しながら「美しいだろう？」と、誇らしげに言った。

ロケ地を探してドイツとスロバキアの首都ブラチスラバを巡ったのち、スコットは、イギリスの南東部に位置するサリー州にあるボーンウッドと呼ばれる森林地帯を探し当てた。その高くそびえる針葉樹林の中には、ヨーロッパのどこにでも目にする風景が広がっていた。テントの中の場面やマキシマスの逃走の場面を含め、そこでの撮影は3週間を要している。

スコットは頭の中で、黒澤明の叙事詩的作品で描かれる圧倒的なスケール感をイメージしていた。ただ、時代設定が古代であっても、古臭い映像にはしないと心に誓っていた。兵士を映すシーンは巨大な軍隊に見せるべくCGIで映像の複製および合成が行われたが、1万6千本の矢は本物だった。スタントマンたちは特殊な仕掛けを施したハーネスをつけて撮影に臨んだ。義肢が見事に切り落とされる映像は、戦闘シーンにリアリティを与えている。スコットは手持ちカメ

ラを使って、臨場感溢れる映像を撮影。シャッタースピードを変えることで、殺戮場面にストロボ効果の独特の雰囲気を生み出している。

彼は『エイリアン』以来、これほど自信を持って撮影に臨んだことはなかった。「壁に向かって突進し、自分がその壁を乗り越えられると実感したときの爽快感は格別だ」

この手の撮影にはつきものだが、負傷者は少なからず出た。クロウ自身も落馬し、手足を骨折したスタントマンが何人もいた。ただ、スコットが心に誓った通り、彼が描いた古代ローマ時代はかつてないほど鮮やかに蘇った。これ以降、『ブラックホーク・ダウン』での市街戦の場面や、『エクソダス：神々と王』のエジプト人とヒッタイト人の戦車戦や白兵戦など、インパクト大の超リアルな戦闘シーンはスコットのお家芸となった。

「主人公マキシマスが軍隊を率いてゲルマニアの蛮族と戦う最初の戦闘シーンは、まさに16世紀に活躍した画家ピーテル・ブリューゲルスの絵のようだ」と、ニューヨーク・タイムズ紙は絶賛している。「火のついた無数の矢が空を飛んでいく様は、まるで第二次世界大戦の映画に出てくる砲弾だ。木の幹に刺さったままの一本の剣。その刃から滴る血はまだ温かく湯気が上がる。そして戦いが終わり、灰が雪のように空からひらひらと降ってくる。これらはすべて開始10分の間に流れる映像なのだ」

ローマは一日にして成らずと言われるが、リドリー・スコットはわずか5ヶ月余りでそれをやり遂げた。その道のりは、想像力をいかんなく働かせながら、過去の世界にどっぷりと没入するプロセスでもあった。「その地に座って、紀元175年のローマの将軍の生活がどのようなものであったかを想像した。コロセウムに立って、自分を野蛮だと思っている5000人もの観客と対峙するとき、人はどんな気持ちになるのだろう？と。それを実感できれば、あとはその感覚を質感や匂いに溶かし込んでいけばいい。土埃が舞う場面は多いが、そこでは感情と埃がまじり合っているんだ」

彼が映像に求めたのは、永遠の都ローマの美しい建物ばかりではない。そこに根付く文化、そこに住む人の心理、そして街の不潔な様子までも描きたいと考えていた。スコットがこの映画撮影で悔やんでいるのは、コロセウムの階段上の観客席に溜まっていたはずのたくさんのゴミを描くだけの予算がとれなかったことだ。スコットは、撮影班とともに古代ローマにタイムスリップして、群衆の中に紛れ込んだかのような、リアリティのある都市を表現したかった。この作品でも『ブレードランナー』や『ブラック・レイン』と同じく、

ディテールへのこだわりを随所に散りばめてローマの街を再現している。

『グラディエーター』はスコットのヒット曲を集めたトリビュートアルバムのようだ。『テルマ＆ルイーズ』の神秘的な砂漠から、『1492 コロンブス』の霧に包まれた宮殿アルカサルの幻想的な姿、そして、『デュエリスト／決闘者』の絵画のような田園風景まですべてが本作の中に集結している。それは見方を変えれば、スコットの映画がロマンティシズムを映像の中にふんだんに取り入れるという点で一貫していることの証明でもある。本作で言えば、マルクス・アウレリウスの夜のテントの中。そこは美しい光に満ちていて、漆黒の闇にキャンドルの光が柔らかく照らす映像は、まるで動くミケランジェロの絵画のようだ。

"歴史もの"というジャンルにリアリズムを注入するという試みをしながらも、この作品は映画の王道を守っている。『スパルタカス』や『ベン・ハー』に代表される古代ローマを舞台にした大作が、スコットの子供時代の映画体験の核となっていた。ちなみに、『グラディエーター』のマルクス・アウレリウス役だったリチャード・ハリスがコンモドゥスを演じる寸前までいったという『ローマ帝国の滅亡』（1964）は、この作品のストーリーに大きな影響を与えている。

ただしスコットは、絶対にステレオタイプな映画で終わらせたくなかった。パロディ映画『フライングハイ』（1980）でクラレンス・オーバー機長に扮したピーター・グレイブスがコックピットに来た少年に、「剣闘士の映画は好き？」と、その類いの映画を揶揄して尋ねた場面が、ずっと彼の頭に中で引っかかっていたのだ。とはいえ、マンネリ感を抱かせかねない癖のある演技や表現は、ときとして娯楽性を高め、印象的なキャラクター作りに役立つことがある。たとえば、情緒不安定なコンモドゥス役フェニックスの舌足らずな話し方や、剣闘士団の団長プロキシモ役のオリバー・リードなどのやや大袈裟な芝居などは特にそうだ。しかし『グラディエーター』において、スコットはそうした要素を許容しつつ、あくまでも歴史的リアリズムと信憑性を追求していった。

リードの存在はやがてスコットに他に類を見ない難題を突きつけることになる。この俳優は手に負えないほどのトラブルメーカーであり、大酒飲みであったが、一方で、俳優としては華があった。深くしわが刻まれた顔で、奴隷たちを前にして「観衆に敬意を払え」と詩を紡ぐように語る姿には、まるでスタジオの重鎮のような風格が感じられた。ところが、その彼が、1999年5月2日、まだ撮影が残っている状況で、マルタ島のパブで倒れ亡くなったのだ。8パイント（約

上：スコットとアニマトロニクスの虎。寝ぼけ眼の本物のトラよりもはるかに扱いやすいことがわかる

下：デンマーク人女優コニー・ニールセンは、活躍の場が多くないものの、ルッシラ役を魅力的に演じ切った

4.5リットル）もの酒を飲み、何杯もショットグラスを空け、酔っ払いながら夜遅くまで話し込んでいた末の出来事だった。死因は心臓発作。いかにも彼らしい最期だった、と、スコットは当時のことを回想した。保険が入れば、彼の役をキャスティングし直し再撮影するのに必要な2500万ドルは賄えるはずだったが、俳優陣もスタッフもすでに疲れ切っていることにスコットは気づいていた。

解決策は独創的だった。すでに録音したセリフを編集して新しいセリフを作り、背景画像と未使用の彼の顔の映像を代役の上に重ね合わせるという策に出たのだ。「不気味だろ？」と、スコットは当時のことを話してくれた。要するに、彼は亡くなった俳優の複製をデジタル加工で作り出し、それを幽霊のように動かしたのだ。

この方式が他にも使えることに気づいたスコットは、特殊効果による撮影を全体で倍に増やしていく。マルタ島のリカーゾリ砦にコロセウムの巨大なレプリカを建設することは決まっていた。まずは当初のデザイン通りにテラスの1段目まで造り、2段目より上はCGIを使って追加した。群衆については、まず2000人のエキストラでスタンドを埋め、デジタル加工でその数を3万5000人まで増やした。それは本物をも凌駕する迫力だったので、スコットが、自分のステディカムを360度回転させながら、剣闘士の目線で白昼の巨大アリーナ全体を見渡す画を撮りたくなったのも無理はない。

それでも、スコットはできればコンピュータ映像

ホアキン・フェニックスは作品のスケールの大きさに苦戦したが、彼の自信なさげな表情が劣等感に苦しむ悪帝役に合っていた

「彼は本当にこの役を楽しんで
演じていたわけじゃないと思う。
彼にとってあの作品はまさに新しい世界であり、
新しい挑戦であり、新しい舞台だったんだ。
でも、ホアキンの才能は、己の不安を原動力にして発揮されるんだよ」
――リドリー・スコット

の使用は控えたいと考えている。本物のセットに本物の光が降り注ぐ映像のほうが好きなのだ。自分の目で自分が見えるものを撮る。CGIはここぞという時だけ、しかも効果的に使うのがいい。実際のセットで生身の俳優が演じるに勝るものはないのだから。

クロウは、脚本に手を加えただけでなく、コロセウムで繰り広げたあの剣闘士とローマ軍との対決シーンでの立ちまわりについても流れをきちんと決めておきたいと主張した。そこで、スタントチームと協力して、マキシマスの実戦経験と天性のリーダーシップを融合させた見事なアクションを作り上げた。闘技場の砂の上の温度は37度を超え、俳優にとっては過酷な条件だった。『デュエリスト／決闘者』でのさまざまな決闘場面を思わせるコロセウムでの一連の剣闘を通じて、マキシマスは次第に民衆の心を掌握していき、やがてコンモドゥスとの最終対決に臨む。ちなみに、トラの

登場は監督の思いつきではなく（驚くほど見応えのあるシーンになったのはたしかだが）、剣闘士が野生動物とも闘っていたという史実に基づいている。

登場した5頭のベンガルトラは、普段はごろごろと喉をならしてのんびりしているが、近づきすぎると痛い目に遭う。訓練されたトラでも非常に危険だ。結局、餌をやると同時に軽く突っつくという方法を取ることになった。ちなみに、クロウの上に乗ってきたのはアニマトロクスのトラである。

皮肉ではあるが、ローマの群衆のように戦闘シーンに血をたぎらせ、ハリウッドの仕掛けにはらはらするというのもこの映画の醍醐味のひとつになっている。ジェロームが描いたあの絵画の中の戦士をひとまわり大きくしたような巨漢の敵の首を、両手に持つ剣の刃をハサミのように操って切り落とし、剣のひとつを重鎮連中が居並ぶ観覧席に投げた後にマキシマスが観客

席に向かって叫ぶ。「楽しいか？」と。

　今回の撮影は混乱続きだったが、スコットの傑作は、しばしばそういう混沌とした状態の中から生まれている。監督は編集に入って主導権を取り戻した。『G.I. ジェーン』以降、スコットのお気に入り編集者という地位を確立したピエトロ・スカリアとともに、ここでも自分なりのストーリーを作り上げていったのだ。このクリエイターとタッグを組んだことは、スコットの監督人生でもっとも大きな収穫のひとつである。

ハンス・ジマーの提案

　スコットはふとした思いつきから、映像編集室を作曲家ハンス・ジマーと同じビルに移した。編集と音響というふたつの作業を融合させたかったのだ。「私は音楽をイメージして映像を撮影している」と、スコットは言い切る。「音楽は対話だ。つまり、曲を書くことは物語を紡ぐことなのだ。音楽が加わってようやく映画を構成するすべての要素が揃う。デザイン、撮影、脚本、演技、編集、そして、音楽──」

　スコットは『エイリアン』の音楽担当にジェリー・ゴールドスミスを起用し、不気味な異質感を演出した。ヴァンゲリスの叙情的な電子音楽は『ブレードランナー』の世界観と切っても切れない。ドイツ人作曲家のハンス・ジマーは多才で、『ブラック・レイン』に楽曲を提供し、『テルマ＆ルイーズ』の風景にスライドギターの音を合わせ、今度は『グラディエーター』の音楽を担当。撮影現場を訪れた彼は、マルクス・アウレリウスの豪華なテントの中で打ち合わせをしていた。

　あの冒頭の戦闘シーンの音楽には、本来なら行進曲にするところをあえて勇壮なドイツワルツを選び、戦いに向かう興奮とある種の高揚感が入り混じった雰囲気を演出した。映画全体を通して、彼の楽曲にはワーグナーのメロディやホルストのテイストを想起させる部分があったので、著作権が切れていなければ盗作を疑われて危うく訴えられていたかもしれない。

　編集も終盤にさしかかったとき、「ちょっと冒険してみては？」と、ジマーが口を挟んだ。決定的な意見を述べたのは、アセンブル編集（撮影された映像を時系列順に映像や音声を記録していく編集法）の作業を側で見ていた作曲家だったのだ。台本通りであれば、映画は冒頭からいきなり戦闘シーンに入る。しかしジマーには（もちろん他のスタッフにとってもだが）、これがただのアクション映画ではないことがわかっていたのだ。スコットは自分の好むテーマを作品の中で描こうとしていた。本作には、階級の壁、戦争の是非、使命感や名誉、秩序に従う文明の脆さなどのテーマが盛り込まれていた。コニー・ニールセン演じる狡猾なルッシラ（コンモドゥスの姉）の描き方には、フェミニズム的要素も感じられる。リチャード・ハリスが演じた皇帝アウレリウスは、存在を無視されてきた娘に「おまえが男に生まれてさえいれば」と、ため息をつく。さらには、この作品は、もっと究極のテーマ、つまり、生と死の問題にも真っ向から挑んでいる。

　ジマーは、映画の後半に登場する予定の、マキシマスがとうもろこし畑を散策し、その穂に手をやるという短い夢のシーンを映画の冒頭にもってきて、そこに優雅なストリングスの曲を乗せてはどうかと提案した。その提案をスコットは「詩的な演出」と表現した。

　感性に訴える編集を得意とするスカリアは、この映像を挿入することは絶対必要だと考えた。この映画が伝えたいメッセージ、すなわち一兵士だったマキシマスが英雄へと変化する旅路をその場面が象徴しているからだ。この場面で描かれるのは、はたして彼の思考なのか？　それとも、彼の夢なのか？　「観客はまず冒頭で彼の内側を目にし、それから次第に彼の外側を理解していく」。スカリアはそういう流れを考えた。

オスカーの栄光

　これは単なる娯楽映画ではない。感動巨編だ。『グラディエーター』は大ヒットし、実際にスコット最大のヒット作品となった。全世界の興行収入は4億6100万ドルを記録したが、それは、いわゆる歴史ものの、しかも、R指定の映画としてはけた違いの数字だった。さらに、この作品は、アートとビジネスの殿堂とも呼べるアカデミー賞12部門にノミネートされた。『グラディエーター』は単なる話題作から本物の傑作へとのぼりつめたのだ。

　2001年3月25日の夜、古代ローマの一団がハリウッド大通りのコダック・パビリオンに出現した。彼らはアカデミー賞を5部門で受賞した。作品賞、衣装デザイン賞、録音賞、視覚効果賞、そしてラッセル・クロウの主演男優賞である。クロウは、家族、キャスト、スタッフ、プロデューサーなど、すべての人に感謝の言葉を述べた。彼はいったん言葉を切り、手にしたオスカー像に目をやると、さらに言葉を続けた。「みなさん、今自分がここにいるのはある人のおかげです。そして、その人の名は、リドリー・スコットです」。スコットが最優秀監督賞を逃し、落胆したことは言うまでもない。しかし授賞式の最後で、『グラディエーター』が最優秀作品賞の栄冠に輝き、フランゾーニを含むプロデューサー陣が挨拶のためにステージに上がったとき、スコットは着席したまま満面の笑みを浮かべていた。

「観客はまず冒頭で彼の内側を目にし、
それから次第に彼の外側を理解していく」
——リドリー・スコット

ラッセル・クロウ演じる
マキシマスは群衆の目を
楽しませるだけでなく、
その心まで動かした

STRAY DOGS

野良犬

HANNIBAL (2001)
『ハンニバル』

BLACK HAWK DOWN (2001)
『ブラックホーク・ダウン』

MATCHSTICK MEN (2003)
『マッチスティック・メン』

思いがけず続編を監督したスコットと打ち合わせをするレクター役のアンソニー・ホプキンス

「ただ、自分がおもしろそうだと思うものに飛びついているだけだ……」
──リドリー・スコット

スコットらしくない仕事

　オスカーを受賞した『グラディエーター』の圧倒的成功から、いきなり『ブラックホーク・ダウン』に舵を切るのは、対称性の美学に価値を見出すスコットがいかにもやりそうなことだった。一方は古代の戦闘、もう一方は現代の戦争。どちらの映画も極限に立たされた人間を考察しており、また、どちらも暴力をスペクタクルとして追求している──それが、ニュース映像並みの生々しさで描かれようが、コロセウムの壮大さを背景にしていようが。そして、"戦い方"こそ違うものの、どちらもリドリー・スコットにとっては、闘志を掻き立てられる記念碑的な映画制作への挑戦であった。

　しかし、その2作品のあいだに、スコットはジョナサン・デミの監督作『羊たちの沈黙』（1991）の待望の続編を手がけている。どうも彼らしくない。スコットは、『エイリアン』や『ブレードランナー』の世界にいつか戻るかもしれないとほのめかすことはあっても、2匹目のドジョウを狙うような続編の制作は極力避けていた。その彼が身を投じるほど人喰いハンニバルに惹きつけられたのはなぜだったのか？

　単純に、このサイコホラー映画が、スコットのパンクな感性に触れただけかもしれない。それならそれでも構わない。61歳になってもなお、彼は直感で行動する。現に、BBCの番組「Mark Lawson Talks To…」のインタビューで、彼はジャーナリストであり作家のマーク・ローソンにこう語っている。「私の監督人生に確かな計画性なんてないよ」と。「今だって特にキャリア戦略があるわけじゃない。ただ、自分がおもしろそうだと思うものに飛びついてるだけで……。作品同士に明確な繋がりはないんだ」。そこで彼は、考え込むように口を

STRAY DOGS　139

閉ざした。そうは言いながら、よく考えるとそこに「心理的な繋がり」のようなものがないわけではないと思い当たったのかもしれない。

　デミ監督のサイコホラー映画『羊たちの沈黙』が『テルマ＆ルイーズ』を抑えてアカデミー最優秀作品賞に輝いたこと（デミがスコットを抑えて監督賞を獲ったことも含めて）が、彼の心の傷になっていたことは想像できる。

　この企画がスコットのもとに来たとき、脚本には相当な手直しが必要だった。華麗なる経歴を持つイタリア人プロデューサー、ディノ・デ・ラウレンティスは、渡米前に巨匠フェデリコ・フェリーニを育てた人物で、連続殺人鬼ハンニバル・レクターを描いたトマス・ハリスのベストセラー小説3部作の第1作「レッド・ドラゴン」の映像化の権利（レクターのキャラクターに関する全権利を含む）を取得していた。ちなみに、この小説は、1986年にマイケル・マンによって『刑事グラハム凍りついた欲望』というタイトルで映画化されている。この作品は見事な演出だったにもかかわらず、興行収入は惨憺たる結果だった。デ・ラウレンティスは、この確たる美学を持った食人鬼のキャラクターが観客にはなかなか受け入れられないだろうと考え、続編の制作を断念して、ジョナサン・デミに無料でレクターを描く権利を与えた。のちにデ・ラウレンティスは、彼らしい率直な言い回しでこう語っている。「権利を譲ったのは大きな失敗だった」と。彼はそのとき第2作目の「羊たちの沈黙」を読んでもいなかった。その小説が原作の映画『羊たちの沈黙』で、問題のレクター役をアンソニー・ホプキンスが魅惑的に演じることになる。そして、投獄中のレクターの知的な悪ふざけに果敢に挑むのが、この物語の主人公である正義感の強い新米FBI捜査官クラリス・スターリングだ。ジョディ・フォスターはその人間味ある主人公を見事に演じきった。

　『刑事グラハム 凍りついた欲望』は小説3部作1作目にあたる「レッド・ドラゴン」を原作とした映画なので、2作目の「羊たちの沈黙」を映像化した『羊たちの沈黙』はその続編と言えなくもないが、この作品は続編としてではなく新作映画として製作された。後日談だが、この『羊たちの沈黙』の大ヒットを受け、『刑事グラハム〜』は『レッド・ドラゴン／レクター博士の沈黙』とタイトルを改めてビデオ化されている。また、2002年には、ブラット・ラトナーが、改めてホプキンスをレクター役に起用し新たに『レッド・ドラゴン』というタイトルで映画を撮っている。『羊たちの沈黙』が興行収入1億3100万ドルを記録しアカデミー賞を受賞すると、デ・ラウレンティスは過去の過ちなどどこ吹く風で、レクターに対する権利を再び主張した。そもそも、原作者のトマス・ハリスが新しい本を書くのに10年を要したことが問題だった。しかも、彼の新作は

140

前頁左：大好きなフィレンツェを散歩するアンソニー・ホプキンス演じるレクター博士

下：ポーズを確認するスコットとジュリアン・ムーア

論争を招いた。今度は逃亡したレクターが主役で、前作でレスターを逃したクラリスが彼の追跡を決意するという筋書きだった。そこには、レクターの虐待によって体じゅうに傷を負わされ復讐に燃えるメイスン・ヴァージャーという名の錯乱した億万長者が、自身がレクターへの復讐のために用意した人食いイノシシ（驚くほど従順な600ポンドの繁殖用イノシシがキャスティングされた）に逆に襲われるという場面も用意されていた。

多くのファンが釈然としなかったのは、原作者のハリスが、前作で捜査官と殺人鬼の間に見え隠れしていたいびつな情のようなものに着目し、それが何かを明確

> 「クラリスはジョナサンと私にとって、ものすごく大切な存在だった。本当にそうだったの」
> ――ジョディ・フォスター

にしてしまったことだ。シリーズ3作目は、もはや恋愛物語になっていた。

ただ、話題作の続編ゆえそれなりのヒットは見込まれていた。にもかかわらず、ジョナサン・デミとジョディ・フォスターは立て続けに映画への参加を断った。スタジオ（ユニバーサルとMGMはパートナーシップ契約を結び、クラリス・スターリングの権利を共有していた）にとって、フォスターの降板は最大の痛手だった。彼女あってのクラリスだったからだ。フォスターは、自身2本目の監督作であるサーカスを舞台にした映画『Flora Plum』（結局、新進気鋭のスーパースター、ラッセル・クロウの肩の負傷で制作は中断されたのだが）のスケジュールが調整できないことを降板の理由に挙げていた。デ・ラウレンティスを筆頭に、フォスターはもっといい条件の契約と天秤にかけたのだという穿った見方をする者もいたが、本当のところは、新作で描かれたクラリスのキャラクターをフォスターがどうしても受け入れられなかったという単純な理由だった。

「ジョナサンと私にとって、クラリスはものすごく大切な存在だった。本当にそうだったの」と、フォスターは告白している。「こんなふうに言うのはおかしいかもしれないけれど、監督も私もクラリスの尊厳をどうしても踏みにじることができなかった」

映画『ハンニバル』が抱えたもうひとつの決定的な問題は、ジュリアン・ムーア（ケイト・ブランシェット、アンジェリーナ・ジョリー、ヒラリー・スワンク、アシュレイ・ジャッドなど、錚々たる候補者の中から抜擢されたのだが）が気難しさを前面に出した演技をしたことで、フォスターが演じたクラリスの人間的魅力がすっかり消えてしまったことにある。この作品はレクターの独壇場だった。

ホプキンスは、1100万ドルのギャラで再びあの悪名高いレスター博士を演じることにまったく抵抗を示さなかった。また、脚本についても一切意見を言わなかった。「ただの仕事さ」と、彼は肩をすくめた。航空券を受け取れば、現場に

現れる。彼は、人間の心がないレクター役を演じるにあたり、演技方法についてあれこれ論じるのを嫌がった。ただ、セリフを覚え、現場に立つだけ。あとは、決してまばたきをしないこと。とはいえ、オスカーを受賞した前作での自分の演技をもう一度見直して、そこに何をプラスすべきかは考えたようだ。そして、前作から10年の時が過ぎ、その間自由の身だったレクターは、あの頃より「温和」になっているはずだとホプキンスは結論づけた。

新解釈版「美女と野獣」としての『ハンニバル』

「前作の続きを描いたわけではない」と、スコットは言及している。彼はある程度、前作と内容的に距離を置くことを意識していた。もちろん、前作を無視することはできないが、自分の作品を続編とは捉えていなかった。ひとつのリブート作品のように感じていたのだ。だが、レクターの"食"に関する異常な奇癖は新作でも健在だったが。一方で、フィレンツェの街をぶらつくときの変装は、クリーム色や黒のボルサリーノ*をかぶるぐらいにとどめ、独特の威圧感をさりげなく消すようにした。その佇まいはまるでトルーマン・カポーティのようだった。前作で防弾ガラスのシールドの中に収監されていたときのレクターは、怪物的な輝きを放ち、とても人間には思えなかった。その得体のしれない異常性も、スコットをこの映画に向かわせた理由のひとつだったに違いない。感情が見えないレクター博士の姿は、『エイリアン』でイアン・ホルムが演じたポーカーフェイスのアッシュを彷彿させる。ハンニバル・レクターもまた、スコット作品に登場する不気味なアンドロイド──人間性を欠いた存在──のひとりなのだ。　*イタリアの高級帽子ブランド。フェルト製の中折れ帽で有名

　スコットがこの映画を制作したのには、地理的な偶然も作用していた。具体的に言えば、マルタだ。デ・ラウレンティスがマルタで第二次世界大戦中の潜水艦サスペンス映画『U-571』(2000)を制作していた(『白い嵐』を撮影した同じ水槽を使っていた)とき、スコットはそこから数マイル離れたところで『グラディエーター』を撮影していた。スコットが「デューン　砂の惑星」の映像化に少し関わったことが縁で顔見知りだったふたりは、そこで一緒にエスプレッソを飲んだ。そのあと、スコットのもとにデ・ラウレンティスから『ハンニバル』というタイトルの小説の原稿が送られてきたのだ。スコットは抗議した。「ディノ、私は今ローマを舞台にした大作映画撮影の真っ最中なんだ。そんなときに、アルプスを超える象の話をやるわけないだろう」と。

　ただ、彼はすぐに自分の思い違いに気づいた。その原稿には、ローマ帝国時代に象でアルプスを超えた悪名高き古代カルタゴのハンニバル将軍の物語ではなく、ファン待望のハンニバル・レクターのさらなる冒険が綴られていたのだ。「ジョナサン・デミはどうしたんだ？」と、スコットが畳みかけた。ところが、意外なことに、デミはすでにオファーを断っていたのだ。原作を読んで、彼が降板した理由がわかる気がした。多くの読者や批評家同様、スコットもまた続編の小説の

手錠で繋がれているのは、ジュリアン・ムーア演じるクラリス・スターリング捜査官と彼女の宿敵。原作にあった彼らの予想外の結末は書き換えられたが、スコットはそれでもこのふたりの関係を「ダーク・ロマンス」と考えている

結末が気に入らなかったからだ。クラリスがレクターの想いに屈してしまったことを、スコットは「あまりにも急激で不自然な人格の変化」と表現した。彼女は正しい道を進む人物であるはずだったのに。ただ、もし『デュエリスト／決闘者』や『ブレードランナー』と同様、原作に手を加える許可をもらえるのであれば、"レクターを追う"という描き方にスコットが何かしらの可能性を感じていたのも事実だ。

レクターがフィレンツェで正体を明かしたことで、物語はクラリスとヴァージャー（人工皮膚を重ねつけした特殊メイクの顔の主。オープニングクレジットには出ていないが、ゲイリー・オールドマンが演じている）のレクター捕獲競争へと発展する。逃走中の殺人鬼は、被害者と悪党の境界線上で揺れ動いていた。

引きこもりがちの原作者トマス・ハリスは、映画脚本家のスティーヴン・ザイリアンとスコットが行う制作会議に参加するようハリウッドまで誘い出された。あの納得のいかない結末を、果物の種のようにうまく取り除ける人間が他にいるとすれば、『シンドラーのリスト』の脚本も手がけたザイリアン以外に考えられなかった。スコットに言わせれば、脚本家のデヴィッド・マメットが書いた草稿には「手直しが必要」だった。それで、ザイリアンに会いに来るようハリスを説得したのだ。白熱した話し合いが4日間続いた。ハリスは、その過程が楽しかったと述べている。苦労の甲斐あって、ようやく新しい結末ができあがった。

いずれにせよ、スコットはこの物語を「ダーク・ロマンス」だと考えていた。クラリスとレクターの関係は性的であると同時に比喩的でもある。この作品は、スコットによる新解釈版「美女と野獣」だったのだ。

小説で描かれていた"レクターの世界"は、スコットの美的感覚に強く訴えかけてきたに違いない。スコットを連続殺人犯と並べるのはおかしいが、美意識高めのレクター博士も、映画会社がこの監督を選んだことにはかなり満足したのではないだろうか。スコットもセンスの良さではレクターに負けていない。ちなみに、トニー・スコットは、自身の兄について「細部へのこだわりが際立っている」と言及している。

ハンニバル・レクターが潜伏するフィレンツェの豪華なルネサンス様式の部屋は詩人ダンテの住まいと見まがうばかりだった。その撮影場所として使われていたのは、実際にダンテの写本を所蔵するカッポーニ図書館の一室だった。映画撮影のために立ち入りが許されることはまずない場所だったが、レクターとリドリー・スコットにはその扉が開かれたのだった。

『ハンニバル』は現代が舞台であるが、どこか過去の時代の香りがするサイコサスペンスである。フィレン

ツェのシーンは特に、ヴェッキオ橋やシニョーリア広場のような観光名所をあえて夕暮れ時の薄暗がりで隠したことが功を奏している。銅像や大きな柱が立ち並ぶ広いホールで、レクターは、自身を報奨金目当てに捕まえて売ろうとしたパッツィ主任捜査官（ジャンカルロ・ジャンニーニ）を逆に追い詰めていく。そのパッツィは、美しく欲深い妻を持つ悪徳刑事。逃亡犯レクターを発見した際、FBIに知らせることはせず、大金と引き換えに富豪のヴァージャーに情報を売った。情報提供時に公衆電話の前で手の中のコインを鳴らす姿は、新約聖書の「ユダの裏切り」を連想させた（ユダはイエスを裏切り、その報酬として30枚の銀貨を受け取る）。パッツィはクラリスから警告されるも、危険な追跡をやめず、結局レクターに捕えられてしまう。彼は無惨にも腹を切り裂かれて宮殿のバルコニーから吊るされた挙句、地面に臓器をばら撒かれることになる。その象徴的なシーンのために、制作スタッフは地元の精肉店へ足を運ぶはめになった。とにかく、ゴア表現（過激な流血などが伴う猟奇的な表現）の芸術に関しては、さすがのレクターもスコットにはかなわない。

2000年5月8日から8月25日までの撮影期間で、予算は8700万ドル。このサイコサスペンス映画に飛びつくことは、スコットのキャリアにおける賢明な選択であった。彼は『グラディエーター』の出来栄えには満足していたが、その公開は5月5日、つまり、『ハンニバル』のクランクインの直前だった。すなわち、この作品の撮影準備段階ではまだ、ローマを舞台にしたその歴史大作映画が大コケする可能性も残っていたのだ。そのような状況下で、『ハンニバル』はスコットにとってヒットが約束された、いわば「保険」的な作品だったと言える。

製作期間中の83日間、100ヶ所以上の異なる場所でロケを行い、資産家の巨万の富をいかに描くかを模索した。ヴァージャーの宮殿のような屋敷は、ノースカロライナ州アッシュヴィルのビルトモア・エステート──アメリカの大富豪ヴァンダービルト家のひとり、ジョージ・ワシントン・ヴァンダービルト2世が建てた金ぴか時代（19世紀後半、南北戦争後の米国の好況時代）を象徴するシャトーエスク様式（15世紀後半のフランスゴシック様式と16世紀のイタリアンルネサンスが融合した宮廷様式で、19世紀アメリカで流行）の邸宅で撮影された。欧州から米国へと大西洋を渡った先で、観客は前世紀の、南北戦争前のアメリカの豊かさを目の当たりにする。旧世界の価値観は海を越えて新世界に持ち込まれていたのだ。

フィレンツェからクラリスが暮らす緑豊かな東海岸

STRAY DOGS　143

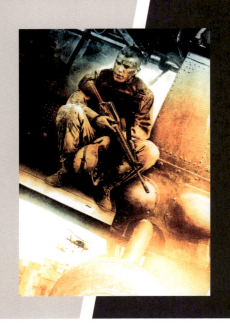

カオス理論は現実に起きた。
不測の事態と不運が重なり、
30分で終わるはずだった作戦は、
生き残りをかけた15時間にも及ぶ
市街戦に発展した。

『ブラックホーク・ダウン』の
渋いポスターに登場したのは
ジョシュ・ハートネット

に舞台が移ると、物語は手直しされたフィナーレへと進んでいく。原作と同じく、クラリスは、自分を導いてくれた人間の姿をした悪魔を、凶暴な人喰い豚の餌になる運命から救い出すが、その先は、『ブレードランナー』のラストのように意を決したふたりが一緒に逃げ去るのではなく、あの悪評高い晩餐会のシーンへと続いていく。

スコットが演出したグラン・ギニョール的な残酷シーンを盛り上げるために、哀れなレイ・リオッタ（卑劣な司法省役人ポール・クレンドラー役）は自分の前頭葉の煮込みを食べさせられる。なんと彼は自分自身の脳みそを口にするのだ。切り開かれた頭蓋骨は特別なアニマトロニクスで制作され、本物の質感を出すために羊の脳も使って撮影された。スコットは撮影中、セットに脳外科医を呼び、随時助言を求めた。「私のキャリアの中で、ここまで奇妙な経験はあまりありません」と、その医師も認めている。

『ハンニバル』は、壮麗な映像とグロテスクなシーンが目を惹くものの、内容の薄い映画と言わざるを得ない。ニューヨーカー誌は、「レクターの足跡を追うことにフォーカスしすぎたリドリー・スコットは、ジョナサン・デミが奏でた少人数編成の緊張感のある短調の弦楽四重奏を、大人数編成の壮大なグランドオペラにしてしまったのではないか」と評した。

ハンニバル・レクターというキャラクターを正しく理解することはもはや難しい。文化的アイコンになったことで、模倣や風刺の対象となり、本来の恐ろしさや深刻さが失われてしまったからだ。レクターの奇怪な特徴を誇張し、それに映画のトーンを合わせたことで、スコットは実のところ、新たな"ドラキュラ"を作り出していたのだ。城や教会が登場したり、主人公が獲物を求めて移動したりと、本作にはドラキュラ的な要素が含まれている。そして、ドラキュラ伯爵ならぬレクター博士は、こじれた愛を求めて海を渡る。レクターは不死者（アンデッド）のように陰鬱で冷ややかなオーラを放っているが、定期的に強い渇望に生気をみなぎらせる。レクターが防犯カメラの映像で暗闇から現れるシーンについて、「まるで吸血鬼ノスフェラトゥみたいだっただろ」と、スコットは自慢気に言った。その冷たく青い映像は、吸血鬼を題材にした弟トニーの初監督作品『ハンガー』（1983）へのオマージュだったそうだ。

この映画は案の定大ヒットした。公開最初の週末で興行収入5800万ドルというのはスコットの映画では最高記録（2001年では第3位）であり、世界興収収入は3億5200万ドルに達した。

複雑すぎる方程式
—— 『ブラックホーク・ダウン』 ——

しかし、そうした興行結果が出る前から、すでにスコットの次のプロジェクトは進行中だった。彼は『ハ

ンニバル』の最終仕上げを行う一方で、愛車ベントレーでポストプロダクション施設に向かう道中、何本もの電話を受けるという多忙を極めた日々を送りながら、すでに次の映画のキャスティングに入っていたのだ。

彼は、デ・ラウレンティスと同様、プロデューサーのジェリー・ブラッカイマーとも何年も前から知り合いだった。もっとも、一緒に映画を作ったことはなかったが。葉巻をくわえたハリウッドのいじめっ子という評判に反して、実際の彼は優しい語り口のよく気がつくタイプだった。それでもときに、ハリウッドという激しい競争世界で生き抜くために鋼のような冷徹な笑みを浮かべることができる人物だ。弟のトニー・スコットとはすでに6本の映画を制作していた。トニーとタッグを組んで制作した『トップガン』、『クリムゾン・タイド』(1995)に代表される売れ筋の派手な映画が、人気プロデューサー・コンビのドン・シンプソンとジェリー・ブラッカイマーが率いた Don Simpson/Jerry Bruckheimer Films の真骨頂だった。ちなみに、饒舌で波乱万丈な人生を送ったビジネスパートナーのドン・シンプソン*と絶縁した後、1995年から社名は Jerry Bruckheimer Films に変わっている。リドリーは、ブラッカイマーの依頼でタイヤの CM を撮ったことはあったが、一緒に仕事をしたのはそれだけだった。おそらく弟とのあいだに暗黙の了解があったのだろう。＊1996年に薬物乱用による心臓麻痺で死亡。

ジャーナリスト、マーク・ボウデンのベストセラー本の映画化の権利を取るようにブラッカイマーを説得したのは、同じイギリス人監督でもスコットではなく『コン・エアー』(1997) の監督を務めたサイモン・ウエストだった。書籍「ブラックホーク・ダウン アメリカ最強特殊部隊の戦闘記録」には、近年起こったアメリカ軍の傲慢と英雄主義を象徴する事件が詳細な調査に基づいて描かれていた。1992年、米国は国連と協力し、内戦が泥沼化する東アフリカのソマリアの飢餓を食い止めるべく人道ミッションを開始。ところが、同地域を制圧する圧政的な武力勢力の指導者、将軍モハメド・ファラー・アイディードの民兵が国連平和維持軍に攻撃を始めたため、アメリカ軍は戦略変更が余儀なくされる。1993年10月3日、米軍はアイディード将軍の側近2名を捕縛するため、デルタフォース・レンジャーを含む約160名を首都モガディシュに送り込んだ。

このゴシックサーペント作戦 (Operation

左下：自分の計画が崩れていくのを見つめるガリソン将軍役のサム・シェパード

右下：主人公マット・エヴァーズマン役のジョシュ・ハートネット。スコットはこの作品で2度目のアカデミー監督賞ノミネートを果たした

次頁：視界に飛び込んできたアメリカ軍のヘリ。スコットは戦争シーンをドキュメンタリー映画のように撮影した

STRAY DOGS 145

Gothic Serpent）は、一般には「モガディシュの戦闘」として知られている。この作戦で、カオス理論＊が現実に起きた。不測の事態と不運が重なり、30分で終わるはずだった作戦は、生き残りをかけた15時間を超える市街戦に発展した。その結果、2機のブラックホークを失い、18名のアメリカ兵、そして、1000人以上のソマリア人が死亡した。アメリカ軍にとってはベトナム戦争以来最悪の敗北だった。＊小さな条件の違いが、時間の経過とともに大きな結果の違いを生むことを示す数学的および科学的な理論。

生き残った兵士たちにインタビューを行い、モガディシュを訪れて生の証言を得、本を執筆したマーク・ボウデンは、自著を基に脚色原稿の草稿を書くことになる。サイモン・ウエストがビデオゲーム「トゥームレイダー」の映画化を理由にこの作品の企画を降りたあとも、ブラッカイマーは9200万ドル規模の企画を実現することを諦めず、ボウデンの原稿を映画化するために脚本家のケン・ノーランを招聘した。ブラッカイマーがスコットに送ったのはノーランの原稿だった。

スコットはすぐに、当時のニュース映像を思い出した。おぼろげながらではあるが、現実に起こった出来事の生々しい場面が頭に浮かんだ。彼はそのニュース映像を自分のものにして、「ドキュメンタリー映画」の部分を有した戦争映画を撮るという構想を描いた。それに先立ち、ひとつだけルールを決めた。映画で描くのは表現できる範囲の事実だけ。世界の政治情勢や大局的な問題には一切触れない。ゆえに、アイディード将軍やクリントン元大統領も登場しない。焦点を当てるのは15時間の戦闘の中で起こった出来事のみで、映画を通じてアメリカの外交政策について観客がどんな結論を導き出そうと、それは自由だった。そしてスコットは、『1492 コロンブス』（侵略）と『白い嵐』（絆）と『G.I. ジェーン』（規律）を融合した物語にしたいと考えていた。

「この映画に取りかかってみたら、ありえないほど複雑な方程式を解くような事態になったんだ。それを覚えておいてもらわないと」。スコットはそれ以上のやりがいはないとでも言わんばかりに、撮影時の状況を話してくれた。『ブラックホーク・ダウン』では、狭い地理的空間の中で、複数の場所にまたがって、絶えず同時進行で事が起こっていた。「そう、複雑なビデオゲームみたいなものだよ」と、得々とした調子でスコットは言った。「戦争の狂気のポケットサイズ版だ。戦争が4年続こうが、作戦が36時間、あるいは48時間で終了しようが関係ない。戦争の本質が、この映画に凝縮されているんだ」

『ブラックホーク・ダウン』はスコットにとって初め

地元の民兵が反撃。ソマリアのレジスタンスを非人間的に扱ったことで、この映画は非難を浴びることになる

ての戦争映画であり、反戦映画でもある。彼は、戦闘の渦中にいる人間同士の絆を美しく描きながら、戦争に内在する愚かさや悲しみを表現するという難しい橋を渡った。その微妙なバランスについては賛否両論が巻き起こる。巧妙に現実を美化しているという非難の声もあったが、スコットは戦闘の物理的な側面（実態）と感情的な側面（絶望）を見事に描き、2度目のアカデミー賞監督賞にノミネートされた。彼は混沌とした現実を明確に描いたのだ。

クレジットの脚本欄にはノーランの名前しか載っていないが、スコットは、セリフに説得力を持たせるため、錚々たるハリウッドの脚本家たちに脚本の見直しを依頼した。たとえば、『ハンニバル』の脚本家スティーヴン・ザイリアンや『トラフィック』（2000）のスティーヴン・ギャガン、『インサイダー』のエリック・ロスなどだ。俳優であり劇作家でもあるサム・シェパードは、作戦指揮官ガリソン将軍として、自分の計画が崩壊していくのをなすすべもなく見守るという役を演じながら、自身のセリフの見直しもしていたという。

2001年3月3日から7月にかけての撮影期間、スコットは組織を軍隊のように完璧に動かし、ゴシックサーペント作戦ができなかったことを見事やり遂げ

STRAY DOGS 147

た。彼は決してコントロールを失わずに、ひとつのシーンを最大11台のカメラで撮影した。見応えのある映像を撮るには、さまざまな角度からカメラを構える必要があった。「従来の方法で撮っていたら、今頃まだ撮影現場にいるよ」と、スコットは冗談を言った。ビデオ・アシスト技術の進歩で、カメラのビューファインダーをモニターで確認できるようになり、映像のコントロールがスムーズになった。スコットは、戦闘の撮影現場から離れた場所にあるテント内の映像確認エリアに居ながらにして、並んだモニターの前に陣取りトランシーバーを通して満足がいくまでアングルの調整をすることができたのだ。

　このやり方は、スコットがBBCで働いていた頃の記憶を呼び覚ましたという。当時、彼は生放送のテレビドラマを演出し、コントロールルームでモニターを確認しながら、複数のカメラ操作を確認していた。彼の指示は、ホバリング中のヘリから発せられる命令のように緊迫していた。左に動いて。下がって。右を向いて。そのまま進んで。カメラを操作する撮影班は、自分らも戦場にいるような感覚に陥ったに違いない。

　のちに映画監督ポール・グリーングラスらが採用した臨場感溢れるドキュメンタリー・ドラマ・スタイルには、急降下する空撮、手持ちカメラによる自由度の高い撮影、レンズフレア[*1]、45度のシャッター角度[*2]、ラック・ズーム[*3]、フリーズ・フレーム[*4]など、ありとあらゆる撮影技法が取り入れられた。「リドリーグラム」と呼ばれるリドリーが描いた絵コンテは、重ねると厚さ15センチにもなった。リドリー・スコット作品の常連の編集技師ピエルト・スカリアの編集室の壁3面を覆い尽くすほどの枚数だったという。スコットは彼をロケ現場に配置し、臨時の"デジタル編集室"を3つ設けてフル稼働させた。おかげでスカリアは、夜間でも自分の映像を確認でき、進捗状況を把握することが可能だった。本作『ブラックホーク・ダウン』で編集賞のオスカーを受賞したスカリア

の作品は、まさに巨大なモザイク画のような奇跡の映像である。一日の撮影で、セットアップ（カメラの位置やアングルの変更など）が100回に及ぶこともあった。

＊1　レンズに強い光源を直接、または間接的に当てることで光の散乱現象が起き、画面に光の筋や斑点などが生まれる。

＊2　通常180度とされる露光角度をその4分の1の45度に設定することで露光時間が短くなり、動きのある映像でもブレが少なくシャープに見せる効果がある。

＊3　急速にズームインまたはズームアウトしながら被写体へのフォーカスを変える技術で、背景と被写体の関係が劇的に変化し、緊張感や衝撃を表現するのに効果的。

＊4　動いている映像を一時的に静止させることで、特定の瞬間を強調する手法。

―――――――――

彼はそのニュース映像を自分のものにして、「ドキュメンタリー映画」の部分を有した戦争映画を撮るという構想を描いた。

9.11

　90年代初頭のモガディシュを再現するため、彼らはモロッコのラバトとサレのふたつの街を借り受け、スコットのビジョンに合わせて建物や公共スペースを改造した。街の全域がスコットの野外撮影セットと化したのだ。かなり政情が不安定だったソマリアでのロケは現実的に無理だったし、スコットは『グラディエーター』の撮影でモロッコ近辺を知って以来その場所を気に入っていた。現場に持ち込まれたのは、墜落したブラックホーク2機の残骸と、瓦礫、そして、爆破するためのポリスチレンとコルクでできた壁（粉々になったレンガのシーンは、実際のニュース映像に似ていた）などだ。爆破シーンの撮影中、野良犬たちが撮影現場に迷い込んできたが、犬好きのスコットはリアリティを出すために犬

次頁上：エヴァーズマンのヒロイズムは、勝利ではなく生存という観点から定義されている

次頁下：この映画は、戦火の下にある男たちを称えることと、戦争の愚かさとのはざまでバランスをとっている

が映り込んだ映像をそのまま使った。

　本音を言えば、彼は映画人生で最高の時間を過ごしていた。「自分のやることを心から楽しむのも、私の仕事なんだ」と、彼は言った。

　スコットは1500人の地元民をエキストラとして雇い、偽のAK-47を持たせた。「コンゴ、ルワンダ、シエラレオネの出身者が多かったが、みんな機関銃の使い方を知っていて、完全に役になりきっていた。彼らはゴムのサンダルを履いてAK銃を持ち、いろんな装備を身に着けてダブついたシャツや長いスカーフをマントのようにはためかせながら走っていた。皆が市街地を駆けてくる様子は圧巻だったよ」

　次々押し寄せるソマリアの群衆は、映画『ズールー戦争』（1964）の場面に通じるものがあり、敵を非人間的に描く行為だとして非難する者もいた。だが、コロセウムの剣闘士がそうであったように、この作品が一兵卒の視点で描かれたものであることを忘れてはならない。

　本作では、実際に作戦が遂行された1993年当時の装備を調達しているが、もちろん米軍からの借り物だ（コリン・パウエル国務長官の許可を要した）。ヘリコプターは巨大な昆虫よろしくプロペラを折り畳み、装甲車とともに海岸から運ばれ、人々を驚かせた。なお、軽汎用・攻撃強襲用ヘリのMH-6（愛称「リトルバード」）のパイロットを演じたキース・ジョーンズは本物の軍人で、現実の作戦で生存者を迎えに駆けつけた本人だ。自身の勇敢さを讃えられ銀星章を贈られたその救出劇を、本人役で再現しているのだ。

　兵士たちが作戦の遂行に出かけるシーンに、ジミ・ヘンドリックスの楽曲「ヴードゥー・チャイルド」が使われているのは、この「モガディシュの戦闘」とベトナム戦争を新たな視点で描いた映画の数々を、ロックンロールで結びつけようという意図があったからだ。たしかに、『地獄の黙示録』（1979）の冒頭3分の1や『プラトーン』（1986）の影響を受けていたのは明らかだ。また、『エイリアン』と同様、本作では、勝利ではなく生存という観点でヒロイズムを描いている。「生存」をひとつのテーマに据え、地域を制圧する民兵と戦う兵士を描いた『ブラックホーク・ダウン』は、スコット版『エイリアン2』と言えるかもしれない。

　「俺たちは仲間のために戦うんだ」──これは、デルタフォースの不屈の精神の象徴であり、兵士としての知恵の宝庫であったエリック・バナ演じる古参兵、ノーマン・"フート"・ギブソンのセリフだ。「それがすべてだ」と彼は言った。この物語は基本的に4つのチョークに焦点を当てている。チョークとは12人から16人で構成されている小部隊のこと。それぞれの部隊がコンパスの一方位をカバーするので、4部隊で全方位を網羅できるというわけだ。つまり本作では、戦闘描写だけでなく、兵士たちの人間関係やチョークの役割までしっかり配慮されていたことがわかる。

　スコットがこれまで集めた中で最多のキャストがラバトの地に降り立った。この映画は、実質、男だけの世界だった。なお、ちらっと画面に出てくる、出撃前

前頁：ラバトの街はモガディシュに変貌。墜落したブラックホークの1機から負傷者を避難させる部隊

上：今をときめく英国俳優、ユエン・ブレムナーとトム・ハーディ

にある隊員がかけた電話を取る女性は、コスタリカ人女優のジャンニーナ・ファシオで、スコットの『白い嵐』『G.I. ジェーン』『グラディエーター』にも出演。『ハンニバル』以後にふたりの交際が始まり、2015年に彼女はスコットの妻となった。本作の俳優たちは皆、同じような服装で、同じように丸刈りにしている。そんな兵士たちが戦火の中で各々どのように行動しているかを知ることができるのも、編集のなせる技だ。兵士にはそれぞれ自分の物語があるが、彼らは、非情な戦いにおける"無垢な精神の損失"という共通の経験で結びついていた。

フート役の第一候補はラッセル・クロウだった。だが、他の仕事で身動きがとれなかったため、クロウは第二候補だったバナを推した。スコットも、犯罪伝記映画『チョッパー・リード 史上最凶の殺人鬼』(2000) での過激な演技に感銘を受け、バナも候補のひとりに考えてい

たようだ。彼のエージェントが不明だったため、スコットは直接本人に電話をかけて自己紹介し、この映画に出る気はないかと尋ねている。バナはためらうことなくイエスと答え、交渉が成立した。

そこからは、今をときめく米英出身の俳優たちがずらりと名を連ねていく。スコットに未来のスターを育てる手腕があることは、以下の名前を見ればよくわかる。トム・ハーディ、オーランド・ブルーム、ドラマ『ゲーム・オブ・スローンズ』シリーズ (2011-2019) で活躍したデンマーク人俳優のニコライ・コスター＝ワルドー、ジョシュ・ハートネット（主人公マット・エヴァーズマン役）、ユアン・マクレガー、トム・サイズモア、ウィリアム・フィクトナー、ジェイソン・アイザックス。ハリウッド俳優らしさは、1週間の厳しい訓練で彼らの中からすっかり消え失せた。やがて、彼らの中に連帯感が芽生え、自分の撮影が終了し現場を

STRAY DOGS 151

離れるときは、仲間を置いていくのが辛く感じるようになっていたという。

世の中が変わる出来事が起きたのは、主な撮影が終了し、クリスマスの公開を待つばかりという頃だった。2001年9月11日の同時多発テロは、国際情勢を一変させた。一夜にして『ブラックホーク・ダウン』はぞっとするような現実味を帯びたのだ。観客は本作と9.11を結び付けて考えざるを得なくなった。「ここに描かれている世界が、テロリズムを育む土壌になったのではないのか」と。

テロ発生直後の衝撃から立ち直ろうとしていたブラッカイマー、スコット、そして製作会社のソニーは、公開中止の危機という厳しい問題に直面した。最初に、公開を1年延期するという案が出された。「対テロ戦争」が勃発するとか、アメリカ軍がイラクに進軍するという噂がまことしやかに流れていた。例によって冷静沈着なスコットは、みんなを集め、気を引き締めるよう呼びかけた。実際、彼は可能な限り早くこの映画を公開させようと働きかけている。作品がまさに時代を反映した映画だったからだ。

その判断は正しかった。『ブラックホーク・ダウン』は観客にカタルシス効果を与え、未来に向けた教訓を垣間見させた。この作品が伝えるところは「戦争讃美」「軍国主義的」とは真逆のものだった。バイアスがかかっているとか、物語が"介入主義的"であるといった批判はあったが、作品への評価は概ね好意的だった。「真摯な映画づくりの勝利」とロサンゼルス・タイムズ紙は称賛。本作は全世界で、1億7200万ドルの興行収入を記録した。

これもまた、繰り返し観るべきスコット映画の一作である。きっと初見では、凄惨なシーンの数々や、めまぐるしい映像に圧倒され、感覚が麻痺してしまいそうになるだろう。しかし、繰り返し視るうちに、登場人物らの内面描写や彼らをめぐる人間ドラマを味わえるようになるはずだ。兵士であるこれらの若者たちは、砂煙の中から現れる。その賢明な姿には好感が持てるが、彼らが異質な世界で途方に暮れているのは明らかだ。この映画では、意図せずに生まれる英雄的行動について探求している。そして、観客は、人が極限状態下で見せるそういう予想外の勇気や行動に、人生の本質的な何かを見出すことができるのだ。

誰も口にしないが、『ブラックホーク・ダウン』は『プライベート・ライアン』(1998)よりも影響力があったとされている。少なくとも技術的な面において、この映画は現代の戦争映画の基準になった。

「リドリーが物語を想像するとき、彼はその物語にオリジナリティという刻印を押す。そして、いつしかそれがみんなのスタンダードになるのだ」と、マーク・ボウデンは言った。

「理想としては大作をひとつやって、次に小作品をひとつやるのがいい」。スコットは先述したBBCのマーク・ローソンとのインタビューの中でそう語っている。さらに、彼は、大作と小作を交互に作るのは実は身体的なことが理由だと強調した。撮影現場での「高揚感」

左：マイク・スティール大尉（ジェイソン・アイザックス）がレンジャーズを救出するために助けを求める

次頁：ヘリコプターやその他の装備は米軍の提供によるもの。ジミ・ヘンドリックスがサウンドトラックを提供

> 誰も口にしないが、『ブラックホーク・ダウン』は
> 『プライベート・ライアン』よりも影響力があった。

は疲労感を抑え込む。キャストとスタッフはしばしばこの不屈のリーダーへの驚嘆と敬意を口にする。しかし、その実、彼にも犠牲が伴っているのだ。膝関節の不調が出始めてから、スコットは、自身の寿命のことが頭をよぎり、いつまで現役でいられるかを意識するようになったという。「映画作りとは疲れるものだ」。スコットはまるで控えめな詩人のような言葉を口にした。

新境地を探して──『マッチスティック・メン』

しかし、ヒットが続いたことに気をよくしたスコットは、すでに次なる構想を立てていた。『ブラックホーク・ダウン』でオスカー（編集賞、音響賞）の栄光と興行的成功という2つの金字塔を打ち立てたことで、スコットは、ハリウッドで絶大な影響力を持つことになる。その結果、2002年、スコットは世界でもっとも重要視される監督となった。そんな彼はロバート・L・スティーヴンソンの不朽の名作「宝島」を原作とした『Captain Kidd』で、海賊映画という、今まで埋もれていたジャンルの復活をまたしても考えていた。やがて、その企画は、ジェリー・ブラッカイマーが製作指揮を執り、彼自身の会社とディズニーとの共同で『パイレーツ・オブ・カリビアン』シリーズ（2003-）の制作へと発展していく。彼は次に、『アラビアのロレンス』（1962）のような作風で、腐敗した政権の転覆を手助けするアメリカ人ジャーナリストを描く19世紀が舞台の『Tripoli』という歴史大作の制作を考えた。それと、同時進行で、脚本家のウィリアム・モナハンと十字軍をテーマにした企画も話し合っていた。その企画はやがて『キングダム・オブ・ヘブン』へと繋がっていくわけだが。いずれにしても、『ブラックホーク・ダウン』が示した現代の文化衝突のテーマを

STRAY DOGS 153

左上：絆を深めようとするロイ（ケイジ）とアンジェラ（アリソン・ローマン）。すべての映画は心の旅でなければならないとスコットは主張する

右上：ロイの悩める相棒を演じるサム・ロックウェル

歴史的文脈で探求したいという思いがスコットの頭にはあった。19世紀であれ、十字軍の時代であれ、文化の衝突という普遍的テーマを通じて人間社会の複雑さや人間の本質を描きたいと考えていたのだ。

しかし、最終的にスコットの心をつかんだのは、『マッチスティック・メン』という陽気な詐欺師映画だった。新境地を探していたスコットは、「まだ、ひっくり返されたことのない石は何かと考えたんだ」と、そのときの心境を説明している。『誰かに見られてる』や『テルマ＆ルイーズ』と同じく、彼は、3本続いた大作のあとの気分転換として、人物描写に焦点をしぼった比較的小規模な作品にもう一度挑戦したというわけだ。予算も6200万ドルとやや抑え気味だった。

脚本は、エリック・ガルシアの小説を基にニコラスとテッドのグリフィン兄弟によって書かれたもので、ロバート・ゼメキスが監督を降りたため、その話がスコットのところに持ち込まれた。彼は『マッチスティック・メン』（スラングで詐欺師の意）を、「びっくりするほど自分と相通じる」コメディだと思ったようだ。グリフィン兄弟もそこまでは考えていなかっただろうが。ガルシアの小説では、ぎくしゃくしていた父と娘の関係の変化が軽快なタッチで描かれていた。この作品は欺瞞と自己欺瞞がテーマであり、グリフィン兄弟はこれを人間ドラマとして捉えた。スコットは、強迫性障害を患っている詐欺師ロイ（ニコラス・ケ

イジ）が相棒のフランク（サム・ロックウェル）と詐欺を働く様子をユーモラスに描いた。違法に入手した精神安定剤を誤って台所で流してしまい、症状が悪化する一方のロイは、フランクに勧められてセラピーを受ける。そして、そのセラピーをきっかけに、生まれていることも知らなかった14歳になる自分の娘と再会するのだった。

もちろん、スコットは冷静沈着を絵に描いたような人間だ。「何も言わなくても、目だけで役者とコミュニケーションがとれる監督よ」。そう笑ったのは、ロイの娘のアンジェラを演じたアリソン・ローマン。スコットは自分でも「几帳面」であることを認めている。それも、かなり潔癖症に近い、と。そういう意味でも、ロイと通じるものがあった。スコットの息子のルークは以前、父親の机がどれほどきちんと整理整頓されているかについて言及している。ルークが子供の頃、学校から帰ると、父親がインテリアを完璧にしようと、家具をあちこち動かしていたそうだ。「人生は映画のセットのようにはうまく収められないという現実を、父はときどき忘れてしまうんだろうね」「映画というものは見る者を心の旅に誘うものだ」と、スコットは断言する。ロイは執拗に掃除をし、玄関のドアのカギを何度も確認し、シミひとつないカーペットが汚れるのを心配するあまり過呼吸になり、チックを繰り返す。そんな彼がどうやって名詐欺師を続けてこられたのかという点には大いに疑問が残る。

エキセントリックな演技が売りのニコラス・ケイジは、映画『白い嵐』の嵐のごとく、そのくるくると回る眼球（極端で顔芸的な演技）で、映画という船を転覆させることで知られている。とはいえ、コッポラ一族の末裔である彼は、オスカーを受賞するような演技派俳優でもある（1995年の『リービング・ラスベガス』でアルコール依存症の役を体当たりで演じ、アカデミー賞主演男優賞他、数々の映画賞を獲得）。スコットは、脚本を読み始めて5ページで、この役をやるのはケイジしかいないと思ったという。

監督の判断は正しかった。この作品でケイジはまたしても繊細な演技を披露した。彼は強迫性障害という病気をコメディタッチで演じているが、決して茶化してはいない。そして、自分の仕事に娘のアンジェラを巻き込んでしまったという良心の呵責を覚えると同時に、父親としての役割を必死にこなそうとする主人公の複雑な心情を見事に表現していた。ロイの変わった行動の裏には、傷ついた魂があるのだ。

スコットは、本作の舞台を太陽が降り注ぐ広大なサンフェルナンド・バレーの街にした。ロサンゼルスでの撮影は『ブレードランナー』以来だったが、今回は、雑多な店が立ち並ぶ商店街と野ざらしになった駐車場が広がる街だった。そこは、言うなれば、ウィットに富んだタランティーノのノリにノワールの雰囲気を合わせたようなところだ。会話が延々と続くシーン（脚本8ページ分にも及ぶセリフの応酬）もあったが、小気味よい編集で、テンポがある。「どの場面もふざけっぱなしだった」とロックウェルが言う。「ちょっと悪ふざけが過ぎたかな」

潔癖症がゆえに清潔を求めるロイの不安が視覚的にもわかるように、彼の部屋はどこか人工的で不快感を覚える緑色で統一された。その部屋のシーンも含め、さまざまな場所を行き来しながら、撮影は順調に進んだ。「あの映画は9週間であっという間に完成したんだ」と、スコットが教えてくれた。大作映画でなくても彼は冴えていた。「どのシーンも2テイクでOKだったよ」と、ジョークを飛ばす。撮影する時点で、スコットの頭の中には、すでにこの映画の全体像が明確にできあがっていたのだ。

『マッチスティック・メン』で、著者である私とスコットの道が再び交差する。この映画の取材でニューヨークを訪れ、いつものようにスタジオが指定するホテルのスイートルームでスコットとケイジに会った。ケイジは、スコットと相談しながらチックの症状や痙攣の動きをダンスの振り付けをするように決めていった話を明かし、「スコットには迷いがない」と、感心したように言った。監督と主演俳優はお互いに褒め合って

いた。「ケイジはすごく映画に詳しい」と、スコットは賞賛する。「しかも、彼の知識はアメリカ映画に限らない。たとえば、私がジャック・タチという名前を出しても、誰のことを言っているのか、彼はすぐにわかってくれるんだ」

ケイジは、ヨーロッパ映画のような力の抜けた自由な雰囲気を目指していた。タチとか、ジャン＝リュック・ゴダールとか、フェデリコ・フェリーニのような作品をイメージしていたようだ。

スコットは何げなく、でも、意図的に質問して、相手の不意を突いてくることがある。「『甘い生活』（1960）に出ていたハンサムな男は誰だったかな？」

それで、こちらはしどろもどろになって、「マルチェロ・マストロヤンニだったかな」と、めちゃくちゃな発音で答えるはめになるのだ。

本作は詐欺師の映画だけに、当然ながらどんでん返しの伏線があった。不正に得た金を執拗に溜め込んでいたロイは、映画のラストで自分がカモであったことに気づく。娘も相棒も、本当は自分が思っていた人間と違うのではないかと疑心暗鬼になるのだ。幸せさえまやかしであったことを悟ったとき、ロイは激しい喪失感に襲われる。

批評家たちは、冷ややかな感じもありつつ、内容的にはこの映画をある程度評価している。USAトゥデイ紙は、「さまざまなかたちの不誠実さを芸達者な役者たちがおもしろおかしく紹介した作品」と、評した。心温まるエンディングシーンについては、またしてもスコットが批判に屈し試写後に編集し直したのではないかと訝しむ声もあった。個人的にはあのシーンがあるから微笑ましい映画になったのだと思う。ロイは、カーペットのセールスマンとなり、控えめで平穏な日々を手に入れた。スコットの描く世界では近年多くの死が描かれている。それだけに、生に目を向けるこの映画は、心を和ませるものとなったのかもしれない。

『テルマ＆ルイーズ』ほどの脚光を浴びることはなかったが、6800万ドルの興行収入は、スコット作品の中でもっとも知名度の低い異色作の1本としては悪くない結果だった。

まさにその年、スコットに大きな栄誉がもたらされた。映画界への貢献が認められ、アルフレッド・ヒッチコックとデヴィッド・リーンという彼自身が敬愛する二大巨匠と並んで、彼にナイトの称号を授与されたのだ。スコットが女王陛下の前で跪く。そして、声が聞こえる。起立、リドリー卿！「本当に恐れ多いことだ」と、彼は記者団に語った。授賞式の光景は、まるで彼が撮影した映画のワンシーンのようだった。

STRAY DOGS　155

OUTSIDERS

よそ者たちの賛歌

KINGDOM OF HEAVEN (2005)
『キングダム・オブ・ヘブン』
A GOOD YEAR (2006)
『プロヴァンスの贈りもの』
AMERICAN GANGSTER (2007)
『アメリカン・ギャングスター』

オーランド・ブルームとその紳士的とはいえない父親ゴッドフリー卿(リーアム・ニーソン)

激動の人類史と
『キングダム・オブ・ヘブン』

　結局、『Triipoli』は製作を断念せざるを得なかった。リドリー・スコットはこの19世紀が舞台の大作にラッセル・クロウを起用するつもりだったが、スケールが壮大なわりに興行収入が見込めないと映画スタジオの20世紀フォックスが二の足を踏んだのだ。スコットはすでにモロッコでロケハンを行う段階まで企画を進めていた。だが、その次の企画である十字軍ものへの頭の切り替えは素早かった。

　ここまで見てきておわかりの通り、スコットも自信喪失や拒絶に悩まされたことがなかったわけではない。そうした挫折を乗り越える彼の秘訣はとにかく動き続けることだった。80年代から90年代にかけて映画制作は10年で平均4本のペースだった。「以前の自分は思い上がっていたんだ」と、彼は監督する作品を選り好みしていた過去をほのめかす。「ただ、人間歳を取るとそのへんのことは利口になるものだ」。現に2000年代に入る頃には、彼の作品数が倍に増えている。

　子供の頃に『エル・シド』(1961)で貴族の化身のようなチャールトン・ヘストンを観て以来、スコットの「創造」を司るDNAには騎士道の概念が刻み込まれていた。「誰だって心の本棚に読みたい本(やりたいこと)が並んでいるものさ」と、彼は言った。「で、私の本棚で、西部劇の隣に並んでいたのが鎧姿の騎士だったんだ」。思い返せば、彼のアーカイブには

「身分など関係なく、生まれ持った才能を生かせる」
　　──映画『キングダム・オブ・ヘブン』より、ゴッドフリーが息子のバリアンに語ったセリフ

前頁上：鍛冶屋からエルサレムの救世主となったバリアン役のオーランド・ブルーム

前頁下：シビラ王女役のフランス人女優エヴァ・グリーン

右：どう動くべきか賢明な判断を常に模索する十字軍兵士ティベリアスを真正面から演じるジェレミー・アイアンズ

『Knight』という仮タイトルで描かれたコンセプトアートもあったし、アーノルド・シュワルツェネッガーを主役に『Crusades』（十字軍）という、史実の正確性よりも娯楽性を重視したアクション大作映画を撮る可能性もなくはなかった（当初、ポール・バーホーベンが監督予定だった）。そちらのほうは、予算が膨れ上がったうえ、主役が政界進出という野望を抱いたために、結局は製作されなかった。

そこでスコットは、本格的に脚本家のウィリアム・モナハンと組んで、『Crusades』という同タイトルで『Triipoli』のアイデアを練り直した。それは、東西の文化の衝突、文明の礎、宗教の教義、そして、新しい世界に乗り出すひとりの異邦人など、彼の過去作でも触れられたことのある、おなじみのテーマの物語となった。「騎士道とはどういうものかを伝えたかったんだ」と、スコットは語っている。騎士道精神とは具体的に何を意味しているのか？ 聖なる召命と殺戮はどのように両立するのか？ 彼は史実の断片をストーリーに織り込むという手法を気に入っていた。宗教問題が、実は騎士たちを冒険に向かわせる口実にすぎなかったというのはよくある話だ。1492年以前、「聖地・エルサレム」は開拓時代の「アメリカ西部」のような存在だった。未秩序な土地で危険は伴うものの、可能性に満ち、人々はそこで富を得て、人生をやり直すチャンスを手に入れることができたのだ。

スコットの作品を広い視野で捉えると、人類の激動の歴史を辿る年表ができあがる。その年表には、『エクソダス：神と王』（古代エジプト）、『グラディエーター』（古代ローマ）、『キングダム・オブ・ヘブン』（十字軍時代）、大きく考えれば『最後の決闘裁判』（中世フランス）、『ロビン・フッド』（中世イングランド）、『1492 コロンブス』（コロンブスの新大陸発見）、そして『デュエリスト／決闘者』（ナポレオン戦争時代）まで含まれてくる。ストーリーの良し悪しについては賛否両論あるが、本作を含むこの一連の作品群が、激動の人類史のリアルをスクリーンに見事に映し出しているのはたしかだ。

モナハンは、ラテン語で書かれた原本を読みあさるほど十字軍の物語に夢中になった。ゆえに、『キングダム・オブ・ヘブン』はもっとも史実に忠実な映画の

OUTSIDERS 161

ひとつと言えるだろう。150ページにも及ぶ脚本は1184年から始まる。傷心のフランス人鍛冶職人バリアン・イベリン（このキャラクターは実在の騎士をモデルにしているが、鍛冶職人だったという背景はなく、実際の外見も大きく異なっていたはずだ。だが、映画を観た者は、バリアンと言えばオーランド・ブルームの姿を思い浮かべることになるだろう）は、父親がゴッドフリー・イベリン卿（リーアム・ニーソン）であることを知り、やがて騎士の称号を得る。難破船から生還し（この場面には『白い嵐』の未使用シーンを流用）、イスラム貴族（アレクサンダー・シディグ）の命を救い、聖地エルサレムに辿り着いた彼は、癩王（ハンセン病を患っていたとされる）ボードゥアン4世（オープニングクレジットにその名の記載はないが、鉄仮面姿で演じていたのはエドワード・ノートン）に気に入られる。イベリンは土地の人々に近代的な農業技術を紹介し、ボードゥアンの妹で気の強いシビラ（エヴァ・グリーン）と恋に落ち、聖地奪還のため現れたサラディン率いるイスラム教徒の大群からエルサレムの民を守りぬく。最後に獅子心王リチャード1世（イアン・グレンがカメオ出演）が顔を出し、のちに公開される『ロビン・フッド』と点と点を結ばれたところでこの映画はエンディングを迎える。スコット監督は当初ラッセル・クロウにリチャード1世役を依頼したが、結局調整がつかなかったらしい。

ジェレミー・アイアンズ、デヴィッド・シューリス、ケヴィン・マキッド、ブレンダン・グリーソン、マートン・ソーカス、ベテランのジョン・フィンチ（持病のため『エイリアン』から降板した過去がある）など、饒舌なタイプの豪華キャストが顔を揃えた。スコットはスペイン（『1492 コロンブス』で使用したセビリアのアルカサルを含む）とモロッコのサハラ平原をロケ地に選び、デヴィッド・リーン監督作『アラビアのロレンス』（1962）、イングマール・ベルイマン監督作『第七の封印』（1963）、アンドレイ・タルコフスキー監督作『アンドレイ・ルブリョフ』（1974）などの映画の場面や、ジャン＝レオン・ジェローム、ギュスターヴ・ドレ、デヴィッド・ロバーツ、ウィリアム・ターナーといった芸術家たちの絵に描かれている映像的な広がりをイメージしながら撮影に臨んだ。

プロダクション・デザイナーのアーサー・マックスは、できればCGIを使いたくないという監督のこだわりをよく知っていて、モロッコの街、ワルザザートに長さ1200フィート（約366メートル）の壁を備えたエルサレムのレプリカを造り上げた。「これくらいのスケールが好きなんだ」と、スコットは取材に来たテレビ班に自慢している。三角旗を揃えるのに25万ドルを費やし、伝統的な技法で60フィート（約18メートル）もある攻城兵器を実際に作った。200頭の馬が用意され、300枚の盾、2万本の矢など、揃えた小道具の数も『グラディエーター』を圧倒していた。ただ、この映画の時代設定では、騎士はピカピカの鎧を着ていなかったと知らされ、スコットは落胆する。当時の騎士の戦闘スタイルは鎖かたびらにヘルメットというのが正しく、鎧の着用はもっと後の時代のものだったのだ。そして、スコットは歴史を偽ることがどうしてもできなかった。

スコットが『グラディエーター』という成功作を撮ったときの姿勢に立ち戻っていると確信した20世紀フォックスは、監督の希望を叶えるために制作費として1億3000万ドルを提示した。そして、2004年1月6日、5ヶ月間に及ぶ映画制作がスタートしたのだ。ある制作スタジオの重鎮はスコットに次のように話したそうだ。「今、世界で血が流れている。君が選んだこの映画の歴史的な舞台設定は、まさにその傷が作られた瞬間なのだ」。実際、本作の舞台は12世紀の十字軍時代で、キリスト教徒とイスラム教徒の間で聖地エルサレムの支配権をめぐる激しい争いがあった時期だった。この重鎮の言葉は、本作が単なる歴史劇ではなく、現代の政治的、宗教的対立を理解するうえで

「歴史とは推測にすぎない。
　そして、もっとも優れた歴史家とは、
　歴史を正確に推測しようとする
　人間のことだ」
　──リドリー・スコット

スコットはこれまで同様、歴史的な正確さと、『グラディエーター』を凌駕するスケールにこだわった

重要な視点を提供する作品になることを示唆していた。
　撮影中、いわれのない非難の声が火がついた矢のように監督と脚本に浴びせられた。この作品は歴史を中立的な視点から描いていた（イスラム教の指導者サラディンは中間色で色付けされている）が、それがあだとなり、オサマ・ビンラディンの哲学に迎合していると批判する者もいれば、アメリカの軍国主義的なプロパガンダになっていると正反対の解釈をする者もいたのだ。どのように捉えるかは、どの「有識者」に意見を求めるかで変わってくる。たとえば、教会史が専門のケンブリッジ大学教授ジョナサン・ライリー＝スミスはデイリー・テレグラフ紙で、「十字軍を美化している」という見解を述べていた。
　スコットはそんな状況を一蹴した。「歴史とは推測にすぎない。そして、もっとも優れた歴史家とは、歴史を正確に推測しようとする人間のことだ」と。
　スコットと友好関係を築いたモロッコのムハンマド6世が、本作のキャストやスタッフに対する「死の脅迫」から撮影現場を守るために1500人の兵士を差し出したという噂まで流れたが、それはまったくのデマだった。彼らが現場にいたのはエキストラとして兵士役を演じるためだった。参加者は衣裳を早替えして、キリスト教軍の兵士になったりイスラム教軍の兵士に

なったりしていたというのも皮肉な話だ。

この物語の中枢にあるのは、両軍を混乱させているのは過激派だというメッセージである。どちらが悪いではなく、悪いことをする者を悪党と呼ぶというだけのことだ。ご都合主義にも見えるが、正義の味方、我らがバリアンは宗教という意味ではどっちつかずの立場をとっている。「私は不可知論者＊だ」と、スコットは肩をすくめた。「だから、この映画でも主人公は不可知論者として描かれている。そのほうが話の流れがおもしろくなると思ったんだ」＊神の存在や真理について判断を保留する立場。

その結果、バリアンは、騎士道に縛られ、人助けに奔走するやや堅物のモダニストになってしまった。スコットは『ブラックホーク・ダウン』でオーランド・ブルームを知り、その若きイギリス人俳優の高潔な佇まいを気に入っていた。エルフのような端麗な容姿のから、ブルームの顔立ちは当時の男前の基準となった。ただ、その頃のブルームにはラッセル・クロウのような成熟した男の渋みがなく、むしろ『レジェンド／光と闇の伝説』のトム・クルーズを彷彿させた。

ストーリーはさておき、攻城兵器や騎兵隊の突撃シーンなど描写の忠実性において異議を唱える者はいないだろう。ただし、何百もの黄金色の火の玉を城壁の向こうへと投げつけるシーンは史実に記録されていないとモナハンは認めている。スコットは、膨大な数の騎馬兵と歩兵が登場する大規模な戦闘シーンを描くべく、『ロード・オブ・ザ・リング』の映画で開発されたMASSIVEというソフトウェアを使用した。

接近戦のシーンは『グラディエーター』に匹敵する仕上がりだが、雪が渦巻く中でゴッドフリー率いる"荒くれ騎士団"が壊滅的な打撃を受ける序盤の待ち伏せ攻撃の場面は、スコットがこれまで撮影した映像の中で、もっとも迫力があり残酷で美しいアクション・シーンと言っていいだろう。スコットが、黒澤明やセルゲイ・エイゼンシュテイン、イングマール・ベルイマンといった監督たちを敬愛しているのは、その監督たちが揃って「自然の力を映像に取り入れているから」だ。それは彼がCM撮影で学んだことでもあった——雪、雨、風、光など、神が創り出す自然現象こそが、最高の映画セットとなるのだ、と。

しかし、この作品は、2005年5月6日に映画館で公開された『グラディエーター』ほど、観客の心を揺さぶることはなかった。映画の売り込みがうまくいかず（これはスコットの弁）、とりわけ保守的な価値観を持つ者が多いアメリカ中西部では中立的な結末が受け入れられなかった。映画はエルサレムの威厳ある降伏で幕を閉じる。「スコット監督が万人の共感を得る

ため帳尻合わせに終始した結果、観客は登場人物の誰に感情移入していいかわからなくなっている」と、エンターテインメント・ウィークリー誌は突き放した感じの批評を掲載。結局、興行収入は全米で4700万ドル、トータルで2億1100万ドルとなった。

事態が収拾するのを待ち、スコットは事実を明らかにした。試写会の結果を受けて、またしても彼は己の芸術的ビジョンを貫かず、妥協してしまったようだ。

撮り貯めた映像の中身から考えると「4時間か5時間の上映時間になってもおかしくなかった」と、スコットは言う。彼が試写会で目の肥えた観客を意識して制作会社に提出したのは3時間8分の短縮版だったというのだ（後述されるが、最終的に劇場公開版はさらに短く145分だった）。鑑賞後の採点方法は、かつてのような主観的な感想を重視するのではなく、評価シートを統計学的に分析する形にすでに移行していた。「映画作りは、脚本を書く段階からすべては直感と感性がものを言う作業のはずなのに」と、スコットはため息をついた。ここまでキャリアを積んできたスコットが今対峙にしなければならない相手がまさか統計学とは。評価シートの結果、この作品については18歳から40歳の女性の心には響かず、18歳から25歳の若い男性は筋書きについてこられなかったという結果が出た。試写会で得た反応に"毒されてはいけない"ということはスコットもわかっていた。そこで、シビラと前夫の息子である幼い王子（同5世）がシビラの弟であるボードゥアン4世と同じ癩病に「感染」していることが発覚するシーンは映像に残すべきだ、と訴えた。にもかかわらず、物議を醸す危険性のあるシーンが改めて見直され、結果全体で合計45分ほどをカットするという提案を彼は結局受け入れた。彼の言葉を借りれば、「爆弾が解除された」ということになる。しかし、このせいで映画自体は迷走した。主要なエピソードがカットされ、大事な情報が削られたために、シビラが狂気へと転落する必然性がなくなってしまったのだ。

「あのシーンをカットするなんて本当に馬鹿なことをした」と、スコットも認めている。ちなみに、削られた部分はDVDで観ることができる。たとえば『ブレードランナー』は、理想の形に近づけるため調整が重ねられ、結局ディレクターズカット版とファイナルカット版が発表されている。そうしたアプローチは今や映画界の常識となりつつあり、最近では多くの監督がディレクターズカット版を発表している。ピーター・ジャクソンは『ロード・オブ・ザ・リング』3部作それぞれのエクステンデッド版を発表し、成功を収めた（オーランド・ブルーム扮するレゴラスのシー

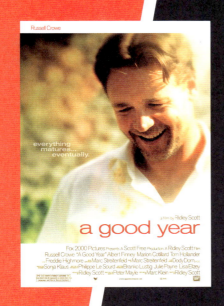

「フランス人はまさにあの通りだし、イギリス人もまさにあの通りだ」
——リドリー・スコット

ラッセル・クロウとスコットはこれまでとは違う手ごたえを求めて、ワイン・コメディに挑戦した

ンが増え、彼のファンは大いに喜んだだろう）。ちなみに、オリバー・ストーンも『アレキサンダー』のディレクターズカット版やノーカット版などをリリースしているものの、労力のわりにあまり販売状況は芳しくなかったらしい。『キングダム・オブ・ヘブン』も、これらの作品と同様、のちにスコットが監修したロングバージョンを改めて発表する機会を得た。この公式ディレクターズカット版は、本編より内容は複雑で、中身が濃く、ストーリーの整合性も取れている。何より、シビラが息子の癩病の症状に気づいて自ら我が子を殺したシーンを挿入したことで、彼女が狂気に堕ちる場面に必然性が生まれた。デヴィッド・シューリス演じるつかみどころのないホスピタラー（聖ヨハネ騎士団の騎士であり修道士でもある）が、精神的な導きを与える存在として見られるようになったのも、新バージョンで登場シーンが増えたおかげだろう。キャラクターにどこか神秘的な深みを与えることで、これまで戦闘を中心に語られてきた十字軍の歴史劇が、精神性や哲学性を帯びた厚みのある物語になった。ちなみに、『キングダム・オブ・ヘブン』の長尺版では物語展開や内面描写がより緻密になり、スコットの細部にまでこだわったディテールや劇中で描かれる複数のエピソードを堪能できるため、ドラマのミニシリーズのように時間をかけて贅沢に楽しむべき作品となっている。「自宅でDVDを鑑賞するというのは、言って

みれば、良い本を読むのと同じだ」と、スコットは認めた。「映画館で観るときは、周囲がうるさかったりする場合もあるし、その後に食事もしなければならないから、落ち着いては観られない。もっとも、映画館では、家でDVDを観るのと違う迫力を堪能できることはたしかだがね」

映画監督のキャメロン・ベイルは、自身のオンラインブログ「The Directors Series」の中で、「『キングダム・オブ・ヘブン』は、巨額の予算をかけたハリウッドのスペクタクル大作がますます無機質なものになっている現状に対して、真の職人であることにこだわり、勝ち目のない闘いに挑み続ける映画監督スコットの"十字軍"なのだ」、と、述べている。そんな激闘のあとだからこそ、彼が休暇を取ったとしてもなんの不思議もない。

「余暇」を過ごす──『プロヴァンスの贈りもの』

『プロヴァンスの贈りもの』は、気楽に楽しめるスコットの小品のひとつではあるが、ペースとトーンが今までの作品とはがらりと違っている。その点において異論の余地はない。本作は、まさしくロマンティック・コメディそのものだった。

この映画は小規模作品ゆえ軽視されることも多いが、スコットは、撮影中、フランス南東部のアヴィニョンにある自身の邸宅（屋敷内には編集スタジオが完備さ

OUTSIDERS 165

れていて、「小さなブドウ畑」もある）の居心地の良さに浸っていたようだ。彼は15年以上前から毎年一定期間、その屋敷で生活をしていて、そこから風光明媚なロケ地、シャトー・ラ・カノルグまでは車で行くことができた。「この作品の撮影中は毎日罪悪感があったよ」と、彼は冗談めかして言っている。

『プロヴァンスの贈りもの』は、スコットの隣人で友人でもあるイギリス人作家のピーター・メイルが書いた小説が原作だ。ロンドンの激しい競争社会から抜け出し、プロヴァンスの片田舎に家を構えた実体験を基に書かれた彼の自伝的小説で、累計600万冊を売り上げた。スコットは、イングランド南東部ブライトン生まれのメイルとは、70年代に、ロンドンの広告業界で知り合っている。コピーライターだったメイルはクリエイティブ・ディレクターとなり、NYとロンドンを股にかけて多忙な日々を送るようになっていた。やがて、彼はその仕事を辞め、フランスに移住。そして、絵画のように美しいリュベロン地方のメネルブで生活を謳歌していた。

メイルが描く牧歌的なフランスの風景には、赤ワインと美味しい料理が並び、海峡を隔てたふたつの国──イギリスとフランス──の風変わりな文化の衝突というスパイスがプラスされ、結果、プロヴァンスに一大ブームが巻き起こった。「日本から、オーストラリアから、ドイツから、スウェーデンから、イギリスから、そして、アメリカから、はるばる車に乗って大勢の人がこの土地までやって来たよ」と、メイルは語っている。イギリスからフランスに逃れてきた彼が作家として有名になり、プライバシーが失われるほどの混雑から逃れるために、今度はニューヨークのロング・アイランドに逃げ出さないといけなくなったというのもかなり皮肉な話だ。

メイルが自身の経験を基に描いたこの創作小説の映画版は、道徳心に欠ける金融トレーダーのマックス（ラッセル・クロウ）が、プロヴァンス地方にある叔父のシャトー（屋敷）と彼ご自慢のブドウ

前頁：クロウ演じるマックスは、彼の名前の由来であるマキシマスほどかっこよくはない

左下：イギリスの小説家グレアム・グリーンの本を読みふけるヘンリーおじさん役のアルバート・フィニー

右下：クロウと気の強い恋人ファニー役のマリオン・コティヤールを演出するスコット。大作ではないが、スコット映画には珍しくストレートな温かさを感じる作品

畑を相続するところから始まる。そこは、彼が子供の頃、型破りなヘンリーおじさん（アルバート・フィニー）と夏を過ごした土地であり、ほろ苦い思い出の場所として描かれている。スコットはこの映画を、ある部分ではゴースト・ストーリーとして見ていた。ロンドンでのエリートトレーダーとしてのキャリアが揺らぎ始める中、マックスは次第にシャトーに愛着を、そして、地元の美しいレストラン経営者ファニー（マリオン・コティヤール）に恋愛感情を抱くようになっていく。ただ、彼女のほうは一生男性とは交際しないと心に誓っていた。それにマックスは、「イギリスから来た新参者」として警戒され、なかなか地元住民に受け入れられない状況にであった──。

スコットは、この放蕩者のアウトサイダーが子供時代を楽しく過ごした場所に立ち戻り、のんびりとしたガリア*の伝統的な生活様式や慣習に揺さぶりをかけるというアイデアが気に入った。これは、彼がキャリアを通じて扱ってきたヘビー級の"対立"というテーマを、ふんわりと軽やかなフェザー級バージョンで表現した作品だった。「フランス人はまさにあの通りだし、イギリス人もまさにあの通り。どちらの描写もしっかりと真実を捉えていた」と、彼は言った。原作の脚色は『セレンディピティ』（2001）を手がけた、ロマコメ作品を得意とする脚本家マーク・クラインが担当。メイル

が両国間の競争心をうまく捉えているとスコットは考えていた。シビアな財務戦略に走ろうとするマックスと、丹精込めて最高のワインを作ろうとする地元の人たちとの対比は、図らずもハリウッドとアートの対立関係を具現化していると言える。＊古代ローマ時代のフランスの地域を指した呼称。フランス人の特質や習慣を表す表現として使われている。

フォックス側は映画化に懐疑的だったが、スコットの意志は固かった。また、それ以前に、スコットの企画にクロウが関心を示したのだ。ふたりはハリウッドで会合を持ち、それぞれに自分が検討中の企画を競馬予想のように披露し合った。その中で、クロウが関心を示したのが、ブドウ栽培と中年男という一風変わった物語だった。その翌日、クロウから電話かかってきた。「あれならやってみる価値があるかもしれない」と。

ふたりはよくありそうであまりないこの企画に惹かれた。「スコットとの友情は苦難の中で築かれたものなんだ」と、『グラディエーター』を振り返りながら、クロウは語った。「何せ僕たちは、一緒にモロッコの地に立ち、何千もの人々に囲まれ、"これからどうしよう？"という状況に陥った経験を共有しているからね」。それに、この作品なら、ワンパターンと非難されることもまずないだろう。

フォックスは、2005年の秋の9週間をふたりがプロヴァンスでワインを飲ん

OUTSIDERS 167

で陽気に過ごすために製作費3500万ドルを出してくれた。

スコットがフランスで撮影したのは、48日間雨が降り続いた『デュエリスト／決闘者』のとき以来だった。「激しい雨が降っていたからこそ霧のように柔らかなあの光が表現できたんだ」と、彼は当時のことを回想する。「でも、今回の舞台は秋の始まりのプロヴァンスだった。素晴らしい天候に恵まれて、前回とはまったく違う経験になったよ」

プロヴァンスのリュベロン地方自然公園の中心に位置する、ローマ時代の別荘跡地に建てられた築200年のシャトーが舞台となれば、スコットの腕が鳴るというものだ。広告業界出身の本能に突き動かされたスコットが現地を紹介する紀行映画を作ったにすぎないという厳しい見方もあるだろう。ただ、セザンヌが描く緑豊かな風景や、レースのカーテンを通して差し込む優しい午後の光を好む人にはたまらない作品となった。「観光客向けグルメを過剰に美化している」と、ガーディアン紙は苦言を呈した。観ればいつでもその土地を観光している気分になれる映画というわけだ。ちなみに、ロンドンのシーンは、光溢れるプロヴァンスとは対照的に、金属板のような鉛色で描かれている。

しかし、これは本当に中流階級の願いを満足させるだけの映画なのだろうか？　スコットは、廃れたシャトーに夢のような柔らかい輝きを与えている。それはまるで『レジェンド／光と闇の伝説』のオープニングを見ているようでもある。これはおとぎ話だ。カリフォルニアのナパ・ヴァレーからやってきたヘンリーの娘を名乗るワイン愛好家のクリスティ（アビー・コーニッシュ）とのちょっとした家族間の対立や、自分が変わったと認識するに至るまでのマックスの心の葛藤はあるものの、それを除けば、物語に暗い影を落とす要素はまったくない。

アルバート・フィニー（『デュエリスト／決闘者』のフーシェ役で得た25ポンドを大幅に上回るギャラを得ている）は、反骨精神とワイン愛でマックスを育てた、やんちゃだが魅力的なヘンリーおじさんをのびのびと演じている。子供の頃は、叔父のワイン作りに大いに感化されていたマックスだが、大人になってロンドンで投資銀行家として過ごす中、彼の心にあるワインへの想いは蓋をされてしまったままだった。スコットの演出の妙だけでなく、編集を担当したドディ・ドーンの編集技術のおかげもあって、若くて柔軟な考えを持つ子供時代のマックス（フレディ・ハイモア演じる）が登場し過去の記憶を再現するという場面が実現した。過去と現在の間を軽やかに行き来しながら物語が展開していくという描き方も本作の魅力のひとつだ。

この映画には、原作者よりもスコット自身にちなんだ小道具が数多く登場する。すり減ったクレーのテニスコートはスコットのテニス好きを表しているし、ワイン醸造家の愛犬がジャック・ラッセル・テリアなのは、スコットが飼っている2頭のジャック・ラッセル・テリアへのオマージュとも取れる。スコットは内心で、仕事中毒のマックスのモデルは自分ではないかと考えていた。本作は、余暇を過ごすスコットの姿を描いていると言えるのかもしれない。

この作品を撮影するにあたり、ワインと人生を重ね合わせる『サイドウェイ』（2004）も意識していたが、ジャック・タチ（1958年のフランス映画『ぼくの伯父さん』の監督・脚本・主演）のこともスコットの頭にあった（見過ごした人のために言っておくが、ヘンリーおじさんのブドウ園を管理するフランシスの愛犬の名前は「タチ」である）。本作は、本格的なドタバタ喜劇というより、控えめなユーモアが散りばめられたコメディだ。チャーリー・チャップリン同様に主演、脚本、監督をこなすコメディ俳優で「フランス版チャップリン」と呼ばれるジャック・タチだが、町の広場で映し出されるモンタージュにタチの映像クリップも含まれ、それがマックスとファニーをロマンスへと誘っていく。この流れから見ても、スコットのフランス映画に対する造詣の深さはうかがい知れる。

批評家は、自分たちが侮辱されたと思うほどこの作品に失望したようだ。容赦のない辛辣なコメントが飛び交った。「私は普段、いくら駄作であっても、ヴェールで映画を隠してしまえ、とまでは言わないが、リドリー・スコットの『プロヴァンスの贈りもの』だけは例外だ。この映画はすぐに覆い隠してなかったことにしたほうがいい」と、イギリスのオブザーバー紙は痛烈に批判した。現に、公開時は劇場に空席が目立ち、本作は興行収入4200万ドルに終わった。クロウは、結局、かつてのロマコメの帝王ケーリー・グラントになることができなかった。しかし、あまりに平和で、メッセージ性もない予定調和な物語だからこそ、この映画には熱狂的なファンがいて、年齢層高めの観客にはかなり受けた。スコット映画には珍しく『プロヴァンスの贈りもの』は癒しの作品だったのだ。

同じ主演で真逆の作品を
──『アメリカン・ギャングスター』

スコットとクロウはプロヴァンスでの撮影でたっぷり"充電"ができたので、別の映画に、それも、もっとパンチの利いた映画にいつでも飛び込める準備は整っていた。

「そうだ、今度はハンマーを持ってきてドアを叩き壊

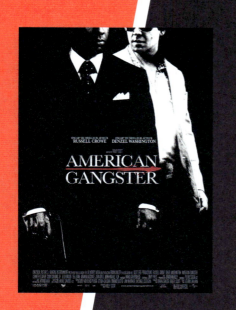

「ふたりとも、無邪気なくらい愛嬌のある演技もいわゆる骨太な演技もできる俳優だ」
——リドリー・スコット

『アメリカン・ギャングスター』は、70年代の偉大な犯罪映画の声を捉えようとチャレンジした作品

してやろうじゃないか」と、クロウが言った。その映画こそ『アメリカン・ギャングスター』だ。

スコットは、70年代にニューヨークでCM撮影して以来、昔のマンハッタン、特にハーレムの映像が鮮明に記憶の中に刻まれていた。彼はモノクロ写真を撮るために、あの街の「物騒なエリア」を歩き回っていた。警戒地域だったが、脅されたことは一度もなかったらしい。どうやらこの色白のイギリス北部出身の男はニューヨークであろうとモロッコのラバトであろうと、どこでもうまく溶け込めるタイプのようだ。ハードボイルドな犯罪ドラマ『アメリカン・ギャングスター』を撮影するために、再びハーレムに立ち戻ったスコットは、記憶を呼び起こし、自分が知っている"壊れた街"を再現した。過去の偉大な犯罪映画へのオマージュ的要素をふんだんに散りばめたいと考えていた。

撮影現場でインタビューに応じたスコットは、時間のない中、この17本目の監督作のセールスポイントを口早に説明した。「この作品は、ふたりの人物にまつわる実話だ。ひとりは70年代初頭に暗躍していたニューヨークの麻薬業界の大物で、最後にその男を逮捕するのがもうひとりの主役。一刑事から検事補や連邦麻薬局特別麻薬捜査班チーフを経て、最終的に刑事事件の弁護士になった人物だ」

製作費1億ドルの大作で、主人公は、個性豊かで対照的なふたりの男。デンゼル・ワシントンがアメリカ史上最大のヘロイン輸入業者フランク・ルーカスを演じ、デンゼルの友人でもあるラッセル・クロウが演じるリッチー・ロバーツは、実直な性格ながら狙った獲物は必ず逮捕までこぎつける男だった。

脚本は、ルーカスの栄枯盛衰を描いたマーク・ジェイコブソンの"The Return of Superfly"というニューヨーク誌の記事をベースに練り上げられた。スコットの説明によれば、ルーカスはノースカロライナ出身で、ベトナム戦争終結間近の1968年、ベトナムで直接麻薬を調達し、それを帰還する兵士の死体袋に入れてアメリカに運ぶという方法で、「マンハッタンの黒人社会のゴッドファーザー」になり上がった男らしい。

マーティン・スコセッシの監督作『グッドフェローズ』（1990）の脚本を手がけたニコラス・ピレッジは、映画脚本家スティーヴン・ザイリアンをフランク・ルーカスに引き合わせた。リッチー・ロバーツの話題を出したのはルーカス本人だった。ザイリアンは、合計50時間を超えるルーカスとのインタビューを経て、これはふたりの男の物語であることに気づいた。ここで問題なのが、ストーリーの中でふたりが交わる部分がほとんどないことだった。『デュエリスト／決闘者』で言えば、ひとつ目の決闘に至るまでの前置きが映画1本分のストーリーになっているようなものだ。この問題に対してザイリアンが何とかひねり出した解決策は、それぞれを主人公としたストーリーを並行して描

OUTSIDERS 169

「これでもかというほど
　道徳観を訴える物語だった」
——ワシントン・タイムズ紙

自分の縄張りであるハーレムの通りを闊歩するデンゼル・ワシントン扮する麻薬王フランク・ルーカス

き、それをあとからひとつに混じり合わせるという手法だった。

映像制作会社イマジン・エンターテインメントがユニバーサルと契約していた当時、同社を率いるプロデューサー、ブライアン・グレイザーがこの物語に目を付けた。その時点では『True Blue』(ルーカスが扱っていた最高級ヘロインの名称「ブルー・マジック」にちなんで)というタイトルだった。この脚本にブライアン・デ・パルマ、ピーター・バーグ、デヴィッド・フィンチャーといった監督陣が揃って興味を示した。そんな中、アントワーン・フークアが監督となり、デンゼル・ワシントンとベニチオ・デル・トロを起用して撮影に乗り出そうとしたが、タイとニューヨークでのロケを想定したことで(ちなみに、スコットは結局そのロケを敢行した)、予算が膨れ上がり、ユニバーサルが想定する金額を超えてしまった。アイルランド人脚本家兼監督であるテリー・ジョージはその縮小版を企画し、ウィル・スミスにオファーしたが、断られた。

1968年に始まり、それから6年間、それぞれに独自の道を闊歩していたふたりのストーリーが、やがて次第に引き寄せられていく。6年の間にフランクは麻薬密売人と用心棒を集めた一大組織を築き上げ、リッチーは特別麻薬取締捜査班のチーフに就くまでになる。フランクはビジネスマンとしての才を生かしてハーレムを乗っ取った、麻薬業界のアウトサイダーだ。かたやリッチーは、麻薬捜査で押収した100万ドルもの大金を、こっそり部下と山分けにせずそのまま警察に届けたせいで、署内ではアウトサイダー的立ち位置に追い込まれた(当時警察は汚職警官で溢れていた)。スコットの言葉を借りれば、リッチーは正しい行動をしたせいで、ニューヨーク市警で鼻つまみ者扱いをされるようになった。

「道徳心の定義はひとつじゃない」とクロウは言う。ふたりはまるで正反対だった。リッチー・ロバーツは、倫理観で動く正義派だが、私生活は破綻していた。かたやフランク・ルーカスは厳格な倫理観に則って行動する冷徹な殺人者だが、自分の家族に対する献身ぶりは「嘘偽りのない」ものだった。スコットはルーカスに会ったとき、彼の中にある反社会性的人格に触れた。「彼には良心の呵責というものが一切ないんだ」

ブライアン・グレイザーによれば、スコットはこの企画を8回も断っている。タイミングが合わなかったことが主な理由だが、この題材に抵抗があったようだ。たしかにスコットの好みの映画ではなかった。『フレンチ・コネクション』(1971)には憧れていたし、『誰かに見られてる』ではスラム街の映像がスパイス的に使われていたが、『セルピコ』(1973)や『プリンス・オブ・ザ・シティ』(1981)、マーティン・スコセッシの初期作品、さらにはスパイク・リーの得意ジャンルである社会問題や都市犯罪を扱った厳しいテーマの領域にはあえて手を出してこなかった。しかし、優れた脚本が常にそうであるように、ザイリアンの脚本は彼の心に刺さった。『テルマ&ルイーズ』のときと同様、恐怖こそがこの作品に挑む理由だと彼は悟ったのだ。

2006年夏、『プロヴァンスの贈りもの』の完成から半年も経たない時期だったが、スコットは『ブラックホーク・ダウン』と同じぐらいの馬力で動き出した。彼は数週間にわたりロケハンのスタッフとともに街中を歩き回り、「自らが舞台となる場所を体験すること」を実践した。本物のハーレム、つまり、自分が記憶していたハーレムの姿は消えつつあった。生活環境の改善が進み、スラム街が一掃されていたのだ。彼は、カメラアングルや演出に芸術的センスを駆使し、ドキュメンタリー班のようにゲリラ方式で撮影していった。サウンドトラックには、ボビー・ウーマック、ジョン・リー・フッカー、サム&デイヴといった、60年代から70年代にかけて全盛を迎えたアメリカのソウル・ミュージックを使用。当時の雰囲気を違和感なく再現し、並行するふたつの物語をスムーズに展開させるためには、その時代の音楽の採用は不可欠だった。「まさしく私の時代だった」と、スコットは声を張った。「あの頃の音楽はよく知っているんだ」と。彼はまた、写真家ウィリアム・クラインが撮影したストリートのルポルタージュも参考にして、人混みでむせ返るような通りの様子を再現した。この映画は、スコットにしては映像美へのこだわりを抑えた作品だ。まずニューヨークのホテルで実際にルーカスとロバーツに会い、5時間もの"首脳会談"を行うことところからスコットのミッションは始まっていた。

ザイリアンは、撮影中の「活気」がこの作品に反映されていると語った。セリフのある役者が135人、ロケ撮影地は360ヶ所に及んだ。さらに、スコットは『ブラックホーク・ダウン』の撮影と同じ手法で、映像編集のピエトロ・スカリアを同行させ、カット割りを行った。

エネルギッシュなニューヨークの喧騒は、主役ふたりの鮮烈な演技によって支えられている。

スコットが電話をかけたとき、デンゼル・ワシントンはまだ懐疑的だった。だから、この映画の企画が本格始動することを彼に納得してもらわなければならなった。最初、スコットとワシントンは互いに警戒し合っていたそうだ。しかし、「この仕事は常に気を抜かず、全力で取り組まねばならない類のものだったんだよ」と、スコットはのちに、ワシントンの仕事の姿

勢を賞賛するように話している。彼は決して集中を切らさなかった。そして、それはもうひとりの主役、ラッセル・クロウについても同様であった。

彼らについて、スコットはこうも明かしている。「ふたりとも、相手の警戒心を完全に解いてしまうほど魅力的な人物を演じたかと思うと、ときに、冷徹無比な人間を演じて見せる。実に幅広い演技力を持つ俳優だ」と。

スコットは彼らと過ごす時間を楽しんでいた。しかし、役柄の演じ方については当人たちに任せていた。ちょうど、ジーナ・デイヴィスとスーザン・サランドンがテルマとルイーズを自分たちで作り上げていったように。スターふたりが扮するルーカスとロバーツがついに顔を合わせるシーンが近づいてくると、期待は否が応でも高まった。

ラストシーンは銃撃戦ではなかった。事情を知り尽くしたふたりの男（そして、演じることをダンスのステップのように楽しむふたりの俳優）の間で漫然とした会話が延々と続くのだ。つまりこれはハーレム版『ヒート』（1995）だ。あるいは、『アンタッチャブル』（1987）を薄汚れて憂いに満ちた70年代風にアレンジした作品とも言える。麻薬王を逮捕し、その麻薬帝国を崩壊させるには何が必要か？　本作が他の犯罪映画や一般的な捜査と異なるのは、"人種"という問題をはらんでいる点だ。警官たちはハーレムに近づかない。70年代のニューヨークでは、警察と黒人コミュニティの間に深い不信感が存在していたし、ヘロインの供給を仕切るのは白人マフィアだという強い思い込みがあった。ルーカスは、「黒人は白人の使いっ走りにすぎない」という世間の思い込みを逆手に取り、社会秩序をひっくり返したのだ。そういう部分が本作ではしっかり描かれていたが、その一方で、スコットはヘロイン中毒の悲惨さを真正面から描くことはしなかった。

批評家は概ね好意的だった。「これでもかというほど道徳観に訴える物語」と論じたのはワシントン・タイムズ紙。テレグラフ紙は嬉々として「自信に満ちている」と書いた。ただ、そのオリジナリティについて疑問視する声はあった。「陳腐とまでは言えないが」と、ガーディアン紙は言葉を慎重に選んだ。「ただ、極めてよくある展開ではある」

スコット監督作の中で『アメリカン・ギャングスター』が異例なのは、試写会での評価がもっとも高かったのに興行収入は2億6600万ドルという中規模ヒットに留まったという点だ。この作品が忘れられがちなのはそこに理由があるのかもしれない。

ラッセル・クロウ演じるリッチー・ロバーツの尋問を受けるルーカス役のデンゼル・ワシントン。クロウが気に入ったのは、この実在するふたりがこれほどまでに正反対だったという点だ

ANTIHEROES

ダークヒーローの肖像

BODY OF LIES (2008)
『ワールド・オブ・ライズ』
ROBIN HOOD (2010)
『ロビン・フッド』

下：本領発揮のスコット。彼は『グラディエーター』『ブラックホーク・ダウン』『キングダム・オブ・ヘブン』でなじみのあるモロッコを再び訪れた

右：スコットとCIAの指揮官エド・ホフマン役のラッセル・クロウ。彼はこの役のために20キロ以上体重を増やした

右端：ヨルダンのスパイの親玉、ハニを巧みに演じるマーク・ストロング

「ここにあの男は無法者(アウトロー)であると宣言する！」
── 映画『ロビン・フッド』より、ロビン・ロングストライドに放った言葉

レオナルド・ディカプリオとの初タッグ
──『ワールド・オブ・ライズ』

　リドリー・スコットがどんなふうにジェームズ・ボンドの映画を撮るのかを想像するのは、アストンマーティンのスポーツカーが燦々と陽射しが降り注ぐ異国の青空の下でどんなふうに見えるのかを想像するようなもので、組み合わせとしてはおもしろいが、何か違和感がある。ボンド映画はヒーロー像を守ることが求められるが、スコットはそういう予定調和のヒーローものに手を出すことがあまりない。というか、依頼されることもない。
　スパイ映画というややこしい題材を次の作品に選んだスコットが追求したのは、スパイ仕様のハイテク機器のお披露目ではなく、時事性だった。彼はアメリカの対テロ戦争という穏やかではない現実に真正面から向き合った。スコット作品で初主演を果たしたレオナルド・ディカプリオが語っているように、このイギリス人監督は生まれながらに虚実を見極める目を持っているようだ。
　「彼は常に自問していた。『この状況を信じていいの

か？ 信じてはいけないのか？ 主人公を取り巻く人間を信じるか？ 彼らの言っていることは信じられるか？ この映画で目にしているものは本当のことなのか？』と、ね」ディカプリオはそう明かしている。

『ワールド・オブ・ライズ』の原作者であるデイヴィッド・イグネイシアスは、30年間、中東での取材経験がある元ジャーナリストで、ウォール・ストリート・ジャーナル紙の記者として、CIAの機密作戦の目的と現地の抵抗運動の両方を間近で見聞きしてきた人物だ。長年に及ぶ記者の任務（そして、取材に伴う生命の危機）に嫌気がさし、仕事を辞めて、自分の経験をスパイ小説にして評判を集めた。スコットは『アメリカン・ギャングスター』の撮影中に彼の最新作「Penetration」（原作小説「Body of Lies」の元のタイトル。映像化権をワーナーが買ったのち改題された）の原稿を読み、そこに描かれている実際のスパイ活動の生々しさに引き込まれた。

2006年3月、ワーナー・ブラザースはスコットと監督契約を結ぶ。脚本は、監督とよくタッグを組むウィリアム・モナハンが担当した。彼は、イラクの裏社会に潜入し、日増しに幻滅感を募らせつつもヨーロッパで起きた連続爆破事件の首謀者確保に奮闘するCIA捜査官の物語を練り上げた。ディカプリオとラッセル・クロウという豪華スターをダブル起用したため、売り込みが難しい政治的な題材ながら7000万ドルの予算が提示された。

スコットは、映画業界への失望感がどんどん膨らんでいることを自認していた。それまでもハリウッドには常に冷笑的な空気が漂っていたが、今やそれは冷血的になりつつあった。「いちばん釈然としないのは、情熱をマイナスポイントと考える風潮だ」と、彼は嘆いた。スコット自身、観客が自分の映画を評価するか否

かは、現実を受け入れるしかないと考えるようになっていた。ただ、観客というのは、作品に真剣に向き合っていない監督を警察犬のように嗅ぎ分けるものだ。

『Body of Lies（邦題『ワールド・オブ・ライズ』）』に改題された本作は、原作の脚色が予想以上に難航した。原作小説はさまざまな伏線が複雑に絡み合っていたので、それをうまく間引きして映画のストーリーとして成立させる必要があったからだ。できあがってきた脚本は、20年前にトニー・スコットが監督した躍動感溢れるサスペンス映画『エネミー・オブ・アメリカ』（1998）の焼き直しと言えなくもないものだった。『エネミー・オブ・アメリカ』はアメリカの法執行機関による監視権限を問題視していたが、リドリーは、9.11後のイラクの道徳的ジレンマが入り乱れた状況を、先端技術を駆使したCIA工作員による頭脳戦の"リアル"とともにダークなノワールタッチで描くことにした。

『ワールド・オブ・ライズ』は、『ブラックホーク・ダウン』の直接的な続編ではないが、後者は1990年代初頭のソマリアで展開された米軍の作戦を描き、前者は、それから10年あまりが経過した中東での情勢を描いている。両作品とも、アメリカの外交政策や軍事介入が中東やアフリカにもたらした長期的な影響について描いている。その意味では、『ワールド・オブ・ライズ』が、『ブラックホーク・ダウン』で扱ったテーマがもたらした結果や課題を検証していると言えるかもしれない。

ラッセル・クロウ扮するCIA中東局の主任エド・ホフマンは、自身は安全なバージニア州ラングレーにある本部オフィスに居ながら、そこからまるでビデオゲームのように衛星を使ったヘリコプター攻撃を指揮している。彼は無人偵察機を指揮下に置いていたが、状況は混沌としていたので、地上に諜報員を配置する

ANTIHEROES 177

レオナルド・ディカプリオ演じる地上諜報員ロジャー・フェリスを衛星で捉えた画像。世界規模の監視体制と遠隔操作による政治的駆け引きが『ワールド・オブ・ライズ』の主要テーマ

「彼は常に自分に問いかけていた。この状況を信じていいのか？　信じてはいけないのか？　主人公を取り巻く人間を信じるか？　彼らの言っていることは信じられるか？　この映画で目にしているものは本当のことなのか？と」
──レオナルド・ディカプリオ

必要に迫られた。CIAは結果重視のビジネスだという主張をあくまで変えようとしないホフマンの姿は、映画製作会社のお偉方と重なって見える。

ホフマンの下で働く工作員（準軍事作戦担当官）のひとりがフェリス（ディカプリオ）で、彼は信用が命の現地ネットワークと情報を交換しながら、アル・サリーム（アロン・アブトゥブール）という連続爆破事件の首謀者を追うことになる。これは、『ブレードランナー』で、警部のハリィ・ブライアントがレプリカントのテロリスト集団を倒すためにデッカードを命がけの任務に送り出す展開を彷彿とさせる。

出演を渋っていたクロウを説得するため、スコットは、ホフマンを、映画『インサイダー』でクロウ自身が演じた、肝が据わった内部告発者ジェフリー・ワイガンドにたとえて説明した。ただ、ホフマンの倫理観のほうが歪んではいるが。ホフマンがなぜ、朝食の席で携帯電話から生死に関わる命令を下し、そのあと平気で子供を学校に送ったりできるのかという点についてスコットとクロウはじっくり話し合った。そういう頭の切り替えができなければああいう仕事は務まらないということなのだろう。

クロウは体重を20キロ以上増やし、白髪混じりのダサい短髪のカツラをかぶって、眼鏡をかけ、あえて南部訛りを話すようにした。クロウは、太った"操り人形使い"をやらされたと愚痴ったが、スコットは、キャラクター像のアイデアを出したのはクロウのほう

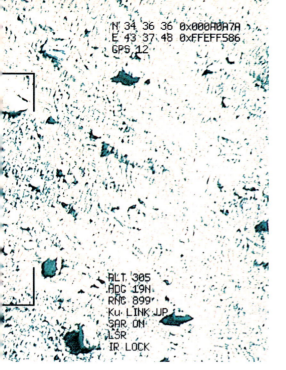

りに言ったが、実は、以前からディカプリオと仕事をする機会を狙っていたようだ。

俳優と工作員にはおもしろい共通点がある。それは、騙すのが仕事という点だ。ちなみに、ふたりの人気俳優は本物のCIA工作員から直々に指導を受けるという貴重な体験をしている。ディカプリオの起用は特に興味深いケースだ。彼は、ちょうどジェームズ・キャメロン監督作『タイタニック』で定着したアイドル的イメージを払拭しようともがいていた時期で、マーティン・スコセッシのいわゆる「秘蔵っ子」だった。「彼は積極的に、この役に取り組んでいたよ」と、スコットはディカプリの仕事ぶりを評価している。

撮影開始

　モロッコ（イラク、ヨルダン、イエメン、そしてその周辺も）を訪れたのは、本作で４度目となる。スコットは現地の光、匂い、砂漠の空気を気に入っていた。ただ、あたり一面ラクダの糞だらけだったので、風向きが変わると、スタッフの半分は吐きそうになっていた。「まるで別世界だ」──彼は満足げにそう語った。「聖書の中の世界があそこにはある。私はあの雰囲気が大好きなんだ」と。そして、その土地には『ブラックホーク・ダウン』の狂気を覚えているあの若者たちが今も住んでいる。ドバイをロケ地にする案もあったが、脚本に政情面で配慮に欠ける部分があると指摘され、それをドバイで撮影すると問題が起きる可能性ありとの判断から、却下された。ちなみに、ラングレーのシーンはメリーランド州の州都アナポリスと同州のボルチモアで撮影されている。

　2007年8月31日に撮影が始まった。スコットが『ブレードランナー』で長々と自分の意見を説明していたのはもはや昔の話で、今や彼の動きには見事なほど無駄がなかった。疲労を最小限に抑えるため、昼食時には8分で食事をして残り40分を昼寝に当て、体力が回復してから撮影現場に戻った。

　スコットは、人々がテロ行為や監視社会への不安を募らせる現代社会を背景に、爆発によって瓦礫が舞い上がる様子を生々しく描きながら、ドラマを展開させていった。慄くような本格的な街頭爆破シーン（衝撃波が外に広がる驚くべき視覚効果を含む）の撮影時、スコットはセットの日よけのひとつが自分の指示通りに黒く塗りつぶされていないことに気づいた。新米の効果班が、編集段階で修正してはどうかと提案したが、案の定その新人は、制作スタッフ全員が待機する中、黒いペンキの缶を探しに行かされたらしい。

　映像の残酷さは容赦ない。フェリスが乗っていた車がRPG砲弾攻撃を受けた場面では、後部座席にいた

だと言い張り、「あれは、クロウが体を鍛えるのをやめる口実だったんだよ」と、笑顔を見せた。次作の『ロビン・フッド』を含めると、ふたりは続けざまに４本の映画を一緒に撮ったことになる。そういう監督と俳優のゴールデンコンビは他にもある。たとえば、黒澤明と三船敏郎、マーティン・スコセッシとロバート・デ・ニーロ、そして、フェデリコ・フェリーニとマルチェロ・マストロヤンニなどだ。

　インタビューでクロウは、自分はスコットの演出方法に完璧に合わせていると主張している。「監督のイメージ通りに演じないと、監督のほうから話をしにやって来るからね」。いずれにせよ、ふたりは対等に率直な意見を言い合える関係だった。

　主役のフェリスを演じたディカプリオは、髪を黒く染め、あごひげを生やし、茶色のカラーコンタクトで目の色をくすませて演技に臨んだ。一見、現地人に間違えられそうな外見をした工作員という設定に。しかし物語の中で、最終的にはCIAであるという正体がバレてしまうのだが。スコセッシのサスペンス映画『ディパーテッド』（2006）でディカプリオと仕事をしたことのある脚本のウィリアム・モナハンは、スコットの新しい企画の話を先に彼に漏らしていたらしい。「噂が広まるのは早いね」とスコットは皮肉まじ

ANTIHEROES　179

感情が徐々に崩壊していく地上工作員を演じるディカプリオ。彼はアイドルのイメージから脱却する機会を探していた

次頁:クロウとディカプリオという2大スーパースターの競演だったが、一緒になるシーンはほとんどなかった

彼はなんとか一命を取り留めたがものの、運転席で砲弾をまともに喰らってしまった情報屋——フェリスのバディでもある——のバッサームは人の形を留めないほどの骸と化した。しかも、その後、病院で治療を受けるフェリスの傷口からは、バッサームの小さな骨片が摘出されるという演出。砂地に生息する蛇のようにうねうねと曲がりくねった筋書きは、フェリスが現地で築いた協力者との信頼関係を上司ホフマンの勝手な介入によって台無しにされたあげく、CIA に裏切られ、テロ組織から凄まじい拷問を受けるという暗澹とした終盤へと徐々に向かっていく。

　フェリスが乗せられたアル・サリーム一派の車をホフマンの操る衛星が見失い、その後彼は敵のアジトの監獄に閉じ込められるのだが、そのシーンは、スコットがいうところの「中世の基本原則」に則った、まさに時が逆行したような仕上がりになっていた。つまり、映像の雰囲気がゴシック調に変わるのだ。かつて刑務所だった場所を使って、役者の手持ち分を含めたった 2 本の懐中電灯の明かりだけで撮影されたこのシーンは、『キングダム・オブ・ヘブン』に出てきてもおかしくない仕上がりになっている。

　『ブレードランナー』（レプリカントを追跡する専任捜査官）や『マッチスティック・メン』（詐欺師）と同じく、この作品でも、主人公の秘密工作員としての"隠された生活"が効果的に描写されている。スコットは、ジョン・ル・カレ執筆の不朽のスパイ小説に登場する冷戦時代のニヒリズム（終わりのないゲーム）を引き合いに出した。作品で描かれたフェリスは忍耐の限界に近づいている男だ。そして、彼は恐れていた。自分は魂を失ってしまったのではないか、あるいは、"こともあろうに"自分の中に良心が芽生えてしまったのではないか、と。

　『ワールド・オブ・ライズ』の興行収入は世界中で 1 億 1500 万ドルと、期待外れの平凡な数字に終わった。しかも、9.11 以降に公開された『シリアナ』（2005）、『告発のとき』（2007）、『レンディション』（2007）、『大いなる陰謀』（2007）、『グリーン・ゾーン』（2010）といった、見る価値はあるが心に響かない映画と同類に見なされた。評論家たちも「情熱も憤怒も知性も感じるが、内容がわかりにくい」というありきたりの感想に終始していた。

歴史スペクタクル『ロビン・フッド』

　スコットからすると、ジェームズ・ボンドは目立ちすぎで、いささかマンネリに見えたが、ロビン・フッドを復活させるという企画には魅力を感じた。彼には時代ものが合っていた。歴史映画好きが高じ、今やこのジャンルは彼の真骨頂と言える。愉快な伝説を確かな歴史の記録として自分の年表に入れ直すことを好む彼が織り上げてきた修正主義的歴史スペクタクルのタペストリーの中で、『ロビン・フッド』は、『キングダム・オブ・ヘブン』の続編に位置づけられる。エルサレム陥落からわずか 12 年後を舞台にしたこの作品は、十字軍から帰還したひとりのヨーマン（自由農民）出身の兵士が国の混乱に立ち向かう姿に、中世のリアリズムを響かせたいという彼の意図があった。

　主人公であるロビン・ロングストライドは、腐敗した都市に立ち向かうバットマンのごとく、運命に導かれるように、戦いの場を大都会ゴッサム・シティからイギリスの田舎の草地に移して、バット・ケープなら

事実、この企画が
"アイデンティティの危機"
――方向性の転換――を迎える前から
クロウは巻き込まれていた。

左：スコットはこれまでにない正統派の『ロビン・フッド』を撮ると心に決めていた

次頁：スコットが選んだボーンウッドはロケ地に最適な場所で、『グラディエーター』の冒頭の戦闘シーンもここで撮影された

ぬロビン・フッドの"マント"を身につけることになる。興味深いことに、スコットが母国を主な舞台にした映画を制作したのは、後にも先にもこの作品だけである（2024年時点）。そしてクロウは、またしても古き戦闘の混乱の中に連れ戻されることになった。

　事実、この企画が"アイデンティティの危機"――方向性の転換――を迎える前からクロウはこのごたごたに巻き込まれていた。

　『ロビン・フッド』は、イーサン・ライフとサイラス・ヴォリス（2003年公開の映画『バレット モンク』の脚本家コンビ）が手がけた『ノッティンガム』という脚本から生まれた。この脚本は激しい入札合戦の末、ブライアン・グレイザーのイマジン・エンターテインメントが落札した。2007年のことである。

　当の寓話は、エロール・フリンが真珠のような笑顔を振りまいた『ロビン・フッドの冒険』（1938年）や、ケビン・コスナーのたどたどしいアクセントが話題になった『ロビン・フッド』（1991年）など、映画を通して知られることが多い。ロビン・フッドは、リンカーン・グリーン*の服（時にはタイツも）を身に纏い、金持ちから金を奪って貧しい人々に分け与え、ヒロインであるマリアン嬢に甘い言葉をささやき、ジョン王子（リチャード獅子心王の弟）、ノッティンガムの代官（圧政を行う悪しき権力者）、ギズボーンのガイ卿（ジョン王子や代官の手先）という悪党3人組を罪に応じた

やり方で成敗するアウトローのヒーローだ。＊中世イングランドで織物産業の中心地だったリンカーンで生産された灰色がかった濃い緑色の織物。

　脚本『ノッティンガム』は、革命的ともいえる"方向転換"――従来のロビン・フッドものとはまったく異なる新しいアプローチを提案した。原作者のライフとヴォリスは、ライフの言葉を借りれば「（ロビン・フッドではなく）もう一方の視点」から物語を書き直したのだ。ノッティンガムの代官は実は中世の探偵的存在で、兄の王位を奪おうとするジョン王子の陰謀に気づき、ロビン・フッドという名の無法者の跡を追う。かたや、フッドは多少の悪事は働きつつも実際には悪党でないことが明らかになり、ついには、ノッティンガムを守るためにノッティンガム側に加わるという筋書きだった。

　クロウがこの勇敢な代官役を引き受けたとき、彼はこの企画にプロデューサーとしても参加した。ロビンの子供時代をサム・ライリーが、若者時代をコリン・ファレルが演じることになり、マリアン役にはシエナ・ミラーがキャスティングされた。さらに、この寓話に内在する欺瞞と変装の概念を織り交ぜるべく、クロウがノッティンガムの代官とロビンのふた役を演じることが決まった。実際にふたりが同一人物だったかどうかは疑わしいが。

　クロウは『アメリカン・ギャングスター』の撮影中

からスコットとロビン・フッドの話をしていたので、正式なオファーがあってから数時間で契約に至った。ちなみに、スコット自身は、その脚本の見どころとも呼べる、設定をあえて反転させるという案にはあまり興味がなかったようだ。

『グラディエーター』版「ロビン・フッド」

「『ノッティンガム』という脚本は、まるで緑色のタイツを履いたテレビドラマ『CSI：科学捜査班』（2000-2015）だった。で、考えたんだ。なぜこの脚本で映画を撮らなきゃならないのかってね」そうスコットは思い返す。"ロビン・フッド"という世界中の誰もが知っている立派なタイトルがすでに存在するのに、予算の全額を投じて、わざわざ『ノッティンガム』という違うタイトルをつけて、その意味を説明する必要などあるのだろうか、と。

そこで、今度はスコットから、180度の方向転換を提案した。「ロビン・フッドがどこで生まれ、どんなふうに生きてきたのかについて書かれた信憑性のある資料を必死で探したよ」さまざまな記録を調べていくうちに、ロビンが実在することを確信した彼は、『グラディエーター』がローマに古くから伝わる英雄物語をあえて盛り込まなくても壮大なスケールの人気映画になったように、『ロビン・フッド』も余計な逸話を極力省いた原点回帰の映画として勝負できると考えた。

本作のプロデューサーであるグレイザーは、「グラディエーター版ロビン・フッドというアイデアにもろ手を挙げて賛同した。ただ、そのアプローチは、やがて重圧となってスコットたちにのしかかってくることになるのだが。

紆余曲折の末、クロウは十字軍から帰還した熟年のロビンを演じることになり、脚本はブライアン・ヘルゲランド（『L.A. コンフィデンシャル』でクロウは大いに助けられた）の手で新たに書き換えられることになった。ちなみに、ライフとヴォリスの名前は「原案」としてクレジットに残されている。

脚本の書き換えで撮影が遅れたうえ、スコットが映画の範囲を拡大し、冒頭にアキテーヌ公領シャリュのシャリュ＝シャブロル城包囲戦*（史実上の戦い）を盛り込んだため、特注の城や包囲戦に必要な可動型の兵器が必要となり、その製作費は1億5500万ドルに跳ね上がった。ちなみに、やや狂気じみた獅子心王リチャード1世をダニー・ヒューストンが演じることになった。スコットが編み出した戦闘シーンの確かな撮影技術が駆使されたこの作品は、文字通り『グラディエーター』の足跡を辿り、まず、イギリスのサリー州にある森林地帯ボーンウッズで戦闘シーンを撮影してから、ウェールズ、そして、イングランドへと場所を移していった。＊1199年、獅子心王リチャード1世はこの

スコット映画でおなじみの戦闘兵器に取り囲まれるラッセル・クロウ演じるロビン・フッド

「『ノッティンガム』という脚本は、まるで緑色のタイツを履いた
テレビドラマ『CSI:科学捜査班』(2000-2015) だった。で、考えた。
なぜこの脚本で映画を撮らなきゃならないのか、ってね」
——リドリー・スコット

戦で首を射抜かれ、その傷が原因で後日亡くなった。

ロビン・フッド映画によく見られる華やかさや娯楽要素は意図的に削ぎ落とされ、より現実的で史実に正確なアプローチを目指したスコット版「騎士映画」3部作の2作目（1作目は『デュエリスト／決闘者』。『最後の決闘裁判』で3部作は完結）が制作されようとしていた。ヘルゲランドの改訂版では、ロビンは待ち伏せにあったロバート・ロクスリー卿（ダグラス・ホッジ）の最期の頼みを聞き入れ、ロクスリーになりすましてノッティンガムの地に"帰還"することになる。実は、ゴッドフリー卿が黒幕で、フランス軍の侵攻を幇助していた。ゴッドフリー卿役のマーク・ストロングは、英国の伝統的な大衆喜劇「パントマイム」的な要素を漂わせながら、あざといほどわかりやすくこの悪役を演じている。

貴族に扮したロビンは、ジョン王子の非情な課税に民衆とともに反旗を翻した。ロビンを助けるのは、この手の話につきものの仲良し3人組、リトル・ジョン（ケヴィン・デュランド）、ウィル・スカーレット（スコット・グライムス）、アラン・

ア・デイル（アラン・ドイル）だ。その後、ロビンは卑劣なフランス軍が海から上陸し拠点を築くのを阻止するために立ち上がる。また、ハチミツ酒をみんなに振舞う陽気な修道士タック（マーク・アディ）も存在感を発揮している。

この作品が描くのは、基本的に、みんながよく知るロビン・フッドの逸話が生まれる以前の話だ。その中で、スコットはイギリス社会に深く根づいている階級

> 「明らかに、一度『グラディエーター』のような映画を作ってしまうと──そうした成功作が経歴に加わると──その後に作るどんな作品もそれと比較されるようになる」
> ──ラッセル・クロウ

下：史実という解釈で作品を制作するスコット

次頁：ロビンを演じるクロウとの共演を果たしたマリアン役のケイト・ブランシェット。彼女の起用は大正解だった。ブランシェットは、生き残るために戦う女性を見事に演じきった

問題を掘り下げて描写している。ただ、民主主義や富の再分配について、ロビンが当時としてはあまりにも進歩的な考えを持っているのは出来過ぎの感が否めない。

　マリアン役のシエナ・ミラーが役を降りたので、スコットはクロウと並んでも見劣りしない女優を探し、ケイト・ブランシェットに白羽の矢を当てた。彼女はマリアンを聡明で、時に気が強く、時におちゃめに演じた。しかも、ロクスリーの未亡人として、すでに亡くなった夫が元気に生きているという嘘を見破られないように振舞い続けながら、ロビンと偽の夫婦を装い、互いにいがみ合いながらも次第に恋に落ちていくという難しい役柄を、ラッセル・クロウ相手に見事に演じきっている。ただ、彼女が鎖帷子を身につける場面は、スコットによる映像的演出の要素が強く、史実かどうかは疑わしい。

　ロクスリーの老いた父親役はマックス・フォン・シドーが演じた。この起用で映画通の観客は、スコットが『第七の封印』（1957）のファンであることに気づいただろう。その映画の中でマックスは、のちの映画史に名を残すほど見事に（そして、厳粛に）騎士役を演じているのだ。

オスカー・アイザックが演じた快活なジョン王子は、ホアキン・フェニックスが演じたコンモドゥスをより小生意気にしたような役どころだった。

　壮絶な最終決戦の撮影は、ウェールズの先端に位置するペンブルックシャーのフレッシュウォーター・ウェストの海岸で行われた。撮影地には、フランス軍が上陸するための14隻の艀＊が用意され、500人のエキストラが海岸で入り乱れていた。日が陰ってきても撮影がまだ終わらない状況の中、艀の後部が波に押されてカメラのフレームに入り込んできた。そこで、クロウが目撃したのは、スコットがざぶざぶと波の中に入っていく姿だった。＊内陸の水路や港湾内で乗客や貨物を積んで航行するための平底の小舟。多くは推進器を持たない。

「監督は痛めている膝もいとわず体を張って、15トンもある艀を両手でつかみ、フレームの外にそれを出そうと懸命に押し始めたんだ。そのうち、ひとりで格闘しても無理だとわかると、海岸の方を振り返り、何百人ものエキストラに向かって叫んだ。『おい、何を突っ立っているんだ！』って。あれこそまさしくリーダーシップだね」

　この海岸のシーンは、難航した撮影の最後に登場する。だが、この作品でスコットが手を焼いたのは、不

規則に動く奴たちではなかった。もっとも、製作費については彼なりに創意工夫を重ね、予算を1500万ドルも下回らせてみせた。その実績は72歳になっても映画業界の第一線でまだまだやっていけるという彼の自信にも繋がった。

名優との訣別

　実際のところ、製作費問題よりももっとスコットを苛立たせたのは、長く続いてきたクロウとの関係が険悪化したことだった。このふたりの対抗意識が数々のクリエイティブな発想やアイデアを生みだしてきたのは間違いない。彼らはずっと互いに対抗心を燃やし合っていた。かつてスコットは笑いながらこう言った。「私が最初から良い脚本だと言っているのに、ラッセルは必ず全然ダメだと言うんだ」と。ちなみに、クロウの全然ダメは、8割は良いという意味だったようだ。

　ただ、今回ばかりは様子が違った。

　本作では、クロウがプロデューサーとしても参加していた。それゆえに、これまでより発言権を強くしようと意識した

のかもしれない。彼がスコットの解任を謀ったという話も浮上したほどだった。グレイザーはそんなことはありえないと否定した。とはいえ、クロウはもっと自分の役に焦点を当てたストーリーに変更してほしいと主張したようだ。そのせいで脚本が変更され、ロビンとマリアン、そして夫の不在につけ込みマリアンに言い寄るノッティンガムの代官の三角関係というエピソードはばっさり削られた。マシュー・マクファディアンが演じる代官は出番が減らされ、物語の片隅でくすぶっている、ただのいじわるなサブキャラに降格された。肉体的に過酷な撮影になるうえ、『ワールド・オブ・ライズ』の後で体形を戻すのにハードなトレーニングを積む必要があったということを考慮すると、クロウの言い分もわからなくはないが。

　映画の宣伝のために、表面上、ふたりは節度を守る態度を取っていた。インタビューにも揃って臨み、互いに敬意を払い合った。しかし、そのときのインタビュー記事を読むと、スコットが自分は

上：厳しい表情の面々はロビン・フッド（クロウ）、アラン・ア・デイル（アラン・ドイル）、ウィル・スカーレット（スコット・グライムス）、リトル・ジョン（ケヴィン・デュランド）

次頁左：マーク・ストロングが裏切り者のゴッドフリー役でスコット映画に復帰

次頁右：卑劣なジョン王子役を演じるオスカー・アイザック

一歩引き、クロウに彼の武勇伝をしゃべらせているのがわかる。

「彼は相変わらず怒っているし、私もずっと頭にきている」と、スコットは後日、ふたりがぎくしゃくしている理由を説明してくれた。ちなみに、あの作品以降、スコットとクロウはまだ一緒に仕事をしていない。

批評家たちは、シャーウッドの森で楽しそうに駆け回るロビン・フッドという、お決まりの明るくて楽しい場面が出てこないことに物足りなさを感じた。フランス軍との壮絶な死闘を見せたいなら、封建制度に抵抗する場面まで描く必要があったのか？ スコット得意の映像力がいかんなく発揮されている点は疑う余地がない。12世紀のイギリスの混乱と血なまぐさい現実、特注の大型投石機、煮えたぎる油、歴史の無情な流れの中で容赦なく奪われていく大勢の命。この映画には終始不穏な空気が漂っていた。しかも、ロビンはマキシマスに比べると人を惹きつける魅力に欠けていた。

「誰もラッセル・クロウに緑のタイツを履かせようなんて思ってなかったよ」と、『グラディエーター』以来スコットの衣裳デザイナーを務めているジャンティ・イェーツは言う。それはそうだろう。しかし、終始険しい顔をして、相次ぐ戦いに疲弊した様子を見せ、中途半端なイングランド北部訛りでぼそぼそ話すロビンはあまりにも暗過ぎた。「クロウは、映画の成功という重圧を背負いながら、観客が彼に対して抱くイメージ通りのクールなカリスマを演じきった」というのがボストン・グローブ紙の解釈だ。「ロビンが葛藤の中で善人に変わっていく姿を描きたいという意図はわかるが、それにしても、少しぐらい笑顔を見せてもよかったのではないか」

この陰鬱で笑顔のないロビン・フット像が、作品全体に影響を及ぼしているのは確かだ。

感覚的な視点が特徴の批評家テレンス・ラファティは、ニューヨーカー誌でスコットの緻密な映像について考察している。スコットの手法は、アラン・パーカー、エイドリアン・ライン、そして彼の弟トニー・スコットのような、できあがった形式を利用してハリウッドにうまく入り込んだ広告業界出身の監督たちの「巧妙な人心掌握術」とは一線を画している、というのが彼の見解だった。スコットはたしかに他の監督とは違っている。彼は決して皮肉屋ではなく、むしろ想像力豊かな子供のようで、無邪気で、馬鹿正直な人間なのだ。「スコットの撮る画には、己の視覚的ビジョンに対する固い信念に裏打ちされた強い表現力がある」と、ラファティは締めくくった。しかし、だからと言って、スコットの映像には常に説得力があるということにはならないのだが。

スコットが『ロード・オブ・ザ・リング』3部作やドラマシリーズの『ゲーム・オブ・スローンズ』（2011-2019）の成功に目を向け、それを参考に伝説の英雄ロビン・フッドの物語を作ってくれていたらどんなによかったか、と思うのは私だけではないだろう。この作品は、リアリズムでがんじがらめに縛られた寓話と言える。

『ロビン・フッド』の続編を、という声も聞かれたが、世界興行収入3億2200万ドルという数字はそれに値しないと判断された。どのみちスコットはもう、自らが生み出した"神話"を再び創造することに気持ちが向いていた。

ANTIHEROES 189

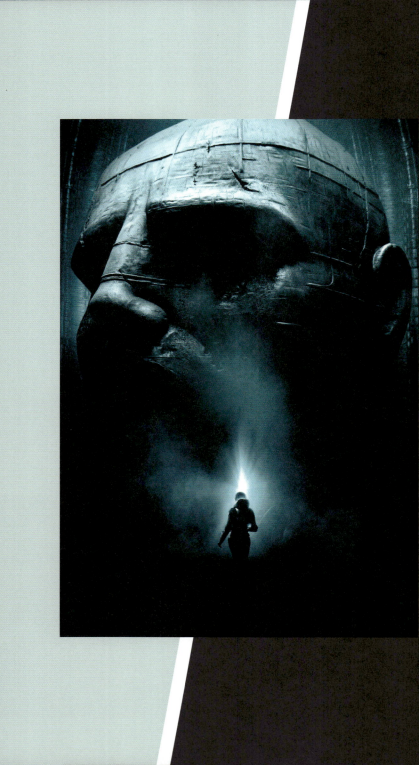

ORIGIN STORY

起源

PROMETHEUS (2012)
『プロメテウス』

プロメテウス号のプロモーション・アート。冷淡なヴィッカーズ役のシャーリーズ・セロン、ショウ役のノオミ・ラパス、アンドロイドのデヴィッド役のマイケル・ファスベンダー

原点に立ち返る

『エイリアン』へ立ち返る道は、まったく別の惑星への招待状から始まった。リドリー・スコットは、映画業界を一変させたジェームズ・キャメロンの叙事詩的SF映画『アバター』(2009) の舞台となった衛星パンドラのセットの内部を見せてもらったそうだ。その時点で、パンドラはまだ一面ライムグリーン(CG用のグリーンバックが設置されていたため)の体育館のようだったが、スコットは自分の友がそこに構築しようとしている世界観のレベルの高さに衝撃を受けた。そして、「自分もSFに立ち返らなければ」と、意を決したという。友人の創造性と作品への熱意に少なからず感化されたのは間違いない。

それまでもスコットは、自身が初めて手がけたこのSFの世界に戻ることを時折ほのめかしてはいた。特に『エイリアン』が公開された直後は、続編を監督することに意欲的だったようだ。しかし、その続編のメガホンを取ったのは、キャメロンだった。キャメロン

「彼らは我々が思っていたような存在ではないの」
── 映画『プロメテウス』より、考古学者エリザベス・ショウが、雇用主である年老いたピーター・ウェイランドに放つ言葉

の『エイリアン2』については、続編を成功させたことに敬意を示しつつも、「(オリジナルとは別物という意味で)あれは、アクション主体のドンパチ映画」だと本音を漏らしていた。その後は、『エイリアン』シリーズが作品を重ねるごとにだんだんと魅力を失っていくのを見守ることになる。実際、1992年公開のデヴィッド・フィンチャー監督作『エイリアン3』(不完全だが、おもしろかった)と1997年公開のジャン＝ピエール・ジュネ監督作『エイリアン：リザレクション』(不完全なうえ、それほどおもしろくもなかった)と続いたが、興行的にも評価的にも下降線を辿った。また、『エイリアンVSプレデター』シリーズ(2004、2007)の2作に関しては、その話題に触れようものなら、スコットはきっと噛みついてくるだろう。

1979年12月、自身初のSFホラー映画『エイリアン』がまだ世間の話題を集めていた頃、スコットは、同作の公式認定マガジン「エイリアン」のインタビューに応じ、劇中に登場する、遺棄船の操縦席にいる巨大な異星人スペース・ジョッキー(遠い昔に殺されたと考えられる)の物語を作りたいと語っていた。また、1984年には、続編として、舞台を過去に遡らせ、文明そのものの創造の物語を描きたいと発言している。余談だが、キャメロンの提案でスコットを監督に据えて『エイリアン5』を制作するという話もあったものの、そちらは実現には至らなかった。

「(遺棄船の)あの大男ははたして誰なのか？」2006年のインタビューで、スコットはそう繰り返し私に問いかけた。その問いは常に彼の頭の中にあって、消えることがなかったのだろう。彼には物事を忘れるという機能がないらしいのだ。「おそらく、あの遺棄船はバイオメカノイド兵器を積んだ戦艦だと思う」。そう話すスコットは、映画のその場面を思い浮かべているのか、どこか遠い目をしていた。「そして、その兵器は"卵"の中で出番を待っているんだ」

それから3年ほど過ぎた頃、スコットはジョン・スパイツという脚本家と会う機会を得た。スコットにこれというアイデアがあったわけではなかった。ただ、その脚本家の話を聞いてみたかったのだ。スパイツはSF映画のスペシャリストとして定評があり、宇宙船の中で人工睡眠から早く目覚めてしまった男女の恋愛を描いたロマンス・サスペンスＳＦ映画『パッセンジャー』の脚本は、2007年の「ブラックリスト*」

ORIGIN STORY 193

にも入っていた。(2016年にジェニファー・ローレンス主演で映画化されたが、平凡な出来栄えだった)。話も終わりに近づいた頃、スコットはさりげなく、『エイリアン』シリーズの新作について何かアイデアはないかとスパイツに尋ねてみた。スパイツは当時45歳。エンジニアを父に持ち、冷戦時代の思想性が高い偏執的なSF作品に親しんで育った彼は、プリンストン大学に進み、物理学を学んでいた。そして、もちろん、『エイリアン』のことも知っていた。＊毎年、ハリウッド業界関係者が投票して選ぶ未製作の優秀脚本のリストのこと。2005年に創設。このリストに選ばれた脚本はその後映画化される可能性が高く、賞レースに名を挙げる作品も多い。

スパイツは、第1作の前の時代に何が起こったのかを探究するのはどうかと提案した。そして、それから40分間、滔々と自分のアイデアを語ったそうだ。遺棄船はどこから来たのか？ スペース・ジョッキーとは何者なのか？『エイリアン』で、最初の犠牲者となるノストロモ号の乗組員ケインがじめじめした船倉の奥深くに降り立つ前に、あの宇宙船ではいったい何があったのか？ スコットが長年温めてきた企画のことを彼がすでに知っていた可能性もあるが、とにかく、スパイツの話はかなり具体的なところまで踏み込んでいた。『エイリアン』で未解決のままになっているさまざまな謎はすべて人類の起源に繋がっていくというのが彼が提案したシナリオだった。

スパイツは「この企画に全力で取り組んだよ」と語る。その言葉通り、彼はミーティング後、わずか数日で20ページに及ぶアウトラインを作成した。その企画には『Alien01 The Master Narrative』という名前がついていた。彼は3週間半で初稿を書き上げ、クリスマスの朝にその原稿をスコットに送ってきた。それに対して、スコットは12時間もしないうちに、メッセージを送り返している。「楽しい休暇を！」という言葉を添えて。

「彼は常に複数の角度からストーリーを構築するんだ」と、スパイツは舌を巻く。スコットのクリエイティブな閃きと折り合いをつける術を学ぶことになった脚本家は、彼が初めてではないだろう。スコットのアプローチは常に視覚的だった。その視覚的イメージを言葉やストーリー構成に落とし込む作業がスパイツには求められた。

未来の星図をどう描くかという議論になったとき、スコットはある絵画の話を持ち出した。それは、1766年に描かれたイギリスの画家ジョセフ・ライトの「太陽系儀の講義」という絵で、科学者が興味津々の子供たちにオーラリーと呼ばれる機械式天球儀を実演する場面が描かれていた。驚かされるのは照明の表現だった。まるで絵の中から光が放たれているように見えるのだ。完成した映画では、プロメテウス号が辿り着いた巨大な船のある空間全体にホログラムの星図が映し出されることになるのだが、本作の制作チームのクルーたちはこの星図を"オーラリー"と呼んだという。そのCGIの銀河の真ん中で、好奇心旺盛なアンドロイド、デヴィッドが輝く惑星を掌に置いてうっとり眺めるのだ。

スコットは一瞬にして星図から啓蒙絵画へ、そしてまた遠い未来へと自由に飛び回ることができるらしい。スパイツは「脚本家にすれば、暴れ馬の背に乗せられているようなものだ」と、語った。

それから数ヶ月間、スパイツは世界で最高の仕事をした。ロサンゼルスのノース・ラ・ピア通りにあるス

「彼は常に複数の角度から
ストーリーを構築する。
脚本家にすれば、暴れ馬の背に
乗せられているようなものだ」
――ジョン・スパイツ

前頁上：鮮烈な冒頭シーンでは、神のごときエンジニアたちが、自分たちのDNAの一部を生命の種として新しい惑星に蒔く様子を目撃する

下：初めて3Dで撮影したスコットは、奥行きのある映像を提供すべくセットを組んでいる

コット・フリー社の一室にこもり、一日中執筆をした後、プロダクション・デザイナーのアーサー・マックスやその助手のアーティストたちと一緒にワインを飲みながらさまざまなシーンについて話し合った。夜にはスコットも加わり、部屋は葉巻の煙で充満していた。

できあがった脚本が『エイリアン』の前日譚であることに疑問の余地はなかった。スパイツが原稿を書いては修正するという作業を繰り返すうちに、映画名は『Alien: Zero』から『Alien: Origins』、『Alien: Tomb of the Gods(神々の墓)』、『LV-426』、そして『Alien: Engineers』へと"変態"していった。なお、スペース・ジョッキーに「エンジニア」という呼称をつけたのはスパイツだ。エンジニアは異星人の種族で、人類がアンドロイドを創り出したように、エンジニアが事実上人類を生み出した。つまり、彼らこそが創造主だったという設定になっている。ファンにとって注目に値するのは、エンジニアが人間の姿をしていたということだろう。ギーガーが第1作でデザインしたスペース・ジョッキーの象のような口吻は、生物の骨格構造を精巧に模した宇宙服の一部だったことが判明する。あんな奇妙な格好のエイリアンが宇宙船にうようよしている図は滑稽に見えると思ったスコットは、「創造の神は自分の姿に似せて人類を作ったはずだ」と考えた。そして、そのイメージをデザイナーに伝えた。スコットが頭に描いたのはミケランジェロのダビデ像のイメージだった。サメのような黒く無慈悲な瞳とエルヴィス・プレスリーのようなふっくらとした唇を持つギリシャ彫刻のような彫像が動く絵をスコットは想像していたのだ。

『プロメテウス』の冒頭を飾る先史時代のシーンは圧巻だった。ひとりのエンジニア（大理石のように見える特殊メイクを全身に施した長身のスタントマンが扮した）が、原始世界の荒れ狂う瀑布を臨む絶壁に降り立つ。そこは地球のようにも見えるが、スコットは、場所は特定していないと主張している。感情をまったく見せない無表情のエンジニアが瓶の中の黒い液体を飲み干すと、体が文字通りDNAから崩壊し始める。その身体は形を崩しながら滝つぼに落ち、銀色の激流に流されていく。やがて、その惑星に高度な生命が誕生するのだ。スコットがこの作品で目指していたのは、

『2001年宇宙の旅』で描かれた人類誕生に対する壮大な思索と永遠の神秘性、『ブレードランナー』の「自分はいったい何者なのか」という実存的な不快感、そして、このシリーズに求められる内臓をえぐるような衝撃的な映像だった。なお、スパイツの脚本でも、エッグ、フェイスハガー、チェストバスター、ゼノモーフ、そして、血まみれの騒乱シーンは登場していた。

スコットはもともとカール・リンシュを監督に推していた。リンシュはすでにRSA社で頭角を現していた（しかも、スコットの娘婿だった）が、20世紀フォックスが、スコット本人が『エイリアン』に復帰するという部分にこだわっていたため、2009年の半ばには、リンシュが監督する話は消えていた（ちなみに、リンシュはその後、2013年公開の難解なファンタジー映画『47RONIN』を監督している）。

スコットの心に疑念が芽生え始めたのは、この脚本の映画化に自分のクリエイティブな才能を注ぎ込む覚悟を決めたときだった。何作かのシリーズを経て『エイリアン』はようやく生みの親の手に戻ることになるわけだが、自身がメガホンを握りさえすればうまくいくとは思えなかったのだ。

製作スタジオからの再三の書き直し要請にスパイツは疲弊しきっていた。そこで、スコットは後任の脚本家として人気テレビ作家のデイモン・リンデロフを起用した。

そのときすでに、西暦2094年、洞窟壁画に描かれた星索を頼りに探検隊が人類の創造主に会いに行くというシナリオはできあがっていた。探検隊の一団は、灰色の星に誘われ、そこで迷路のように通路が広がる奇妙な石のピラミッドの内部に導かれていく。この筋書きは、『エイリアン』の脚本を担当したダン・オバノンの初期のコンセプトをスパイツが練り直したものだった。宗教と科学を融合させ、そこに、スイス人作家エーリッヒ・フォン・デニケンが著書の中で提唱した「宇宙人がエジプトのピラミッドを建設した」という奇抜な仮説を織り込んだのだ。

謎めいたこのピラミッド型の建造物は、エンジニアたちが銀河系規模で行っている実験のいわば中継地点で、彼らが実験で使用する材料の中にはゼノモーフのDNAも含まれていた。実は、この設定が、いずれ起こる悲劇へのキューサインとなっている。

リンデロフが届いた封筒から取り出した脚本には、表紙もタイトルも書かれていなかった。驚いて電話をかけてきたリンデロフに、スコットは「ある極秘プロジェクトの手伝いをしてほしい、今言えるのはここまでだ」と告げたそうだ。冒頭のページをめくったリンデロフは、目の前にある原稿が、噂になっていた『エイリアン』の前日譚であることをすぐに察する。

ニュージャージー州生まれのリンデロフは、制作会社で脚本を評価する仕事に就いてキャリアを積み、やがて、テレビ界に進出して成功を収めた。ただ、彼の脚本は需要こそあったものの、人によって好き嫌いが分かれていた。

彼は自身のSNSアカウントで、自分のことを「人気テレビシリーズ『LOST』を支えたバカ連中のひとり」と、自嘲気味に紹介している。社会現象にもなった『LOST』だが、多くの謎が解決されないまま終わりを迎え、そのことに不満を持つファンの間では激しい失望の嵐が巻き起こった。当然ながら、その責任の大半はリンデロフに向けられた。その後、『プロメテウス』を引き受けたからといって、その評判を覆すという確証は当時はなかったわけだが。

スコットと電話で話した数日後、リンデロフはロサンゼルスにあるスコットのオフィスにいた。スコットが階段を上って案内してくれた先には、巨大な金属製のドアがあった。「ドアの厚さは30センチもあって、ロック装置のようなものがついていた」と、リンデロフは振り返る。そのドアの向こうは、「邪悪な天才の実験室」とでも言いたくなるような場所だった。そこでは、プロダクション・デザイナーのマックスと助手の4人のアーティストたちが懸命に作業をしていた。壁一面がコンセプト・アートで埋め尽くされ、部屋中にゼノモーフとその変態段階のありとあらゆるバリエーションが並んでいた。さらには、剃髪した彫像のような人型模型も置かれていた。

この作品の監督と脚本家の共同作業は、スコットがリンデロフを横に座らせて一緒に『2001年宇宙の旅』を鑑賞するところから始まった。スコットはキューブリックがいかに天才であるかを伝え、生命と宇宙に関する永遠の問いについて語った。「人間にはたしかに魂があると思う。しかし、人類がどこから来たのか誰も知らない。それこそ大きな謎だと思わないか？」

スコットはまた、世間は『エイリアン』のビジュアルを見飽きているのではないかという懸念も口にした。それは『エイリアン』シリーズに限ったことではなかった。どのSF映画も、スコットが考案したエイリアンのビジュアルに手を入れて使い回しているにすぎなかったからだ。スコットは新たに不気味な要素をプラスし、もう一度「悪夢」のごときあの異様さを表現したいと考えていた。

そこで、リンデロフは、『エイリアン』と繋がる要素をできるだけ排除してみてはどうかと提案した。『エイリアン』の前日譚ではあるけれど、エイリアンそのものが存在する前に遡り、人類と怪物の誕生物語にしてはどうだろう、と。スコットはそのアイデアに飛びついた。

昔の絵画を基に3Dで描いたエンジニアのホログラムによる星図は圧巻のひと言

　当初、6週間でリライトを終了するはずだったが、その作業は8ヶ月に及ぶ長い航海となった。リンデロフはその過程で、『エイリアン』映画を新しい"構造"の中に隠し込んでいった。タイトルは『プロメテウス』に変更された。泥で人類の形を形成し、神々の火を盗んで人類に与えたプロメテウス。そのおかげで人間たちの暮らしは豊かになるも、ゼウスは人間をこらしめるため、パンドラという美しい女子を作り出し、彼女に絶対開けてはならない箱を持たせて人間界へと送り込む*。すなわち本作は、ギリシャ神話におけるタイタン（巨人神族）のひとり、プロメテウスをそのままタイトルにしたのだ。そして、寓意的に言えば、"プロメテウス"という名の宇宙船の乗組員がパンドラの箱を開けてしまうというストーリーとなっている。 *パンドラは好奇心のためその箱を開けてしまう。中に入っていた病気や貧困など人々を苦しめるあらゆる「厄災」が飛び出し、彼女が慌てて箱を閉めた結果、箱の中には「希望」だけが残される。

　時代は『エイリアン』を作っていた頃とは何もかもが違っていた。ファンはネット上で執拗な憶測をし始め、スコットは映画監督になって初めて、いまどきの超大作映画につきものの、ありえないほどの過剰な盛り上がりを経験することになった。さらに重要なのは、スコットが30年ぶりにまたSF映画に復帰したことだ。このジャンルの歴史の中でもっとも影響力のある2本の名作を作った監督として戻ってきたのだ。

　私は、少しずつ漏れ出してくる謎めいたメッセージを解読しようと、いくつかの推測記事を書いた。たとえば、この作品が『Paradice（楽園）』というタイトルになる可能性があったこと、人体実験がゼノモーフの誕生に繋がるという内容が含まれること、これまで以上にダークな話になるだろうということなどだ。なお、これらの私の推測は、『エイリアン：コヴェナント』でその答え合わせをすることになる。

　2010年の後半、スコットと電話で少し話す機会があり、『プロメテウス』の推測記事について探りを入れてみたが、体よくはぐらかされた。「まあ、準備は整っているよ」彼はやることリストを確認するかのように言葉を続けた。「脚本はできている。現在はプリプロダクション段階だ。来年には撮影に入るよ」

　正式発表は2011年1月14日だったが、スコットのメッセージはまさしく謎解きのようだった。「たしかに『エイリアン』がこの企画の出発点だったが、構想を練る過程で、新たに壮大な神話が生まれた。熱烈なファンならば、今作『プロメテウス』の中に『エイリアン』のDNAの成分が含まれていることに気づいてくれるだろう。とにかく、この映画で取り組んだテーマは、どこまでも斬新で、大がかりで、しかも、挑発的なんだ」

　まさに彼の言葉通りの映画であったことはのちに判明する。

　厳密には『エイリアン』映画ではないとしても、『プロメテウス』が『エイリアン』と同じ雰囲気を纏っているのは間違いない。この作品においても、宇宙探索中、無鉄砲な行動に出る人間が危険に巻き込まれた状況下で前面に出てくるのは、やはり女性のヒーローだった。主人公のエリザベス・ショウは考古学者であり、いつか神に遭遇できると本気で信じている女性と

ORIGIN STORY　197

いう設定だ。

新たな乗組員を探して

　この作品が制作されることは当時、ハリウッドでも話題になっていて、スコットは多方面から持ち込まれる新しいリプリーの売り込み競争の渦中にいた。フォックスはナタリー・ポートマンを熱心に推していた。スコットはジェマ・アータートン、オリヴィア・ワイルド、キャリー・マリガンとも面談した。髪色がブルネット（黒みがかったブラウン系）の人気女優らが顔を揃えたのだ。スコットは、ブロンドヘアと迫力ある演技で人気のシャーリーズ・セロンを主役にと考えもしたが、『マッドマックス 怒りのデス・ロード』(2015)の撮影開始日がどんどん早まり、出演の確約が取れなかった。

　そんな折、『ミレニアム ドラゴン・タトゥーの女』(2009)のスウェーデン版オリジナルを目にし、スコットの心は決まった。スウェーデンのフディクスバル生まれ、アイスランド育ちのノオミ・ラパスが演じるパンクスタイルのハッカー、リスベット・サランデルは、まるで割れたガラスのように尖っていた。しかし、実際の本人は、上品で穏やかな女性だ。スコットの事務所から電話があったとき、彼女は打ち合わせでロサンゼルスにいた。スコットが直接会いに来た際は恐縮しきりだった。ふたりでいくつかの企画について話をし、いよいよ彼女が席を立とうとしたときにようやく、スコットは『エイリアン』の前日譚の企画を口にしたそうだ。

　『エイリアン』のシガニー・ウィーバーに、映画における女性のアイデンティティ、つまり、女性の強さの象徴というイメージを抱いていたラパスは、当然期待で胸を膨らませたが、話が決まるまで、過度な期待を持たないように自制していたそうだ。それから2ヶ月後、スコットから電話があり、その役が正式にオファーされる。

　ラパス演じるエリザベス・ショウは、たとえるなら優しくて元気のいいリプリーだった。ちなみに、ショウは惑星偵察に躍起になっているチャーリー・ホロウェイ（このあまり好感度が高くない役柄を演じたのはローガン・マーシャル＝グリーン）と恋愛関係にあるという設定だった。衣裳合わせのとき、彼女が最後にフライトスーツを着用していると、スコットは驚いて足を止めた。「すごい、シガニーにそっくりだ！」そこでラパスは尋ねた。「それ（イメージが重なるということ）はこの役にとっては良いこと？　それとも、その逆ですか？」

　ウィーバーのような天性の威厳はないが、ラパスは妊娠からのくだりも含め、体を張った演技を見せた。今作にはフェイスハガーを登場させないということで、妊

上：ヴィッカーズ（セロン）とヤネック船長（イドリス・エルバ）は、明らかに『エイリアン』でも見たことのあるポーズを取っている

中：H・R・ギーガーはこの映画には積極的に参加しなかったが、初期のコンセプト・アートを提供していた

下：意識がある状態で自らの体に施した帝王切開から生還したショウ。非常に印象的な衝撃の場面のひとつ

娠に至るまでの経緯を丁寧に描く必要があった。そこで、ホロウェイがショーと性交渉に及ぶ前、デヴィッドが彼の飲み物に映画冒頭でエンジニアが飲んでいたものと同じ液体（ギーガー作の奇怪な生命体のDNAの連鎖を生む、インクのような原始の霊薬）を混入していたという伏線が描かれた。やがて彼女は、トリロバイト——黒い液体に汚染された人間との性交で生じる軟体生物——を身ごもっている事実に気づく。激しい恐怖に襲われた彼女は、自動医療ラボを使って即座に帝王切開を行うのだが、観客はその一部始終を見せられることになる。なお、このシーンは、スパイツの初期の草稿からあったもので、エイリアンの侵略をテーマにしたホラー映画を象徴するエピソードとして脚本に残されていた。グロテスクで、どこかコミカルなシーンに仕上がっているが、CGIを駆使しているため、迫力や生々しさでは第1作のチェストバスターに遠く及ばなかった。

　かたや、シャーリーズ・セロン演じるメレディス・ヴィッカーズは、ウェイランド社の重役という立場のせいか、彼女もアンドロイドではないかという疑念が残るほど物言いも態度も冷淡だ（実際はアンドロイドではない。リンデロフは、デヴィッドを製造する際に彼女のDNAを取り込んでいるという設定を考えていた。だから、デヴィッドと似ている部分があっても不思議ではない）。ちなみに、セロンは『マッドマックス』の撮影が延期されたため、再びスコットのもとを訪れ、どうしても映画に参加させてほしいと懇願したそうだ。そこでスコットは、意地の悪い性格のサブキャラとして彼女を起用した。

　他の乗組員たちは基本的に死ぬ運命を辿る。エンターテインメント・ウィークリー誌は、「これこそ最高のSF映画の王道だ。無鉄砲で、馬鹿な行動をする人間が出てこないと、宇宙はもっと退屈になるだろう」と、書いている。本作の犠牲者名簿に名を連ねるのは、喧嘩しながらも呼吸のあったやりとりをする地質学者ファイフィールド（ショーン・ハリス）と動物学者ミルバーン（レイフ・スポール）の科学者コンビ（このふたり組は、1作目に登場するパーカーとブレットを大まかに真似た設定）、船乗りらしい大袈裟な口調の宇宙船の船長ヤネック（イドリス・エルバ）などだ。

　ただ、この3人の役柄には、生活に疲れたノストロモ号の乗組員たちが醸し出していた冴えないブルーカラーのリアリズムが欠けていた。今作でもっとも生き生きと描かれていたのが、『エイリアン』のメインキャラクターで、今回プロメテウス号にも乗船しているアンドロイドの存在だというのも皮肉な話だ。アイルランド人の人気俳優マイケル・ファスベンダー（『ジェーン・エア*』のミスター・ロチェスター役、『X-MEN: ファースト・ジェネレーション*』の悪役マグニートー、『危険なメソッド*』の心理学者ユング役など、ひと癖ある役どころでの演技が光る実力派俳優）は、デヴィッド役に理想の温度感を探し出した。彼はどこか無機質で、不気味で、入念に作り込まれた繊細な演技を披露した。映画の冒頭、人間たちが眠っている間、無気力に空っぽの時間を埋めている姿を見れば彼がアンドロイドであることはすぐにわかる。デヴィッドは独特の話し方や上品な振舞い方を『アラビアのロレンス』のピーター・オトゥールから学んでいるという設定だ。デヴィッドがスコット並みに凝り性なのはあきらかで、宇宙船内の図書館で何度も繰り返し映画を観て、セリフを完璧に覚えていた。*いずれも2011年の作品。

「俳優のピーター・オトゥール、ミュージシャンのデヴィッド・ボウイ、そして、どこかユーモラスなオリンピック選手のグレッグ・ローガニス*はかなり参考にしたね」と、ファスベンダーは言った。「あとは、レプリカントを研究するために『ブレードランナー』も観たよ」 *アメリカの飛込競技選手で、モントリオール、ロサンゼルス、ソウルオリンピックで計5個のメダルを獲得。ファスベンダーはデヴィッドを演じるにあたり、ローガニスの歩き方や腰つきからインスピレーションを得たそうだ。

　スコットがファスベンダーに伝えたことはシンプルだった。「自分を"宇宙船の執事"だと思えばいい。あとは、自分の立場をなんとなく不服に思っている感じが出るといいね。それと、『2001年宇宙の旅』のHALのみたいに、ちらっと意地悪な部分を覗かせてみて」

「あれは素晴らしく愉快な演技だった」と、オンライン・サイトのsalon.comは絶賛した。「古典文学に出てくる、人を巧みに操る狡猾な天才——たとえば、小説『ある貴婦人の肖像』の登場人物、ギルバート・オ

「熱烈なファンならば、今作『プロメテウス』の中に
『エイリアン』のDNAの成分が含まれていることに気づいてくれるだろう。
とにかく、この映画で取り組んだテーマは、どこまでも斬新で、
大がかりで、しかも、挑発的だ」
——リドリー・スコット

ズモンド──に電子回路を搭載して宇宙に放ったらあんな感じになるだろう」

グリーンスクリーンを避け、本物の"壮大さ"を描く

『プロメテウス』における新たな生物学設定には、多くの解読が必要とされる。リンデロフは説明的な要素をさりげなく脚本に加えるタイプではなかったので、それがファンにとって不満の種になった。ギーガーとオバノンが作り出したゼノモーフをはじめとするエイリアンの生命サイクルには、しっかりとした法則があった。1作目『エイリアン』で育ったデザイナーたちは、今度はそのゼノモーフの起源を遡り、複雑でわかりにくい進化の過程を創造しなければならなくなった。それは小さなワームから始まり、ハンマーピード、トリロバイト、そして最後にはトリロバイトに寄生されたエンジニアから飛び出してくるディーコンへと至る。ちなみにディーコンは、『エイリアン』に登場する圧巻の最終形態ゼノモーフのひとつ前の段階にあたるらしい。

多くの批評家やファン、そして私を悩ませているのは、『プロメテウス』が作品としては明らかに素晴らしい出来栄えだという点だろう。にもかかわらず、どこか物足りなさを感じてしまうのが悩ましいのだ。暴力的なスペクタクルシーンを演出するスコットの熟練の技、テーマ性に対する彼のすべてのこだわりが、この

作品に結集されていたのに。エイリアンの独特のデザイン性は今では当たり前のように思われているが、初代『エイリアン』のそれに比べると、本作は、より硬質で禁欲的な特徴を持っている。また、ウィリアム・ブレイクやフランシス・ベーコンの絵画、H・P・ラヴクラフトやエドガー・アラン・ポー、旧約聖書の文章がインスピレーション源になっているのも見て取れた。「特に冒頭の1時間は圧巻だった。スコットは"本物の壮大さ"を描くことに成功した」と、ニューヨーク・タイムズ紙は賞賛した。

『プロメテウス』は、キャメロンが『アバター』で環境問題を晴天のごとく描いたことに対するスコットの曇天のごとき反撃だという興味深い見方がある。この見解は、ふたりがそれぞれのキャリアを通していかに芸術的対話を続けてきたかということを大いに物語っている。「『プロメテウス』は、凄惨なスペクタクル映画であり、ホラー映画と呼んでもいいかもしれない。しかし、リドリー・スコットが披露した匠の技は、まさに全能の神の域に達している」と、ニューヨーカー誌は論じた。

1978年にごく限られた予算で『エイリアン』を制作していた頃に比べ、今回スコットは、存分に使える予算を満喫したに違いない。とはいえ、1億3000万ドルの提示額を不服とし、彼はフォックスに製作費として2億5000万ドルを要求していた。

『プロメテウス』によって、良い意味で、スコットが

特に冒頭の1時間は圧巻だった。スコットは"本物の壮大さ"を達成したと、ニューヨーク・タイムズ紙は賞賛した。

この映画に新たに登場した生体の核となる謎の黒くべとついた物体に興味を持ち始めたファスベンダー演じるデヴィッド

200

パインウッドの007ステージに設営されたセットに立つプロメテウス号の偵察隊

時代からはみだした監督であることが露呈した。この映画は1300ものエフェクトショットを誇りながら、現代の映画制作で一般的なデジタルによるエフェクトの過剰な使用を慎重にかわしている。彼は『エイリアン』シリーズの定番の撮影方法から逸脱し、アイスランドでのロケ撮影を敢行した。黒い砂塵に覆われた火山平原は、乗組員たちが降り立つ不気味な星のイメージと見事に合致していた。さらに、スコットは、現地の地形に合わせて車両を改造させている。

スコットが観客を古代エンジニア文明に誘うのは、例のピラミッド、つまり、ひと目でギーガー風とわかる彫刻が冠された大きな墓所の内部のシーンだ。

キャメロンが多用したグリーンスクリーンを拒否したスコットは、パインウッドのサウンドステージ一帯に、各通路が相互に繋がった「巣」のようなセットを造った。巨大な007ステージでも広さが足りないとわかると、彼はピラミッドの内部の長い回廊を再現するべくステージを90メートルも延長した。俳優とスタッフを、本当にこの迷路に迷い込ませたかったのだろう。さらに、3D撮影のために奥行きを広げるように指示した。

プロメテウス号の洗練された内装は、2層構造で、最新鋭の部屋が並んでいるデザインを採用した。ノストロモ号がタグボートなら、プロメテウス号はまさにA級ヨットだ。CGIを駆使したプロメテウス号の外観は、デザイナーがPhotoshopを使い、キット・バッシング（異なるプラモデルキットの部品を組み込んで新しいものを作る模型制作用語）よろしく、デジタルパーツを組み合わせて改造している。

スコットらしいモチーフのひとつがヘルメットだ。

メビウス風（当然のことながら）の大きな卵型のガラスのボウルで、その内部に光源を備えている。これによって、暗い場面でも登場人物ひとりひとりが、後光が差したような金色の光の輪で照らされることになる。

全世界興行収入が4億300万ドルという数字はヒットと呼べるが、そこまで納得のいく結果ではなかった。批評家からの賛辞に偏りがあったことも、スタジオに疑念を抱かせる原因となり、ファンには後味の悪さが残った。『エイリアン』の美点は、スコットがしばしば口にするように、その純粋さにあった。ただ今回は、鑑賞後の驚愕状態が落ち着いてから、ようやく作品の壮大なテーマの考察に取りかかることができる、というたぐいの作品であった。

スパイツは当初、『エイリアン』の前日譚を書こうとしていたが、『プロメテウス』は、最終的に、前日譚の舞台よりさらに過去の時代を描く、言わば「前日譚の前日譚」的な物語となった。それでも、スパイツが描こうとしていた要素が、本作で見え隠れしている。フェイスハガーでないなら、あのハンマーピードは何なのか？ もしエッグでないというなら、あのどろどろした液体が入った小瓶は何なのか？ この映画は、たとえて言うなら、本家ではなく別のバンドが演奏したベストアルバムのようなものだ。

「目のくらむようなシーンの連続だった」と、YouTubeチャンネル Screen Crush はコメントしている。「にもかかわらず、これから始まる本番を待ち続けている気分だ。何時間も前に映画館を出たというのに！」

スコットは、まだ続きがあると約束したが、予想もしなかった衝撃的な事態に見舞われることになる──。

ORIGIN STORY 201

LOST SOULS

地獄に落ちた魂

THE COUNSELOR (2013)
『悪の法則』
EXODUS: GODS AND KINGS (2014)
『エクソダス:神と王』
THE MARTIAN (2015)
『オデッセイ』

「人は国を売り払ってでも、自分の心から悲しみを消し去りたいと願うものだ」
—— 映画『悪の法則』より、麻薬カルテルのボス・ヘフェが主人公であるカウンセラーに電話越しに伝える言葉

人生最悪の週末

　2012年8月20日、ロンドンにてネオ・ノワール・サスペンス『悪の法則』の撮影に入って1週間ほどが経った頃、リドリー・スコットはロサンゼルスから緊急の電話を受けた。弟トニーの妻であるドナからだった。彼女はひどく取り乱していた。トニーが行方不明だというのだ。この一件に関して、バラエティ誌のスコット・ファウンダスのインタビューで（それができるようになるまで、実は2年の月日を要したのだが）、スコットが「人生最悪の週末が始まった」という言葉を口にした。

　あとになって、トニー・スコットは数年前から癌と闘っていたことが判明した。手術ができないような状態でも、命に関わるほど深刻な病状というわけでもなかったが、痛みを伴うその病は、彼の心に重くのしかかっていたようだ。しかも知っての通り、リドリーとトニーは、兄のフランクを45歳のときに皮膚がんで亡くしている。スコットは、なぜ弟がロサンゼルスのヴィンセント・トーマス橋から飛び降り、自ら命を絶つことを選んだのか、いまだに心の整理をつけられないでいる。2通のメモが残されていたというが、どちらにも理由は書かれていなかった。

　エネルギッシュでウィットに富み、大衆受けする映画を作らせたら右に出る者がいない、近年のハリウッドでもっとも成功していた映画監督。だが、彼は突然、その人生の幕を自ら下ろした。スコットは弟を失い、同時に、ともに映画人生を歩んできた唯一無二の存在も失った。「私は大切な友を亡くしてしまった」と、彼はファウンダスにこぼした。

　同じインタビューの中で、スコットは、トニーに説得されて、イギリス北部のノース・ヨークシャーにあ

上：マイケル・ファスベンダーが演じる自暴自棄なカウンセラーは、たったひとつの決断で人生を狂わせていく典型的な悲劇の人

次頁：テキサスとメキシコを舞台に一流俳優を揃えて撮影されたスリラー映画に観客が心を動かされなかったことはスコットにとって意外だった

る丘陵地帯クリーブランド・ヒルズにロッククライミングに行ったときの話を静かに語っている。当時ふたりとも10代で、ちょうど『少年と自転車』を制作していた頃だ。その日は霧が濃かった。生まれつき運動神経のいいトニーは60メートルの崖をするすると登っていき、その姿が見えなくなった。すると、一本のロープがスコットの前に降りてきて、「それを体に巻き付けて」という指示が聞こえた。その後、崖を登りはじめたはいいが、肘がしびれてしまったスコット。30メートルほど登ったところで体が後方に傾き、パニックに陥ってロープが絡んでしまったそうだ。そのとき、ロープがいきなりピンと張ったのを感じた。「も

悪の黒幕マルキナを演じるキャメロン・ディアス。スコットはマルキナを悪魔の化身と考えていた

う大丈夫だ」。トニーの声は緊張していた。それから、ゆっくり兄の体を地面に降ろし、本人も地面に降りてきたが、弟の手に摩擦でできた傷の跡があったのをスコットは今でも覚えているという。

9月3日、スコットは撮影中の映画を完成させるために現場に復帰した。それが、弟を亡くした悲しみと折り合いをつける唯一の方法だったのだ。

コーマック・マッカーシーの脚本『悪の法則』

「チャイルド・オブ・ゴッド」「越境」などで知られる作家コーマック・マッカーシーによるオリジナル脚本を映画化した『悪の法則』もまた、賛否が分かれる映画である。一部の批評家は強い拒否反応を示した。「まるでフランケンシュタインの怪物のごとき映画だ……本作は芸術的な壊疽に蝕まれており、その質は徐々に崩壊していく」と、スペクテイター紙は困惑を露わにした。「文壇の巨人が場違いの酒場に迷い込み、映画界の名称がその評判に惑わされた」などと、批評家たちは口々に非難した。

アメリカで劇場公開されるも、観客は足を運ばず、その世間の反応にスコットは困惑した。一流スターを揃え、テキサスとメキシコの国境地帯を舞台にした極悪非情なサスペンス映画を作り上げたと自信満々だったからだ。なお、アメリカ以外の国の反応は悪くなく、結果的には、興行収入7100万ドルというまずまずの数字を記録した。

『ブレードランナー』と同様に、スコットのゴシック・サスペンス映画を賛美する声は高まり続けていて、その傾向はまだ続いている。メキシコ出身の映画監督ギレルモ・デル・トロは、「分子レベル」でこの映画を愛している、と、言った。本作と同じ激動の国境地帯を舞台にした小説で有名な作家ドン・ウィンズロウは、『悪の法則』がきっかけで、自身の小説「ザ・カルテル」の映画化*にあたりスコットを監督に指名した。*結局、映画化は中止となったものの、「ザ・カルテル」を含むシリーズ三部作（「犬の力」「ザ・ボーダー」）をテレビドラマシリーズ化することが決まり、現在企画進行中。リドリー・スコットは製作総指揮を担当している。

『悪の法則』に魅了され、スコットを代表する映画のひとつだと主張する批評家は少なからずいる。ニューヨーク・タイムズ紙は、この邪悪な詩人ふたりの組み合わせは絶妙だとし、次のように書いている。「スコット監督のひたむきさは、脚本によって空回りすることもあったが、彼はマッカーシーという、常識にとらわれずに善と悪を考えることができる絶好のパートナーを見つけた」

ロードアイランド州プロビデンス生まれのマッカーシーは、長年の苦闘の末、アメリカ南部を舞台にしたサザン・ゴシックや放浪の西部劇を描いた一連の作品で、アメリカで尊敬される作家のひとりにまで上り詰めた。南部の僻地をさまよい歩き、溝を掘って生計を立てたりした経験が、その揺るぎない散文に説得力をもたらしているのではないかと言われている。文学通は、彼をメルヴィル、フォークナー、ジョイス、ヘミ

ングウェイにたとえる。彼の骨太な物語は、人間性や宇宙の本質に対する哲学的な探究へと繋がっていく。スコットは随分前からマッカーシーの熱烈なファンだった。「彼は壮大な映像を言葉で表現する」とスコットは称賛している。「だから、そこが私には完璧に合っているんだ」

マッカーシーの小説はそれまでも何作かは映画化されていたが、その評価にはばらつきがあった。『すべての美しい馬』（2000）は失敗作だったが、コーエン兄弟の『ノー・カントリー』（2007）は、スリリングで病的な笑いを誘う作品としてヒットし、アカデミー賞作品賞を受賞している。『ザ・ロード』（2009）の評価はそれら2作の中間だった。一連の経験（特に『ノーカントリー』の成功）で、自著の世界観が映画という媒体でも効果的に表現され得ることを知ったマッカーシーが、映画脚本に再び挑戦したいと考えたとしても何の不思議もない（彼には1977年に歴史犯罪ドラマ『The Gardener's Son（庭師の息子）』というテレビ映画の脚本を手がけた過去がある）。

スコットは2004年『キングダム・オブ・ヘブン』の撮影を終えたタイミングで、同作の脚本家ウィリアム・モナハンとともに、マッカーシーの小説の映画化に本格的に取り組みはじめた。その小説とは、1850年代のメキシコ国境にのさばる、ネイティブアメリカンを虐殺して頭皮を剥ぐギャング集団（小説の舞台となった当時は、ネイティブアメリカンの頭皮に賞金がかけられていた時代で、物語のモデルとなったギャング集団は実在した）を非情なタッチで描いた『ブラッド・メリディアン』だ。マッカーシーの残虐性にホラー的要素は見られたが、この作品はスコット念願の西部劇になるはずだった。「まるでヒエロニムス・ボス*の絵画だ」と、スコットは言った。彼はモナハンと一緒に、マッカーシーの血にまみれた世界観を映画用の脚本に落とし込もうと試みたが、内容があまりにも過激すぎてこの企画の破綻は目に見えていた。よほどのことがない限り血みどろの場面でも動揺しないスコットでさえ、この作品は映像化するには残虐すぎると認めざるを得なかった。＊ルネサンス期ネーデルランドの画家。難解で奇想天外な作風で知られる。

「しかし、それがこの作品なのだ」と、彼は悔しさをにじませる。救いがたいほど陰惨な芸術作品だった。

その後、突然、スコットの代理人から電話があり、マッカーシーのスタッフがある脚本を送ってくると伝えられた（マッカーシーは事前告知を好まないタイプなのだ）。スコットはその日の打ち合わせをキャンセルし、聖典でも受け取るかのように脚本の到着を待っ

> 「『悪の法則』は特に精神的に疲れる作品だが、そこが肝だ。
> 自分のお気に入り作品のひとつだよ。（中略）
> そう、コーマックはまさしく月の裏側にいる。
> この物語には喪失感、それも、悲劇的なそれが描かれている」
> ──リドリー・スコット

下左：悪女のマルキナ（ディアス）とその被害者のひとりであるローラ（ペネロペ・クルス）

下右：仲介役ウェストリー役のブラッド・ピットが、ファスベンダー演じるカウンセラーに闇社会の知恵を授ける。会話劇の要素が強い作品

LOST SOULS 207

た。『The Counselor』（原題）と題されたその脚本は、中編小説に近く、スコットは貪るように1時間半で読み終えた。

　次の月曜日、彼はアルバカーキでマッカーシーと会い、同日の午後には、契約の握手を交わしている。
「作品の持つ力に圧倒された」とスコットは言った。この脚本に反論の余地がないことはあきらかだった。「私はストーリーの複雑さにほれ込んだ。特殊な状況がどんなふうに展開していくのかが緻密に描かれている。また、セリフが素晴らしい。こんな見事なセリフ回しは初めてだ。この作品はたしかに虚無主義的で救いようがない。でも、だから何だというのだ。これを虚無的だと否定するなら『地獄の黙示録』(1979)も『アギーレ神の怒り』(1972)も『ゴッドファーザー』もみんなそうだろう」

　20世紀フォックスが2500万ドルの予算を提供したのは、似たようなテイストで、虚無的破滅の系譜に属する『ノー・カントリー』が大ヒットしたことが後押しになっていた。

　なお、この作品は、その暗い内容やキャストの豪華さにもかかわらず、一般的には『テルマ＆ルイーズ』、『マッチスティック・メン』、さらには『プロヴァンスの贈りもの』といった、小規模で現代的、人物描写に重きを置いたスコットのコメディ映画の仲間に入れられた。事実、本人も『悪の法則』をブラック・コメディとして捉えている。
「まるでカフカの作品のようだった」と、彼は言う。「それにしても、いい脚本だった。ファスベンダーは3秒で理解したよ」

　もう少し詳しく言うと、『悪の法則』は、スコットの寓話的作品の中でもっとも不快感を覚える作品で、サスペンスとホラーの境界線に位置している。しかも、マッカーシー色が強く、舞台が砂漠地帯で、ステットソン*の帽子を被ったブラッド・ピットが登場しているので、西部劇だと見る向きもある。＊1865年創業のアメリカの帽子ブランド。中折れのフェルトハットなどが有名。

　スコット作品に2作続けて出演したことで、たちまちラッセル・クロウの後継者と目されたマイケル・ファスベンダーの役は、カウンセラー（弁護士）と職名で呼ばれるだけで本名は出てこない。「彼は、古典的な悲劇の主人公だ」と、マッカーシーは言う。それは、ギリシャ悲劇やシェイクスピア作品に見られるような、自らの選択の結果として破滅へと向かう人物。しかも、もともと悪人ではなかった。「ある朝起きて、出来心で悪事に手を出してしまったという、しごくまともな男。それだけの話なんだよ」

208

前頁上：運命の人、ローラ（クルス）にプロポーズするカウンセラー（ファスベンダー）

右：セリフの原稿を手に相談するスコット、ファスベンダー、ライナー役のハビエル・バルデム

　彼の脚本は型破りだった。「マッカーシー氏はこれまでの人生で一度も脚本マニュアルを読んだことがないのだろう」。このニューヨーク・タイムズ紙の表現は誉め言葉でもある。この作品にはただのチンピラから極悪人までさまざまなランクの悪党が登場するが、皆、どこか既視感がある典型的なワルばかりだ（揃いも揃って服装のセンスが"独特"なのは、彼らの個性を出すための設定である）。にもかかわらず、彼らが織りなす物語は、まるで幻影のようなのだ。

　観客は映画を見終わってからようやく、悪企みの数々を回収する。最愛の人（ペネロペ・クルスはこの映画で唯一の善の道しるべであり、それゆえに恐ろしい運命を辿ることになる）に贈るダイヤモンドの婚約指輪の代金を支払うため、ファスベンダー演じる"悪徳"弁護士は、怪しいコネを使って麻薬取引に加担することを決意する。バビエル・バルデム演じる不躾なナイトクラブの経営者ライナーや、ブラッド・ピット演じる哲学的な物言いをするカウボーイスタイルの麻薬取引の仲介人ウェストリーは、自分たちが話を持ちかけたにもかかわらず、目の前の友を思いとどまらせようと"警告"を重ねる。皮肉な話だ。人に忠告するのが職業の弁護士が、人からの忠告をまったく聞き入れないのだから。

　この映画は会話に溢れている。誰もが物語の中で物語を語るのだ。これは小説的な仕掛けで、延々と会話が続くことに苛立ちを覚える観客もいるだろう。ただ、登場人物が滔々と独り言をしゃべり続ける場面はスコット作品では珍しくない。『ブレードランナー』『ハンニバル』、そして、同じく麻薬の密売が絡んだ『アメリカン・ギャングスター』などでは、社会の規範から外れた悪役ではあるが、雄弁で知的な語り手たちの巧みな話術が印象的に描かれている。

　『悪の法則』の核心を言えば、例の麻薬取引は失敗に終わり、カウンセラーとその仲間に裏切られたと勘違いした麻薬カルテルが、彼らに想像を絶する代償を負わせる。彼らの制裁は、正気を疑うほど不気味で、いささか度を越えている。ウェストリーは「ボリート」という機械仕掛けの絞首具で動脈を切断され処刑される。おかげで、ピットは全身に偽物の血の噴水を浴びることになった。スコットはここでも期待を裏切らない演出を披露している。

　当然、彼はマッカーシーの会話劇も非の打ちどころのない映像で彩った。本作は会話シーンが多い。だがその一方で、辺境の荒野を主な舞台に救いようのない冷酷なシーンが展開される。それらは観客を黙り込ませ、劇場内に月のような静けさをもたらしたのだ。

　2012年7月27日から始まった『悪の法則』の撮影は、テキサス州のエルパソでの背景用の追加撮影を除くと、ロンドン（都市部の場面）とスペイン（メキシコの景観用）で行われたというからおもしろい。予算や手間の問題もあるが、ここまで豪華キャストが揃うと、スケジュール調整も至難の業だったのだろう。

　悪の黒幕的存在のマルキナ（アンジェリーナ・ジョリーの代わりに起用されたキャメロン・ディアスは、本来嬉々として悪事を働く役を演じるタイプではない）は、ライナーのガールフレンドで、砂漠の夜のように冷たい女だ。そして、その女がとったある行動は、リドリー・スコット映画で（というか、どの映画でも）もっとも奇怪なシーンとして観客に強い印象を残した。それは、ランボルギーニのフロントガラスで自慰行為をするというものだ。彼女が自慢げに飼っている2頭のチーターも、猫（『エ

LOST SOULS　209

イリアン』)、フクロウ(『ブレードランナー』)、ユニコーン(『レジェンド／光と闇の伝説』)、トラ(『グラディエイター』)、ブタ(『ハンニバル』)、ジャック・ラッセル・テリア(『プロヴァンスの贈りもの』)と同じく、飼い主の人となりを象徴している。つまり、マルキナはチーターのごとく、生まれながらの洗練されたハンターで、狙った獲物は逃さないのだ。この映画に隠されているダンテの『神曲』地獄篇を想起させる要素——カウンセラーが堕落の一途を辿る過程——を理解できれば、地獄の番人的なマルキナがマレブランケ*の化身ということがわかるだろう。＊『神曲』地獄篇に登場する悪魔の総称。地獄界の第八圏と第五圏で亡者を罰する。

その部分を尋ねると、「そう、それこそがマルキナという人間なんだ」と、スコットは興奮気味に言った。

では、いったい、この作品は何を伝えているのか？いや、何を伝えていないのか？ メキシコ国境近くの荒野には蛇やトカゲなどが生息し、登場人物には、マルキナをはじめ冷血な犯罪者たちが多い。ならば本作を、スリラー映画の皮を被った"爬虫類"だと仮定しよう。スコットとマッカーシーは、映画という爬虫類の皮の下にあまりにも巨大な（宗教的、哲学的）テーマを詰め込もうとし、結局、その皮のあちこちが綻び出してしまった——そんな印象なのだ。

現在のメキシコの麻薬カルテルがもたらすリアルな恐怖は、まさに、"ネオ・ノワール"というおなじみの映画用語で言い表せるのかもしれない。ネオ・ノワール作品は、社会の腐敗や暴力、欲望や裏切りといった要素を、1970年代のノワール映画よりも過激で露骨な描写で表現するのだが、現実の麻薬カルテルの蛮行があまりに残酷ゆえに非現実的で、ネオ・ノワールの世界観に重なってしまう。『悪の法則』でそれを象徴する一例が、カウンセラーの闇取引に加担した人物を追った生々しいサブプロットだ。その人物が高速道路をバイクで疾走する様子は、ほとんどドキュメンタリーを思わせる緻密さで映し出されていく。少なくとも、彼がトリップワイヤーで首を切られるまでは。

自分の原点に忠実なスコットは、またしても人を堕落させる富の力を疑いの目で捉えている。ただし、この作品にはスコットが言うところの「ド派手」な演出が随所に見られる。ライナーの宮殿のような砂漠の中の屋敷は、虚飾に彩られたビバリーヒルズの馬鹿らしさを象徴していた。「まさにドナテラ・ヴェルサーチの狂宴だ」と、ニューヨーク・タイムズ紙は表現した。

出演者の多くは、自分たちが関わった作品の本質をじっくりと見定め、この映画は貪欲さへの戒めだと表現している。

そして、マッカーシーは例によって、善と悪、原因と結果に対するマニ教＊に代表される二元論を大胆に展開する。その先行きはどこまでも暗い。ルーベン・ブラデス扮するカルテルの首領ヘフェは出番こそ短かったが、最後に、より大きな運命の前では、個人の選択や努力がいかに無力で虚しいものであるかを説教

210

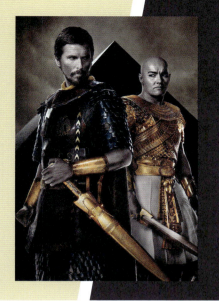

「観客に聖書の映画を観に行くという
　感覚を持たせたくなかった」
——リドリー・スコット

前頁下：スコットは威厳のあるトゥーヤ女王役にまたしてもシガニー・ウィーバーを抜擢したが、この映画はキャストに白人を起用したことで非難を浴びることになる

左：兄弟の物語。クリスチャン・ベール演じるモーゼと、ジョエル・エドガートン演じる嫉妬深いラムセス

する。彼は、すべてを失い打ちひしがれている主人公に静かにささやく。「きみは、自分で選んだ世界にいるんだ」＊光（善）と闇（悪）の二元論的世界観を基に禁欲的実践による救済を説くゾロアスター教を母体とした宗教。

『悪の法則』は、飲み込むのが難しい強い酒だ。極端すぎて滑稽に見える部分もあるかもしれない。しかし、人間のより暗い心の奥底をじりじりと探っていく姿勢は、スコットがどれほど型破りな人間であるかを思い起こさせる。

「『悪の法則』は特に精神的に疲れる作品だが、そこが肝なんだ」と、スコットは振り返る。「あれは自分のお気に入り作品のひとつ。そう、コーマックはまさしく月の裏側だ。あそこには喪失感、それも、悲劇的な喪失感が描かれている」

この映画は彼の弟に捧げられた。

約束の地『キングダム・オブ・ヘブン』

「シュトルム・ウント・ドラング*」の文学運動並みに激しく善悪を論じた『悪の法則』から、旧約聖書の世界へと旅立つまでそう時間はかからなかった。スコットは神を映画化しようとした。20世紀フォックスの元トップ、ピーター・チャーニンは、全能なる神の指示でエジプトで奴隷とされていたヘブライ人（エジプトでこう呼ばれていた彼らは「イスラエル人」と自称しており、のちに「ユダヤ人」との名称がつく）を「約束の地」へと導いたモーゼの物語を語るチャン

スをスコットに与えたのだ。＊18世紀後半のドイツでゲーテやシラーを中心に起こった文学上の革新運動。理性偏重の啓蒙主義に反対し、感情の自由と人間性の解放を訴えた。

そのプロデューサーは明らかに、メル・ギブソン監督作『パッション』（2004）の驚異的な成功と、酸味の効いたリアリティを意識していた。教会に通う人々や（教会に通っていない非信者ゆえに）"救われていない"人々がいる中、巨額の予算で制作する聖書を題材とする大スペクタクル映画に未開拓市場があるのは明らかだった。現に、ダーレン・アロノフスキーは、ラッセル・クロウを起用して、ノアと箱舟の物語をスコット風のSFタッチで災害映画『ノア 約束の舟』（2014）へと変身させている。

（神の存在について否定も肯定もしない）不可知論者であるスコットは、宗教に対して中庸の立場を主張している。だが、『ブレードランナー』『キングダム・オブ・ヘブン』『プロメテウス』などで信仰と創造というテーマをさまざまな視点で描いてきたことを考えると、いずれ神の出番が来るのはわかっていた。アダム・クーパーとビル・コラージュが書いた脚本を読んで、スコットは、モーゼが謎のヴェールを脱ぎ、真の姿を現すという発想に興味をそそられた。モーゼがモーゼとなるためには何が必要だったのか？ モーゼを取り巻く世界とはどういうものだったのか？『ロビン・フッド』の時と同じく、彼は旧約聖書の第2書（旧約聖書の「モーゼ五書」と呼ばれる最初の5つの書のうち、2

「リドは、絶対的な芸術性と実用的なアプローチを
うまくマッチングさせている」
——クリスチャン・ベール

左：この映画でもっとも印象的な映像となったのは、スコットがもっともらしく描いた7つの災い。雷鳴轟く中で降りしきる雹や、燃え盛る炎、ヘブライ人を除くすべての第一子の男子の命を奪われる場面など

次頁下：主演のクリスチャン・ベール（モーゼ役）やジョエル・エドガートン（ラムセス役）とシーンについて話す監督のスコット

番目の書）である「出エジプト記」とチャールトン・ヘストン出演の『十戒』（1956）を、現実に起こった出来事として描く作業に取りかかった。
「観客に聖書の映画を観に行くという感覚を持たせたくなかった」というスコットの言葉は、神がエジプトに下した数々の災厄は、科学的にきちんと説明がつくことを示唆している。事実、エジプトが暗闇に覆われたのは日食のせいかもしれないし、ナイル川が血の赤に染まったのは、気候変動などに伴う川の水質や川底の土壌の変化のせいかもしれない。おびただしいカエルに街が埋め尽くされたのも、真水が汚染されたのが原因だったかもしれない。
紅海が割れたのも、紀元前3000年頃、イタリアの南端沖で起きた海底地震で津波が発生したことが理由だったかもしれない。
「私は挑戦することが好きなんだ」と、彼は撮影現場からそう私に伝えてきた。自分が古代ローマを舞台にやってみせたことを聖書の叙事詩でもやれるチャンスが来たという事実が、彼の自尊心を刺激したようだ。
特筆すべきは、この作品が兄弟の物語であることだ。ただ、エジプトの王位継承者であるラムセス（ジョエル・エドガートン）と王の養子となったモーゼ（クリ

スチャン・ベール）の兄弟の絆は、モーゼの本当の血筋が判明した時点で崩れていく。『ナイロビの蜂』（2005）の脚本を担当したジェフリー・レイ・ケイン、そして、スティーブン・ザイリアンは、本作を兄弟の敵対関係を主軸にした物語に仕上げた。

　本編の中盤、モーゼはエジプトから追放されるが、王（ファラオ）となったラムセスの掌握から奴隷として不当な扱いを受けるイスラエルの民を救い出すため、栄華に溺れ堕落したメンフィスに戻るよう神の命を受ける。モーゼもまた、『グラディエーター』のマキシマスや『ロビン・フッド』のロビン・ロングストライドといった、他のスコット作品の主人公と同じく人権を説く社会進歩主義者であった。実際、『エクソダス：神と王』で描かれたこと――つまり、聖書の「出エジプト記」――は、現代の中東の混乱の起源譚であるとも言える。モーゼは、キリスト教、ユダヤ教、イスラム教という3つの異なる宗教で預言者と位置づけされる象徴的存在なのだ。

　リアリティにこだわるスコットだが、本作においてはキャストにまではその姿勢が及ばなかったようだ。エジプト人とイスラエル人の役に白人の俳優を起用したことで、非難の集中砲火を浴びることになる。

もっとも標的になったのは、『華麗なるギャツビー』（2013）に出演したオーストラリア人俳優のエドガートンだ。彼は髪をそり落とし、たどたどしい発音で、威厳を傷つけられたラムセス2世を演じている。スコットはその批判に理路整然と応対してみせた。たしかに、監督が公開最初の週末の集客を約束しない限り、どの会社も1億4000万ドルの予算を出そうとはしないだろう。「あのテーマで資金を調達できるなんて思っていないよ。だから、キャストのことを言われるのは筋違いだ。『パッション』だって白人を起用しているじゃないか」

　元人気子役で、『アメリカン・サイコ』（2000）の主人公パトリック・ベイトマンからクリストファー・ノーラン監督作『バットマン』の3部作『ダークナイト トリロジー』のブルース・ウェイン（バットマン）まで、幅広い役柄で怒りの鉄拳を下す役者に成長したクリスチャン・ベールは、気乗りしない中で自分に与えられた使命を果たすという、スコットが思い描くヒーロー像にぴたりと当てはまった。この人気俳優もまた、この主人公と同様に逡巡しながら自分に与えられた役を演じた。以前のラッセル・クロウやマイケル・ファス

ベンダーと同様、ベールもスコットのエネルギーには唖然とさせられたそうだ。70歳 (当時) という年齢を感じさせないほど、常に動きまわっているように見えた。「これまで"エジプトもの"を扱う映画がなかったんだ」と監督は不満を口にした。それはつまり、誰もエジプトをきちんと描いたことがないという意味だ。というわけで、スコットたちは『グラディエーター』や『プロメテウス』よりも壮大なセットを造ることになった。

余計な口をはさまずサクサクと撮影を進めるスコットの演出手腕に、ベールは次第になじんでいった。この監督はどのシーンも複数のカメラで狙うことで、セットアップやテイクの数を減らしてくれる。「リドは、絶対的な芸術性と実用的なアプローチをうまくマッチングさせている」とベールは笑う。そして、「撮影を誰が取り仕切っているかについては、疑う余地がないね」と言い添えた。

この映画では、「十の災い*」については科学的裏付けを匂わせつつも、その他の不可思議な出来事については聖なる仕業と解釈する余地も残している。それが、燃える柴 (錫のような青みがかった炎) のシーンと、神がマラク (アラビア語で"君主"の意、11歳のアイザック・アンドリュースが演じる) という名の短気な少年の姿となって現れるシーンだ。それらのシーンを加えることで「雷雲が立ち込め稲妻が光る中、岩山から神の声が響き渡る」という、宗教映画にありがちな神の啓示の場面を描かずに済んだと、スコットは説明している。*古代エジプトで虐げられていたイスラエル人を救うため、神がもたらしたとされる十種の災害 (ナイル川の水が血に染まる、蛙、ぶよ、虻、イナゴの大群出現、家畜の疫病流行、エジプトの民に腫れ物が生じる、雹の襲来、暗闇に包まれる、エジプトの民のみ長子の皆殺し※順不同)。

マラクの場面を、全能の神の"カメオ出演"と取るか、モーゼが見た幻影と取るかは解釈が分かれるかもしれない。研究熱心なベールは、モーゼの伝記を読み漁ったが、その中には統合失調症だったというフロイトの説も含まれていた。実際、劇中には、同胞のヨシュア (アーロン・ポール) が、何もない場所に向かって神と対話するモーゼを目にする場面が登場する。

雷雨轟く空の下で鈍く光るエジプトの光景は、スコットが若かりし頃を過ごしたイギリス北東部の地平線の風景や『プロメテウス』の鉄灰色の星の描写を彷彿させるが、それは意図的なのかもしれない。というのも、神々と科学者を描いた寓話的作品『プロメテウス』には、イエスがエンジニアであったとするエピソードが盛り込まれていたからだ。ただ、最終的にはそのシーンはカットされているが。ちなみに、古代エジプトのエンジニアたちは、巨大な頭部を何体も精巧に彫っている。

74日間の撮影は、スペインからモロッコへとおなじみの経路を辿り、最後にカナリア諸島に行きついた。絢爛豪華な神殿や王宮の内部はイギリスのパインウッド・スタジオに設営された。

火星に取り残されたマーク・ワトニーを演じるマット・デイモン。火星の風景はヨルダンで撮影された映像を使用

スコットは名作
『ライトスタッフ』(1983)から
インスピレーションを受け、
『運命を分けたザイル』(2003)から
置き去りにされた
人間の生々しい心理状態を学んだ。

『オデッセイ』は、リドリー・スコット監督作史上、最大のヒット作となる

ハリウッドの伝説においてスコットが果たすべき役割ともいえる壮大なスケールの映像美は健在で、すべてが正確に描かれているが、おびただしい数の人や生き物が蠢く戦闘や都市のシーンはCGI映像に頼りすぎている感が否めない。ベールとエドガートンは大声を張り上げ、威厳ある演技で奮闘したが、この映画全体には動かしがたい重苦しさが漂う。「この作品は、アクション性だけでなく、人物の掘り下げや神学的思索にも挑んでいるが、どの挑戦も失敗している」と、アトランティック誌は落胆を隠さない。厳しい指摘にも思えるが、世界興収が2億6800万ドルと期待外れの数字に終わったということが、この批評の正当性を裏づけている。

スコットの真骨頂と言えるエジプトの災いのシーンでは、『エイリアン』に共通する非常にリアルな気持ち悪さが怒涛の勢いで押し寄せてくる。カエル、ハエ、イナゴの目が眩むような大群、怒り狂うワニ、広がる腫物、雹の嵐、そして極めつけは、メンフィスを疾風のごとく飲み込んでいく闇が、生まれたばかりの男の子たちの命を奪いながら、ロウソクを消し去る場面だ。それに比べれば、皆が期待を寄せた紅海が割れるシーンは、まさしく波に押し流されてしまった感がある。

名作SF『オデッセイ』の誕生

火星もまた、スコットが気になっていた世界のひとつだった。実際、『プロメテウス』でカットされたシーンの中に、宇宙船が、人の住める環境の整った赤い惑星に立ち寄る場面がある。火星はコロンブスにとっての新世界のようなものであり、人類を引き寄せる次なる偉大な陸地となった。そして、2015年、スコットは、アンディ・ウィアーのベストセラー小説「火星の人」(元はウェブ連載の小説。この時点で注目を集め、その後、自費出版。2014年に商業出版)の映画化に乗り出した。

マット・デイモン主演のこの作品は、まさしく1964年に公開されたB級リアリズム映画『火星着陸第1号』(1964)を地でいく物語で、明るく、親しみやすく、ウィットに富んだサバイバル映画に仕上がっていた。結果、予想に反して全世界で6億3000万ドルというスコット映画歴代第1位の興行収入を記録し、アカデミー賞では主演男優賞、監督賞を含む7部門にノミネートされた(残念ながらいずれも受賞はならず)。

2015年の年末、アンディ・ウィアーの本棚には本物の火星の隕石が鎮座していた。さらに、彼のマンションには、月面着陸した宇宙飛行士バズ・オルドリンの等身大の切り抜きと『火星の人』の撮影最終日に使われたカチンコも飾られた。素粒子物理学者と電子工学エンジニアを両親に持つウィアーは、ソフトウェア開発者であり、問題を解決せずにはいられないタイプの人間だ。純粋に自分の楽しみで、人類が火星で生き残るためには何が必要かを考え始め、惑星間の軌道をマッピングするコンピュータ・プログラムを作成した。

そういう独自の研究から、近未来を舞台にNASAの宇宙飛行士で植物学者のマーク・ワトニー(デイモ

ン）が火星に置き去りにされるという物語が誕生する。宇宙船に同乗していた仲間たちは、砂嵐に巻き込まれ、飛来物が当たって吹き飛ばされたワトニーと交信が取れなくなってしまう。彼は死んだものとされ、他の飛行士たちはやむなくその場を緊急脱出。ワトニーが意識を取り戻したとき、彼の置かれた状況は絶望的に見えた。地球と交信する術はなく、自分が乗ってきた宇宙船はすでに火星を離れていたのだから。NASAによる有人火星探索計画の次の宇宙船"アレス5"が火星に到着するのは、4年後——その期間を生き延びるために彼が自由に使えるのは、放棄された機材と地表の居住環境だけだった。試行錯誤を重ねる中、「この状況で僕に残された道はひとつ」と、不屈のワトニーは覚悟を決める。「科学を武器に乗り越えるしかない」。絶望に直面した人間が見せたその前向きさが、この映画を成功に導く鍵だった。

ウィアーのウェブ連載は3000人の読者を獲得したが、その中には、科学者やエンジニアも含まれていて、物語の細部についてそれぞれの見解を述べていた。「僕はヒット作を狙って書いていたわけじゃない。どちらかといえば、映画を観ては物理学的矛盾をあらさがしする側の人間だ」。ウィアーはそう自分を分析する。「火星の人」がワトニー救出で完結を迎えると、ウィアーはその作品を無料の電子書籍として公開した。2012年12月頃には、Kindleでは1冊99セント（登録システムに必要な最低コスト）で販売され、35000部を売り上げた。そんなときだった、エージェントから彼のもとに電話がかかってきたのは。

この本が瞬く間に人気を博した理由があるとすれば、それは主人公の「皮肉めいた冗談を交えながら、前向きに問題に取り組む姿」に尽きると、ウィアーは分析している。彼は難解なSF作品をユーモアのセンスを織り交ぜて書いた。この本と映画でもっともおもしろいのは、ワトニーが、チームリーダーが自分と一緒に捨て置いていった70年代のディスコ・ミュージックに憮然としながらも、自分の実験を科学の先生のようにノリノリで実況解説していくところだ。「どこかで作物を栽培したら、そこを正式に植民地化したことになるらしい」と、ワトニーが嬉々として実況する。「だから、僕は火星を植民地化したことになる。見たか、ニール・アームストロング！」

あれはディスコ・ビートのSF映画だった。

エージェントを得たことに驚いていたウィアーは、その数日後、エージェントから出版社が決まり、20世紀フォックスがこの小説の映画化権を希望しているとの電話を受け、二重に驚く。これらふたつの契約は4日間のうちに結ばれた。

フォックスはテレビシリーズの『火星年代記』（1979）、映画の『アポロ13』（1995）、『キャスト・アウェイ』（2000）をミックスした作品になるだろうと想像していた。ウィアーによる原作本は、すでに訓練中の宇宙飛行士の必読書となっていた。

テレビドラマ『バフィー 〜恋する十字架〜』（1997-2003）から映画『ワールド・ウォーZ』（2013）まで着実に自分の道を進んできたドリュー・ゴダードは、すぐに本作の脚本兼監督に抜擢された。彼はこの物語の核心が信憑性にあることをすぐに見抜いた。脚本を書きながら、彼とウィアーは常に対話を続け、理論だけでなく実際に応用できる物理学の魅力が損なわれないように意識した。そうこうしているうちに、ゴダードはスパイダーマンのスピンオフ作品『シニスター・シックス*』の脚本兼監督に指名され、本作の準備の中断を余儀なくされた（そして、そのまま創作の網から抜け出せなくなった）。ここで、この企画はスタジオ開発の出口のない軌道を回る運命に陥ったかのように思われた。＊スパイダーマンの敵が集まって結成された犯罪組織を主人公に据えた作品だが、米ソニー・ピクチャーズとマーベル・スタジオの提携が決まったため制作中止に。

そんなとき、エージェントからウィアーに電話があり、リドリー・スコットが監督を務めることになり、マット・デイモンがワトニー役に決定したと告げられた。「ただただ信じられなかった。宝くじに当たった人が、そのくじを1分間じっと見つめて、いやいや、きっとこれは見間違えたんだと思うという、まさにあの感じだった」

スコットは、『エクソダス：神と王』のポストプロダクション作業に入っていた際、プロデューサーのサイモン・キンバーグから話を持ち掛けられた。キンバーグは、火星へのミッションを任せるのにリドリー・スコット以上にふさわしい人物はいないと考えていたのだ。これまでひとりとして、キューブリックでさえも、宇宙旅行をあそこまでリアリティを持って描いた監督はいなかった。また、映画史上、スコットほど、宇宙服を着た俳優をスタイリッシュに撮影した監督はいないだろう。正直なところ、せいぜい"リドリー・スコット風の監督"で落ち着くのだろうと、キンバーグは見ていた。ところが、彼らは本物のリドリー・スコット監督を迎え入れたのだ。スコットは金曜日に脚本を読み、土曜日には依頼を承諾した。これもまた直感的な判断だった。その脚本はお見事のひと言だった。難解な科学を空気のような軽いタッチで描く絶妙なバランス感覚。見方を変えれば、この作品は、痛快なコメディ映画とも言える。こうしてスコットに、宇宙版"ロビンソン・クルーソー"的な映画を撮れるチャンスが

この作品を制作する前からスコットのSF映画は定評があった。これほどスタイリッシュに宇宙服を撮影する監督は他にいない

巡ってきたのだ。

　ワトニーが置かれた状況は映画製作のジレンマに似ていた。限られた資源でどうやって生命を維持するのか？　この時間枠で、この予算（1億800万ドル）と適切な創意工夫で、どうやってスケールの大きな世界観を作り上げるのか？　スコットとワトニーはどことなく似ている。ふたりとも仕事中毒で、優れた才能を持ち、自分の頭で考えるのが得意で、災難に遭っても決してへこたれない。

　そういう点で、本作はもっともスコット本人に近い主人公が出てくる物語だと言えるだろう。彼はトロントのプレミアにおいて、実生活ではDIYが得意だと明かし、次のように語って記者を驚かせた。「家を塗り直したいなら、私がやろうか。そのへんの塗装業者よりうまくやれると思うよ」

　彼は映画の中で、誰よりもうまく火星を赤く染めた。

　数えてみれば、これはスコットがこれまでに描いた5つの星のうちの4つ目にあたる。　まずは地球（ありとあらゆる時代を網羅）、LV-426（『エイリアン』『エイリアン：コヴェナント』）、LV-223（『プロメテウス』）、火星（『オデッセイ』）、そしてパラダイス（『レジェンド／光と闇の伝説』）。神もさぞ驚いていることだろう。ワトニーは、何もない荒れ地から文明を作り上げた人類の象徴とも言える。

　ゴダードはNASAと映画製作スタジオは似ていると考えた。ウィアーは、NASAを、一企業であり、予算や広報活動のようなものまで気を配らなければならない存在として描いた。誰もいない火星から人で溢れる地球に舞台を戻すと、そこでは、NASAの"CEO"（火星探査統括責任者）（ジェフ・ダニエルズ）、エンジニア（キウェテル・エジョフォー）、広報担当（クリステン・ウィグ）をはじめとする各部門の代表や専門家チームが、この混乱した現況をどのように世間に伝えるべきかという問題を話し合っているのだ。

　一方、火星と地球のはざまでは、ヘルメス号（旅の神の名にちなんで命名）の中で、感情をあまり表に出さないミッション・リーダーのメリッサ・ルイス（リプリー・タイプのジェシカ・チャステイン）とチームメンバーが、仲間を火星にひとり置き去りにしたことに苦悩していた。その後、仲間の生存を知らされ、皆が彼の救出方法をあれこれと探る中で、地球に帰還するのを中止し、その重力を利用して火星に戻る覚悟を決める。

この作品では、実際のNASAの惑星科学部門と太陽系探査部門の両方が、技術的なアドバイスを提供している。スコットは、宇宙開発競争をテーマにした名作『ライトスタッフ』(1983)からインスピレーションを受け、優れた登山家のドキュメンタリー『運命を分けたザイル』(2003)から置き去りにされた人間の生々しい心理状態を学んだ。

　ブダペスト郊外にあるコルダ・スタジオがコストの安い広大な土地を提供してくれたことと、やる気満々のデイモンのおかげで、このミッションは速やかに軌道に乗った。スコットは『エイリアン：コヴェナント』を延期し、代わりに"火星"に向かったのだった。

　これまでにローマ、エルサレム、古代エジプトを造ってきたプロダクション・デザイナーのアーサー・マックは、今度は火星の建設に着手した。4000トンのハンガリーの土を持ち込み、これまででもっとも広大なスペースを使って火星を作り上げている。また、巨大なグリーンスクリーンに、ヨルダンの砂漠地帯ワディ・ラムで撮影した背景画像を投影し、乾燥した惑星のパノラマビューにも挑戦した。この背景画像は、制作班がワディ・ラムの絶景スポット「月の谷」までわざわざ赴き8日間かけて撮影したものだ。そのロケは、スコットにとって、2度目の聖地——デヴィッド・リーンが『アラビアのロレンス』の撮影を行った場所——巡礼の旅となった。「2度目」というのは、本作の設定の約5000年前を描いた『エクソダス：神と王』の

ヒッタイトの戦いも、一部がここで撮影されていたからだ。この赤みがかった砂と彫刻物のような露頭の風景を求めて、過去には『レッド・プラネット』(2000)や『ミッション・トゥ・マーズ』(2000)もこの巡礼の道を辿っている。

　本作の成功は、火星らしさをいかにうまく観客に見せられるかにもかかっていた。火星は大気が薄いため、空気が非常に澄んでいるのだが、そのクリーンな映像はスコット映画らしからぬものだった。とはいえ、これまでのリドリー作品の亡霊のように、この作品でも砂嵐のシーンが何度か登場している。

　ワトニーを火星に足止めした壊滅的な嵐は、スコットが実際に起こしている。彼にはそれ以外の選択肢がなかった。巨大な送風装置がキャストめがけて盛大に砂を浴びせかけた。スクリーンいっぱいにイナゴの大群のように襲いかかってくる激しい砂嵐の映像で、観客を圧倒するという演出手法は、同じく宇宙空間での孤立や人間の脆弱性を描いた『エイリアン』へのオマージュだろう。やがて、砂嵐の中に、ヘルメットの内側のオレンジ色の丸い光に照らされた乗組員たちの顔が見えてくる。

　感心したのは、『オデッセイ』が『エイリアン』の映し鏡のような映画になっていることだ。『エイリアン』という作品があり、それを起源とした異星を舞台とするSF作品の流れの中で、完璧に調節された『オデッセイ』という船ができあがった。あとは、スコッ

「神は自らを助ける者を助ける。
この映画に隠された人生の教訓だ」
——リドリー・スコット

前頁下：この映画の原作は、火星への有人ミッションがどのようなものかを具体的にイメージする機会を与えてくれた

上：映画の大半がひとり芝居となるワトニー役は、デイモンにとって異例の挑戦だった

右上：『アラビアのロレンス』の足跡を辿りながらロケを行ったスコットとデイモン

トが操縦席に座るだけだった。実際、彼は後継者たちを育てたいという思いから、南カリフォルニア大学の映画芸術学部にアーカイブを寄贈したという。そのお宝の中には『エイリアン』のスクリプターによる撮影内容の詳細な記録が書き込まれた台本もあった。余談だがチェストバスターのページは一面、血糊用の塗料で赤く染まっていたそうだ。「彼女（スクリプター）が台本を下に落としちゃってね」と、彼は笑っていた。当時の衝撃的な撮影現場の様子が想像できる逸話だ。とはいえ、この新旧のSF作品を見比べてみると、一方は人類が宇宙でも決して孤独ではないことを知らしめることをテーマとし、もう一方は、惑星に人がひとりぼっちで取り残されることについてを描いている。本質的に、『オデッセイ』で描かれているテーマは意志の力だ。「もし圧倒的な恐怖に直面しても、それをコントロールできれば、必ず勇敢になれるのだ」と、ニューヨーク・タイムズ紙は絶賛している。

観客は、主人公とともに火星に降り立ち、たったひとつのテーマを火星探索と同じぐらい深く突き詰めていくことになるが、デイモンのほぼひとり芝居に近い見事な演技がそのテーマをしっかりと支えている。数週間は、彼とスコットとスタッフだけでの撮影となった。中年になっても少年の心を持つこの大スターは、持ち前の魅力を絶妙なバランスで演技に反映させている。ちなみに、観客がひと目で好きになる主人公というのはスコット作品では珍しい。だが、そんなデイモン扮するワトニーも、物語が進むにつれ、長引く孤独に次第に蝕まれていく。彼は、日々を記録するビデオ日記（まるで本編にメイキング映像が最初から組み込まれているかのようだ）の声色を変えることで孤独の影響を描写。ノリノリの気分から絶望の淵に立たされる状況までを自在に表現した。スコットは、この映画にはある人生の教訓が隠されていると言う。まさに、「神は自らを助ける者を助ける」ということが。

LOST SOULS 219

WHAT WOULD RIDLEY DO?

リドリー・スコットならどうするのか

ALIEN: COVENANT (2017)
『エイリアン：コヴェナント』
BLADE RUNNER 2049 (2017)
『ブレードランナー 2049』

ファンの炎を守る

　2016年6月8日、シドニー・クリケット・グラウンドに隣接するフォックス・スタジオ。秋のオーストラリアの温かい日差しが降り注ぐ。ここは1978年のロンドンのシェパートン・スタジオ*からは何光年も離れた場所だ。屋内には、植民船コヴェナント号が新たな居住予定地の惑星オリガエ6に向かう途中に立ち寄る、名もなき惑星の名もなき都市の陰鬱な廃墟のセットが広がっている。宇宙移動の途中に着陸したこの惑星が、構想の段階で「パラダイス」と呼ばれていたとは皮肉なものだ。遭難信号の発信源を突き止めるため、調査隊はこの惑星に着陸する。誰もまだホラー映画の第一ルールを学んでいないのか。通信には絶対応答してはいけないのに。＊『エイリアン』の撮影スタジオ。

　ここではっきりさせておきたいことがふたつある。ひとつは、『プロメテウス』の続編『エイリアン：コヴェナント』の撮影がこの場所で行われたということ。そして、映画タイトルが示すように、リドリー・スコットは、彼の名を世に知らしめたクリーチャー「エイリアン」と約40年ぶりに再会することになるということ（『プロメテウス』では、1作目に登場したエイリアンの成体"ゼノモーフ"は登場していない）。だが、正真正銘の「エイリアン」が登場するからといって、本作が、前作『プロメテウス』（クリーチャーの起源や人類の創造主である「エンジニア」に焦点を当てて、ゼノモーフが出てこなかったためにファンの間で議論となった）のように物議を醸す可能性は十分にあった。

　この壮大な宇宙叙事詩（エイリアン サーガ）を完結させるにはあと3作から5作は制作することになる、とスコットは語っている。そして、その壮大な物語の最後は巡りめぐって、『エイリアン』1作目の世界の"裏口"に繋がる経緯や背景が描かれるらしい。彼の頭の中ではすでに、この物語の全体図が星図を追うようにしっかりマッピングされている。めったに後ろを振り返らない監督にとって、『エイリアン』だけは継続的な事業になっているのだ。

　さらにもうひとつ、特筆すべきは、本作では実際に、著者である私自身が撮影現場で取材ができたこと。リドリー・スコットの映画作りを目の当りにし、現場で

222

「あなたが私を創ったというのなら──誰があなたを？」
── 映画『エイリアン：コヴェナント』より、ウォルターがウェイランドに向かって放つセリフ

CGI 技術の進歩により、スコットはオリジナルでは想像もつかなかったような方法でクリーチャーを見せることができた

　生の声を聞き、完成に至るまでのスタッフの気の遠くなるような努力を実感できたのだ。スコットに直接インタビューすることは何度もあったが、撮影現場での本人取材は初めてである。これから本書を読む読者に伝えるのは、映画撮影の現場に立つスコットのありのままの姿だ。そこには、一種の宗教的とも言える熱意が漲っていた。

　キャストとスタッフは、『プロメテウス』の気取った要素とは慎重に一線を画しつつ、スコットが監督する新作ホラー『エイリアン：コヴェナント』について嬉々として語っている。「スリラー映画という点では、おそらくオリジナルの『エイリアン』に回帰してるんじゃないかな」と、マイケル・ファスベンダーは明言した。彼は、今作で、アッシュのように回路が正常に機能しなくなったアンドロイドのデヴィッドと、コヴェナント号に乗船する善良なアンドロイド、ウォルターのふた役を演じている。このふたりのアンドロイドがお互い相容れることはなさそうだが。

　「リドリーが素晴らしいのは、常にどうしたらもっといい作品になるかと考えているところです」と、『インヒアレント・ヴァイス』（2014）に出演していたニューヨーク生まれの俳優、キャサリン・ウォーターストンが思慮深く言葉を選びながら話してくれた。彼女は今回、テラフォーミング＊を専門とする有能な科学者のダニエルズを演じる。「今ここで緊張感を高めるものは何か？　何がその緊張感を生み出しているのか？　あるシーンでかなりの引きでワイドなショットを撮影していて、スタッフもカメラも何も私からは見えませんでした。そしたら、ドアがぱっと開いて、エイリアンが通路を通っていきなり入ってきた。どれだけの衝撃だったか想像がつくでしょう。『私は無力な人間で、ここにはあの"存在"と自分だけしかいない』という感覚に陥りました」＊地球以外の天体を人類が居住できる環境に改良すること。

　昔からスコットはキャストを極限状態に立たせようとする節がある。リハーサルには代役を使い、本番ぎりぎりになってから俳優をセットに入れるのだ。心からの恐怖にしか出せない表情というものがあるからだろう。

　撮影スタジオをあちこち見学して回ると、セットは実にさまざまで、昔懐かしいセットも見かける。コヴェナント号もノストロモ号と同じく船内はぎっしり中身が詰まっているが、スクリーンではCGIを駆使してさらにハイテクな装飾や機能が見られるだろう。そうすることで映画がより洗練される。それでも、スコットの目指すところはリアリズムだ。プロダクション・デザイナーのクリス・シーガーズはスコット映画初参加だが、『バーニング・オーシャン』（2016）での経験からか、本作では金属構造と人間の意図が複雑に絡み合う石油掘削装置を参考にしたと語る。「私たちは『エイリアン』と同じやり方で改造をしたんだ」と、彼は誇らしげに語る。「通りの向こうのＤＩＹショップからいろいろ部品を集めてきてね。リドリーはゼロから何かを作るという発想がすごく好きなんだ」

　信じられないとばかりに首を振るのはビリー・クラダップだ。彼が演じたコヴェナント号の副長オラムは、航行中の事故により船長が亡くなったため新しく船長を任されることになった、信心深くもひと癖ある人物。最後はチェストバスターの餌食となってしまう。「ありえないよ。だって、『レジェンド／光と闇の伝説』を思わせる壮大なレッドウッドの森＊のセットを撮影スタジオの中に作っちゃうんだから」と、彼が教えてくれた。『プロメテウス』『悪の法則』『エクソダス：神と王』『オデッセイ』とざらつく砂の質感の作品が続いたが、本作はスコットの初期の寓話作品の世界観に戻っている。森の木々の下で、屋内で、彼は

224

せっせと雨を降らせていた。＊アメリカ西海岸に生息する非常に背の高いセコイアの木（特にカリフォルニア沿岸部に広がる）の森。圧倒的な高さと独特の赤みがかった樹皮が特徴。

我々はエジプトの神々のような、謎めいた巨大な頭部が並ぶホールを通り抜けていった。エンジニアたちの巨大な地下墓地(ネクロポリス)だ。『プロメテウス』に出てきた石像が並ぶ荘厳で陰鬱な世界をそのまま踏襲しているのだろう。またしても神殿、またしても崇拝──まったくリドリーらしい。

さらにたくさんのトンネルの中を進んでいく。かろうじて照明が当てられているだけで、あたりは暗く、水滴がしたたり、どんよりとした空気が充満していて、カメラを設置するのがやっという狭さだ。スコットは意図的に、スタッフに制約のある場所で撮影させる。まるで彼らまで、この迷宮のような惑星に取り残されたかのような状況を作り出しているのだ。ベテランで冷静沈着な特殊視覚効果スーパーバイザーのニール・コーボールドは、これまで６本の大作映画でスコットと一緒に仕事をしている。彼が今回最初にトラックで運ばされたのは、羽毛と粉塵が詰まったたくさんの樽

だった。「空中に何か舞わせるのがスコットは好きなんだ」と、彼は説明してくれた。「いろんな色を揃えたよ。黒い羽、白い羽、赤い羽。それから、スモークね。撮影中にそうした羽や煙の効果をタイミングよく加えると、監督がこっちを見てニヤッと笑うんだ」

皆はスコットを"骨をくわえた犬"にたとえる。そうした犬が何がなんでも骨を離したがらないのと同じで、彼は一度やると決めたことは絶対諦めないのだ。「こっちも最初の２、３回は断るんだけど、なぜかそのうち、イエスと言っちゃうんだよ」と、コーボールドは笑う。プリプロダクションの期間中、スコットと各部門の責任者たちとのデザイン・ミーティングは12時間にも及んだ。やがて、スコットは、その謎めいた顔に笑みを浮かべながら、部屋にいる疲労困憊の面々に声をかける。「もう疲れたのかい？」

クリス・シーガーズは言う。「監督はいまだに『エイリアン』のことを昨日のことのように話すんだ。いやいや、あの形はこんなふうになっていた……とかね。絵で描いてね。監督の天才的な感性は、当時と変わっていないんだよ」

今作に登場するのは、胸を食い破って出てくるチェストバスターではなく、
"バック（背中）"バスターと"マウス（口）"バスターだ。

前頁上：ダニエルズ役のキャサリン・ウォーターストンとコヴェナント号の乗組員たち

右：予期せぬ緊急事態に対処するカルメン・イジョゴ演じる医療班オラム

防寒着を着込んでセットを歩き回りながら、スコットは本領を発揮する。自分の"領土"をくまなく見て回り、各シーンの些細な部分まで微調整し、モニターの背後に戻って撮影監督のダリウス・ウォルスキーと協力しながら撮影を進める。実年齢より、20歳は若く見えるスコットの情熱は衰え知らずだ。

本作の物語において、冒頭の事故により船長を失ったことで再編成された無鉄砲な宇宙船乗組員たちは、あの不運なミッション（『プロメテウス』）の唯一の生存者であるエリザベス・ショウとファスベンダー演じるデヴィッドの消息を偶然発見することになる。一見のどかなその惑星の探索が続く中、ウォーターストン演じるダニエルズが英雄的活躍を重ねていく一方で、事態は急速に悪化し、恐ろしい出来事が連続して起きていく。『プロメテウス』のエリザベス・ショウと同じく、本作の主人公ダニエルズもリプリーと似たようなストーリーを体験していくが、それは偶然ではない。

「主役を女性にするというおなじみのパターンを踏襲したいと思ってのことだが、このパターンは今や斬新でもなんでもない」と、スコットは言う。「あれから、『G.I. ジェーン』や『テルマ&ルイーズ』など、主役を女性にした作品をたくさん撮ってきたからね。ただ、そのほうが自然な気がしたんだ」

これをフェミニズムと呼ぶならそれでもかまわない。

今作では、スコットは、オリジナル『エイリアン』の要素を取り入れることに躊躇をしなかった。コヴェナント号も、ある遭難信号を受けて孤立した惑星に誘われる——ノストロモ号が LV-426 からの SOS に応答したように（物語の時系列で言えば、これから応答することになる）。いがみ合う乗組員たち、宇宙旅行の規則を長々と説明するくだり、エイリアンの巣の様子など、すべてが懐かしい『エイリアン』のパターンを踏襲している。卵からチェストバスター、フェイスハガー、ゼノモーフという"華麗な"繁殖サイクルも同じだ。

『エイリアン：コヴェナント』に新しく登場した「ネオモーフ」と呼ばれる異形の生物も、その成長速度や人間を宿主とする傾向はかつてのクリーチャーと共通している。ただ、今作に登場するのは、胸を食い破って出てくるチェストバスターではなく、"バック（背中）"バスターと"マウス（口）"バスターだ。

特殊造形部門のクリーチャー工房は、人間の胴体、ひょろりとしたエイリアンの体、ミツクリザメをモデルにした「かわいらしい」赤ちゃんネオモーフたちが並ぶさまに猛獣館で、そこで「オタクたち」が嬉々として、孵化直前の卵のぬるぬるした葉っぱのような開閉部分を開けたり閉めたりしている。「この卵は数日中に撮影現場で使われる予定なんだ」と、義肢スーパーバイザー*のコナー・オサリヴァンが教えてくれた。彼は『プロメテウス』も手がけていたが、ギーガーのデザインの優美さに脱帽していて、卵のねばねばした表面を指でなぞりながら「これ以上のものは作れないよ」と語っていた。ギーガー作のクリーチャーにかつて詰められていた羊の腸は、人工の模造品に置き換えられたので、悪臭は大幅に軽減されたが、スコットはリアルに観客に訴えるものを使うことに今なお強くこだわっている。*特殊効果や義肢（人工肢）のデザイン、製作、取り付けを担当する専門家。

西暦79年、繁栄を極めた古代ローマの都市ポンペイを襲ったヴェスヴィオ火山の大噴火。その火山灰に生き埋めにされた犠牲者さながらに命を奪われたエンジニアたちの死体の形状はスイスの彫刻家アルベルト・ジャコメッティの作品を参考にしたと言われているが、そのような既存のアート作品に影響を受ける一方で『エイリアン：コヴェナント』では、独自のポップカルチャーの DNA を軸に壮大な物語が繰り広げられる。

その工房の中心に置かれていたのは、クローズアップでの立ち回り用にカルロ・ランバルディが作ったゼノモーフのアニマトロニクスだ。ボタンを押すとクロームメッキの歯が生えた口吻が開く。触ってみると、皮膚は湿ったゴムのような弾力があった。

「ある意味、優雅でしょう？」と言いながら、オサリバンは愛しそうにそのクリーチャーを眺めた。「美しいと言ってもいいクオリティだと思う。それでいて、嫌悪感とか、恐怖感とか、さらに、エロティシズムまで感じる。高まる感情のすべてが含まれていると思う」

見事に作り上げられた"操り人形"のほとんどは、クリーチャーが影から光が当たる場所に出て、はっきりとその姿がわかるシーンで使われるのだが、滑らかに動く CGI バージョンの参考資料として使われるだけでその役目を終える。明るい場所にクリーチャーを登場させることで、あの"暗がりに潜む見えない脅威"という要素を失うのは危険な賭けだが、スコットの戦略が理解できないわけではない。彼は今、シリーズ全作品を超える衝撃的な演出を提供するべく、勝負を打っているのだから。

撮影は4月から始まり、7月に終了する予定だった。その撮影期間には、ニュージーランドの南島南西部に位置するフィヨルドランド国立公園の中にあるミルフォード・サウンドの、自然が生み出した荘厳な絶景の中で行われる2週間の屋外ロケも含まれている。『ロード・オブ・ザ・リング』の監督ピーター・ジャ

スコットとウォーターストンの舞台裏の和やかな時間。さすがの偉大な監督も顔に笑みがちらつく

クソンは、地の利の悪いフィヨルド（氷河などの侵食により形成された複雑な地形の湾や入り江）での撮影は物理的に無理と考えているらしい──スコットは、そんな話を耳にした。

プロデューサーのマーク・ハッファムは、やれやれと言わんばかりにため息をついた。「リドリーは、誰かが『できない』と言うと、『じゃあ、やってやろうじゃないか』と奮起する人間だ。だから、フィヨルドに赴くことはもう決まったようなものだよ」

「でも、ニュージーランドは衝撃的な美しさだろう？」と、スコットは言い返す。

スコットは当初『プロメテウス』の続編であることに頑なにこだわり、エンジニア誕生までのストーリーを掘り下げるために、ゼノモーフの再登場シーンは物語後半に回そうと考えていた。しかし、2014年になると、『エイリアン』映画という方向での脚本開発を急ピッチで進めることにやむなく同意した。

この方向転換について追及されると、彼は素直に答えた。「私が気持ちを変えたのは、『プロメテウス』に対する世間の反応を知ったからだ。あれはもはや拒否反応だった」。スコットは、ファンが「かなりフラストレーションを溜めている」という事実を認めた。人々は『エイリアン』のクリーチャーが登場することを期待していた。「そう、つくづく思い知ったよ。ほんと、わかったよ、私が間違っていた」

スタジオが焚きつけたせいで、シリーズが勢いを失っていくのを目の当りにしたスコットは、もはや『エイリアン』の炎を守ることに燃えていた。ファンに最終決定権があるわけではない。「しかし、ファンは何につけ自分の疑念を映す鏡だ。ファンの反応を真面目に受け止めなければ、時代に敏感ではいられない」と、スコットは言い切った。

20世紀フォックスは間違いなく胸をなでおろしたことだろう。ボディ・ホラーのシーンを増やして、宇宙哲学の要素を減らせば、興行収入は確実に上がる。タイトルは、ジョン・ミルトンの叙事詩を意識した『エイリアン：Paradise Lost（失楽園）』から、聖約を意味する『エイリアン：コヴェナント』に変更され、2015年11月に「続編であり前日譚でもある」という位置づけで、正式な製作発表が行われた。こうして、スコットはギーガーのゼノモーフと再会を果たすことになった。男根型の頭蓋にカミソリのような鋭い歯、酸を含んだ血、そして、問答無用のあの怪物にまた会えるのだ。

WHAT WOULD RIDLEY DO? 227

「1979年に初めて『エイリアン』が観客を驚愕させて以来、
世界も映画も大きく変わってしまった。
甲高い声をあげ、素早く動き回り、あっという間に産卵する
あの地球外捕食生物がスクリーンに登場すると、
昔なじみが来てくれたような気持ちになってしまうのだ」
——ニューヨーク・タイムズ紙

撮影現場に場所を戻すと、特殊効果部門が巨大なドラム缶に入った200リットルの偽の血液を運んでいた。コーボールドは、巨大なエアブラシのような「血液噴射器」をどうやって作ったかを教えてくれた。そこに2リットルの偽の血液を入れ、必要な型の噴出口を取り付けるそうだ。「血の塊でも、血しぶきでも、どくどく流れる血でも、お好み次第」と、彼はまるでホームセンターのレジ係のように解説した。「部屋中を血まみれにすることだってできるよ」

懐かしき"友達"の正体

予算9400万ドルで撮影予定期間74日はなかなかの節約だとスコットは主張しているが、1978年当時より予算も期間もかなり大盤振る舞いのはずだ。長く愛されるシリーズものは、「祝福」（確立された世界観、ファンの信頼、ブランド価値）と「呪い」（期待という重圧、免れられない過去作との比較、新要素導入の難しさ）という諸刃の剣の側面を持つ。ニューヨーク・タイムズ紙は、この映画の論評をしていて奇妙な現象に気づいた。元祖クリーチャーがついに姿を現したときの興奮は、『エイリアン』を観たときのそれとは正反対だった。つまり、ほっとしたのだ。「1979年に初めて『エイリアン』が観客を驚愕させて以来、世界も映画も大きく変わってしまった」。その論調には

前頁：青白いネオモーフの身の毛もよだつ行動

下：マイケル・ファスベンダーが、『プロメテウス』に先立つこの映画の魅力的なプロローグで、目覚めたばかりのデヴィッドを演じる

哀愁がこもっていた。「甲高い声をあげ、素早く動き回り、あっという間に産卵するあの地球外捕食生物がスクリーンに登場すると、昔なじみが来てくれたような気持ちになってしまうのだ」

「何度も何度もチャンスを逃してきたあの映画のキャストに自分がなれるなんて思わなかった。すごい、俺たち、いま、『エイリアン』を撮ってるんだぜ、って感覚なんだ」と、オラム役のクラダップは笑顔を見せる。

出演者やスタッフのオリジナルへの敬意や興奮は純粋な感情であるが、それがかえって、この映画の欠点のひとつになっているのかもしれない。つまり、作品自体が『エイリアン』であることを意識しすぎ、独自の新鮮さや自由を失ったのだ。

「『エイリアン』は3本の続編が作られたが、このクリーチャーを誰が何のために作ったのかと尋ねてくる者がいないのはずっと意外に思っていた」とスコットは言う。そして、その謎の答えは『エイリアン：コヴェナント』の中で明かされ

た。デヴィッドが、数年間かけて、ショウの遺体、エンジニアのDNA、ディーコン[*]のDNA（ショウの体内に残っていた）などをいろいろな配合で混ぜ合わせ、あの黒いドロドロした液体を作り出したのだ。彼は実質的にゼノモーフを製造し、その生命サイクルを整えた。つまり、創造物が次の創造者になるサイクルを作り上げたのだ。デヴィッドはギーガーになったと言えるのかもしれない。[*]「トリロバイト」（黒い液体に汚染された人間との性交渉によって生まれる軟体生物）に寄生されたエンジニアから生まれる生物。

デヴィッドの急ごしらえの研究室のセットは、石化した野生動物、体の部位、注射薬のアンプル、得体の知れない液体の瓶がところ狭しと並んでいて、まるで悪魔の調剤室のようだった。ここは、行方知れずだったアンドロイが興味本位でしでかした自然への冒涜行為の証拠現場であり、監督の突飛なアイデアに付き合わされたスタッフが技術の粋を集めて作った記念碑でもある。

「なんてことわざだったかな。Idle hands

WHAT WOULD RIDLEY DO? 229

are the devil's workshop（手持ち無沙汰は悪魔のいたずら）*』だっけ？」と、スコットは言う。創造への執着という点で、デヴィッドが自分に似ていると彼は感じたのかもしれない。*「暇な時間を持て余すと良くないことをしてしまう」という意味のことわざ。日本語の「小人閑居して不善を為す」に当たる。

『エイリアン』シリーズがそのボディホラー（肉体の損壊や変形などにより引き起こされる恐怖）のルーツに立ち戻ったとしても、『エイリアン：コヴェナント』は、スコットが歳を重ねるにつれ、一層取り憑かれるようになったテーマを完全に消したわけではなかった。そのテーマとは、創造物の問題を別の視点から考察すること。つまり、環境破壊（デヴィッドはその惑星の生態系を根絶やしにした）と人工知能の問題だ。

見せ場は、コンピューター制御のカメラを使って撮影した、ウォルターとデヴィッド（この名前は内輪ネタで、プロデューサーのウォルター・ヒルとデヴィッド・ガイラーにちなんでつけられた）という同じ外見を持つアンドロイド同士の対決シーンである。ダンスのふりつけのような動作が続くその場面は奇妙にエロティックで、観客はファスベンダーが自分自身といちゃつく姿を見せられることになる。この分身との対峙は、自己愛の要素といったフロイト的テーマが含まれているのだ。

また、映画の中で、ウォルターにはデヴィッドより制御のかかったプログラムが組み込まれていることが判明する。つまり、創造することを阻止されていたのだ。それはスコットにとって究極の去勢行為だ。

この映画には、H・G・ウェルズの「モロー博士の島」、シェイクスピアの「テンペスト」、メアリー・シェリーの「フランケンシュタイン」など文学作品のDNAを感じる。デヴィッドはパーシー・(ビッシュ)・シェリー（メアリー・シェリーの夫）の詩『オジマンディアス』を引用するのが常であり（劇中でデヴィッドはバイロンの詩であると勘違いをしているが）、次第に、『ブレードランナー』のロイ・バッティ化してくる。さらにこの作品には、NASAが映画『オデッセイ』を通じて教えてくれた、他の惑星を植民地化する場合に直面する困難を理解するための科学的予測がすべて盛り込まれている。

「リドリーは、天文学者でSF作家のカール・セーガンから聞いた興味深い話を教えてくれた」と、クルダップは語る。「数学的には、宇宙に創造の原動力がなかったとは考えにくいそうだ。この説は神の存在を証明する合理的根拠となる。ここでいう神は宗教上の神ではなく、創造主としての神のことだが」

それから1年も経たないうちに、この映画が中途半端な寄せ集めであることがわかってくる。スコットは、ある意味、血みどろでグロテスクな初代『エイリアン』の世界を求める声にきちんと応えていた。地上に降り立った一団が惑星のあまりにも危険な生態系と初めて遭遇してから、2匹のネオモーフのベビーの誕

左：ウォルターとコヴェナントのクルーは「完璧な」惑星の探索に出発した

次頁上：スコットは、ウォーターストンのダニエルズがシガニー・ウィーバーのリプリーが築いた"確たる伝統"を踏襲していることに満足していた

生、コヴェナント号の医療班のカルメン・イジュゴが血の海で滑るシーンなども含め、グロテスクな場面は行きつく間もなく連鎖反応のようにどんどんエスカレートする。

　この映画は加速度的にストーリーが展開していく。ただ、『プロメテウス』と同じく、この作品には『エイリアン』で繰り広げられた不気味な恐怖感があまりない。ゼノモーフの創造者がデヴィッドだったと種明かししたことで、もはやゼノモーフは得体のしれない怪物ではなくなり、1作目のような"宇宙という果てしない空間に潜む説明のつかない恐怖の存在"ではなくなったのだ。その結果、興行収入は、全世界で2億4000万ドルという平凡な数字に終わってしまった。
　「リドリー・スコット史上最大のトリックは、実際に『ブレードランナー』の続編らしいものを制作しながら、『エイリアン』の新作を作っていると世間に信じ込ませたことだ」と、指摘したウェブサイトSlashFilmは、その関係性があるからこそ『エイリアン:コヴェナント』を評価していた。たしかに、スコットの想像の中では、そのふたつの世界は密接に繋がっている。

待望の続編──『ブレードランナー2049』

　2016年10月10日。この日、ブダペスト郊外は秋の空気に包まれていた。夜が迫る中、大きな水槽セットで次のシーンの準備が進められていく。ロサンゼルスを荒れ狂う海（複数の水門システムを使って人工的に作り出していた）から守るための防波堤のセットの1ヶ所をサーチライトが照らし出すと、2台のスピナーが水に沈んでいるのが見える。白波が立つ中、ライアン・ゴズリングとシルヴィア・フークスの黒い影が、自分がレプリカントであることを完全に自覚しながら、アクション指導通りに殴り合いを演じていた。
　ここは『ブレードランナー2049』の撮影現場だ。夢を持つレプリカントと、それを追い苦悩する探偵を描いた、スコットによるディストピア寓話の待望の続編だ。当時、すべての情報が伏せられていて、プロットはおろか、登場人物の名前も明かされていなかったが、ストーリーの入り組んだこの骨太映画はゴズリング演じるブレードランナーのKを主人公に物語が展開していく。Kは、実際には起こり得ないこと、つまり、レプリカントが産んだ子供の存在を探している。その中で、彼もまたレプリカントの子供かもしれないという幸せな疑惑を持つようになる。その疑問に対する答えの鍵を握るのが、デッカード（ハリソン・フォード）の行方だ。ディストピア化が加速するロサンゼルスをまたかけて捜査を続けるKを、新たなタイレル社

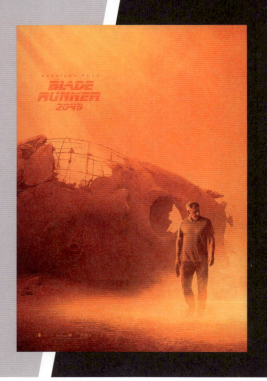

> 「ここまで追い詰められると
> かえって解放感を覚えるね。(中略)
> 僕たちはみんな
> 『ブレードランナー』の
> 申し子なんだよ！」
> ——ドゥニ・ヴィルヌーヴ

代表のニアンダー・ウォレス（ジャレッド・レト）の指示のもと、彼のレプリカントであるラヴ（シルヴィア・フークス）が執拗に追いまわす。

カナダ人監督ドゥニ・ヴィルヌーヴ（2013年公開の『プリズナーズ』や2015年の『ボーダーライン』の迫力ある映像でその実力が証明された名匠）は、防水ジャケットを着こんで、羊のような笑みを浮かべながら、水浸しのセットの影から現れた。

「ここまで追い詰められるとかえって解放感を覚えるね。自分の一挙手一投足がスコットと比較されることは百も承知の彼は、こう言い切った。『ブレードランナー』は、ヴィルヌーヴが映画監督になりたいと思うきっかけになった映画だった。彼は、雨に濡れたセットに目を向けて言う。「僕たちはみんな『ブレードランナー』の申し子なんだよ！」

ここではっきりさせておかなければならない。スコットは『ブレードランナー』続編については製作総指揮という立場にすぎない。本来、彼は監督する気満々で、作家ハンプトン・ファンチャーと5年もの間その脚本を練ってきた。作家はスコットとの再会を強く望んでいたので、すぐにこの企画に飛びついた。「こんなことは二度とない！」と。しかし、"ソフィーの選択*"に直面したスコットは、『エイリアン：コヴェナント』を選んだ。現実的にそれしかなかったのだ。『エイリアン：コヴェナント』はいつでも撮影に入れる状態にあったし、かたや『ブレードランナー』の続編は撮影前にやるべきことがまだ残っていた。 *ウィリアム・スタイロンの小説。ナチス占領下のポーランドを舞台に、ソフィーという女性がふたりの子供のうち、一方を選ばなければならない悲劇的な状況に直面するという内容。非常に難しい選択を指す比喩として使われる。1982年に、メリル・ストリープ主演で映画化。メリルはアカデミー賞主演女優賞

上：最終的に『ブレードランナー 2049』の監督を務めることはなかったが、スコットは本作に圧倒的な視覚的影響を与え続けた

次頁：時間は一番の薬になる。続編のホテルセットで、ドゥニ・ヴィルヌーヴ監督（左端）、ライアン・ゴズリング（右端）とともに歓談するスコットとハリソン・フォード

に輝いた。

　冷静な判断が功を奏する。「ほかの映画で自分は手が回らなかったんだ。それに、ドゥニを選んだのはとても良い選択だった」と、彼はのちにそう語ってくれた。あの作品を他人の手に任せることに抵抗はあったと本音も漏らしたが、『ブレードランナー 2049』には、たしかにスコットの特徴が残っている。この作品は、スコットが築き上げた世界をヴィルヌーヴが進化させたものだ。『007 スカイフォール』（2012）などを手がけた名撮影監督であるロジャー・ディーキンスは、『ブレードランナー』に登場するネオンの秘密を知るために何ヶ月もかけてそのオリジナル映画を研究した。

　ヴィルヌーヴは当初、ロサンゼルスのダウンタウンでの撮影を考えていたが、皮肉なことに、その後の未来の舞台にしては近代的になりすぎていた。一方、ワーナー社の撮影エリアは狭すぎた。ハンガリーにある制作スタジオの Korda Studios（コルダ・スタジオ）は、『オデッセイ』のときと同じように、費用対効果の高い解決策を提示した。ただ、この新作から東欧の香りを完全に締め出すことはできなかったようだ。

　スコットはその撮影現場にはいなかった。彼は次回作のためにイタリアにいたからだ。彼は、腰を据えて現実を描いた注目のクライム・スリラー『ゲティ家の身代金』（2017）の準備に追われていたのだ。それ以前に1週間ほど現場に滞在し、フォードとレプリカントの夢――記憶、願望、アイデンティティ――について打ち合わせはしていたが。新作はその一番の謎「デッカードはレプリカントなのか」に対して完全には踏み込まず、観

WHAT WOULD RIDLEY DO?　　233

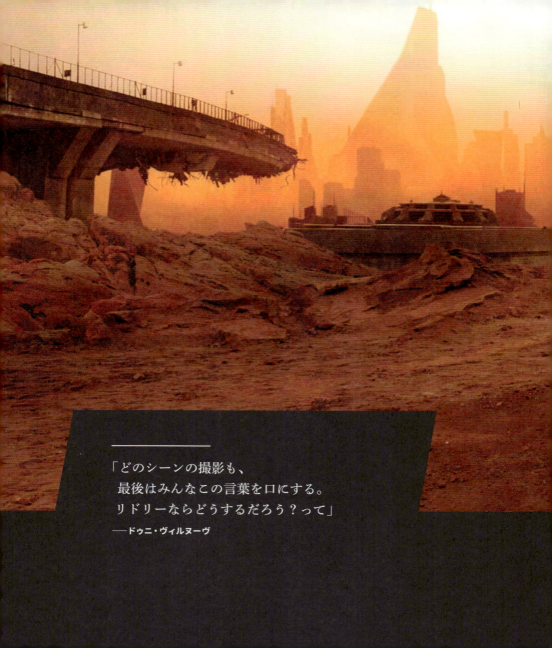

「どのシーンの撮影も、
　最後はみんなこの言葉を口にする。
　リドリーならどうするだろう？って」
——ドゥニ・ヴィルヌーヴ

客自身の解釈に委ねるという慎重な姿勢を見せている。スコットは、父親のような眼差しで撮影の進行状況を見守りその後、再びイタリアへ旅立った。とはいえ、彼の存在はまるで聖霊のように撮影現場のあちこちに出没しているかに思えた。

ヴィルヌーヴはやや諦めムードだった。「どのシーンの撮影も、最後はみんなこの言葉を口にする。リドリーならどうするだろう？って」

ハンガリーでのこの涼しい夜には、さまざまな出来事が連鎖していた。特に大きかったのは、サンドラ・ブロックがアカデミー賞を受賞した感動作『しあわせの隠れ場所』（2009）が、製作会社のアルコン・エンターテインメントの財源を潤したことだ。熟年プロデューサーのバド・ヨーキンが『ブレードランナー』の権利をアルコンに売り渡すと、アルコンは新しくその権利を手に入れたとして、スコットに直談判した。「この機会を35年間待っていたんだ」と、彼は告げた。しかも、彼には新作のアイデアが浮かんでいた。物語に立ち返るための「完全な正当性」だ。「答えはすべて、最初の映画に描かれていたんだ」と、彼は説明し、ネクサス7（レイチェル）の生殖能力についてほのめかした。しかし、そのために欠かせないものがふたつあった。未来のノワールの「あの独特の雰囲気」を描くには『ブレードランナー』の脚本家ハンプトン・ファンチャーが必要で、また、フォードが演じるデッカードの存在は絶対条件だった。前作の根本的な解釈の違いや当

前頁見開き：『ブレードランナー』のロサンゼルスを30年の進化を鑑み再構築している

下：環境悪化による水位上昇に苛まれる太平洋を食い止める巨大な防波堤

次頁：ハリソン・フォードはデッカードという自身の代表的な役に戻ったが、彼のレプリカントとしての立場は曖昧なままだった

時の撮影状況などで対立していたスコットとフォードだったが、ふたりは少なくとも、この数十年の間に和解していた。

スコットが初期の草稿を提出した翌日、フォードから電話があった。「リドリー、これは私に送られてきた脚本の中で最高のものだよ」

その言葉通り、ヴィルヌーヴは自分がスコットの"レプリカント"ではないことを証明してみせた。この映画はオリジナル同様、大胆で謎めいていて、しかも、やはり何度観てもそのたびに楽しめる作品になっている。ディーキンスによる鮮やかな色彩のシンフォニー(オレンジ色の空、屑鉄のような灰色、銀色の雪)、人間であることを渇望するゴズリングの迫真の演技、そして、映画全体に漂う、冷戦期のソ連を彷彿させる巨大全体主義国家の残酷さ。「あっという間にあの世界観に引き込まれた。こんな映画を他に知らない。観客は、圧倒的で威圧的な存在感に包まれることになる」と、ウェブサイト SlashFilm は狂喜乱舞した。鑑賞後のレビューも絶賛する声が多かった。

この作品に欠けているものがあるとすれば、それはスコット独特の詩的な雰囲気であろう。たとえば、優美な映像、ユーモア、遊び心、そして、ヴァンゲリスの幻想的で美しい音楽。奇妙な偶然の一致ながら、スコットの挑んだ道を辿るように、ヴィルヌーヴもまた『DUNE/ デューン 砂の惑星』というSF大作の制作に向かった。ちなみに、『ブレードランナー2049』は、ヴィルヌーヴによる素晴らしい映像表現や壮大な世界観にもかかわらず、興行収入は2億6000万ドルにとどまった。それでも、オリジナルよりはるかに大きい数字だが、製作費は1億5000万ドルだった。

遺産を背負うというのは大変なことなのだ。

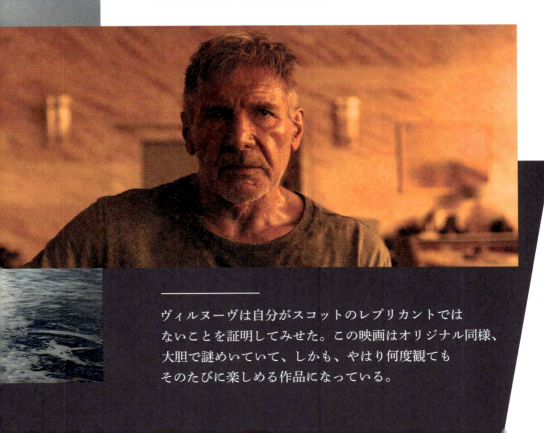

ヴィルヌーヴは自分がスコットのレプリカントではないことを証明してみせた。この映画はオリジナル同様、大胆で謎めいていて、しかも、やはり何度観てもそのたびに楽しめる作品になっている。

FAMILY BUSINESS

家業

ALL THE MONEY IN THE WORLD (2017)
『ゲティ家の身代金』
THE LAST DUEL (2021)
『最後の決闘裁判』
HOUSE OF GUCCI (2021)
『ハウス・オブ・グッチ』

「僕たちは他の星から来た宇宙人のようなものだ」
　　──映画『ゲティ家の身代金』より、ジョン・ポール・ゲティ3世のモノローグ

#MeToo運動と『ゲティ家の身代金』

　撮影中、あるいは撮り直し期間に起こった騒動や興行成績の不振（予算5000万ドルに対して興行収入5600万ドル）はさておき、『ゲティ家の身代金』は素晴らしい映画である。この作品は、リドリー・スコット色の濃いクライム・サスペンスであり、ファミリー・ドラマだ。実際に起こった出来事に基づいており、キャスト陣の繊細な演技は物語に深みを与えている。80歳を過ぎてもスコットは未だ自信も好奇心も失うことを知らない。

　1973年を舞台にしたこの物語は、チャーミングな顔立ちのアメリカ人ティーンエイジャー、ジョン・ポール・ゲティ3世、通称ポール（チャーリー・プラマー）がローマで誘拐されてからの数週間を描いている。この事件は、ポールの祖父であり当時世界一の大富豪だった石油王ジャン・ポール・ゲティ（クリストファー・プラマー）が1700万ドルの身代金の支払いを拒否したことで、一躍話題となった。彼は誘拐犯と交渉するつもりはないと報道陣に冷たく言い放つ。自分の金を抱き込むその男の姿は、まるで小説「クリスマス・キャロル」の主人公である冷酷な守銭奴スクルージがこの時代に蘇ったようだ。

　一向に事件解決が進まない状況に気を揉むのは、ポールの母親で、離婚してゲ

前頁下：誘拐事件の被害者ジョン・ポール・ゲティ3世を演じるチャーリー・プラマー

右：スコットとミシェル・ウィリアムズ。彼女は緊迫した状況に置かれた母親ゲイル・ハリスを見事に演じている

ティ家から距離を置く冷静なアビゲイル（通称「ゲイル」）・ハリス（ミシェル・ウィリアムズ）と、ゲティのセキュリティ・アドバイザーで、元CIAの食えない男フレッチャー・チェイス（マーク・ウォールバーグ）だ。

この話に説得力を持たせているのは、石油王ゲティの深層心理が映し出す影である。彼が当たり前の行動を取ろうとしなかったのはその強欲な性格のせいだけではない。ゲティ家を離れる際、ゲイルは扶養料も慰謝料も財産分与も受け取らないという条件で、ポールの親権を手に入れた経緯がある。その親権をめぐるふたりの過去のいざこざが、一本の針のようにゲティの心にずっと刺さっていた。この女性は義父が一番価値を見出す"金"を受け取らず、彼の思惑を出し抜いて、本当に手に入れたかったもの（親権）を手に入れたのだから。

1995年に出版されたジョン・ピアースンの著書『Painfully Rich: The Outrageous Fortunes and Misfortunes of the Heirs of J. Paul（悩める富：ジャン・ポール・ゲティの相続人たちに起きたありえないほどの幸運と不運）*』を基に書かれたデヴィッド・スカープによる脚本『Black Listed』は、ある日、スコットのところに回ってきた。「超富裕層の存在と世界の現状を踏まえると、これはありえない話じゃない」と、考えたスコットはこの企画に飛びついた。＊邦訳版は「ゲティ家の身代金」というタイトルで1998年に刊行。

この作品もまた時代物のジャンルに入るだろう。ゲイルと息子のポールが生活する70年代のローマ。スコットが描き出したその土地は、燦々と陽射しが降り注がれる中で、警察の腐敗と政治抗争という暗い影に喘いでいた。街中では、パパラッチがアブのようにこの事件の周囲を嗅ぎまわる。「永遠の都」と呼ばれるローマのうらぶれた夜の街をふらふらと歩きながら娼婦に声をかけるポールが、フォルクスワーゲンのパネルバンの中に連れ込まれるシーンから、この映画は始まる。『甘い生活』(1960)のマルチェロ・マストロヤンニへのオマージュにも思えるが、この映画には『アメリカン・ギャングスター』に似た現代的なエネルギーも感じる。

「私は問題にはこだわらない。
　こだわるのは、それをどう解決するかだ」
——リドリー・スコット

1973年が舞台となれば一般的には"時代もの"のジャンルに入るが、出エジプト記という旧約聖書の時代から、宇宙人に遭遇する未来までを扱う「スコット・タイム」という広大な時間軸で見れば、本作は"現代もの"となるのだろう。

　スコットは実際の事件をはっきりと覚えていた。新聞には、誘拐犯に切り落とされた少年の耳の写真が掲載されたのだ。その画像はリアリズムや血なまぐさい衝撃にこだわるスコットの感性を刺激した（映画『レザボア・ドッグス』の耳削ぎシーンでは、タランティーノはその瞬間にカメラを逸らし、観客の想像力に委ねたが、スコットはよりドキュメンタリー的なアプローチで残酷さを直視する姿勢を見せる監督だ）。しかし、本作は人間心理にも目を向けている。『エイリアン』や『ブレードランナー』ほどのSF映画を撮ったスコットは、この作品を「現実への逃避」と表現した。

　運命のいたずらとはこういうことなのだろう。かつて、コロンブスものの企画が競合したように、今回もこの作品にライバルが登場したことをスコットは知らされる。同じイギリス人の人気監督ダニー・ボイル（映画『エイリアン』の信者でもある）は、ゲティ役にドナルド・サザーランドを起用し、8部構成のテレビシリーズ『トラスト ゲティ家のスキャンダル』（2018）という企画でこの事件を取り上げようとしていたのだ。だが、今回、スコットが映画化をめぐって直面した深刻な問題は、このライバルとの争いではなかった。

　2017年5月27日にクランクインし、イギリス、イタリア、ヨルダンとロケ地を移動しながら撮影は進んでいったが、その間、ケヴィン・スペイシーは、旧約聖書「創世記」に登場する長寿の聖人メトシェラ（969歳まで生きたと言われている）級の老けメイクでゲティを演じていた。今も彼の姿は予告編映像で見ることができる。スコットは当初、ゲティ役にクリストファー・プラマーを考えていたが、配給会社のソニーはもっと名の知れた俳優を推したため、結局はスコットが折れた。当時、スペイシーは『ユージュアル・サスペクツ』（1995）や『アメリカン・ビューティー』（1999）でオスカーを受賞した超人気俳優だった。

　そのスペイシーの性的スキャンダルが取り沙汰され、被害は森林火災さながらにハリウッド中に広がった。大物映画プロデューサーであるモーガン・ハーヴェー・ワインシュタインによるセクシャルハラスメントに関する記事の掲載を機に、数多ある性的搾取に関する報道が次々になされ、様々な人物が告発を受けたのだ。そして、2017年10月29日、スペイシーが、アンソニー・ラップという俳優から、自分が14歳のときに望まない性的誘惑を受けたと告発された。それを受けて被害者だと名乗り出る者が次々に現れ、スペイシーが築き上げた素晴らしいキャリアは一気に炎上した。

　巻き添えを食うことになったスコットは、彼の出演場面の編集作業に没頭しなければいけなくなる。

　火星に取り残されたマーク・ワトニーと同じく、スコットに自分を哀れむ余裕はなかった。「私は問題が起きても決してそこにこだわらない」と、スコットは言う。彼が壁を乗り越えるために本気モードに入ると、その心臓の鼓動が聞こえてくるようだ。「私は問題にはこだわらない。こだわるのは、それをどう解決するかだ」。『グラディエーター』の撮影中に急死したオリ

決して映像では見られないシーン。当初、ケヴィン・スペイシーがゲティを演じていたが、スキャンダルに巻き込まれ、撮り直しになったのは有名な話

242

バー・リードを復活再生させたときよりも、デジタル技術ははるかに進化していたが、彼は頭の中で計算をめぐらせた。そして、キャスティングをし直し、必要な22シーンを撮り、その部分を編集して本編に戻す時間はまだ残っていると踏んだ。

これはまさにスコットならではの決断だ。「幸いなことに、問題の解決策（役者の変更と再撮影）は、私と資金パートナーだけですばやく決められたからね」と、彼は説明した。Gulf States Toyota（トヨタの米国における民間販売代理店）をはじめ、様々な事業を展開する億万長者であり、映画出資者でもあるダン・フリードキンは、私財を投じてこの映画を支援し、配給はソニーが引き受けた。スコットはプロデューサーでもあるフリードキンに自分の意向を率直に伝える。「これならできる。予算を組み直そう」。撮り直しは、監督の意向を組んだビジネス的判断だった。彼は、賞レースシーズンの公開日に間に合わせる気満々で、当初予定していた12月22日の映画公開は1週間だけ延期することになった。ゲティ役についてはスコットの最初の希望に戻して、プラマーに代役を打診。齢87歳のプラマーに躊躇はなく、2週間でセリフを覚え、役を自分のものにした。彼にはひとつ強みがあった。60年代にパーティーの席で本物のゲティと顔を合わせていたのだ。

11月は晴天に恵まれ、9日間（公開の1ヶ月前）で、ゲティが登場するシーンをすべて撮り直し、予算1000万ドルの追加となった。紆余曲折はあったが、いずれにせよ、この再撮影は映画制作技術を駆使した驚くべき偉業と言える。

その後、またもや悪い報道が飛び込んできた。再撮影に対して元CIAのチェイスを演じるマーク・ウォールバーグは150万ドルの追加報酬を手にしていたが、かたや、ゲイル役のミシェル・ウィリアムズにはわずか1000ドルしか支払われなかった事実が明るみに出たのだ。これはそれぞれのエージェントによるそれぞれの契約の問題とも言えるが、#MeToo運動で騒がしい真っ只中に、そういう"大人の事情"はなかなか通用しなかった。結局、ウォールバーグが、セクハラに対峙するTime's Up運動の支援基金（TIME'S UP Legal Defense Fund）にそのギャラを寄付したことで事態は収拾した。

映画に対する感想は好意的なものが多かったが、映画完成までのトラブルを観客は見逃してはくれなかった。ケチがついてしまったこの映画は、まるで"傷ついた動物"で、潜在的な力を持ちながらも本来の価値が十分に認められなかったのだ。それでもスコットは、魅力的な一方で欠点がある登場人物たちの隠された世界を描く上で、しっかり実力を発揮している。それに、スキャンダルは良くも悪くもあっという間に忘れ去られるものだ。

ゲティもまた、スコット映画の「意地の悪い実業家クラブ」の一員だ。同クラブのメンバーには『ブレードランナー』のエルドン・タイレル、『エイリアン』のピーター・ウェイランド、そして『悪の法則』の荒んだ魂を持つ連中と、錚々たる顔ぶれが揃っている。なお、ゲティの人物像は、富に対するスコットの軽蔑心を象徴していて、オーソン・ウェルズの監督作『市民ケーン』（1941）に登場する自信家のアメリカ人新聞王チャールズ・フォスター・ケーンを彷彿させる。いつの世も、金は人を堕落させるだけでなく、魂まで蝕んでいく。

ケーンの豪華な大霊廟「ザナドゥ城」と、スクルージの屋敷に象徴されるディケンズ的な陰湿さを、まぜこぜにしたような薄気味悪い豪邸サットン・プレイス（ロンドンの南西、サリー州のギルフォードに位置する）に引きこもっているゲティは、人間性を喪失してしまっている。ゲティの人物描写はスコット自身のパロディと言えなくもない。視覚的な美しさにこだわるあまり、人の苦悩や葛藤には心を動かされない様式美の氷山──それが、スコットについて昔から言われ続けている厳しい批判だ。

スコットによると、スペイシーのほうがこの役を冷淡かつ非情な人間として演じたという。かたや、プラマー演じるゲティは、陰険さはあるものの、観る者にいささかの同情を感じさせる部分もある。プラマーは、この変わり者に悲劇性を感じたのだと言う。ゲティは『ブレードランナー』のレプリカントのように幼稚であり、『プロメテウス』の眠りから覚めて起き上がったエンジニアのように孤高の存在でもある。彼は、何もかも、わずかに残っていた愛情の最後のかけらまで、すべてをひとり占めしようとするのだ。そんな彼の姿を、ニューヨーク・タイムズ紙は「自己破壊の見事な描写」と評している。

プラマーは本作でアカデミー賞助演男優賞にノミネートされたが、この映画の真の功労者はウィリアムズだ。彼女のカメレオン俳優ぶりは周知の事実だが、その評価は『ブロークバック・マウンテン』（2005）や『ブルーバレンタイン』（2010）など、感情をむき出しにする役どころで確立された。ゲイルの人物像はゲティと正反対だ。ゲイルはまるでバネを押さえるつけるように、動揺を自分の中に抑え込む。けれど、その抑揚のないイギリス英語の下で彼女の心の傷が大きくなっていくのが観客には伝わってくる。しかし、ウィリアムズ曰く、彼女が撮影に挑むにあたって役作りに生かすための情報はあまり得られなかったという。ゲ

ティ家が公に出ることがさほどなかったためだ。そんな中、当時のニュース映像中に毅然としたゲイルの姿を映した画像がひとつだけあった。彼女の芯の強さこそがこの物語の肝だった。

ゲイルもまた、スコット映画でおなじみの勇猛果敢な女性像を踏襲している。子供の救出をめぐり、窮地にあってもへこたれない無一文の母親と、大富豪でありながらミイラのごとく生気のない祖父が対立する。これはこの映画が描く偉大なる決闘なのだ。

束の間—— TV ドラマへの帰還

2019 年の夏、スコットは自身のルーツであるテレビ業界に戻り、スコット・フリー・プロダクションズ制作でアメリカの HBO Max 放送のＳＦドラマシリーズ『レイズド・バイ・ウルヴズ／神なき惑星』(2020-2022) の最初の 2 つのエピソードを撮影した（息子のルークも別エピソードに監督として参加している）。厳密に言うと、2013 年に、スコットがカトリック教会の謎に包まれた上層部を描いたパイロット版（テレビシリーズの第 1 話として試験的に作られる放送回）を制作したこともここで伝えておかねばならない。『The Vatican』というタイトルで、カイル・チャンドラーとレベッカ・ファーガソンを主役にロケ撮影が行われたが、ソニー社はその価値を認めず、その後のエピソードの制作は中止となってしまった（ゆえに同作は、単発の「テレビ映画」という位置づけになっている）。

米 TNT 局が出資をし、南アフリカロケで撮影された『レイズド・バイ・ウルヴズ／神なき惑星』は、実に "リドリーらしい" 作品だ。それを 3 段階で証明してみよう。要素Ａ：舞台。植民地化の初期段階にある謎めき不毛の土地（映画『オデッセイ』）。要素Ｂ：背景。地球が宗教紛争で分裂してしまっている（映画『キングダム・オブ・ヘブン』）。要素Ｃ：ストーリーとキャラクター設定。状況を変えるのは難しいと考えた者たちが惑星へと移住してくる物語で、中心となるのは 2 体のアンドロイド（『ブレードランナー』や『エイリアン』）。冷静沈着で愛情深いマザー（アマンダ・コリン）とそのパートナーであるファザー（アブバカル・サリム）は、人間の子どもたちを育てるのが仕事だ。ふたりの使命は、生き抜くために必要な技術を教えること、そして、何より、子供たちに非現実的なもの、つまり、神の存在を信じないように教えることだった。

やや大げさな表現だが、この作品についてスコットはこう述べている。「これはどこまでも独創的で想像性に富んだ世界だ。実存的な問いと格闘し続けるキャラクターたちで溢れている」と、スコットは言う。その問いとは、「人間らしさとは何か」「家族を成すために必要なものは何か」、そして、「もし人間がもう一度最初からやり直して、自分たちがこの地球で引き起こした混乱を消せるとしたらどうなるのか」だ。

第 1 シーズンの 1 話と 2 話を監督した彼は、高すぎる製作費と大衆ウケを狙うには複雑すぎるという理由で打ち切りになるまでの 2 シーズンにわたって、このドラマの製作総指揮を務めた。視聴者は、このドラマの機械的なアンドロイドには共感しにくく、『ブレードランナー』のレプリカントのような人間と同じ見た目のアンドロイドに肩入れする傾向があるようだ。

スコットは 82 歳（当時）になっても、それまでと変わらず精力的に働いていた。「引退」させる？ それは地球に逃亡してきたレプリカントの処置の話だ。膝や腰が痛むことはあっても、その集中力は揺るぎなく、目は常に貪欲だった。スコットが手がけるジャンルの幅広さと彼の多才さは、想像力が萎縮しつつある現代のハリウッドにおいて驚異的なものである。彼は、「スーパーヒーロー」ジャンルがハリウッド業界を支配していると声高に批判し、すでに 3 つの不朽の名作で、自分なりに同ジャンルで勝負してきたと訴えた。「1 作はシガニー・ウィーバー主演の『エイリアン』。もう 1 作は言わずと知れた『グラディエーター』、そして、もう 1 作は『ブレードランナー』のハリソン・フォードだ」と。要するに、現代のスーパーヒーロー映画に先駆けて、彼は、より質の高いヒーロー作品をすでに作っていたということになる。

ちなみにスコットの二面性を如実に表している例がここにある。フランスのドルドーニュ地方に建つ、永遠なる静寂の空間として一部の隙もなく完璧に整えたインテリアが揃う美しい屋敷に住みながら、その一方で、ハリウッドをプリウスで走り回っているのがスコットという人間なのだ。たしかに、ロサンゼルスで目立たないようにするには、プリウスを乗り回すのが一番だろう。「車に傷がついても気にしない」と彼は言う。

スコット・フリーではいつでも、さまざまな映画企画がさまざまな段階で検討中であり、それは、ひとつが滞ったり、頓挫してしまった場合の保険となるようにしているためだ。スコットはかつて、若い頃の自分は、20 年間でわずか 12 本しか映画を制作しておらず、それは「虚勢」から選択に時間をかけていたせいだと認めたことがあった。それ以来、彼は制作のペースを上げた。ドン・ウィンズロウのメキシコ麻薬戦争を題材にしたスリラー小説を原作とする『ザ・カルテル』のロケハンもそのひとつだ。この企画はその後、テレビ番組として制作されることになったが、まだ実現に

上：HBO Max の『レイズド・バイ・ウルヴズ 神なき惑星』のワンシーン。スコットは、最終的に放送された 18 話のうち最初の 2 話を監督した

は至っていない。また、『グラディエーター』の続編の企画も本格的に動き出し、ルッシラの息子ルシウスを主人公に第 1 作の約 25 年後が描かれた。

はるか昔に存在した現代女性
―― 『最後の決闘裁判』

『最後の決闘裁判』については、企画がむこうから彼のもとに舞い込んできたのだと、スコットが教えてくれた。「マット・デイモンが電話をかけてきて、こう言ったんだ。やりたいことがあるんですが、興味ありますか？ってね。『デュエリスト／決闘者』で既に決闘ものはやっておられるが、これは別物なんです、って」。6 週間後、彼は脚本を手にしていた。

デイモンと共同脚本家のベン・アフレックが（『グッド・ウィル・ハンティング』以来の共作で）スコットを起用した理由は理解できる。原作はエリック・ジェイガーの小説で、舞台は 1386 年。百年戦争が続く中、『オデッセイ』とはまったく異なるジャンルで再び手を組んだデイモン扮する騎士ジャン・ド・カルージュと、その妻のマルグリット・ド・カルージュ（ジョディ・カマー）、そして、ド・

カルージュの友人で、従騎士*のジャック・ル・グリ（アダム・ドライバー）の三角関係を描いている。ル・グリは、ド・カルージュの美しい妻をレイプした容疑で訴えられることになる。これは、事実上（そして、この物語の「事実とは何か」というが問題の核心的なテーマ）、中世フランスで記録に残っている最後の決闘裁判を描いた作品なのだ。*騎士になるための騎士道を学ぶ訓練期間にある者。貴族階級の若者に多い。

「あれは裁判記録そのままの話で、そこにはあらゆる激しい怒りが含まれていた」と、スコットは嬉々として語った。「言うなれば、法律に則ったグラディエーターだ。『法廷編』、あるいは、『貴族編サスペンス』と言ってもいいかもしれない。自身の地位とマルグリットの名誉を守るため、ド・カルージュはル・グリとの決闘裁判に臨み、最後にル・グリを討ち果たすことになる。

決闘の間、黒い服を身に纏ったマルグリットは、その様子を足枷を付けられた状態で見守り、自分が応援するほう――夫であるジャン――が勝つことを祈る。彼女の名誉と命がその勝敗にかかってい

FAMILY BUSINESS 245

るのだ。もし、ド・カルージュがこの決闘に勝利し、友人から敵となった相手を倒せば、それが神の意志の証となり、したがってマルグリットの「強姦された」という訴えが真実であったことが証明される。一方、ル・グリが勝てば、細則に従って虚言を吐いたとされ彼女は火あぶりの刑に処されることになってしまう。今では信じられないことだが、それが当時の正義だった。

　デイモンが指摘したように、そして、批評家や伝記作家たちの魅力的な分析材料となるだろうが、この『最後の決闘裁判』は、『デュエリスト／決闘者』から始まったスコットの輝かしいキャリアを、美しく対称的に締めくくる作品になり得たはずだ。デビュー作である『デュエリスト／決闘者』ではフランス軽騎兵を描

上：『最後の決闘裁判』より甲冑姿で激しい対決を覚悟するアダム・ドライバーとマット・デイモン

次頁上：本作は2020年の新型コロナウイルスのパンデミックの最中に撮影された映画（右）。スコットと打ち合わせをするジョディ・カマー（左）

246

き、本作では決闘するフランス騎士を描いている。しかも、その撮影場所は、40年前にカメラを持って歩き回っていた場所から2kmと離れていなかった。「ここからあの野原が見えるんだ」と、彼は笑っていたが、その頭の中では、これから手がける映画撮影の可能性しか考えていない。特に彼の心を魅了したのは、『最後の決闘裁判』の構造だったのだ。

この作品は、予想以上に複雑な叙事詩である。スコット証(じるし)のインパクト大の残虐シーンが入り乱れる歴史スペクタルに、#MeToo時代の社会問題が織り交ぜられている。しかも、彼は、映画『エイリアン』から『テルマ＆ルイーズ』(この作品もレイプと女性蔑視を題材にしている)、そして、『G.I. ジェーン』に至るまで、これまでも性差別問題に正面から向き合うことに決して躊躇してこなかった。

さらに、この作品は、名誉を傷つけられたと主張する夫、犯人だとされる男、そして被害者だとされる女という3つの違った視点から物語が展開する。その展開を、ガーディアン紙は「彼はこう言った、しかし彼はこう言った、そして彼女がこう言ったという形式」と表現する。実際、これは黒澤明監督の1950年の不朽の名作『羅生門』を、社会的に不安定な14世紀のフランスを舞台に再構築したような作品であり、視点によって真実が変わるという考察も共通している。『エル・シド』(1961)や『ブレイブハート』、『キングダム・オブ・ヘブン』のようなロマン主義を意識的に避けている本作は、スコットがこれまでに手がけた作品の中でもっとも中世や英雄を美化していない作品のひとつである。

スコットの言葉を借りれば「より女性的な視点」を吹き込むため、脚本の最終版は『ある女流作家の罪と罰』(2018)のニコール・ホロフセナーが担当することになった。そうすることで、スコットは3人の歴史上の人物における人物像にキャラクター構築のための余白を与えたのだ。これは非常に重要なことで、それぞれの証言の対比によって三人三様の見方が明らかになるのだ。実際、主役の3人はそれぞれ3つの異なる視点に立った演技を披露し、各々が自分の頭の中で、また他者の頭の中でどんなふうに存在しているかという部分が、それぞれのキャラクターに陰影をもたらしている。

男たちは、うわべだけの名誉の掟を守るために命さえ賭けようとする、虚栄に満ちた一対の鳥のようである。実際、ドライバー扮するル・グリは『レジェンド／光と闇の伝説』の傷ついた闇の魔王を演じたティム・カリーのようにろうそくの灯る部屋を誇らしげに歩き回る——ル・グリも魔王も、まさに哀れな欲望に駆られた好色な悪魔だ。恐ろしいのは、彼は自分がしでかしたことがレイプだなどとは考えてもいないということである。ぐらついた歯は気になるけれど、触るのは怖い。それと同じように、自分の中にある罪悪感と向き合うことをあえて避けているのだ。

また、ドライバーには漆黒の髪とフランドルの画家、アンソニー・バン・ダイク風の立派な口髭が備わっているが、一方、この友人に土地を取られ、地位も出し抜かれてしまった哀れな男を演ずるデイモンは、あご先にくすんだブロンドの房状の髭をもじゃもじゃと生やしている。マレットヘアと呼ばれる前髪や横の髪が短く後ろが長い独特の髪型は、おそらく時代・土地に根付いていた史実に基づいているのだろう。(美しい容姿のル・グリと比較して、さらに屈辱的なことに、彼の頬には

地図で示されるセーヌ川よろしく、うねうねとした傷痕がある)。『最後の決闘裁判』では、それぞれの髪型が象徴的で、カマーの豊かな金髪の三つ編みは美しさとともに、"鎖"(束縛されている)を表現している。

　ベン・アフレックのことも忘れてはならない。彼はスケジュールの都合で、主役のル・グリ役ではなく脇役の虚栄心が強いアランソン伯ピエール2世役を演じることになった。アフレックは髪を明るいブロンドに染め、ダンスパーティの主役ばりに思わせぶりな視線を周囲に投げかける。その程よく誇張した演技は、スコットの氷のように厳格なリアリティの壁をうまくすり抜け、重苦しさが漂う本作におかしみを添えている。アランソン伯は主役のふたりにとって煩わしい領主だが、財務に明るいル・グリを贔屓し怪しげな娯楽をともにする。その一方、あまりにも浅はかなド・カルージュを軽蔑する役どころだ。

　「時代ものを撮るのが大好きだ。時代考証も好きだし、その時代の匂いのようなものを作り出す作業はとても気に入っている」と語るだけあって、スコットは本作でも本領を発揮し、数々の戦闘シーンや、暖炉の炎でタペストリーを照らすシーンを見事に演出した。2020年2月から撮影を開始し、ドルドーニュ地方にある保存状態が良好なベイナック城、フェヌロン城、ベルゼ・ル・シャテル城の近くで撮影が行われた。一方、アイルランドには撮影に使えそうな中世の伝統的な建物がいたるところあり、税制上の優遇措置も利用できた。ちなみに、映画『エクスカリバー』(1981)ではカヒアー城が、『ブレイブハート』ではボイン渓谷がロケ地になっている。そこには、追加の映像素材となる場所がいくらでもある。スコットは完璧なアングルを見つけるために、自分の半分の年齢のスタッフに精力的にロケ地探しに取り組ませた。

　だが、そんなスコットの勢いにブレーキをかけるような決定的な出来事に世界が見舞われる。フランスでの1ヶ月のロケの後、パンデミックの終息を待つために撮影は中断された。スコットが小説「ホット・ゾーン　エボラ・ウイルス制圧に命を懸けた人々」や「アイ・アム・レジェンド」を映画化し描きたかったことがそのまま現実の世界で起きてしまったのだ。そのため、2ヶ月間は何もできなかった。アイルランドで撮影再開のチャンスを待つ間、スコットはフランスでの撮影映像を編集し、次の映画の計画を練った。

　『最後の決闘裁判』は、『湖のランスロ』(1974)、『エクスカリバー』、『キングダム・オブ・ヘブン』といっ

スコット渾身の中世の物語『最後の決闘裁判』に登場する、完成半ばのノートルダム寺院を含む陰鬱なパリの街並みのシーン

「マット・デイモンが電話をかけてきて、こう言ったんだ。
やりたいことがあるんですが、興味ありますか？ってね」
——リドリー・スコット

た甲冑映画というサブジャンルに属する作品であり、男たちが怒り狂う熊のように湿った野原を這いずり回る。甲冑を着た兵士たちが入り乱れる戦闘シーンは英雄的とは言い難いが、ド・カルージュの甲冑に矢が当たり、火花を散らす場面は、スコットの映像コレクションのひとつに加えられる仕上がりだった。

いざ撮影が再開となり、スコットが決闘の舞台に選んだのはパリ郊外の氷の張った広場だった。広場の周囲には木製の観覧席が設置された。決闘シーンはドローンによる急降下ショットで撮影されたが、『グラディエーター』のコロセウムとは趣がまったく違っている。

CGによって生み出された群衆（『グラディエーター』でスコットはこの技術に初挑戦した）は、血に飢えたように熱狂し、観客を圧倒する。スコットは我々を馬上槍試合の熱狂に引きずり込み、決闘はやがて儀式的な要素が薄れ、ただの殴り合いに化していく。陥没した甲冑と兜を身に纏った主役たちは、宇宙服に身を包んだノストロモ号の乗組員さながらにぜいぜい

と肩で息をする。ちなみに、ふたりがかぶっていた兜は、観客がどちらか見分けのつくように顔を覆う部分が半分カットされていたが、これは当時の正式なスタイルではない。

スコットはマルグリットに映画スターのような輝きを演出した。彼女に扮するカマーはまるで毛皮の襟巻をつけたフェイ・ダナウェイ、つまり、時代劇に登場したスーパーモデルだ。しかし、この女優は、自分が言外の暗示的な意味を伝える役割を果たしていることを自覚しており、暗黒時代の檻に閉じ込められた快活で、聡明で、現代的な女性を見事に演じていた。

本作をこの妻の視点から見ると、彼女の怒りは私たちの良心に突きつけられた刃のようだ。カマーの顔の近くに固定された一台のカメラで撮影された繰り返されるレイプのシーンは悲惨であり、法廷で彼女に浴びせられた屈辱的な仕打ちと相まって、その映像は圧倒的な説得力を持った。冷徹な真実を突きつけるために、あえて曖昧な部分は排除されている。「本作でもっと

も重要なのは、誰の立ち位置に重きを置いているかということだ。そして、それは明らかにマルグリットの視点だ」とスコットは語る。ゆえに、彼女の物語を「真実」という端的なキャプションをつけて区別している。これによって、『羅生門』に描かれた世界観は弱まり、より直接的で教訓的な映画という要素が強くなった。

現代に通じるのは、社会全体がマルグリットに敵対心を持つという点である。決闘をするに至る2名の騎士が名誉や金のために駆け引きを繰り返すその姿は、文学に登場する誉れ高き騎士たちの真の姿を浮き彫りにし嘲笑するものだ。『最後の決闘裁判』は、冷たい泥の中で互いを斬りつけ合うふたりの愚か者を伝える物語ではなく、愛のない夫に正義を突きつけ、夫の自尊心を操り（そこも彼女の賢いところだ）、自分の置かれている屈辱的な立場を有利に転じた。彼女はとても現代的な女性だったのだ。

そして2021年10月15日、ヴェネチア映画祭でプレミア上映された後、この映画はようやく世界に公開された。批評家からは、スコットの映像技術こそ称賛に値するが、内容的には今ひとつだと評価を受けた。「これは歴史の教訓というよりも、野蛮で美しい

カタルシスだ」と、ニューヨーク誌のビルジ・エビリは書いている。

率直に言って、映画は大失敗に終わった。推定予算1億ドルに対し、興行収入は3,060万ドルに留まった。世界的なロックダウンの後で、映画業界はまだ本来の状態に戻っていなかったのだ。しかし、スコットはこの結果に対して、うんざりした様子で、すぐにインターネット上でネタにされるような言葉を吐いた。それは『グラディエーター』でのマキシマスのセリフ「Are you not entertained?」に由来するものだ。
「Were we not entertained?（楽しんだんじゃないのか？）」

「結局のところ、今日我々が向き合うべきは、あのいまいましいスマホで育った観客だということなんだ。ミレニアル世代は、スマホに出てこないことは、何も教わりたくないらしい」

鎮静剤を投与されたように法令順守の現代のハリウッドにおいて、失うものなど何もないという姿勢（彼が失うものだらけだった頃には、嫌というほど聞かれた言い回しだ）は、まるで苦いエスプレッソショットのようなものだ。彼の率直さの根底にあるのは、皮肉的見方ではなく（いや、それも少しはあるかもしれな

「彼女には脱帽したよ。
だって、自分が何をしようと
しているのかはっきりと
分かっているのが
見て取れたからね。そして、
私も自分が何をしようと
しているのかをはっきりと
自覚している」
——リドリー・スコット

アルド・グッチ（アル・パチーノ右）とパトリツィア・レッジャーニ（レディー・ガガ）が『ハウス・オブ・グッチ』の中で会話劇を繰り広げる。見事な変身でパオロ・グッチを演じたのはジャレッド・レト（左）

いが）、年齢と成功によって得た明晰さであり、仕事に価値を与えるものを理解することである。映画業界に蔓延る愚か者を、その明晰さは容赦なく断ずる。そして、それはファッション界でも同じなのだ。

『ハウス・オブ・グッチ』

2021年の冬、『最後の欠席裁判』の公開延期の影響もあり、スコットはわずか数ヶ月の間にもうひとつの映画の公開も準備することになった。それが『ハウス・オブ・グッチ』だ。この2作はこれ以上ないほど対照的だ。『ハウス・オブ・グッチ』は痛快な悲喜劇の伝記映画で、1970年代と80年代の華麗なる日々と陰鬱な夜を通して、偉大なファッションブランド一族の没落を描いている。物語は、夫であるグッチの跡取り息子マウリツィオ・グッチ（アダム・ドライバー）に捨てられ、そんな夫の暗殺を企てたパトリツィア・"ブラック・ウィドウ"・レッジャーニ（レディー・ガガ）の視点で展開していく。

スコットの妻であるジャンナ・ファシオが、サラ・ゲイ・フォーデンの著書「ザ・ハウス・オブ・グッチ」を初めてスコットに紹介してから20年後に、脚本家のロベルト・ベンティヴェーニャ（ミラノ出身）は、ようやくストーリーの構成を作り上げた。

これはスコットが描くコメディ映画としては異色作で、スコットが過去に制作した『マッチスティック・メン』や『プロヴァンスの贈りもの』といった作品とは趣がまったく異なっている。だが、一部の映画評論家においては、この作品をコメディ映画として評するものもいた。本書の著者である私自身は、そのことに違和感を覚える。ストーリーの曖昧さこそ、スコットがこの物語に惹かれた最大の理由のひとつだった。これは殺人ミステリーでもなく、謎解きスリラーでもない。誰もが何が起こったかを知っているのだから。つまり、この作品はひとつの風刺なのだ。

MGMの7500万ドルという潤沢な予算を背景に、この映画は、有名ブランド一族のお家騒動をオペラ風に描こうとしており、ひとつのシーンでも喜劇と悲劇が揺れ動くという演出がしばしば登場した。俳優たちが、スーパーマリオのようなたどたどしいイタリア訛りの英語を話すせいで、パロディに見えてしまう場面もあった。評論家たちは「愉快」とか「痛快」とかいう表現を使うが、それらはまったく褒め言葉には聞こえない。

FAMILY BUSINESS　251

「おそらく世界最高の俳優たちがあなた方に扮するんです。
とてつもない幸運だと思った方がいい」
──リドリー・スコット

「実のところ、ヴァンパイア映画と考えればそれなりにすべての筋が通るのだが」と『Film Threat』のウォルター・チャウ氏は考察している。「吸血鬼は、冷酷に他者を犠牲にして己の血への欲を満たし、新たな狩り場を求めていく。このけた違いに裕福なグッチ一族は、まさに吸血鬼。富と権力のためなら家族の生命力も吸い取るような恐ろしい家父長たちの支配的な監視下にありながら、グッチ一族は、自分たち利権を新世界(欧州以外の新たな市場)へと広げていくのだ」

スコットにとってはありがたいことに、このエンターテインメント作品は、ストーリーの詰めは甘いものの、それなりにヒットし、全世界で1億5,300万ドルの興行収入を記録した。そして、見れば見るほど、その光沢のある上品な水玉模様(ポルカドット)の表面の下に、リドリー・スコット映画らしさが隠されていることがわかる。スコットは、グッチ一族をボルジア家やメディチ家*になぞらえていて、それは映画のタイトルを見てもわかる。15世紀の名家のお家騒動が20世紀の世でも起こっていたのだ。そして、この作品もまた、腐敗した富と偽りの魂の物語だ。*
*ボルジア家もメディチ家もルネサンス期のイタリアの権力者。いずれも一族内の権力闘争に満ちた一族。

スコットは以前より、レディ・ガガ(本名はステファニー・ジョアン・アンジェリーナ・ジャーマノッタ。両親ともイタリア系)が並外れた才能(そして並外れた個性)の持ち主であることは知っていた。そして、『アリー/スター誕生』での演技に大きな感銘を受ける。最初の打ち合わせのときから、彼女はこの物語に夢中で、その姿にもスコットは心動かされたそうだ。

「彼女には脱帽したよ。だって、自分が何をしようとしているのかはっきりとわかっているのが見て取れたからね」とスコットは振り返る。「そして、私も自分が何をしようとしているのかを常にはっきりと自覚している。我々は最高の取り合わせだった。お互いがビビッときたことを彼女も喜んでいた」

ガガが彼女なりに演じたレッジャーニもまた、スコット映画に登場する強い女性キャラクターの系譜を継承していた。ガガは『テルマ&ルイーズ』がもたらした「絶大な影響力」について語っている。レッジャーニの役柄は、過去のスコット映画のどの女性主人公より、精神的にも道徳的にもはるかに暗い道のりを辿ることになる。一目惚れから始まり、サルマ・ハエック演じる狂気じみた占い師にそそのかされて、殺人計画に手を染めるに至るのだから。スコットが言うように、愛は苛立ちと隣合わせで、苛立ちは諍いへ、諍いは憎悪へ、憎悪は想像を絶する犯罪へと繋がる可能性がある。それでも、観客はこの裏切られた女性に同情するのだ。

前頁:グッチのプロモーション画像(左から右へ)ジャレッド・レト、アル・パチーノ、レディ・ガガ、アダム・ドライバー、ジェレミー・アイアンズ

左下:スコットお気に入りの俳優アダム・ドライバーがマウリツィオ・グッチ役に。悪評高い未亡人パトリツィア・レッジャーニ役はスコット映画初挑戦のレディ・ガガ

右下:パンデミックにもかかわらず、いつも通り撮影を進めるスコットとドライバー

254

上：アル・パチーノがアルド・グッチ役で登場する『ハウス・オブ・グッチ』は、そのほとんどがイタリアで撮影された

「時代ものを撮るのが大好きだ。時代考証も好きだし、その時代の匂いのようなものを作り出す作業はとても気に入っている」
——リドリー・スコット

　ロバート・デ・ニーロは降板したが、それでも、ガガ、ドライバー、アル・パチーノ、ジェレミー・アイアンズ、カミーユ・コッタン、ジャック・ヒューストンといったキャストはハリウッドで話題となった。グッチ一族がそうした俳優の起用に疑問を呈すると、スコットは嘲笑した。「おそらく世界最高の俳優たちがあなた方に扮するんです。とてつもなく幸運だと思った方がいい」
　スコットの確信とこのキャスティングは、豊かな演技に満ちた映画へと結実した。彼は、撮影現場での状況を「F1カーの運転席にいるのに、カーブでハンドルから手を離すような感じだった」と表現している。俳優たちにとって、本作の撮影は、ほとんど演劇のようであったらしい。複数のカメラが回っているため、自分がどのようにフレームに収まるのか把握するのが難しく、だからこそかえって役者たちはのびのびと演技ができた。監督は平均2テイクでどんどん撮影を進めていった。特にアル・パチーノは、そういう簡潔な撮影方法に慣れる必要があった。とはいえ、それで彼が過剰なアドリブを控えることはなかったそうだが。
　とかく口うるさいグッチ一族の長老らの中でも、激しい不満の叫びを上げがちで、よりビジネス志向が強いアルドを演じるアル・パチーノは、演技を誇張し過ぎているのか。それとも、実在のアルドがあれほどエキセントリックな人物だったのか？　本作を観てそのような疑問を持つ者もいただろう。 実際のところ、この映画の滑稽な演出はどこまでが意図されたものだったのだろうか？　もしパチーノが"やり過ぎ"というなら、アルドの息子で、グッチ家の気まぐれで無能な厄介者パオロ役を演じたジャレット・レトは、途方もないほど大げさでヒステリックな演技を披露している。パ

FAMILY BUSINESS　255

オロは、神が才能を与えなかったにもかかわらず、己の有能さを証明しようと必死だった。当初、感情表現が控えめなマウリツィオの役を希望していたレトだが、途中から路線を変更し、パオロ役を申し出た。しかも、太っていて頭が禿げ上がり、しわくちゃなパオロ像を提案したのもレトだったという。「断る理由がないでしょ」とスコットは笑った。付け髭があまりにもリアルで、輝く青い瞳以外は誰だか分からないほど別人に仕上がった彼の演技は、賛否を呼んだ。レト扮するパオロは、この映画が意図的に表現しようとした下品さを象徴する存在だという意見もあれば、大げさでクサい演技を見せられたという厳しい意見もあった。

大袈裟な演技とリアルな描写。意図的なユーモアと真面目な表現。俗悪さと芸術性。こうしたものの曖昧な境界線上を、本作は意図的に辿っているのだ。スコットは、"逃げ場"であるとともに同時に"檻"でもある「富」と「家族」を描こうとした。それは、80年代の派手で芝居がかった品のないソープオペラ的要素に彩られながらも、その底には、苦悩や後悔という辛辣な感情が流れている。『ゴッドファーザー』のコーレオーネ家や米ドラマ『メディア王 〜華麗なる一族〜』（2018-現在）のロイ家、また、シェイクスピアの作品に登場する家族の物語と照らし合わせることもできる。ガガ演じるレッジャーニは、まさに毛皮を羽織り、べっとりとアイライナーを引いたマクベス夫人だ。

この映画では、登場人物に合ったさまざまなスタイルが次々と登場し、時代を通してのファッションの変遷も描かれている（衣裳がそれぞれの栄光の物語を語り、事態が野生的になるにつれ、アニマルプリントが使用されたりしているのだ）。素晴らしいロケ地（これも本作の見どころのひとつ）、ミラノのネッキ・カンピリオ邸やコモ湖畔に建つバルビアネッロ邸での撮影許可を得たが、その狂騒的な雰囲気がスコットの本来の演出の感覚を妨げている。本作の過剰な熱狂さや派手な世界は、（芸術的な深みの演出で知られる監督ゆえに）スコットの作家性には似合わないのだ。

視覚的な美を探し求めると、ジェレミー・アイアンズが演じるグッチ一族の長ロドルフォを包む黄昏の憂鬱の中で、映画スターとしての失われた日々の映像をじっと見つめている姿に、私たちは『ブレードランナー』の煙にかすんだノワール的要素を感じる。この映画は、あるいは別の姿になっていたかもしれない。そして、モノクロのフラッシュには、スコットが美術学校在学中にインスピレーションを受けた写真家ウィリアム・クラインへのオマージュも感じられる。彼は一時、ファッション写真家としての道も考えていたことがあったのだ。

実現しなかった映画企画
——リドリー・スコット未完の作品——

スコットの好奇心、意欲、気まぐれな性質、そして、ハリウッドの目まぐるしく変わる潮流を象徴するように、もう少しで実現しそうだった彼の映画企画を列挙すると長いリストになる。しかも、ジャンルは多岐に及ぶ。

一時の気の迷い程度に過ぎなかった企画も多い。たとえば、数週間ほど『ターミネーター3』の監督を本気で検討したときがそうだ。かつてジェームズ・キャメロンが『エイリアン2』でスコットの『エイリアン』の続編を撮ったように、今度は立場を逆転させ、自分がキャメロンの大ヒット作の続編に手を出そうとしたのだ。

完成に至らなかった企画の中には、興味深い企画や、まだ映画化の可能性がある企画もあり、そのリストを辿ると、スコットの興味の方向性が見えてくる。80年代後半、彼はH・R・ギーガーに『Isobar（アイソバー）』というSFスリラー映画のコンセプトアートを描かせている（最初は『The Train』というタイトルだったが、スコットが企画を離れ、ローランド・エメリッヒが参加した際に改題された）。未来の荒廃したロサンゼルスで、遺伝子操作されたバイオメカニカルなクリーチャーが地下鉄列車内で大暴れするというストーリーだが、その高尚なコンセプトはたしかに聞き覚えがある。90年代には『Metropolis（メトロポリス）』というSF映画の企画も出ていた。フリッツ・ラングの有名な同名映画との関係は不明だが、一時は極秘に進行中の『ブレードランナー』の続編の仮称ではないかと考えられていた。

同じようなアプローチだが、ジョー・ホールドマンのSF小説「終りなき戦い」の映画化の話は何度も出ている。「脚本はできているし、ここにある！」とスコットは2010年に言っていた。「次回作はこれになりそうだ」と。脚本を担当したのはジョン・スパイツだったが、彼はすでに『プロメテウス』に着手

パトリツィア・レッジャーニ役を演じるレディ・ガガ

していた。この『エイリアン』の前日譚の制作に追われたため、「終りなき戦い」の映像化企画は頓挫したようだ。同小説の内容は異星で戦う地球人兵士たちの物語（ここにはベトナム戦争の寓話的要素もかすかに感じられる）で、時差によって地球を留守にしている間に20年が経過してしまう。実話に基づいた映画『ブラック・ホーク・ダウン』を彷彿させる要素もあった。

2002年、スコットはパトリック・ジュースキントのベストセラー「ある人殺しの物語 香水」の映画化に取り組んだ。18世紀のフランスを舞台に、完璧な香りを調合することに取りつかれた若い調香師が登場する物語。その香りへ探求は彼を殺人へと駆り立てる。本作は結局、2006年にトム・ティクヴァの手によって『パフューム ある人殺しの物語』として映画化された。素晴らしい出来であったが、感覚的な完璧さを求めるスコットならどう描いたかはもはや想像するしかない。

2009年、イングランド北部の街ヨークシャーを舞台にした陰鬱な名作犯罪ドラマがテレビ映画3部作として欧米で放送された。その作品とは、『レッド・ライディングⅠ：1974』『〜Ⅱ：1980』『〜Ⅲ：1983』（原作はデイヴィッド・ピース。実際にヨークシャーで起きた切り裂き魔の事件をヒントにしている）で、スコットは同作のハリウッド映画化を企画。3つの物語を混合し、舞台をペンシルベニア州といったアメリカの産業衰退地帯に移すことを考えていたという。

『レイキャビク』という企画は、1986年にロナルド・レーガンとミハイル・ゴルバチョフがアイスランドで開催したサミットをドラマ化しようとする内容だった。より現代的なドキュメンタリー風ドラマで、2011年にプリプロダクションが行われるまで話は進んでいたが、その後は進展せず、最終的には映画として公開されることもなかった。

一筋縄ではいかないスコット版西部劇の企画もあった。『オデッセイ』に続き脚本はドリュー・ゴダードに依頼して、監督経験もあるS・クレイグ・ザラーの小説「Wraiths of the Broken Land」を映画化しようとしていたのだ。父親とふたりの息子たちが売春婦として売られた姉妹を救出

しようとする物語で、騒々しく、激しく暴力的で、ブラック・ユーモアが散りばめられた作品になる予定だった。また、同じ救出劇でも、南北戦争末期を舞台にしたポーレット・ジャイルスの小説「The Color of Lightning」はもっと人間模様に向き合った作品だ。ある解放された奴隷が、テキサスの辺境でアパッチ族に誘拐された自分の家族を救うために奮闘するという物語だった。

2008年、スコットは、パーカー・ブラザーズ社の人気ボードゲーム「モノポリー」の映画化企画に正式に参加。一風変わった試みとして、実際の不動産投資をテーマに"愛すべき敗者"を主人公にした、わかりやすくも野心的なコメディ映画をスコットは構想していた。"欲"をテーマにした映画を作ってみたかったんだ」と、スコットはコメントしている。5年もかけて企画を練ったが、最終的にユニバーサルは、ティム・ストーリーを監督に、ジュマンジ風のキッズ・アドベンチャー映画を制作するという方向で再検討に入ってしまう。2024年4月には、『バービー』（2023）を大ヒットさせたラッキーチャップ・エンターテインメント（同作で主演したマーゴット・ロビーの製作会社）が映画スタジオのライオンズゲートと組んで「モノポリー」を実写映画化するとの発表がなされた。

『エイリアン：コヴェナント』のプロモーション中、『オペレーション・フィナーレ』（2018）のマシュー・オートンの脚本で、1969年公開の『空軍大戦略』を新たに映画化する件について触れている。一方、自身の『レジェンド／光と闇の伝説』のルーツを忘れないスコットは、T.A.バロンのヤングアダルト小説「Merlin Saga」を、『ロード・オブ・ザ・リング』で有名なフィリッパ・ボイヤンズを脚本家として迎えて映画化することも考えていた。

さらなる『エイリアン』シリーズの前日譚の続編の行方は不透明なままだが、20世紀フォックス社を買収したディズニーCEOのボブ・アイガーは、株主に対して、『エイリアン』のシリーズにはまだ余力があると語っている。また、スコットが製作総指揮を務めるテレビシリーズを制作する企画も現在議論に入っているようだ。

HISTORY REVISITED

再訪

NAPOLEON (2023)
『ナポレオン』
ALIEN: ROMULUS (2024)
『エイリアン：ロムルス』
GLADIATOR II (2024)
『グラディエーター II 英雄を呼ぶ声』

「私のことが世界一大切だと言ってみろ」
—— 映画『ナポレオン』より、ナポレオン・ボナパルトのセリフ

「歴史上の偉人」シリーズ3作目
『ナポレオン』
　一般的に言えば、人生の終着点が見えてくる年齢のリドリー・スコット御大80歳（当時）。そんな彼は今なお、もっとも決断力のある現役の映画監督である。『ハウス・オブ・グッチ』のプロモーションの責務を負い、渋々と宣伝活動をこなしながら、彼は準備中である次の伝記映画『ナポレオン』の制作現場に戻りたいという熱意を語った。すでにロケ地の下見も済ませ、歴史家とも相談し、リドリーグラムと呼ばれるしっかりとしたストーリーボードを12本ほど書き上げ、もちろんキャスティングも済ませていた。のちに皇帝となった将軍ナポレオン役にはホアキン・フェニックスが起用された。ナポレオン・ボナパルトは、ヨーロッパの広大な地域の征服を果たし、その自信に突き動かされるように、冬の到来を控えたロシアへと進軍。その後、彼は、追放、復権、ワーテルローの戦いでの敗北、そして再びの追放という道を辿ることになる。スコットはまたしても歴史上の戦場の舞台に、呼び戻されたのだ。「理解してもらいたいのだが、父がやっていることは"仕事"ではないんだよ」と、息子のルーク・スコットは説明した。「父にとって撮影の時間はリラックス・タイムで、映画を撮ることこそが父を前に進ませる糧となっている」
　スコットの目を通して、歴史は生き生きと蘇る。彼が描く歴史映画では、過去の出来事と現在が流れるよ

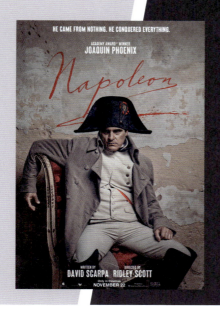

「年を重ねるうちに、
単なる娯楽映画ではなく、
何か意味があるものを作品にしたいと
考えるようになった」
――リドリー・スコット

前頁下 偉大なフランス軍人ナポレオン・ボナパルト役のホアキン・フェニックスと、ジョゼフィーヌ・ド・ボアルネ役のヴァネッサ・カービー

左 Apple TVの支援を受けていたにもかかわらず、この映画は大々的に宣伝され完全な劇場公開作品となった

うに呼応し合い、物語が紡がれているのだ。今も彼に時代ものの映画を撮らせたら右に出る者はいない。それ以上の説明は不要だ。そして、ナポレオンほどスコットにうってつけの題材はないだろう。映画『ナポレオン』には、キャリアの集大成にふさわしい風格と、彼自身のデビュー作である『デュエリスト／決闘者』からの精神的な繋がりが息づいている。『デュエリスト／決闘者』の背景であったナポレオン戦争そのものが本作の舞台となっており、その世界観は拡張されている。『デュエリスト／決闘者』におけるスコット渾身の最後のシーンでは、ハーヴェイ・カイテル演じるナポレオン軍の将校フェローが、一筋の陽光に照らされナポレオンの亡霊のように描かれている。彼は二角帽子を「en bataille」という肩と平行になるように横に向けて着用するスタイルでかぶっている。その特徴的な身につけ方が、かの偉大なるナポレオンを瞬時に連想させるのだ。

「信じられないほど優秀な戦略家であるのはもちろん――」と、スコットは自分が焦点を当てた人物を、彼らしい簡潔な言い回しで考察する。「――本能に従って行動する生まれながらに戦略家であり、政治家だ。しかも、容赦がない。彼には何か惹きつけるものがあるんだ」

映画が注目されるようになり、『Kitbag（キットバッグ）』（"There is a general's staff hidden in every soldier's kitbag"――すべての兵士の携行袋の中には

元帥杖が隠されている――*というあまり知られていない格言に由来）というタイトルが、単純明快な『ナポレオン』に変更されたのは賢明な判断だった。本作の公開後、皇帝ナポレオンを監督リドリー・スコットにたとえる考察記事が数多く発表された。ふたりとも、野心的で、一途で、不屈で、同時にいくつもの仕事をこなせる比類なき戦略家である、と。この題材についてありとあらゆる文献を読み漁った脚本家のデヴィッド・スカルパ（『ゲティ家の身代金』）は、監督にも皇帝にも「精神的に限界を感じる意識」がないことに気づいた。実際、スコットは自身の演出スタイルを"温情派の独裁者"と表現している。＊どの兵士も将軍になる可能性があるという意味。

この映画は、『エクソダス 神と王』のモーゼ、『1492 コロンブス』のコロンブスに続く、スコットの「歴史上の偉人」シリーズ3作目にあたる。そして、ナポレオンもまた、矛盾に満ちた人物であった。コルシカの田舎者でありながらヨーロッパを征服し、革命家でありながら皇帝の座に就き、最高の戦略家でありながらその傲慢さで重大な過ちを犯した。

「年を重ねるうちに、単なる娯楽映画ではなく、何か意味があるものを作品にしたいと考えるようになったんだ」と、スコットは言った。数々の戦い、宮廷の陰謀、恋愛における苦悩、そして絵画のごとき美しい栄光の場面のすべてが、さらに大きな謎を解き明かすヒントになっている。「ナポレオンを複雑にしたものは何だったのか？」

> 私にとって絵コンテを描くことは、紙の上で撮影をしているようなものなんだ
> ──リドリー・スコット

上と次頁下：『ナポレオン』の多様な戦闘シーンは、リドリー・スコットのトレードマークである上品さと戦略的創意工夫を盛り込んで描かれている──ひとりの将軍（歴史上の将軍ナポレオン）が戦場で軍を指揮したように、もうひとりの将軍（映画制作の長であるスコット）が撮影現場で大規模な「作戦」を展開したのだ

「答えは簡単だよ」──スコットは問いかけ、自身で答えを導き出した。「彼は、歴史上の偉人の中でも飛び抜けて権力を持った人物だが、あまりにもひとりの女性に依存していたんだ」。ナポレオンの心理的な謎に関わるもっとも興味深い部分は、その妻ジョゼフィーヌ・ド・ボアルネ（ジョディ・カマーがスケジュールの問題で出演が叶わず、代わりにヴァネッサ・カービーがこの役を務めた）との関係にある。この作品は、数々の戦いを描きながら、もう一方で、波乱に満ちたその結婚生活にも焦点を当てている。この皇后は跡継ぎを授かることがなかった。またそれだけでなく、彼女自身にも複雑な側面を持ち合わせていた。涙した

思えば急に笑い出すといった感情の起伏が激しい一方で、自身の未来のために、軍服を脱ぐことを嫌う型破りな成り上がり者に目を付け、どこまでもしたたかに生き抜いた貴族女性をカービーは見事に演じた。本作では度重なる砲撃の合間に、ふたりの恋愛模様が描かれている。スカルパは、ナポレオンという人物を戦場での雄姿とベッドでの不甲斐なさを対比させて描くことで、示唆に富んだユーモアを表現しようとしたのだ。

ナポレオン・ボナパルトという人物は、映画監督にとって、ハーマン・メルヴィルの長編小説「白鯨」に並ぶほど、長きにわたって映像化するのが難しい題材だった。フランスの名匠アベル・ガンスがサイレント映画時代にナポレオンを題材に撮った映画『ナポレオン』(1927) は、5 時間以上（複数バージョンが存在。オリジナル版は 12 時間にも及ぶという）という長さゆえに観る者は耐久テストさながらの厳しい忍耐が求められた。その後も、ソ連のセルゲイ・ボンダルチュクが監督作『ワーテルロー』(1970) で、スター俳優のロッド・スタイガーを起用し、ナポレオンを気難しく、泥沼のワーテルローの戦いで敗北に突き進む雷雨のような男として描いた。スタンリー・キューブリックは、MGM でジャック・ニコルソンを主演に据え、輝かしい伝記映画の構想に何年も費やした。予算削減のため耐久性のある紙素材の衣装を身に纏ったルーマニア軍の大群を、自分で決めた撮影場所にワー

テルローの土を移植する計画まで立てていたが、70年代初頭にハリウッドがカウンターカルチャー革命に巻き込まれたことで、時代の流れに逆らうことができなかった。古くさい伝記映画は、いくら手間をかけようが、突如として時代遅れになってしまったのだ。

キューブリックが自ら執筆した脚本は、それ以来、ゴースト映画の聖典のように書籍として出版されていて、スティーヴン・スピルバーグはその企画を7部構成のテレビシリーズとして復活させたいと考えた（おそらくスコットに先を越されたために計画は頓挫した）。キューブリックは、ナポレオンの映画化のために学んだ知識を生かし、ウィリアム・メイクピース・サッカレーの小説『バリー・リンドン*』をじっくりと時間をかけて映画用脚本に書き直した。この作品がスコットの『デュエリスト／決闘者』の発想の源となっている。 *映画『バリー・リンドン』は1975年に公開され、アカデミー賞の撮影賞、歌曲賞、美術賞、衣裳デザイン賞を受賞した。

キューブリックとスコットの共通点は、これまでにもしばしば指摘されてきた。鋭い感性、美しい構図、ハリウッドにおいて、創造性と自律性を守ろうとする姿勢。キューブリックが個人的に『シャイニング』の未公開映像を快くスコットに提供し、スコットはその映像を使ってオリジナルの『ブレードランナー』のエンディングシーンを盛り上げた、という話は有名だ。ふたりの断続的な友情関係はいきなりかかってきた1本の電話から始まった。

「もしもし、スタンリー・キューブリックという者だが──」と、電話の向こうのアメリカ人が言った。「ふざけるな！」と、スコットは応じた。すると相手は、「ふざけてなんかいない。本当に私はスタンリー・キューブリックだよ」と、食い下がった。「たった今エイリアンを観たんだよ。あの生き物が男の胸を突き破って出てきたシーンは、どうやって撮ったんだい？」

「昔ながらのやり方ですよ」とスコットは答え、「偽物の胸当てを突き破って人形が飛び出すようにしたんです」と、説明した。あのシーンは、アングル、血、そして、役者たちのリアクションにかかっていたのだ。

キューブリックの脚本は、遺産としてスコットに託された。「ただ、あの脚本はナポレオンの誕生から死までが描かれていて、フィルムにしたら9ヤード（約8メートル）分はあった」と、彼は当時を振り返って言った。「ナポレオンは生涯で66の戦いを経験している。66の戦いをスクリーンで再現するのは無理だ。だから、取捨選択をする必要があったんだ」

ここで重要な問題が浮かび上がる。題材はスコットの卓越した才能にはうってつけだったかもしれないが、ひとりの人間の生涯を1本の映画にまとめるにはどうすればよいのか？ スカルパの脚本は2本立てのテーマで構成されていた。ジョゼフィーヌとの物語が転々と場所を移動するナポレオンの戦役と並行して進んでいく。ナポレオンは、ヨーロッパの大半を征服し、戦略的機転を生かし、華やかな衣裳を纏った敵たちと対峙しながらも（スコットは、トゥーロン攻囲戦、ピラミッドの戦い、ヴァンデミエールの反乱の鎮圧、そして、アウステルリッツの戦い、ボロジノの戦い、ワーテルローの戦いと、視覚的に際立った6つの戦いを描いた）、心は常にジョゼフィーヌにあった。城に留まっていた彼女の心は、颯爽と現れたオーストリア人将校

たちに揺れ動く。「モスクワを手中に収められるというのに、ナポレオンはパリにいる妻が何をしているかにばかり気を取られているんだ」とスコットは呆れたように言った。これが彼の描くナポレオンの姿だった。

　コロンビアによって劇場公開が確約され、アップル社から2億ドルという目を疑うような予算が与えられた本作だが、スコットの制作会社はおなじみのペースで撮影を進めていった。キューブリックなら何年もかかるところを、スコットは62日間で撮影を終えている。映画『ナポレオン』は撮影に入る前にすでに頭の中で完成していたのだ。

　スコットは、脚本が決まるとすぐに、一日に5ページ以上の絵コンテを描く。ちなみに、有名なリドリーグラムはフェルトペンで描かれる。「私にとって絵コンテを描くことは、紙の上で撮影をしているようなものなんだ」と、彼は説明した。「脚本を読んでいると、そのシーンが、画角が、そして、実際的な動きが見えてくる。その場面や撮影場所を想像するんだ」

　彼はすべてのカメラマンの名前を知っており、その全員とヘッドセットで繋がっている。そして、操り人形師が繊細に糸を操るように正確に指示を出し、撮影を進め、頭の中で編集していく。彼は、

監督のビジョンを脚本、演出、撮影などすべてに反映される作家主義を大規模なハリウッドの映画製作にまで持ち込んで成功させた。何千人ものスタッフを抱える大作であっても、結局、スコットが主導する"ひとり芝居"のようなもの。リドリー・スコット作品は、彼の強い統率力と創造性によって作品が作られていくのだ。彼はまさに戦略の達人である。

　最大の障壁は、ホアキン・フェニックスの繊細さだった。スコットの頭に真っ先に浮かんだのがこのアメリカ人俳優だった。その背景には以下のような経緯がある。スコットはこの俳優と『グラディエーター』で一緒に仕事をしており、「あの作品でもっとも共感できたのが彼の演技だった」と主張している。しかも、ホアキン・フェニックスは肖像画に残されているナポレオンに似てもいた。また、スコットは「ジョーカー役での型破りな演技には圧倒された」と語っている。ジョーカーに扮したフェニックスは、生き生きとして、複雑で、観客を惹きつける演技を披露し、それが俳優としてブレイクするきっかけとなった（2019年公開の『ジョーカー』は10億ドルの興行収入を記録）。

　「ホアキンはどんなナポレオンを演じてくれるのだろう」と、スコットはこの映

上：ナポレオンにまつわるもっとも有名なシーンを再現。ナポレオンの専属画家ジャック=ルイ・ダヴィッドが描いた『ナポレオン一世の戴冠式と皇妃ジョセフィーヌの戴冠』の絵画そのままの光景

次頁左：圧巻の映画のための圧巻の宣伝キャンペーン。ロンドン、BFI IMAXシネマにて

次頁右：『グラディエーター』以来、スコットと2度目のタッグを組んだホアキン・フェニックスは、期待通り、この役に多くのものをもたらした

画の撮影を心待ちにしていた。「彼は画家のごとく自分の肖像画を自分なりに描いていくだろう。私はその場に立ち会い、目を凝らしてその様子を見守りたい。それが私の仕事だから」

ところが、撮影まで数週間というときに、フェニックスが降板させてほしいと言ってきた。目の前に迫ってきたことに恐れをなしたのだ。自分が演じようとしているこの奇妙な男は誰なのか？ ナポレオンとはどういう人間なのか？ そういうジレンマに陥るのは、不安さと才能が深く絡み合ったこの俳優にとって、決して珍しいことではない。結局、スコットは彼とふたりきりで何時間も一緒に過ごし、台本を1行ずつ確認しながら、歴史の地図にナポレオンが遺した巨大な足跡の背後に潜む彼の心理的基盤を深く探る作業をしていった。

ナレーションを通じて観客に伝えられる、ナポレオンによるジョゼフィーヌへの手紙（その多くが現存している）は、内なる物語を暗示するものになっている。そして、全体を通じて、フェニックスの物思いに沈んだ演技は、観客がそこに立ち入ることができないナポレオンが抱える葛藤の嵐を喚起させるという効果があった。時折見せる、幼稚な怒りを含んだうめき声が漏れ聞こえる以外は、その内面を具体的に示すような仕草や激しい表情はあまり見せないのだ。つまり、私たちはこの偉大な人物の頭の中にあるものが何なのか、まるで理解できない。わかるのは、彼が慢性的な痔の悩みを抱えていたという、周知の事実くらいだろう（本作では、その描写は撮影されたものの最終的に割愛されている）。それに比べてカービー演じるジョゼフィーヌの心理は、観客からするとずっと理解しやすく、それゆえにふたりの関係性がいびつに感じられる。しかし、それこそが狙いなのかもしれない。「愛する妻へ」と、ナポレオンは遠い地から手紙を書き送る。「私が

抱く君へのこの愛は、ある種、死のようなものだ」と。

スコットの映画では、世界観やキャラクターを取り巻く背景が、観る者に物語を語りかける。このように、登場人物の心情と描写される"画"をスコットのようにリンクさせて表現する映画監督はほとんどいない。映画『ナポレオン』では、炎に照らされた名画を彷彿させる場面が次から次へと登場する。そのインスピレーションの源を問われたとき、スコットはナポレオン皇帝に関する400冊もの書籍の影響を否定し、美化されているとはいえ、絵画との出会いだと答えた。「ナポレオン活躍当時に描かれたジャック＝ルイ・ダヴィッドによる、絵画を見てみるといい。ダヴィッドは戴冠式に臨むナポレオンとジョゼフィーヌが、3メートル近い大きさのガラス乾板写真のごとく精緻に描かれている。大聖堂の中の様子や、臨席する観衆の表情までわかる。あの絵画から歴史の教訓を学ぶことができるんだ」

思い出してほしい。スコットはかつて美大に通い、デイヴィッド・ホックニーと同時代のフランシス・ベーコンに師事し、美術史全般を深く理解している。『ナポレオン』は、古典的な芸術の趣を維持しつつ商業的な超大作を制作してきた——芸術性と娯楽性を両立させてきた——この巨匠の映画人生を通じて一貫している特徴を持つ完璧な例だ。『エイリアン』における H・R・ギーガー（および、フランシス・ベーコン）、『ブレードランナー』におけるエドワード・ホッパー（または、ヤン・ファン・エイクの『アルノルフィーニ夫妻像』）、『グラディエーター』におけるジャン・レオン・ジェロームの『Pollice Verso（指し降ろされた親指）』など、それぞれの作品が名画の影響を受けている。彼の映画は幅広いジャンルにわたっているが、そのあちこちで、フェルメールの光、レンブラントの影、ブリューゲルの絵画の影響も見て取れる。こういう話はハリウッド

HISTORY REVISITED 265

左：戦場に戻ったスコットとフェニックスが、次の撮影に向けた戦術について話し合っている

次頁：リドリー・スコット製作総指揮の『エイリアン：ロムルス』は、ウルグアイ出身の映画監督フェデ・アルバレスが不朽の名作である元祖『エイリアン』へのオマージュをこめて手がけた

の重役会議ではまず話題に上らない。

　スコットは、映画撮影の合間に時間ができると、プロヴァンスの自宅の敷地で、成功がもたらした"贅沢"（推定資産は1億8000万ドル以上）に囲まれながら、絵画制作に立ち戻る。伝統的な油絵具を使い、いくつかの実験をしていることを彼は私にさりげなく教えてくれた。「今は、一歩先に進んで、自分がどんな画家になっていたか、あるいは、どんな画家になり得たかを知るために絵を描いている。絵を描くというのは、まさしく自己分析だ。私の絵は抽象画じゃない。基本的には非常に具象的だ。でも、かなりプロ級だよ」

　『ナポレオン』を観た者は、芸術家であると同時にリアリストでもある監督の大きな矛盾に再び直面することになる。スコットは歴史家たちと会い、彼らに様々な質問を浴びせながら、ナポレオンという人間のリアリティを追求した。歴史家でオックスフォード大学におけるナポレオン研究の第一人者であるマイケル・ブロアーズを感嘆させたのは、戦闘を「目線の高さ」で理解しようとするスコットのアプローチだった。スコットは戦いの現実的側面と心理的側面の両方を追求したかったのだ。しかし、だからと言って、歴史に縛られ過ぎるようなことはせず、イメージを優先する。たとえば、ピラミッドに向けて砲撃が行われるシーンについて、その裏づけがないことに苛立った歴史家たちから居丈高に史実の誇張を指摘されても、スコットは意に介さない。「そんな細かいことにこだわるな」と。

　私たちは、スコットの戦闘シーン演出の素晴らしさを、当然のものとして見過ごしていないだろうか？　スコットもまたナポレオンと同じく、混乱の渦中にこそ安らぎを見出してきた。スコットが戦闘シーンを見事に演出できる理由は、監督自身が「戦場」（すなわち、混沌とする映画制作の現場）で、その力をもっとも発揮で

きるから。それは、戦場でもっとも輝く指揮官ナポレオンと共通する特徴なのだ。スコットの戦闘の撮影におけるリアリティと構成力は見事で、その光景を収めるために隠しカメラを設置し、各シーンが演出ではなく自然な動きで進んでいくようにわざと仕向けている。だから、観客は「実際にもそうだったに違いない」と納得するのだ。冒頭の小競り合いのシーンで、若く野心に燃えるナポレオンが占領中の英国軍からトゥーロン港を奪取する場面は、スコットが自身の映画人生の足跡を辿り、『グラディエーター』の一部を撮ったマルタのリカソリ砦で撮影された。また、ナポレオン軍が敗北をするワーテルローの戦いの場面では、雨でぬかるんだ地面の向こう側に立ち、常に自信に満ちた様子のルパート・エヴェレット演じるウェリントン公爵と、襲いかかるフランス騎兵隊に"不敗の四角陣"で乱れぬ隊列を組み、銃剣を外側に突き出すというイギリス軍の巧妙な戦術に焦点を当てて描かれていた。イギリスの同盟国であるプロイセン軍が到着すると、いよいよフランス軍の敗色が確定的になり、背を向けたナポレオンの帽子の端にマスケット銃の弾丸によって穴が開く。

　この映画は、さまざまな流血描写、血みどろのリアリズムの筆致を楽しんでいる節がある。たとえば、ナポレオンがギロチンからマリー・アントワネットの首が落ちるのを目撃する場面（これもまた、細かい指摘──その場にナポレオンがいたという事実はないというもの──が入った架空の場面）や、「チェストバスターに食い破られたような」という表現がふさわしい、悲劇に見舞われ倒れた馬の死骸から砲弾を取り出す場面、ロベスピエール（フランス革命を主導した政治家。演じるのはサム・トラウトン）が銃口を自分の頬に向け自害を図るも失敗し頬にぽっかりと穴が開いたところに、ポール・バラス（ロベスピエールが率いる山岳

266

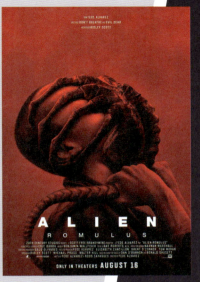

派の独裁に対抗したクーデターの首謀者。扮するのはタハール・ラヒム)が指を差し入れる場面などだ。

これほどまでに緻密にディテールが描かれているにもかかわらず、なぜこの映画にはドラマとしての大きな目的意識が感じられないのだろうか？　ニューヨーカー誌は、伝記映画というスタイルが問題だと指摘する。「いくらストーリーテリングの達人でも、ストーリー性がなくただ史実を追うだけのやり方ではおもしろい映画になるはずがない。というのも、出来事が時系列に従って描かれているだけなのだから」と。『ナポレオン』は興行収入で2億ドルを稼ぎ出し、真面目な題材の映画としてはまずまずの結果を残したが、批評は概ね冷ややかだった。この映画は、視覚的にも内容的にもこだわり抜いて全体像を描きたいというスコットらしいアプローチに終始したが、実際はモスクワの地獄の業火からロシアの厳冬の大凍結、そして、彼にとって初めての流刑と、ウィキペディアに載っている経歴リストを大急ぎで追いかける展開となった。純粋なストーリーに突き動かされて制作された『デュエリスト／決闘者』のほうが、ナポレオンの軍事遠征を題材にした作品としては優れている。

脚注：スコットは、公開版より気に入っているロングバージョンがあることに言及した。劇場鑑賞用としては長すぎるが、ミニシリーズでの公開を見据えて、ストリーミング用コンテンツとしてアップルに提供することが約束されていた。俳優のストライキにより『グラディエーターⅡ英雄を呼ぶ声』の制作で再び中断を余儀なくされた

間、可能とあらば常に改良を重ねずにはいられない彼は『ナポレオン』ディレクターズ・カットの完成作業に勤しんでいた。大幅な変更を行ったわけではないが、スコットは作品の幅を広げ、さらに重要なのは急ぎ足だった物語の展開を緩やかにした。とりわけ、ジョセフィーヌの存在を物語の大筋に入れ込んで、ふたりの関係により深みをもたせ、ヨーロッパを征服した情熱を丁寧に描いている(このディレクターズ・カット版は2024年8月末よりApple TVにて配信)。

新世代──『エイリアン：ロムレス』と『ブレードランナー2099』──

『ナポレオン』と格闘する一方で、スコットは過去に予測された未来の恐怖にまたしても取り憑かれ、『ドント・ブリーズ』(2016)を制作したウルグアイ出身のフェデ・アルバレスが監督を務める『エイリアン：ロムレス』という新たな『エイリアン』シリーズ作品に製作として参加した。傑作映画元祖『エイリアン』の前史としてストーリーを練りに練って撮影した『エイリアン：コヴェナント』の失敗により、事実上、スコットが練り上げてきたオリジナルの『エイリアン』の前日譚シリーズは、事実上の区切りを迎えた。それでも彼が『エイリアン』の生みの親であることに変わりはない。新しくシリーズを制作しようとする監督たちは彼の承認を得なければならない。

アルバレスは、この偉大なクリエイターに忠誠を誓う覚悟で初めて電話をかけたときのことを話してくれた。スコットは遠慮を抜きにして本題に入った。「ど

んなストーリーかな？」といきなり切り出されたそうだ。アルバレスはその場では答えられず、頭を整理し、やがてヒットすることになるオマージュ作品の構想を練ってからもう一度電話をかけ直したという。その作品は、元祖『エイリアン』と『エイリアン』シリーズの間の時代を描くもので、若い入植者の一団が、もはやおなじみとなったあの侵略者たちがうろつく使われなくなった宇宙ステーションに偶然遭遇するというストーリーだった。「おもしろそうだ」と、スコットは答えた。その間、人気テレビドラマシリーズ『ファーゴ』（2014-現在）のショーランナーで知られるノア・ホーリーは、テレビ番組『Alien: Earth』（2025年にディズニープラスで配信予定）の撮影に没頭していた。この番組は、元祖『エイリアン』の出来事の前の話という設定だ。

スコットは『エイリアン』信者たちを安心させ、適切な助言も与えるが、胸の内にひとつだけ揺るぎない自信を秘めていた。他の監督たちがどんなことを目指し、どんな映画を撮ろうとも、「初代『エイリアン』を超えることはできないだろう」と、彼は断言している。

左上：長い年月をかけさまざまな物語の可能性を模索してきた末に、2024年『グラディエーターⅡ 英雄を呼ぶ声』は、ついに劇場公開までこぎつけた

上：オリジナル版のコニー・ニールセン演じるルッシラの息子ルシアス役を演じるアイルランド人俳優ポール・メスカルを至近距離で捉えたショット

これは、スコットのもうひとつのSF映画の古典的名作が『ブレードランナー2099』としてテレビ版で制作されることに対しての牽制的意味合いもあった（主演にミシェル・ヨーを迎えクランクイン。アマゾンPrime Videoで配信予定となっている）。それ以前には、『ブレードランナー』の続編としてドゥニ・ヴィルヌーヴが『ブレードランナー2049』（2017）を監督しているが、それについてスコットはストーリーが「やや長すぎた」という感想を述べている。もっと、自身が制作に関われていれば……という思いもあるのかもしれない。「そういう点では後悔しているよ。彼は良い仕事をしてくれたけれど」と、本人も認めている。ちなみに、『ブレードランナー2099』を担当する番組制作の統括者のシルカ・ルイサ（テレビドラマ

『シャイニング・ガールズ』(2022-) は、オリジナル作品の質感を大切にする姿勢を示してスコットの心を掴んだようだ。

リドリー・スコットのキャリアの総括
────『グラディエーターⅡ 英雄を呼ぶ声』

　公開から25年を迎えようとしている『グラディエーター』もまた、長く愛されてきたスコットのSF作品と同等の評価を獲得しており、スコット美術館の常設絵画とも呼べる映画作品だ。だからこそ、その作品においては自分が指針であり続けようとスコットは心に決めていた。とはいえ、主人公のグラディエーターを失った状態で、『グラディエーター』の続編をどのような方向に持っていけるというのだろう？　ラッセル・クロウの名演が光った英雄マキシマスは、2000年のアカデミー賞受賞作品の最後に息を引き取っている。しかし、監督は一貫して、円形闘技場（コロセウム）への再登場の可能性を模索していると言及していた。

　クロウ演じるマキシマスを死から蘇らせるというアイデアについては真剣な検討がなされてきた。『プロメテウス』の撮影でアイスランドに滞在していたスコットは、地獄のように荒涼とした風景に深く心を動かされていた。「海も空も鉄灰色で、海岸は黒い小石で埋め尽くされていた。その光景すべてが私の頭から離れなかった」

上：デンマーク人女優のコニー・ニールセンが『グラディエーターⅡ 英雄を呼ぶ声』でルッシラ役を再び演じる

下：ルシアス（ポール・メスカル）が、闘技場のアリーナで、失脚したローマの将軍マルクス・アカシウス（ペドロ・パスカル）と対決

次頁下：フレッド・ヘッキンガーが演じるカラカラ帝（左）と、ゲタ帝役のジョセフ・クイン

彼は海岸沿いを眺めながら、キャンプファイヤーやテント、そこでくつろぐ人々の静かなざわめきを想像した。海岸から、スコット（もしくは、スコットの心の中のカメラ）のほうに向かって歩いてくる人影が見える。それは、再び甲冑を身にまとい、機敏な動きと険しい表情を見せるラッセル・クロウその人だった。この冷厳な場面は黄泉の国そのもので、マキシマスは死後の世界へと向かうために、冥界の川を渡るときを待っていた。スコットは長年、このシーンをどうしたら映画の中で生かせるかと考えてきた。死にかけている兵士の肉体にマキシマスの魂を宿らせるとか、マキシマスが生の世界に戻るための入り口を見つけるとか。しかし、どのアイデアにも制作会社は難色を示した。いずれにせよ非現実的すぎるのでは、と。スコットは歴史的リアリズムの達人ではなかったのか？

冷静さを取り戻す前に、事態はさらに混乱を極めることとなった。『プロメテウス』の壮大な創造的なテーマがある一定の評価を受け、さらに、幻想的な作品を得意とするニック・ケイヴが脚本家として参加したことで、スコットは伝説や神話を追うモードに陥ったのだ。スコットにオーストラリアを代表するこのシンガーソングライターを紹介したのはクロウだった。彼は音楽活動の傍ら、オーストラリアの西部劇の名作『プロポジション－血の誓約－』（2005）で脚本家デビューを果たしていた。聖書的な激しい憎悪と容赦ない暴力描写に満ち、大量のハエが飛び交う環境の残酷さと重苦しい雰囲気を持つ同作に感銘を受けたスコットは、それは、彼がコーマック・マッカーシーの著書『ブラッド・メリディアン』（アメリカ先住民を虐殺してその頭皮を剥いで売り飛ばす極悪集団が登場する）の映画化で目指していた方向性でもあったため、果たせていなかった夢を実現するときだと考え、ケイヴを信頼するに至ったのだ。ケイヴとの何時間にもわたる話し合いを経て、「非常に独創的」な彼は1ヶ月以内に（独創的過ぎる）草案を書き上げた。要約すると、自分たちの威光を奪おうとする侵入者キリストを殺すため、古の神々によって煉獄から地球に戻されたマキシマスが、理由は明かされていないが、最終的に現代のペンタゴンまで行き着くという物語だった。クロウはこの企画に懸念を感じていた。それに、制作側のドリームワークスの顔色も見定める必要があったのだろう。当然のことながら、この企画はそれ以上進展することはなかった。

それで、すぐさま他の時代、他の王朝、他の映画に目を向けるところはいかにもスコットらしい。2018年までにできあがっていたピーター・クレイグ（2022年に公開され大ヒットした『トップガン：マーヴェリック』の原案者）による草案では、より論理的なアプローチが取られていた。マキシマスはすでに死んでいるという設定は変えず、ローマ帝国の事実上の後継者である少年ルシアス（1作目ではスペンサー・トリート・クラークが演じた）を主人公に据えたのだ。それを見て、スコットはただちに行動を起こした。スカルパが脚本家に起用され、『グラディエーターⅡ 英雄を呼ぶ声』の製作が本格的に開始された。

スコットの言葉を借りれば、物語は「以前からすぐ

「彼らは生まれながらのポンコツたちだ」
—— リドリー・スコット

HISTORY REVISITED　271

「彼は実に美しい。
　金色のフェラーリに乗るにふさわしい佇まいをしている」
——リドリー・スコット

　目の前に存在していた」というわけだ。マキシマスの死後20年が経過し、ローマは混乱の渦中にあった。ルッシラ（演じるのはコニー・ニールセン。本作に再登板したのは彼女とグラックス議員役のデレク・ジャコビのみ）は、息子を暗殺の手から守るために賢明にも息子ルシアスを北アフリカのヌミディアに逃す。そして、その彼は成長し、砂漠の太陽の下、自身の家庭を持ち、その地に根を下ろしていた。ちなみに、ルシアスに扮するアイルランド出身の俳優ポール・メスカルは、数週間の戦闘訓練で身体が引き締まり、筋骨隆々な肉体を手に入れた。
　スコットは日頃から熱心に世の中の動きや話題の人物を追い続けている。彼の好みのジャンルではないが、サリー・ルーニーの小説を原作とするデイジー・エドガー・ジョーンズとポール・メスカル主演のアイルランドのテレビドラマシリーズ『ふつうの人々』（2020）

が、なぜ世間の話題になっているのか真相を見極めようと考え視聴したようだ。そんな経緯があり、『グラディエーター』の続編の可能性が浮上した際、あのカリスマ性のある若いアイルランド人俳優のことがスコットの頭にまず浮かんだようだ。
　リドリー・スコットが話したいと言っていると聞かされ、メスカルは驚いたという。ふたりはもっぱら、アイルランド発祥の手も足も使えるサッカーのようなスポーツ、ゲーリックフットボールの話をしていたという（メスカルはそのスポーツに長けていて、身体能力に恵まれている）。ひとしきりおしゃべりをしたあと、スコットは、ラッセル・クロウの印象がとても強い映画の続編を制作する計画があることを伝えた。メスカルにとって、この新作では、過去を無理に引きずることなく——1作目が大成功した事実を意識しすぎず、クロウが演じたマキシマスの圧倒的な存在感を

前頁上：元剣闘士で政界の実力者となったマクリヌスを演じるデンゼル・ワシントン

上：アイルランドの人気ドラマ『ふつうの人々』で注目を集めたポール・メスカルをスコットが抜擢

そのまま引き継ごうとせず——自分なりの新しいアプローチを見つける心構えが重要だった。

「私の鼻は、なんとなくローマ人っぽいんだ」と、メスカルは笑った。ハリウッドのメジャー映画に初参加するなら、スコット作品以上のものはないことが彼にはわかっていた。「彼は特別な"掘り出し物"だ」と、スコットは語った。カメラテストの必要もなかった。スコットにはわかっていたのだ。その2週間後、メスカルは戦闘の訓練を開始した。

　物語は、ヌミディアがローマ艦隊に襲撃される場面から始まる。スコットは、この場面をこれまでに手がけた作品の中でもっとも壮大なシーンだったと冷静に語っている。冒頭の場面は、皮肉にも前作と立場が逆転している。ルシアスは現実には蛮族の立場にあり、かたやペドロ・パスカル演じる侵略軍の将軍マルクス・アカシウスは、かつてマキシマスに鍛えられた経験もあり、敵役ながらこの

HISTORY REVISITED　273

映画の中心的存在になっている。「この映画にはマキシマスの遺業によって形作られたアイデンティティがある」と、語るアカシウス役のパスカルは、今でもこの映画の精神の中に消し去ることのできないクロウの存在を感じている。

　物語はこのように展開する。かつて、ローマから送り出された皇帝の正当な後継者であるルシアスは、鎖に繋がれてローマに戻ってきた。剣闘士として戦う奴隷として、闘いの舞台となる競技場に連れて行かれるのだ。そこでの最初の一戦で、彼はアカシウスの隣に座っている母親と再会することになる。

　「ローマという場所は、自分のことを顧みてもらえなかったルシアスの子供時代の想いをすべて象徴している」と、メスカルは説明した。復讐というありきたりの欲望に駆り立てられて始まったこの主人公の旅は、円形闘技場（コロッセウム）が彼に突きつけてくる数々の挑戦を乗り越えていく旅であると同時に、ローマは救う価値があるのかどうかを見定める旅でもあったんだ」。

　続編に集結した威勢のよい俳優陣の中でも、特に注目すべきは、悪賢いマクリヌス役を演じたデンゼル・ワシントンの存在だ。彼の役柄は映画『アメリカン・ギャングスター』のフランク・ルーカスの帝政ローマバージョンとも言える。ルーカスがニューヨークの街中から成り上がった究極の日和見主義者なら、マクリヌスは闘技場から成り上がった人物だ。元剣闘士であり、自由を手に入れ、今や彼の目的はさらなる高みにあり、その野望を叶えることにのみ全勢力を注いでいる。そして、彼は武器商人であり、ワイン商人であり、鋼材販売業者であり、剣闘士団の元締めでもある。マクリヌスは、最高権力を手に入れることを狙う古代ローマ時代のギャングなのだ。「彼は実に美しい。金色のフェラーリに乗るにふさわしい佇まいをしている。だから、彼のために金メッキの戦車を用意したんだ」と、スコットが教えてくれた。

　本作の舞台であるローマは、フレッド・ヘッキンジャー（2021年公開の『ウーマン・イン・ザ・ウィ

「これは私の最高傑作だ」
――リドリー・スコット

前頁:『グラディエーターⅡ 英雄を呼ぶ声』の撮影中、真剣に話し合うスコットとポール・メスカル

上:若い頃ゲーリックフットボールをしていただけに、ものの見事にメスカルは強靭な身体能力を発揮

ンドウ』に出演）が演じるカラカラと、ジョセフ・クイン（Netflixドラマ『ストレンジャー・シングス 未知の世界』シーズン4に参加）が演じるゲタという双子の皇帝に独裁支配されている。このふたりはローマ建国神話に登場する双子のロムルスとレムスとは真逆の存在だ。着飾った身なりで乱心に耽る双子の皇帝たちは、ホアキン・フェニックスが演じた悲壮感漂うコンモドゥスよりもさらに狂気じみており、やがて帝国の崩壊を見届けることになる。スコットは「生まれながらのポンコツたち」という表現を使っている。さらに、スコットは、「近代国家を操る煽動的指導者たちも年齢こそ彼らより大人（あるいは、年寄り）だが、やっていることは彼らとあまり変わらない」と、政治的発言には慎重な監督らしからぬ発言もしている。

2023年5月から撮影が開始され、ロケ地にはスコット作品でおなじみのマルタ、モロッコ、ロンドンの撮影所などが使われた。見せ場となるコロセウムは、観客の目を楽しませるために前作の壮大なセットを超えるスケールで巨大な体感型セットとして復活した。宿敵アカシウスと剣を交えるまでにルシアスは様々な敵と対峙することになるが、その中では、サイや狂暴なヒヒなどの新たな動物との対決も見られる。ヒヒの登場は、南アフリカでヒヒが観光客を襲うインターネット動画を目にして着想を得たそうだ。「ヒヒは肉も食べるんだよ」と、スコットは嬉々として話してくれた。「左足一本で2時間も屋根からぶら下がっていられると思う？ そんなの絶対無理だ。でも、ヒヒにはそれができる」

2024年6月にラスベガスで開催されたCinemaConで、本作における人間対CGIヒヒの初期映像が映画館経営陣に披露され、大絶賛された。スコットは、この続編について「おそらく前作を超えた、さらに目を見張る作品になる」と保証した。

数ヶ月後、公開に向けて準備が整う頃には、彼はより大胆に宣言した。「これは私の最高傑作だ」と。

そして、彼はしばらく間を置き、こう言い直した。「私の最高傑作のひとつだ」と。

HISTORY REVISITED　275

EPILOGUE
エピローグ ── "限界"なき唯一無二の映画監督 ──

『グラディエーターⅡ 英雄を呼ぶ声』を完成させた後、次はどこに向かうのだろうか？ 当然、選択肢はたくさんある。不発弾の上に立つ男と対峙する人質交渉人を主人公とする『Bomb』、金融スリラーの『Big Dogs』、すでに下調べを済ませているという西部劇の『Wraiths of a Broken Land』、さらにはビージーズの伝記映画（彼を若い頃に引き戻すことになる）などなど。すでに次作が決まっている可能性もある。

「自分が何になりたいのかわからない人たちは気の毒だと思う」──そう言うと、スコットは少し考え込んだ。「それをわかっている幸運な人間は多くない。でも、私はその幸運な人間のひとりだ」

ふたりの兄弟が早逝し、映画制作の苦難や興行の失敗など数々の辛酸を経験してきたスコットは、それでも決して向上心や好奇心を失うことはなく、自己疑念や憂鬱に囚われそうになる自分を奮起させ前に進む。その姿勢を今なお、保ち続けている。

RSAは現在も、コマーシャルの撮影やビデオ制作、映画やテレビ番組の開発事業を意欲的に行っている。スコットは、28本の大作を手がけた映画監督であるが、それ以外に、英国が生んだ最高のCMディレクターでもあるという事実に目を向ける評論家はほとんどない。RSAは現在「家族経営」であり、彼の3人の子供たち、ジェイク、ルーク、ジョーダンは皆、父親の"家業"を継いでいる。

そんなCM界での彼の同業者にあたる、アラン・パーカーやエイドリアン・ラインのような、自信と才能に溢れた広告業界の猛者たちも多くは、すでにこの世を去ったり、引退したり、あるいはいつのまにか野心を失ってしまっていたりする。スコットは、映画業界の「制度」とも言える存在だ。彼はこの業界の中で、ルールをしっかりと理解しここまで生き抜いてきた。「私の作品の多くは、時が経っても色褪せない──」と、彼は言う。これは自慢ではない。彼はごく当たり前のことを口にしただけだ。「──時代を超越しているんだ」

また、映画監督としての彼の同業者と呼べるのは、スティーヴン・スピルバーグやジェームズ・キャメロンといった、素晴らしい世界観を構築する監督たちだ。その後に続くのが、デヴィッド・フィンチャーやクリストファー・ノーランだろう。ふたりとも卓越した美的センスを持つ映画監督である。ノーランは、「リドリー・スコットの映画は、あらゆる意味で"限界"がない」と、スコットが創造する世界観の壮大さ、完成

「私の作品の多くは、時が経っても色褪せない。
時代を超越しているんだ」
——リドリー・スコット

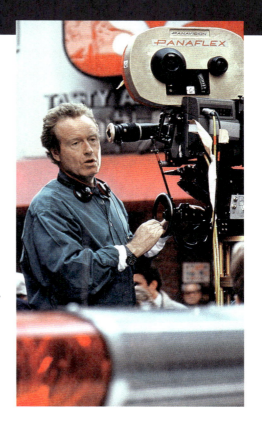

度の高さに賛辞を贈っている。

　本書は、彼が映画界屈指のエンターテイナーのひとりであることを証明するものだ。彼の映画作品の数々は、ジョン・フォード、ハワード・ホークス、デヴィッド・リーンといったハリウッドの「神」や「王」たちにも匹敵する。アカデミー賞監督賞はまだ受賞していないが、それは、オーソン・ウェルズやスタンリー・キューブリック、イングマール・ベルイマン、黒澤明にも言えることだ。

　生涯の功績は何かと問われたスコットは、典型的なイングランド北部人らしく、やや自虐的な口調で「ことあるごとに監督に指名してもらえることかな」と、答えた。この問いをきっかけに過去の記憶が次々と蘇ってきたようだ。『グラディエーター』のときは、脚本も手元にないのにその場で監督を引き受けた。頭の中で鐘が鳴ったんだ。あの作品をどう撮ればいいかわかった気がした。『エイリアン』のときも同じだった。紙で読む限り、あれは正真正銘のB級映画だ。巨大な化け物が次々と人を殺す話だから。でも、素晴らしいセットや音響編集などが揃えばうまくいく気がしたんだ。『ブレードランナー』のあとの酷評の嵐には参ったよ。本当にしくじったのかと思った。撮影やミキシング、編集の過程では、良い映画ができたという手応えがあったんだがね。とはいえ、自分が手がけた映画で後悔したことは一度もないよ」

　『グラディエーター』、『エイリアン』、『ブレードランナー』は映画の歴史における重要な作品として認識されているが、著者である私は、それらの作品をどこか自分自身のもののように感じている。未来と過去が混在したおとぎ国のようなロサンゼルスの雨に濡れる屋上で、最期のときを迎えるロイ・バッティの脳裏に浮かんださまざまなビジョンは、彼を人間たらしめるものだった。

　スコットは唯一無二の映像の数々を作り出してきた。それらを「芸術」と呼ぼう。その「芸術」こそが、常に彼が情熱的に荒々しく、挑み続けてきた決闘相手だ。なぜなら、この終わりなき決闘こそが、彼の人生の意味だからである。スコットは、『ブレードランナー』

撮影時、苛立つスタッフたちに作品の本質を正確に言葉で伝えることができなかった。おそらく、自分自身にもうまく伝えることはできなかっただろう。だが、彼はそれを感じることができた。それ以外は今も謎のままなのだ——。

前頁：騎士の誕生。大英帝国勲章ナイト・グランド・クロスを授与する前に、スコットに伝統的儀式の演出を施すウェールズ公

上：1988年の映画『ブラック・レイン』撮影中のスコット

EPILOGUE　277

FILMOGRAPHY
フィルモグラフィー

＊公開日は記載のない限り米国公開（一般公開）のもの

『デュエリスト／決闘者』（原題：THE DUELLISTS）
(Enigma Productions/National Film Finance
Consortium/Paramount Pictures)
公開日：1977 年 8 月 31 日（フランス）／ 100 分
脚本：ジェラルド・ヴォーン・ヒューズ
原作：ジョゼフ・コンラッド「The Duel」
撮影：フランク・タイディ
製作：デヴィッド・パットナム
編集：パメラ・パワー
出演：キース・キャラダイン、ハーヴェイ・カイテル、ア
ルバート・フィニー、エドワード・フォックス、クリスティ
ナ・レインズ、ロバート・スティーヴンス、トム・コンティ、
ダイアナ・クイック、ステイシー・キーチ

『エイリアン』（原題：ALIEN）
(20th Century Fox/Brandywine Productions)
公開日：1979 年 6 月 22 日／ 117 分
脚本：ダン・オバノン
原案：ダン・オバノン、ロナルド・シャセット
撮影：デレク・ヴァンリント
製作：ゴードン・キャロル、デヴィッド・ガイラー、ウォ
ルター・ヒル
編集：デヴィッド・クロウザー（ディレクターズ・カット
版）、テリー・ローリングス、ピーター・ウェザリー
出演：トム・スケリット、シガニー・ウィーバー、ヴェロ
ニカ・カートライト、ハリー・ディーン・スタントン、ジョ
ン・ハート、イアン・ホルム、ヤフェット・コットー、ボ
ラージ・バデージョ

『ブレードランナー』（原題：BLADE RUNNER）
(The Ladd Company, Shaw Brothers, Blade Runner
Partnership, Warner Bros.)
公開日：1982 年 6 月 25 日／ 117 分
脚本：ハンプトン・ファンチャー、デヴィッド・ピープルズ
原作：フィリップ・K・ディック「アンドロイドは電気羊
の夢を見るか？」
撮影：ジョーダン・クローネンウェス
製作：マイケル・ディーリー
編集：マーシャ・ナカシマ、テリー・ローリングス
出演：ハリソン・フォード、ルトガー・ハウアー、ショー
ン・ヤング、エドワード・ジェームズ・オルモス、M・エメッ
ト・ウォルシュ、ダリル・ハンナ、ウィリアム・サンダー
ソン、ブライオン・ジェームズ、ジョー・ターケル、ジョ
アンナ・キャシディ、ジェームズ・ホン、モーガン・ポー
ル、ハイ・パイク

『レジェンド／光と闇の伝説』（原題：LEGEND）
(Embassy International Pictures N.V.,
Universal Pictures, 20th Century Fox)
公開日：1985 年 12 月 13 日（イギリス）／ 89 分（アメ
リカ公開版）、93 分（海外版）
脚本：ウィリアム・ヒョーツバーグ
撮影：アレックス・トムソン
製作：アーノン・ミルチャン
編集：テリー・ローリングス
出演：トム・クルーズ、ミア・サラ、ティム・カリー、ダ
ヴィット・ベネント、アリス・プレイテン、ビリー・バー
ティ、コーク・ハバート、ピーター・オファレル、キーラン・
シャー、アナベル・ランヨン、ロバート・ピカード、ティー
ナ・マーティン

『誰かに見られてる』
（原題：SOMEONE TO WATCH OVER ME）
(Columbia Pictures)
公開日：1987 年 10 月 9 日／ 106 分
脚本：ハワード・フランクリン
撮影：スティーヴン・B・ポスター
製作：ティエリー・ド・ガネー、ミミ・ポーク・ギトリン、
ハロルド・シュナイダー
編集：クレア・シンプソン
出演：トム・ベレンジャー、ミミ・ロジャース、ロレイン・
ブラッコ、ジェリー・オーバック、ジョン・ルービンスタ
イン、アンドレアス・カツーラス、トニー・ディベネデット、
ジェームズ・E・モリアーティ、マーク・モーゼス、ダニ
エル・ヒュー・ケリー、ハーレイ・クロス

『ブラック・レイン』（原題：BLACK RAIN）
(Jaffe-Lansing, Pegasus Film Partners,
Paramount Pictures)
公開日：1989 年 9 月 22 日／ 125 分
脚本：クレイグ・ボロティン、ウォーレン・ルイス
撮影：ヤン・デ・ボン
製作：スタンリー・R・ジャッフェ、シェリー・ランシング
編集：トム・ロルフ
出演：マイケル・ダグラス、アンディ・ガルシア、高倉健、
ケイト・キャプショー、松田優作、神山繁、ジョン・スペ
ンサー、ガッツ石松、内田裕也、若山富三郎、小野みゆき、
ルイス・ガスマン、スティーヴン・ルート

『テルマ＆ルイーズ』（原題：THELMA & LOUISE）
(Pathé, Percy Main Productions, Star Partners III Ltd., Metro-Goldwyn-Mayer)
公開日：1991年5月24日／129分
脚本：カーリー・クーリ
撮影：エイドリアン・ビドル
製作：リドリー・スコット、ミミ・ポーク・ギトリン
編集：トム・ノーブル
出演：スーザン・サランドン、ジーナ・デイヴィス、ハーヴェイ・カイテル、マイケル・マドセン、クリストファー・マクドナルド、スティーヴン・トボロウスキー、ブラッド・ピット、ティモシー・カーハート、ジェイソン・ベギー

『1492 コロンブス』
（原題：1492: CONQUEST OF PARADISE）
(Gaumont Film Company, Légende Enterprises, France 3 Cinéma, Due West, CYRK Films, Paramount Pictures, Pathé)
公開日：1992年10月9日／156分
脚本：ロザリン・ボッシュ
撮影：エイドリアン・ビドル
製作：リドリー・スコット、アラン・ゴールドマン
編集：ウィリアム・M・アンダーソン、フランソワーズ・ボノー
出演：ジェラール・ドパルデュー、アーマンド・アサンテ、シガニー・ウィーヴァー、ローレン・ディーン、アンヘラ・モリーナ、フェルナンド・レイ、マイケル・ウィンコット、チェッキー・カリョ、ケヴィン・ダン、フランク・ランジェラ、マーク・マーゴリス、カリオ・セイラム、ビリー・L・サリヴァン、ジョン・ヘファーナン、アーノルド・ヴォスルー、スティーヴン・ワディントン、フェルナンド・ギーエン・クエルボ

『白い嵐』（原題：WHITE SQUALL）
(Hollywood Pictures, Largo Entertainment, Scott Free Productions, Buena Vista Pictures)
公開日：1996年2月2日／129分
脚本：トッド・ロビンソン
原作：チャック・ギーグ「白い嵐　アルバトロス号最後の航海」
撮影：ヒュー・ジョンソン
製作：ミミ・ポーク・ギトリン、ロッキー・ラング
編集：ジェリー・ハンブリング
出演：ジェフ・ブリッジス、キャロライン・グッドール、ジョン・サヴェージ、スコット・ウルフ、ジェレミー・シスト、ライアン・フィリップ、エリック・マイケル・コール、ジュリオ・メチョソ、バルサザール・ゲティ、ジェイソン・マースデン、デヴィッド・ラッシャー、イーサン・エンブリー、デヴィッド・セルビー、ジョーダン・クラーク、ジェリコ・イヴァネク、ジェームズ・レブホーン、ジル・ラーソン、リズベス・マッケ

1990年、『テルマ＆ルイーズ』撮影中のスコット

『G.I. ジェーン』（原題：G.I. JANE）
(Hollywood Pictures, Caravan Pictures, Roger Birnbaum Productions, Largo Entertainment, Scott Free Productions, Buena Vista Pictures)
公開日：1997年8月22日／124分
脚本：デヴィッド・トゥーヒー、ダニエル・アレクサンドラ
撮影：ヒュー・ジョンソン
製作：リドリー・スコット、ロジャー・バーンボーム、デミ・ムーア、スザンヌ・トッド
編集：ピエトロ・スカラ
出演：デミ・ムーア、ヴィゴ・モーテンセン、アン・バンクロフト、ジェイソン・ベギー、ダニエル・フォン・バーゲン、スコット・ウィルソン、ジョン・マイケル・ヒギンズ、ケヴィン・ゲイジ、デヴィッド・ウォーショフスキー、デヴィッド・ヴァディム、ルシンダ・ジェニー、モリス・チェストナット、ジョシュ・ホプキンス、ジェームズ・カヴィーゼル

『グラディエーター』（原題：GLADIATOR）
(Scott Free Productions, Red Wagon Entertainment, DreamWorks Pictures, Universal Pictures)
公開日：2000年5月5日／155分
脚本：デヴィッド・フランゾーニ、ジョン・ローガン、ウィリアム・ニコルソン
撮影：ジョン・マシソン
製作：ダグラス・ウィック、デヴィッド・フランゾーニ、ブランコ・ラスティグ
編集：ピエトロ・スカリア
出演：ラッセル・クロウ、ホアキン・フェニックス、コニー・ニールセン、オリヴァー・リード、デレク・ジャコビ、ジャイモン・フンスー、リチャード・ハリス、ラルフ・メラー、トミー・フラナガン、デヴィッド・スコフィールド、ジョン・シュラプネル、トーマス・アラナ、スペンサー・トリー・クラーク、デヴィッド・ヘミングス、スヴェン＝オーレ・トールセン、オミッド・ジャリリ、ジャンニア・ファシオ、ジョルジョ・カンタリニ、アダム・レヴィ

FILMOGRAPHY 279

『ハンニバル』（原題：HANNIBAL）
(Dino De Laurentiis Company, Scott Free Productions,
MGM Distribution Co., Universal Pictures)
公開日：2001年2月9日／132分
脚本：デヴィッド・マメット、スティーヴン・ザイリアン
原作：トマス・ハリス「ハンニバル」
撮影：ジョン・マシソン
製作：ディノ・デ・ラウレンティス、マーサ・デ・ラウレンティス、リドリー・スコット
編集：ピエトロ・スカリア
出演：アンソニー・ホプキンス、ジュリアン・ムーア、ゲイリー・オールドマン、レイ・リオッタ、フランキー・R・フェイソン、ジャンカルロ・ジャンニーニ、フランチェスカ・ネリ、ジェリコ・イヴァネク、ヘイゼル・グッドマン、ロバート・リエッティ、デビッド・アンドリュース、フランシス・ギナン、エンリコ・ロ・ヴェルソ、イヴァノ・マレスコッティ、ダニエレ・デ・ニエーゼ

『ブラックホーク・ダウン』（原題：BLACK HAWK DOWN）
(Columbia Pictures, Revolution Studios,
Jerry Bruckheimer Films, Scott Free Productions,
Sony Pictures Releasing)
公開日：2001年12月28日／144分
脚本：ケン・ノーラン
原作：マーク・ボウデン「ブラックホーク・ダウン：アメリカ最強特殊部隊の戦闘記録」
撮影：スワヴォミール・イジャック
製作：ジェリー・ブラッカイマー、リドリー・スコット
編集：ピエトロ・スカリア
出演：【75thレンジャー大隊】ジョシュ・ハートネット、ユアン・マクレガー、トム・サイズモア、ユエン・ブレムナー、ガブリエル・カソーズ、ヒュー・ダンシー、ヨアン・グリフィズ、トム・グアリー、チャーリー・ホフハイマー、ダニー・ホック、ジェイソン・アイザック、ブレンダン・セクストン3世、ブライアン・ヴァン・ホルト、イアン・ヴァーゴ、トム・ハーディ、グレゴリー・スポルダー、カーマイン・ジョヴィナッツォ、クリス・ビーテム、マシュー・マースデン、オーランド・ブルーム、エンリケ・ムルシアーノ、マイケル・ルーフ、ケント・リンビル、【デルタフォース】サム・シェパード、エリック・バナ、ウィリアム・フィクナー、キム・コーツ、スティーブン・フォード、ジェリコ・イヴァネク、ジョニー・ストロング、ニコライ・コスター＝ワルドー、リチャード・タイソン、【第160特殊作戦航空連隊（通称：ナイトストーカーズ）】ロン・エルダード、グレン・モーシャワー、ジェレミー・ピヴェン、ボイド・ケストナー、パベル・ボーカン、【その他】ジョージ・ハリス、ラズ・アドティ、トレヴァ・エチエンヌ、タイ・バーレル

『マッチスティック・メン』（原題：MATCHSTICK MEN）
(ImageMovers, Scott Free Productions, Saturn Films,
Warner Bros.)
公開日：2003年9月12日／116分
脚本：ニコラス・グリフィン、テッド・グリフィン
原作：エリック・ガルシア「マッチスティック・メン」
撮影：ジョン・マシソン
製作：リドリー・スコット、スティーヴ・スターキー、ショーン・ベイリー、ジャック・ラプケ、テッド・グリフィン
編集：ドディ・ドーン
出演：ニコラス・ケイジ、サム・ロックウェル、アリソン・ローマン、ブルース・アルトマン、ブルース・マッギル、シーラ・ケリー、ベス・グラント

『キングダム・オブ・ヘブン』（原題：KINGDOM OF HEAVEN）
(Scott Free Productions, Inside Track, Studio
Babelsberg Motion Pictures GmbH, 20th Century Fox)
公開日：2005年5月6日／144分
脚本：ウィリアム・モナハン
撮影：ジョン・マシソン
製作：リドリー・スコット
編集：ドディ・ドーン
出演：オーランド・ブルーム、エヴァ・グリーン、ジェレミー・アイアンズ、デヴィッド・シューリス、ブレンダン・グリーソン、マートン・チョーカシュ、エドワード・ノートン、マイケル・シーン、リーアム・ニーソン、ヴェリボール・トピッチ、ガッサーン・マスウード、アレクサンダー・シディグ、ハレド・エル・ナバヴィ、ケヴィン・マクキッド、ジョン・フィンチ、ウルリク・トムセン、ニコライ・コスター＝ワルドー、マーティン・ハンコック、ナタリー・コックス、エリック・エブアニー、ユーコ・アホラ、フィリップ・グレニスター、ブロンソン・ウェッブ、スティーヴン・ロバートソン、イアン・グレン、アンガス・ライト

『プロヴァンスの贈りもの』（原題：A GOOD YEAR）
(Fox 2000 Pictures, Scott Free Productions,
Dune Entertainment, Ingenious Film Partners,
Major Studio Partners)
公開日：2006年11月10日／118分
脚本：マーク・クライン
原作：ピーター・メイル「プロヴァンスの贈りもの」
撮影：フィリップ・ル・スール
製作：リドリー・スコット
編集：ドディ・ドーン
出演：ラッセル・クロウ、アルバート・フィニー、マリオン・コティヤール、アビー・コーニッシュ、ディディエ・ブルドン、イザベル・カンドリエ、フレディ・ハイモア、トム・ホランダー、レイフ・スポール、リチャード・コイル、アーチー・パンジャビ、ケネス・クラナム、ダニエル・メイズ、ヴァレリア・ブルーニ・テデスキ、ジャンニア・ファシオ

『アメリカン・ギャングスター』
（原題：AMERICAN GANGSTER）
(Imagine Entertainment, Scott Free Productions,
Relativity Media, Universal Pictures)
公開日：2007年9月2日／158分
脚本：スティーヴン・ザイリアン
原作：マーク・ジェイコブスン「アメリカン・ギャングスター」
撮影：ハリス・サヴィデス
製作：リドリー・スコット、ブライアン・グレイザー
編集：ピエトロ・スカリア
出演：デンゼル・ワシントン、ラッセル・クロウ、キウェテル・イジョフォー、キューバ・グッディング・ジュニア、ジョシュ・ブローリン、テッド・レヴィン、アーマンド・アサンテ、ジョン・オーティス、ジョン・ホークス、RZA、ライマル・ナダル、ユル・ヴァスケス、ルビー・ディー、イドリス・エルバ、カーラ・グギノ、ジョー・モートン、コモン、リッチー・コスター、ジョン・ポリト、ケヴィン・コリガン、ロジャー・グーンヴァー・スミス、マルコルム・グッドウィン、リック・ヤング、ロジャー・バート、T.I.、ケイディー・ストリックランド、ルーベン・サンチャゴ＝ハドソン、ノーマン・リーダス

『ワールド・オブ・ライズ』（原題：BODY OF LIES）
(Scott Free Productions, De Line Pictures, Warner Bros.)
公開日：2008年10月10日／128分
脚本：ウィリアム・モナハン
原作：デヴィッド・イグネイシャス「ワールド・オブ・ライズ」
撮影：アレクサンダー・ウィット
製作：リドリー・スコット、ドナルド・デ・ライン
編集：ピエトロ・スカリア
出演：レオナルド・ディカプリオ、ラッセル・クロウ、マーク・ストロング、ゴルシフテ・ファラハニ、オスカー・アイザック、アリ・スリマン、アロン・アブトゥブール、ヴィンス・コロシモ、サイモン・マクバーニー、メーディ・ネブー、マイケル・ガストン、カイス・ナーシェフ、ジャミール・ホーリー、ルブナ・アザバル、ガリ・ベンラフキ＆ユセフ・スロンディ、アリ・ハリル、アナベル・ウォーリス、マイケル・スタールバーグ、ジャンニア・ファシオ

『ロビン・フッド』（原題：ROBIN HOOD）
(Imagine Entertainment, Relativity Media,
Scot Free Productions, Universal Pictures)
公開日：2010年5月14日／140分
脚本：ブライアン・ヘルゲランド
原案：ブライアン・ヘルゲランド、イーサン・リーフ、サイラス・ヴォリス
撮影：ジョン・マシソン
製作：リドリー・スコット、ブライアン・グレイザー、ラッセル・クロウ
編集：ピエトロ・スカリア
出演：ラッセル・クロウ、ケイト・ブランシェット、ウィリアム・ハート、マーク・ストロング、マーク・アディ、オスカー・アイザック、ダニー・ヒューストン、アイリーン・アトキンス、マックス・フォン・シドー、ケヴィン・デュランド、スコット・グライムス、マシュー・マクファディン、アラン・ドイル、レア・セドゥ、ジョナサン・ザッカイ、ダグラス・ホッジ、ロバート・ピュー、ジェラルド・マクソーリー、サイモン・マクバーニー、マーク・ルイス・ジョーンズ、ドゥニ・メノーシェ、ジェシカ・レイン

『プロメテウス』（原題：PROMETHEUS）
(Scott Free Productions, Brandywine Productions,
Dune Entertainment, 20th Century Fox)
公開日：2012年6月8日／124分
脚本：ジョン・スパイツ、デイモン・リンデロフ
撮影：ダリウス・ウォルスキー
製作：デヴィッド・ガイラー、ウォルター・ヒル、リドリー・スコット
編集：ピエトロ・スカリア
出演：ノオミ・ラパス、マイケル・ファスベンダー、シャーリーズ・セロン、イドリス・エルバ、ガイ・ピアース、ローガン・マーシャル＝グリーン、ショーン・ハリス、レイフ・スポール

『悪の法則』（原題：THE COUNSELOR）
(Scott Free Productions, Nick Wechsler Productions,
Chockstone Pictures, Fox 2000 Pictures,
TSG Entertainment)
公開日：2013年10月25日／117分
脚本：コーマック・マッカーシー
撮影：ダリウス・ウォルスキー
製作：リドリー・スコット、ニック・ウェクスラー、スティーヴ・シュワルツ、ポーラ・メイ・シュワルツ
編集：ピエトロ・スカリア
出演：マイケル・ファスベンダー、キャメロン・ディアス、ハビエル・バルデム、ペネロペ・クルス、ブラッド・ピット、ロージー・ペレス、ナタリー・ドーマー、エドガー・ラミレス、ブルーノ・ガンツ、ルーベン・ブラデス、ヴェリボール・トピッチ、トビー・ケベル、エマ・リグビー、ジョン・レグイザモ

『エクソダス：神と王』
（原題：EXODUS:GODS AND KINGS）
(Chernin Entertainment, Scott Free Productions, Babieka, Volcano Films, TSG Entertainment, 20th Century Fox)
公開日：2014 年 12 月 12 日／ 150 分
脚本：アダム・クーパー、ビル・コラージュ、ジェフリー・ケイン、スティーヴン・ザイリアン
撮影：ダリウス・ウォルスキー
製作：ピーター・チャーニン、リドリー・スコット、ジェンノ・トッピング、マイケル・シェイファー、マーク・ハッファム
編集：ビリー・リッチ
出演：クリスチャン・ベール、ジョエル・エドガートン、ジョン・タトゥーロ、アーロン・ポール、ベン・メンデルソーン、シガニー・ウィーバー、ベン・キングスレー、マリア・バルベルデ、アイザック・アンドリュース、ヒアム・アッバス、インディラ・ヴァルマ、ユエン・ブレムナー、ゴルシフテ・ファラハニ、ガッサーン・マスウード、タラ・フィッツジェラルド、アンドリュー・ターベット、ケヴォルク・マリキャン、アントン・アレクサンダー、ダール・サリム

『オデッセイ』（原題：THE MARTIAN）
(Scott Free Productions, Kinberg Genre, TSG Entertainment, 20th Century Fox)
公開日：2015 年 10 月 2 日／ 141 分
脚本：ドリュー・ゴダード
原作：アンディ・ウィアー「火星の人」
撮影：ダリウス・ウォルスキー
製作：サイモン・キンバーグ、リドリー・スコット、マイケル・シェイファー、アディッティア・スード、マーク・ハッファム
編集：ピエトロ・スカリア
出演：マット・デイモン、ジェシカ・チャステイン、ジェフ・ダニエルズ、クリステン・ウィグ、キウェテル・イジョフォー、ショーン・ビーン、マイケル・ペーニャ、ケイト・マーラ、セバスチャン・スタン、アクセル・ヘニー、マッケンジー・デイビス、ドナルド・グローバー、ベネディクト・ウォン、エディ・コー、チェン・シュー、ニック・モハメッド

『エイリアン：コヴェナント』
（原題：ALIEN: COVENANT）
(20th Century Fox, TSG Entertainment, Brandywine Productions, Scott Free Productions)
公開日：2017 年 5 月 19 日／ 122 分
脚本：ジョン・ローガン、ダンテ・ハーパー
原案：ジャック・パグレン、マイケル・グリーン
撮影：ダリウス・ウォルスキー
製作：デヴィッド・ガイラー、ウォルター・ヒル、リドリー・スコット、マーク・ハッファム、マイケル・シェイファー
編集：ピエトロ・スカリア
出演：マイケル・ファスベンダー、キャサリン・ウォーターストン、ビリー・クラダップ、ダニー・マクブライド、デミアン・ビチル、カルメン・イジョゴ、ジャシー・スモレット、キャリー・ヘルナンデス、エイミー・サイメッツ、ナサニエル・ディーン、アレクサンダー・イングランド、ベンジャミン・リグビー、ウリ・ラトゥケフ、テス・ハウブリック

『ゲティ家の身代金』
（原題：ALL THE MONEY IN THE WORLD）
(TriStar Pictures, Imperative Entertainment, Scott Free Productions, Sony Pictures Releasing, STX International)
公開日：2017 年 12 月 25 日／ 133 分
脚本：デビッド・スカルパ
原作：ジョン・ピアソン「ゲティ家の身代金」
撮影：ダリウス・ウォルスキー
製作：ダン・フリードキン、ブラッドリー・トーマス、クエンティン・カーティス、クリス・クラーク、リドリー・スコット、マーク・ハッファム、ケヴィン・J・ウォルシュ
編集：クレア・シンプソン
出演：ミシェル・ウィリアムズ、クリストファー・プラマー、マーク・ウォールバーグ、ロマン・デュリス、ティモシー・ハットン、チャーリー・プラマー、チャーリー・ショットウェル、アンドリュー・バカン、マルコ・レオナルディ、ジュゼッペ・ボニファティ、ニコラス・ヴァポリディス、ハッサン・マスード、ステイシー・マーティン

『最後の決闘裁判』（原題：THE LAST DUEL）
(20th Century Studios, Pearl Street Films, Scott Free Productions, TSG Entertainment)
公開日：2021 年 10 月 15 日
脚本：ニコール・ホロフセナー、ベン・アフレック、マット・デイモン
製作：ベン・アフレック、マット・デイモン、ジェームズ・フリン、ジェニファー・フォックス
編集：クレア・シンプソン
出演：ジョディ・カマー、マット・デイモン、アダム・ドライバー、ベン・アフレック、ハリエット・ウォルター、アレックス・ロウザー

『ハウス・オブ・グッチ』（原題：HOUSE OF GUCCI）
(Metro Goldwyn-Mayer, Universal Pictures,
Scott Free Productions, Annapurna Pictures,
BRON Studios)
公開日：2021年12月24日
脚本：ロベルト・ベンティベーニャ、ベッキー・ジョンストン
製作：ジャンニア・ファシオ、マーク・ハッファム、リドリー・スコット、ケビン・J・ウォルシュ
編集：クレア・シンプソン
出演：レディ・ガガ、アダム・ドライバー、アル・パチーノ、ジェレミー・アイアンズ、ジャレット・レト、ジャック・ヒューストン、サルマ・ハエック

『ナポレオン』（原題：NAPOLEON）
(Apple Studios, Columbia Pictures,
Scott Free Productions, Moving Picture Company)
公開日：2023年12月22日
脚本：デヴィッド・スカルパ
製作：マーク・ハフマン、ホアキン・フェニックス、リドリー・スコット、ケビン・J・ウォルシュ
編集：サム・レスティヴォ、クレア・シンプソン
出演：ホアキン・フェニックス、ヴァネッサ・カービー、タハール・ラヒム、ルパート・エベレット、マーク・ボナー、ポール・リス、ベン・マイルズ

『グラディエーターⅡ 英雄を呼ぶ声』
（原題：GLADIATOR II）
(Paramount Pictures, Scott Free Productions,
Red Wagon Films)
公開日：2024年12月22日
脚本：デヴィッド・スカルパ、ピーター・クレイグ、デヴィッド・フランゾーニ
製作：ルーシー・フィッシャー、デヴィッド・フランゾーニ、マイケル・プルス、リドリー・スコット、ダグラス・ウィック
編集：サム・レスティヴォ、クレア・シンプソン
出演：ポール・メスカル、ペドロ・パスカル、デンゼル・ワシントン、コニー・ニールセン、ジョゼフ・クイン、フレッド・ヘッキンジャー、デレク・ジャコビ

凍えるような寒さの中スタートした『ナポレオン』。撮影中のスコットに支障はないようだ

FILMOGRAPHY 283

ACKNOWLEDGMENTS 謝辞

私とリドリー・スコットの映画の出会いは『ブレードランナー』だった。それはそれまでには見たこともないような作品だった。彼の映画——偉大な視覚を感じさせる——は、私の映画に対する認識に長く、フィルム・ノワールのような影を投げかけてきた。ロイ・バッティの詩的な別れの言葉を借りれば、本書はそんな私がこれまで目にし、感銘を受けた数々の映像と、その関係性に対する一種のオマージュでもある。

だからこそ、本書の執筆にあたり誰よりも先に、サー・リドリー・スコットに感謝を伝えたい。長年にわたり、彼が費やした作品づくりの時間、そして、何よりも彼の映画たちに対して。スコットの監督作品の数々は、私が映画について執筆をするこ望むようになった動機の一部であり、目にした映像やそれを通じて得た体験を人々に伝えようとする試みでもある。そんな彼への敬意を表し、本書を捧げる。

これまでの道のりで、様々な人が多大なる助力をしてくれた。特にインタビューを受けてくれた以下の方々は、貴重な時間を犠牲にしていただいた。中でも、

映画プロデューサーのアイヴァー・パウエルには感謝しており、彼とは良き友人となった。また、一緒に旅をしてくれた仲間、リドリーのファン、編集者、広報、そして素晴らしい仲間たち——アダム・スミス、イアン・フリア、ダン・ジョリン、マーク・ダイニング、スティーブ・ベイカー、コリン・ケネディ、キャサリン・ウィリング、キンバリー・ワイヤー、そしてチャールズ・デ・ラズリカ——に感謝を。

また、本書の企画を最初に提案してくれた出版社 Palazzo Edition のロバート・ニコルズには心からの感謝を捧げる。壮大な挑戦に我慢強く付き合ってくれた（かつ、"壮大"すぎる部分を少し"控えめ"にするという賢明なアドバイスをくれた）。そして、この改訂版を監修してくれたローランド・ホール、細部への気配りと突出したデザインセンスで支えてくれたデヴィッド・イングレスフィールドとアデル・マホーニーにも、謝意を。

最後に、私の心を美で満たしてくれる大切な人に永遠の愛と感謝を。

SOURCES

雑誌、新聞、WEBサイト

Adamek, Pauline, Ridley Scott on the Making of Robin Hood, Arts Beat LA, May 2010

Aftab, Kaleem, Ridley Scott Interview on All the Money in the World, Kevin Spacey and Christopher Plummer, The Independent, January 8, 2018

Aftab, Kaleem, Ridley Scott: 'You can't Have a Comfortable Ride', The Talks, June 20, 2018

Barfield, Charles, Guillermo Del Toro Says Ridley Scott's The Counselor Is A 'Brilliant' Film that he Loves on a 'Molecular Level', The Playlist, August 6, 2019

Beauget-Uhl, Maelle, Interview: Ridley Scott, Joaquin Phoenix And Vanessa Kirby On Napoleon, Forbes, April 8, 2024

Berkman, Meredith, Coming to America, Entertainment Weekly, October 16, 1992

Boucher, Geoff, Ridley Scott Revisits Black Hawk Down: 'I Hope I was Right.', Deadline, May 21, 2019

Breznican, Anthony, Paul Mescal vs. Pedro Pascal: A First Look at the Epic Gladiator II, Vanity Fair, July 1, 2024

Bui, Hoai-Tran, Ridley Scott's Napoleon Film Kitbag Starring Joaquin Phoenix Heads to Apple, Slash Film, January 14, 2021

Campbell, Hayley, Unleash Hell, Empire, October 2024

Carlson, Nathanial, Lost at Sea: A Reappraisal of Ridley Scott's 1492: Conquest of Paradise, Off Screen Vol. 20, Issue 1, January 2016

Clarke, Frederick S., Making Alien: Behind the Scenes, Cinefantastique Vol. 9, Number 1, 1979

D., Spence, Ridley Scott and Jerry Bruckheimer Discuss Black Hawk Down, IGN, January 18, 2002

Dalton, Stephen, Blade Runner: Anatomy of a Classic, BFI, April 25, 2019

Deckelmeier, Joe, Here's What Changed During All the Money in the World's Reshoots, Screen Rant, December 23, 2017

Delaney, Sam, From Hovis to Hollywood: How Ridley Scott and Britain's Ad Men Reinvented the Blockbuster, The Telegraph, March 6, 2017

Diaz, Ann-Christine, Q&A: Ridley Scott, Directing Gladiator, Ad Age,

June 27, 2018

Duncan, Philip, Ridley Scott/Jerry Bruckheimer – Black Hawk Down Interview, DVD Talk, June 2002

Encinias, Joshua, Ridley Scott Q&A on Making Napoleon— the Story That Eluded His Friend Stanley Kubrick, MovieMaker, November 15, 2023

Essman, Scott, Michelle, Interview: The Great Ridley Scott Speaks with Eclipse, Eclipse Magazine, June 3, 2008

Falk, Ben, Ridley Scott Updates us on Prometheus 2 and Blade Runner Sequel, Yahoo Movies UK, September 24, 2014

Fleming Jr. Michael, Napoleon Director Ridley Scott On Making The Epic His Hero Stanley Kubrick Could Not; Reminisces On Alien, Blade Runner, Gladiator And When He'll Finish That Sequel, Deadline, November 14, 2023

Fleming Jr. Michael, Ridley Scott Moving Forward with Gladiator 2; Peter Craig To Write Script For Paramount, Deadline, November 1, 2018

Fleming Jr. Michael, Ridley Scott Won't Let Age Or Pandemic Slow A Storytelling Appetite That Brought House of Gucci & The Last Duel; Napoleon & More Gladiator Up Next, Deadline, November 12, 2021

Ford, Harrison, AFI Lifetime Achievement Acceptance Speech, American Film Institute, 2000

Foundas, Scott, Exodus: Gods and Kings Director Ridley Scott on Creating his Vision of Moses, Variety, November 2014

Garratt, Sheryl, The Martian: How a Self-published E-book Became a Hollywood Blockbuster, The Telegraph, September 11, 2015

Gilhooley, Derren, Filmmakers on Film: Kevin Reynolds, The Telegraph, April 20, 2002

Godfrey, Alex, Ridley Scott: My First Reaction to what Happened with Spacey was 'Oh F**k', GQ, January 5, 2018

Goundry, Nick, Ridley Scott and Matt Damon film The Martian on Location Near Budapest, The Location Guide, September 25, 2015

Greenwald, Ted, Blade Runner – Ridley Scott, Wired, September 26, 2007

Hawkes, Rebecca, Alien: Covenant: What's Next for Ridley Scott and How Many Alien Sequels Will There Be?, The Telegraph, May

16, 2017

Hiscock, John, Ridley Scott Interview, The Telegraph, April 29, 2010

Hogg, Trevor, Hard to Replicate: A Ridley Scott Profile, Flickering Myth, May 12, 2010

Irvine, Lindsay, '$225m Isn't Bad I Guess', The Guardian, October 6, 2005

Jarvis, Jane, Ridley Scott Sheds Light on the Archives, History of Advertising Trust, 2016

Keegan, Rebecca, What Ridley Scott Has Learned: We Don't Know S***, The Hollywood Reporter, January 13, 2022

Kempley, Rita, Black Rain, Washington Post, September 22, 1989

Kennedy, Harlan, Blade Runner: 21st Century Nervous Breakdown – Interview with Ridley Scott, Film Comment, July–August 1982

Lambie, Ryan, Ridley Scott Interview: Blade Runner 2049, Alien and More, Den of Geek, October 2, 2017

Lambie, Ryan, Ridley Scott Interview: The Martian, Prometheus Sequels, Den of Geek, September 29, 2015

Lane, Anthony, Ridley Scott's Napoleon Cannot Quite Vanquish Its Subject, The New Yorker, November 22, 2023

Lane, Anthony, Straight Arrows, The New Yorker, May 17, 2010

Lattanzio, Ryan, House of Gucci DP Promises a Kitschy "High-end Soap Opera" from Ridley Scott, IndieWire, April 3, 2021

Maitland, Hayley, House of Gucci: Everything We Know So Far About Lady Gaga's Patrizia Reggiani Biopic, Vanity Fair, March 27, 2021

Maron, Marc, Ridley Scott, WTF With Marc Maron, November 22, 2021

McIntyre, Hina, Ridley Scott's Exodus Casts a Wide Net of Spectacle and Family, Los Angeles Times, December 4, 2014

McKittrick, Christopher, Life Goes On: Drew Goddard on The Martian, Creative Screenwriting, January 5, 2016

Mitchell, Robert, Ridley Scott Tells Aspiring Filmmakers they have 'No Excuses', Variety, February 19, 2018

Mottram, James, Ridley Scott: "Cinemas Should Not Be Allowed to Go Away", The Independent, October 12, 2021

Mottram, James, Ridley Scott: "I'm Doing Pretty Good, if you Think About it", The Independent, September 3, 2010

Mount, Bailey, The Terror: Ridley Scott Explains Why In the Arctic, No One Can Hear You Scream — Watch, IndieWire, December 2, 2018

O'Connell, Sean, Ridley Scott Describes His Original Gladiator 2 Opening Scene With Russell Crowe, And Now I Need To See This, Cinemablend, November 24, 2023

Olson, Parmy, How An Unsung Screenwriter Got To Work With Ridley Scott On Prometheus, And Ended Up 'Riding A Bronco', Forbes, May 3, 2012

Papamichael, Stella, Ridley Scott: Matchstick Men, BBC Films, October 28, 2014 (archive date)

Patterson, John, Ridley Scott: Creator of Worlds, The Guardian, May 10, 2010

Petski, Denise, Ridley Scott's Raised by Wolves Lands Series Order at TNT with Scott Set to Direct, Deadline, October 8, 2018

Reynolds, Simon, Ridley Scott (Body of Lies), Digital Spy, November 20, 2008

Rodriguez, Rene, Ridley Scott Defends The Counselor and preps to direct The Cartel, Miami Herald, September 13, 2015

Rothkopf, Joshua, Time Out with The Counselor's Ridley Scott, Time Out, October 2013

Rottenberg, Josh, Russell Crowe and Ridley Scott: An Extended Q&A, Entertainment Weekly, June 23, 2006

Schulman, Michael, The Battle for Blade Runner, Vanity Fair, September 14, 2017

Schulman, Michael, Ridley Scott's Napoleon Complex, The New Yorker, November 6, 2023

Scott, Ridley, Bafta Fellowship Acceptance Speech, Bafta, 2018

Sharf, Zack, Stellan Skarsgård says Warner Bros. is not Messing with Denis Villeneuve's Dune Vision, IndieWire, June 19, 2019

Shoard, Catherine, Ridley Scott: "Is there Life Out There? Certainly", The Guardian, January 28, 2016

Simon, Alex, Ridley Scott: The Hollywood Interview, Venice Magazine, May 2000

Stolworthy, Jacob, 25 Years On, Geena Davis Reveals she Wanted Susan Sarandon's Thelma & Louise Role, The Independent, February 17, 2016

Thomson, David, Ridley Scott, The Guardian, April 29, 2010

Turan, Kenneth, Man of Vision, DGA Quarterly, Fall 2010

Unattributed, Body of Lies – Sir Ridley Scott Interview, IndieLondon,

November 2008

Unattributed, Director's Chair – Ridley Scott: A Good Year, Post Magazine, November 1, 2006

Unattributed, Director Ridley Scott Pays Tribute to A Year in Provence author Peter Mayle, Irish News, January 19, 2018

Unattributed, Exclusive Print Interview with Sir Ridley Scott for Gladiator, Female First, September 13, 2005

Unattributed, Interview: Ridley Scott – Film Director, The Scotsman, May 10, 2010

Unattributed, Kingdom of Heaven – The Director's Cut – Ridley Scott Interview, IndieLondon, September 2006

Unattributed, Ridley Scott: Famed Director Readies Movie Sequel with Hannibal, 60 Minutes, January 27, 2001

Unattributed, Ridley Scott's Masterpiece Alien: Nothing is as Terrifying as the Fear of the Unknown, Cinephilia & Beyond, June 26, 2019

Unattributed, The Five Most WTF Moments from The Counselor, The Playlist, October 28, 2013

Unattributed, The Total Film Interview – Jodie Foster, Total Film, December 2005

Unattributed, The Riddler Has His Day, Sight & Sound, April 2001

Vejvoda, Jim, Gladiator 2: First Action-Packed Footage Shown at CinemaCon Wins the Crowd, IGN, June 25, 2024

Watson, Imogen, Ridley Scott's Classic Boy on the Bike Hovis Ad Remastered by BFI, The Drum Magazine, June 3, 2019

Weintraub, Steve 'Frosty', Russell Crowe and Director Ridley Scott Interview Robin Hood, Collider, May 11, 2010

Weller, Shelia, The Ride of a Lifetime, Vanity Fair, February 10, 2012

Wright, Mike, Sir Ridley Scott says All the Money in the World 'Wouldn't Have Gone Out' Without Cutting Kevin Spacey Scenes, The Telegraph, January 5, 2018

Wright, Allen W., Ethan Reiff Interview, Robin Hood: Bold Outlaw of Barnsdale and Sherwood, April 28, 2010

ドキュメンタリー

Behind Closed Doors with Ridley Scott, Bafta Los Angeles, 2016

Eye of the Storm, BBC, 1992

Gladiator II: The Making of an Epic, Paramount, 2024

The Making of The Last Duel, 20th Century Studios, 2022

Napoleon: Behind the Scenes, Apple TV, 2023

Russell Crowe: Inside the Actor's Studio, Bravo Networks, 2004

All box office figures come via Boxofficemojo.com

書籍

Aikman, Becky, Off The Cliff: How the Making of Thelma & Louise Drove Hollywood to the Edge, Penguin, 2018

Clarke, James, Ridley Scott, Virgin Film, 2002

Frakes, Randall et al, James Cameron's Story of Science Fiction, Insight Editions, 2018

Jager, Eric, The Last Duel, Arrow, 2006

Khouri, Callie, Thelma & Louise and Something to Talk About Screenplays, Grove Press, 1996

Knapp, Laurence F., Kulas, Andrea F. (editors), Ridley Scott Interviews, University Press of Mississippi, 2005

LoBrutto, Vincent, Ridley Scott, University Press of Kentucky, 2019

Luckhurst, Roger, Alien, Palgrave Macmillan, 2014

Nathan, Ian, Alien Vault, Aurum, 2010

Sammon, Paul M., Future Noir: The Making of Blade Runner, Gollancz, 1996

Sammon, Paul M. Ridley Scott: The Making of His Movies, Orion, 1999

Struken, Marita, Thelma & Louise, Palgrave Macmillan, 2000

Thomson, David, Have You See···? A Personal Introduction to 1,000 Films, Penguin, 2010

Thomson, David, The Alien Quartet, Bloomsbury, 1998

著者インタビュー

Ridley Scott, Sigourney Weaver, Veronica Cartwright, Michael Fassbender, Katherine Waterston, Billy Crudup, Nicolas Cage, Alison Lohman, Denis Villeneuve, Ivor Powell, Connor O'Sullivan, Chris Seagers, Mark Huffam, Fede Álvarez

PICTURE CREDITS　写真クレジット

T: Top; B: Bottom; C: Center; L: Left; R: Right

Courtesy of Alamy Stock Photo : 197, 211, 212L, 215 | 20th Century Fox 146, 173, 177R, 180, 207R | AA Film Archive 25, 31, 56R, 75, 77R, 80, 98, 117L, 117R, 118, 119, 122, 131T, 132, 138, 140, 144, 145R, 154R, 161, 163, 188, 194 | A.F. Archive 286 | AJ Pics 247L, 260, 267L, 274 | Album 9, 22, 46, 56L, 71, 131B, 154, 192, 202, 277 | All Star Picture Library 123, 124R | Atlaspix 262, 264, 265R, 269 | BFA 258 | Blue Robin Collectables 34 | Bob Penn & 20th Century Fox 16R | Classic Picture Stock 43R, 65, 78, 81, 86R, 89, 110, 120, 126, 160T, 214, 219L, 220, 223, 233, 237, 279 | Collection Christophel 8, 45, 51B, 116, 158, 212 | Colombe de Meurin 40 | Daniel Rodriguez Tirado 105, 109 | David Appleby; Légende Entreprises 20, 37, 42, 83, 102, 182, 186, 198T, 201, 232, 254L, 273 | Entertainment Pictures 14L, 21, 30, 32, 51T, 70, 76, 87, 91T, 105B(L), 105T, 106, 107, 124L, 126, 164, 169, 210, 217, 268 | Everett Collection 261, 263, 270T, 271B, 272 | FlixPix 37, 48 | Granger Historical Picture Archive 44B | IFTN 266, 283 | Imago 213 Kerry Brown; 20th Century Fox 99, 150, 153, 160B, 167L, 212R | kpa Publicity Stills 265L | Michael Kemp 245, 271L, 275 | Landmark Media 228, 229, 236, 246, 298, 250, 257 | Lifestyle pictures 43L | Mirrorpix 52, 60, 170, 208 | Moviestore Collection 254R | NurPhoto SRL 247R, 276 | PA Images 33, 77L, 128, 136, 156, 177C, 195 | Photo 12 14R, 38L, 108, 225, 231, 242 | Pictorial Press 62, 97, 115, 125, 127, 183, 187, 209 | PictureLux 123 | The Print Collector/Heritage Images 7, 101, 111, 240 | Ron Harvey 51T | Ronald Grant Archive 166 | Scott Free Productions 10, 19, 41, 51B, 145L | Screen Prod 16L, 44T, 72, 82, 86L, 88, 91B, 92, 112, 120, 129, 141, 142, 147, 149, 152, 168R, 174, 178, 181, 189R, 198C, 198B, 189B, 200, 205, 206, 218, 219R, 227, 230, 241, 255, 252–253, 267R, 271R | TCD/Prod.DB 12, 17, 26, 48, 54, 57, 74, 94, 176, 190, 224 | Toho Company/Kurosawa Production 207L | WENN 234 | Ysanne Slide.

Courtesy of Getty : 29, 35, 39T | 20th Century Fox Film Corporation/Sunset Boulevard/Corbis 2 Stanley Bielecki Movie Collection 13 | John Bulmer/Popperfoto 51 | Sunset Boulevard/Corbis 59 | Warner Bros.

Courtesy of Rex/Shutterstock : 68, 73 | 20th Century Fox/Kobal 184 Universal/Kobal.

万全を期して著作権者を追跡し、謝意を表するよう努めたが、もし意図しない記載漏れがあった場合は、重版以降、適切な謝意を追記いたします。

286

著

イアン・ネイサン

イギリス出身の映画ライター。映画雑誌Empireの元編集長兼編集部エグゼクティブで、現在も多数寄稿。著作に『エイリアン・コンプリートブック』（竹書房）、『クエンティン・タランティーノ 映画に魂を売った男』、『クリストファー・ノーラン 時間と映像の奇術師』、『ギレルモ・デル・トロ モンスターと結ばれた男』、『レジェンド・オブ・マッドマックス ―完全メイキングブック『マッドマックス』から『マッドマックス：フュリオサ』まで―』、『デイヴィッド・リンチ 幻想と混沌の美を求めて』（以上フィルムアート社）などがある。

訳

桜井真砂美

翻訳家。主な訳書に『ヴィヴィアン・ウエストウッド自伝』、『ブルックリン・ストリート・スタイル：ファッションにルールなんていらない』（以上DU BOOKS）、『メンズウェア100年史』、『ウィメンズウェア100年史』、『ヴォーグ・モデル』、『ヴォーグ・ファッション100年史』、『アンダーグラウンド・ロックTシャツ』（以上P-Vine Books）『ブリティッシュ・ファッション・デザイナーズ』（ブルース・インターアクションズ）、『ファッションデザイン・リソース』（ビー・エヌ・エヌ新社）、『レディー・ガガスタイル』（マーブルトロン）などがある。

監訳

阿部清美

翻訳家。訳書に『シェイプ・オブ・ウォーター』（竹書房）、『ギレルモ・デル・トロ 創作ノート 驚異の部屋』『SF映画術 ジェームズ・キャメロンと6人の巨匠が語るサイエンス・フィクション創作講座』『ドゥニ・ヴィルヌーヴの世界 アート・アンド・ソウル・オブ・DUNE/デューン 砂の惑星』（以上DU BOOKS）、『メイキング・オブ・エイリアン』（玄光社）、『The Living Dead』（U-NEXT）などがある。また、本書の著者イアン・ネイサンによる著書の翻訳も手がける。小説を含むゲーム、映画関連の書籍を多数翻訳している。

Text ©2020, 2025 Ian Nathan
Published in 2020, 2025 by Gemini Adult Books Ltd.

日本版デザイン・DTP　高橋力、布谷チエ（m.b.llc.）

日本版制作　中井真貴子（東京ニュース通信社）

リドリー・スコットの全仕事

2025年1月8日　第1刷

　著　　イアン・ネイサン
　訳　　桜井真砂美
　監　訳　阿部清美

発行者　奥山 卓

　発　行　株式会社東京ニュース通信社
　　　　　〒104-6224東京都中央区晴海1-8-12
　　　　　TEL 03.6367.8023

　発　売　株式会社講談社
　　　　　〒112-8001東京都文京区音羽2-12-21
　　　　　TEL 03.5395.3606

印刷・製本　株式会社光邦

落丁本、乱丁本、内容に関するお問い合わせは発行元の株式会社東京ニュース
通信社までお願いします。小社の出版物の写真、記事、文章、図版などを無断
で複写、転載することを禁じます。また、出版物の一部あるいは、全部を写真
撮影やスキャンなどを行い、許可・許諾なくブログ、SNSなどに公開または
配信する行為は、著作権、肖像権等の侵害になりますので、ご注意ください。

© Masami Sakurai, Kiyomi Abe 2025　Printed in Japan
ISBN978-4-06-538684-2